UPTET 2026

CDP

बाल विकास एवं शिक्षाशास्त्र

(Paper 1 & 2)

Dheeraj Sir

S Chand And Company Limited
(ISO 9001 Certified Company)

S Chand And Company Limited

(ISO 9001 Certified Company)

Head Office: D-92, Sector–2, Noida 201301, U.P. (India), Ph. 91-120-4682700

Registered Office: A-27, 2nd Floor, Mohan Co-operative Industrial Estate, New Delhi – 110 044
Phone: 011-49731800

Website: **www.schandpublishing.com**; e-mail: **info@schandpublishing.com**

Marketing Offices:

Chennai : Ph: 044-2363 2120, chennai@schandpublishing.com

Guwahati : Ph: 0361-4066 369, guwahati@schandpublishing.com

Hyderabad : Ph: 040-4018 6018, hyderabad@schandpublishing.com

Jalandhar : Ph: 0181-4645 630, jalandhar@schandpublishing.com

Kolkata : Ph: 033-2335 7458, 2335 3914, kolkata@schandpublishing.com

Lucknow : Ph: 0522-4003 633, lucknow@schandpublishing.com

Mumbai : Ph: 022-2500 0297, mumbai@schandpublishing.com

Patna : Ph: 0612-4011 400, patna@schandpublishing.com

First Edition 2026

ISBN : 978-93-7359-563-4

Product Code: H2UCD49TEDU40HIAA26O

PRINTED IN INDIA

By Shri Shyamlal Printing Press Private Limited , Plot 20/4, Site-IV, Industrial Area Sahibabad, Ghaziabad – 201 010 and Published by S Chand And Company Limited, A-27, 2nd Floor, Mohan Co-operative Industrial Estate, New Delhi – 110 044

समर्पित पुस्तक

यह पुस्तक मेरे दिवंगत पिता
श्री राकेश चंद्र द्विवेदी को समर्पित है,
जिनके आशीर्वाद के बिना शिक्षण की
यह यात्रा संभव नहीं होती, मेरी माँ को
उनके बिना शर्त प्यार और समर्थन के
लिए, और मेरे सभी मेहनती छात्रों के
लिए जिनकी प्रतिक्रिया ने मुझे हमेशा
एक बेहतर शिक्षक बनने के लिए खुद
को लगातार सुधारने में मदद की है।

Table of Content

1 मनोविज्ञान की उत्पत्ति और बाल विकास की अवधारणा

मनोविज्ञान की उत्पत्ति (Origins of Psychology)

मनोविज्ञान शब्द की उत्पत्ति ग्रीक भाषा के दो शब्दों Psyche और Logos से हुई है। Psyche का अर्थ "आत्मा" तथा Logos का अर्थ "अध्ययन" होता है। अतः मनोविज्ञान का शाब्दिक अर्थ "आत्मा का अध्ययन" है।

मनोविज्ञान शब्द का प्रयोग (Use of the Term Psychology)

'मनोविज्ञान' (Psychology) शब्द का प्रथम प्रयोग सन् **1590** में जर्मन दार्शनिक **रूडोल्फ गोयकल** (Rudolf Göckel) द्वारा किया गया था। उन्होंने अपनी पुस्तक **"Psychologia"** में इस शब्द का प्रयोग किया। इसके माध्यम से मन और आत्मा के वैज्ञानिक अध्ययन की अवधारणा को स्पष्ट रूप से प्रस्तुत किया गया।

महत्वपूर्ण बिन्दु (Important points):-

प्राचीनकाल में मनोविज्ञान **दर्शनशास्त्र** का भाग था। प्राचीन दार्शनिक आत्मा के अध्ययन में रुचि रखते थे। इस प्रकार, इसे सबसे पहले 'आत्मा के विज्ञान' के संदर्भ में परिभाषित किया गया था।

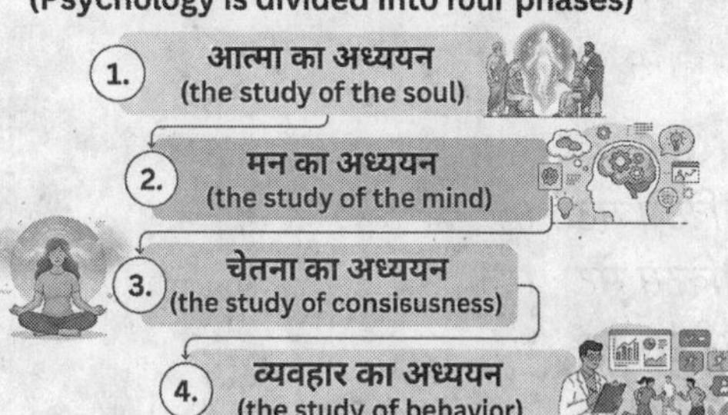

मनोविज्ञान को चार चरणों में विभक्त किया गया है (Psychology is divided into four phases_

1. आत्मा का अध्ययन (the study of the soul)
2. मन का अध्ययन (the study of the mind)
3. चेतना का अध्ययन (the study of consciousness)
4. व्यवहार का अध्ययन(the study of behavior)

आत्मा का अध्ययन (The study of the soul)

यूनानी दार्शनिकों अरस्तू, प्लेटो, और डेकार्टे आदि ने मनोविज्ञान को आत्मा का विज्ञान माना, किन्तु आत्मा की प्रकृति की अस्पष्टता के कारण 16वीं शताब्दी में मनोविज्ञान का यह अर्थ अस्वीकृत कर दिया गया।

मन का अध्ययन (the study of the mind)

17वीं शताब्दी में दार्शनिकों ने मनोविज्ञान को मन या मस्तिष्क का विज्ञान कहा। इनमे इटली के प्रसिद्ध दार्शनिक पॉम्पोनॉजी के अलावा लॉक, लिबनिज, ह्यूम और बर्कली भी प्रमुख हैं। कोई भी विद्वान मन की प्रकृति तथा स्वरुप का निर्धारण नहीं कर सका, अतः यह परिभाषा भी मान्यता नहीं पा सकी।

चेतना का अध्ययन (The study of consciousness)

19वीं शताब्दी के मनोवैज्ञानिकों विलियम वुन्ट, विलियम जेम्स, टिचनर और जेम्स सली आदि ने मनोविज्ञान को चेतना का विज्ञान माना। इनका मानना था कि मनोविज्ञान मनुष्य की चेतन क्रियाओं का अध्ययन करता है।

व्यवहार का अध्ययन (The study of behaviour)

20वीं शताब्दी के प्रारम्भिक दौर में मनोविज्ञान के अनेक अर्थ सुझाए गए, इनमे से "मनोविज्ञान व्यवहार का विज्ञान है।" अर्थ सर्वाधिक मान्य रहा।

जे.बी. वाटसन, मैक्डूगल, थार्नडाइक आदि प्रमुख समर्थक हैं

मनोविज्ञान की पहली प्रयोगशाला (The First Psychology Laboratory)

मनोविज्ञान की पहली आधिकारिक प्रयोगशाला **1879** में **जर्मनी** के लिपज़िग विश्वविद्यालय में **विल्हेम वुंट** (Wilhelm Wundt) द्वारा **जर्मनी के लिपज़िग** विश्वविद्यालय (अब कार्ल मार्क्स विश्वविद्यालय) में, 1879 में स्थापित की गई थी। विल्हेम वुंट को प्रयोगात्मक मनोविज्ञान एवं आधुनिक मनोविज्ञान का जनक माना जाता है, जिन्होंने मनोविज्ञान को दर्शनशास्त्र से अलग कर एक स्वतंत्र वैज्ञानिक विषय के रूप में स्थापित किया।

भारतीय मनोविज्ञान का इतिहास (History of Indian Psychology)

भारत में पहली आधुनिक प्रायोगिक मनोविज्ञान प्रयोगशाला 1916 में कलकत्ता विश्वविद्यालय में डॉ. एन. एन. सेनगुप्ता द्वारा स्थापित की गई थी।

मनोविज्ञान के सम्प्रदाय (Schools of Psychology)

मनोविज्ञान के कई सम्प्रदाय है दर्शन काल से वैज्ञानिक काल तक मनोविज्ञान में कई प्रकार के सम्प्रदायों का निर्माण हुआ था। अलग - अलग समय और स्थानों पर लोगो ने मनोविज्ञान के लिए विभिन्न विचार दिए जो आगे चल कर मनोविज्ञान के सम्प्रदायों (schools of Psychology. में परिवर्तित हुए जिसमे कुछ का वर्णन निम्नलिखित है -

- संरचनावाद या प्रयोगात्मक (Structuralism)
- प्रकार्यवाद या कार्यवाद (Functionalism)
- व्यवहारवाद ((Behaviorism)
- गेस्टाल्टमनोविज्ञान (Gestalt Psychology)
- मनोविश्लेषण (Psychoanalysis)

मुख्य रूप से ये 5 सम्प्रदाय ही मनोविज्ञान में प्रचलित है लेकिन इसके साथ कुछ और भी सम्प्रदाय है जिनका मनोविज्ञान के क्षेत्र में अध्ययन किया जाता है जो निम्नलिखित है -

संरचनावाद या प्रयोगात्मक संप्रदाय (Structuralism):

संरचनावाद की शुरुआत का श्रेय विलियम वुंट (Wilhelm Wundt) और उसके शिष्य टिचनेर (Titchener) को दिया जाता है क्योंकि इनके विचारो ने संरचनावाद की नींव रखी थी जिस पर चल कर संरचनावाद के अस्तित्व का निर्माण हुआ और संरचनावाद को अस्तित्ववाद तथा अंत निरीक्षणवाद (introspections) के नाम से भी जाना जाता है | संरचनावाद के अनुसार मनोविज्ञान की विषय-वस्तु चेतन अनुभूति (conscious experience) थी। टिचनेर ने 'मनोविज्ञान को अनुभव करने वाले व्यक्तियों के अनुभवों का अध्ययन का विषय कहा।

प्रकार्यवाद या कार्यवाद संप्रदाय (Functionalism) :

प्रकार्यवाद के उदभव को लेकर आज भी विरोधाभास है अभी तक कोई निश्चित तौर पर नहीं कह सकता कि इसकी स्थापना किसने की लेकिन कुछ अध्ययनों के अनुसार अमेरिकी वैज्ञानिक विलियम जेम्स ने इसकी शुरुआत हुई थी | इनका मानना था कि मनोविज्ञान का सम्बन्ध इस बात से है कि चेतना क्यों और कैसे कार्य करती है? इस बात के द्वारा जेम्स ने चेतना की कार्यात्मक उपयोगिता (Functional Utility) को बल दिया। प्रकार्यवाद

के अनुसार मानसिक प्रकियाए वस्तु नहीं है बल्कि उनमें जो गतिशीलता है वे निरंतर रूप से घटित होती है।

प्रकार्यवाद की स्थापना के अनौपचारिक संस्थापक डिवी (Dewey), एंजिल (Angell), कार्र (Carr) को माना जाता है।

व्यवहारवाद संप्रदाय (Behaviorism) :

व्यवहारवाद की स्थापना वाटसन (Watson) ने वर्ष 1913 में की थी, वाटसन के अनुसार मनोविज्ञान एक वस्तुनिष्ठ (Objective) और प्रयोगात्मक (Experimental) विज्ञान है | इसका सैद्धांतिक उद्देश्य व्यवहार का अंदाजा लगाना और उस पर नियंत्रण करना है।

व्यवहारवाद चेतना का विज्ञान न होकर व्यवहार का विज्ञान है।

वाटसन ने मनोविज्ञान की चार प्रमुख विधियाँ बताई हैं।

प्रेक्षण (Observation), अनुबंधन (Condition), परीक्षण (testing), और मौखिक रिपोर्ट (Verbal Report) |

गेस्टाल्ट मनोविज्ञान (Gestalt Psychology) :

गेस्टाल्ट सम्प्रदाय की स्थापना मैक्स वरदाईमर (Max Wertheimer) ने 1912 में की थी | इसके अलावा सहयोगी कोहलर (Kohler) और कोफ्का (Koffaa) थे | गेस्टाल्ट (Gestalt) शब्द एक जर्मन शब्द है जिसका अंग्रेजी में अर्थ Configuration होता है | अगर हिन्दी में इसका अर्थ कहा जाए तो आकृति (Form), आकार (Shape) तथा समाकृति (Configuration) होता है।

इसके अनुसार मनोविज्ञान मानसिक क्रियाओं के संघटन का विज्ञान है।

इनके अनुसार मानव व्यवहार भी गत्यात्मक होता है, इन्होनें ये बताया कि यही शक्ति व्यक्ति में व्यवहार का कारण होती है। बाल मनोविज्ञान में भी इसका बहुत महत्वपूर्ण योगदान रहा है।

मनोविश्लेषण (Psychoanalysis) :

इस सम्प्रदाय की स्थापना का श्रेय सिगमंड फ्रायड (Sigmund Freud) को जाता है | इसमें फ्रायड का अचेतन (Unconscious) मन का सिद्धांत सबसे मुख्य था | फ्रायड ने मन को एक वैज्ञानिक रूप देकर समझाने का प्रयत्न किया | इसके लिए मन को 3 अवस्थाओ में बाटा- ज्ञात (Conscious), अर्ध ज्ञात (Pre-conscious) और अज्ञात (Unconscious) जो आगे चल आकर इदम (id), अहम् (Ego), पराहम (Super- Ego) में वर्गीकृत हुए फ्रायड ने अचेतन के बारे में अध्धयन की कुछ विधियाँ बताई थी जिसमें मुख्यतः मुक्त साहचर्य विधि (free association method), सम्मोहन (Hypnosis), तथा स्वप्न की व्याख्या (Dream interpretation) थी।

बाल विकास का अर्थ [Meaning of Child Development]

बाल विकास का सामान्य अर्थ है बालक का सर्वांगीण विकास, जिसमें उसके शारीरिक, मानसिक, सामाजिक, भाषिक और संज्ञानात्मक पक्ष शामिल होते हैं। यह एक निरंतर प्रक्रिया है जो जीवनभर चलती है लेकिन इसकी गति हमेशा एक समान नहीं रहती।

बालविकास का अर्थ दूसरे शब्दों में [Meaning of Child Development in other words]

किसी बालक के विकास से आशय शिशु के गर्भाधान (गर्भ में आने) से लेकर पूर्ण प्रौढ़ता प्राप्त करने की स्थिति से पितृ सूत्र (Sperms) तथा मातृ सूत्र (Ovum) के संयोग से एक जीव उत्पन्न होता है। तत्पश्चात् उसके अंगों का विकास होता है। यह विकास की प्रक्रिया लगातार चलती रहती है। इसी के फलस्वरूप बालक विकास की विभिन्न अवस्थाओं से गुजरता है। परिणामस्वरूप बालक का शारीरिक, मानसिक तथा सामाजिक विकास होता है। विकास बढ़ना नहीं है अपितु परिपक्वतापूर्ण परिवर्तन है। बालकों में परिवर्तन एक अनवरत न दिखने वाली प्रक्रिया है, जो निरन्तर गतिशील है।

जेम्स ड्रेवर के अनुसार बाल विकास की परिभाषा [Definition of Child Development according to James Drever]

"बाल मनोविज्ञान मनोविज्ञान की वह शाखा है जो प्राणी के विकास का अध्ययन जन्म से परिपक्व अवस्था तक करती है।"

हरलॉक के अनुसार बाल विकास की परिभाषा [Definition of Child Development according to Hurlock]

"विकास की सीमा अभिवृद्धि तक ही नहीं है अपितु इसमें प्रौढ़ावस्था के लक्ष्य और परिवर्तनों का प्रगतिशील क्रम निहित रहता है। विकास के परिणामस्वरूप व्यक्ति में अनेक नवीन विशेषताएं एवं नवीन योग्यताएँ स्पष्ट होती हैं।"

इंग्लिश व इंग्लिश के अनुसार बाल विकास की परिभाषा [Definition of Child Development according to English and English]

"विकास प्राणी के शरीर में एक लम्बे समय तक होने वाले निरन्तर परिवर्तन का एक क्रम है। ये विशेषतः ऐसा परिवर्तन है जिसके कारण जन्म से लेकर परिपक्वता और मृत्यु तक प्राणी में स्थायी परिवर्तन होते हैं।"

मुनरो के अनुसार बाल विकास की परिभाषा [Definition of Child Development according to Monroe]

"परिवर्तन श्रंखला की वह अवस्था, जिसमें बालक प्रौढ़ावस्था से लेकर प्राण अवस्था तक गुजरता है, विकास कहा जाता है।"

क्रो एंड क्रो के अनुसार बाल विकास की परिभाषा [Definition of child development according to Crow and Crow]

"बाल मनोविज्ञान वह विज्ञान है जो व्यक्ति के विकास का वैज्ञानिक अध्ययन गर्भकाल से किशोरावस्था तक करता है।"

स्किनर के अनुसार बाल विकास की परिभाषा [Definition of child development according to Skinner]

"बाल मनोविज्ञान, बालक के व्यवहार एवं अनुभव का विज्ञान है।"

बालविकास की आवश्यकता [Need of Child Development]

यह सदैव जिज्ञासा का विषय रहा कि अध्यापन विज्ञान में पढ़ने – पढ़ाने की तकनीक के अलावा बाल मनोविज्ञान का अध्ययन क्यों किया जाता रहा है ? बाल मनोविज्ञान का अध्ययन शिक्षक करता है। शिक्षक बाल मनोविज्ञान का अध्ययन इसलिए करता है जिससे यह पता चल सके कि जिसके लिये वह सम्पूर्ण अध्ययन कर रहा है, वह कितना ग्रहण कर रहा है और कितना ग्रहण करने की क्षमता रखता है।

बाल विकास का क्षेत्र [Area of Child Development]

बाल विकास का क्षेत्र वर्तमान समय में व्यापक तथ्यों को समाहित किये हुए है। बाल विकास के अन्तर्गत किसी एक तथ्य पर विचार नहीं किया जाता वरन् बालक के सम्पूर्ण विकास पर विचार किया जाता है। बाल विकास का क्षेत्र बालक के शारीरिक, सामाजिक एवं मानसिक विकास के क्षेत्र से सम्बन्धित है।

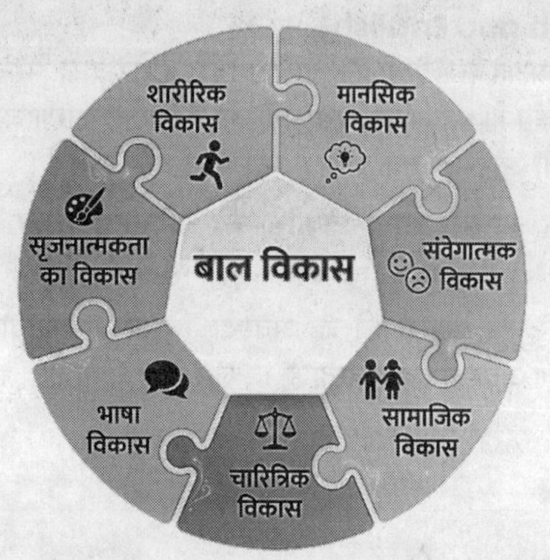

बाल विकास के क्षेत्र को निम्नलिखित रूप में स्पष्ट किया जा सकता है-

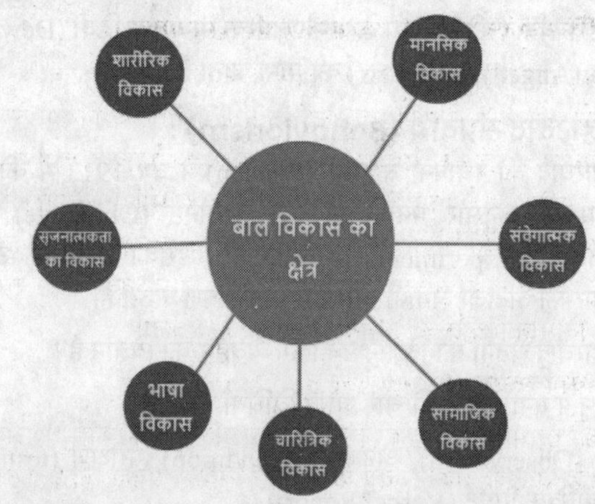

1. शारीरिक विकास (Physical development)

बाल विकास का सम्बन्ध बालक के शारीरिक विकास से होता है। इसके अन्तर्गत बालक के भ्रूणावस्था से लेकर किशोरावस्था वक्र के विकास का अध्ययन किया जाता है यदि बालक का शारीरिक विकास उचित क्रम में नहीं हो रहा है तो उसके कारणों को ढूँढा जाता है तथा उनका निराकरण किया जाता है। अतः बाल विकास का प्रमुख क्षेत्र बालकों के शारीरिक विकास का अध्ययन करना है।

2. मानसिक विकास (Mental development)

बालकों के मानसिक विकास का अध्ययन करना भी बाल विकास के क्षेत्र के अन्तर्गत आता है। इसके अन्तर्गत बालकों की क्रियाओं एवं संवेगों के आधार पर बालकों के मानसिक विकास का अध्ययन किया जाता है। प्रायः बालक में अनेक प्रकार के परिवर्तन होने लगते हैं, जो कि उसके मानसिक विकास को प्रकट करते हैं, जैसे-वस्तुओं को पकड़ना, विभिन्न प्रकार की ध्वनियाँ करना तथा नवीन शब्द बोलना आदि।

3. संवेगात्मक विकास (Emotinal development)

बालकों के विभिन्न संवेगों सम्बन्धी गतिविधियों का अध्ययन भी बाल विकास की परिधि में आता है। बाल विकास के अन्तर्गत बालकों के विभिन्न संवेगों का अध्ययन किया जाता है। यदि बालक अपनी आयु के अनुसार संवेगों को प्रकट नहीं कर रहा है तो उसका संवेगात्मक विकास उचित रूप में नहीं हो रहा है। यदि वह आयु वर्ग के अनुसार संवेगों को प्रकट कर रहा है तो उसका संवेगात्मक विकास सन्तुलित है। अतः इसमें बालकों के विभिन्न संवेग, उत्तेजना, पीड़ा, आनन्द, क्रोध, परेशानी, भय, प्रेम एवं प्रसन्नता आदि का भी अध्ययन किया जाता है।

4. सामाजिक विकास (Social development)

बालकों का सामाजिक विकास भी बाल विकास के क्षेत्र में आता है। बाल विकास के अन्तर्गत बालकों के सामाजिक व्यवहार का अध्ययन प्रमुख रूप से किया जाता है। सामाजिक व्यवहार के अन्तर्गत परिवार के सदस्यों को पहचानना, उनके प्रति क्रोध एवं प्रेम की प्रतिक्रिया व्यक्त करना, परिचितों से प्रेम तथा अन्य से भयभीत होना एवं बड़े व्यक्तियों के कार्यों में सहायता देना आदि को सम्मिलित किया गया है। बालक के आयु वर्ग के अनुसार किया गया उचित व्यवहार सन्तुलित विकास को प्रदर्शित करता

है तथा इसके विपरीत की स्थिति बालक के सन्तुलित विकास की सूचक नहीं होती है।

5. चारित्रिक विकास (Character development)

बालकों का चारित्रिक विकास भी बाल विकास के क्षेत्र में आता है। इसके अन्तर्गत बालकों के शारीरिक अंगों के प्रयोग, सामान्य नियमों के ज्ञान, अहंभाव की प्रबलता, आज्ञा पालन की प्रबलता, नैतिकता का उदय एवं कार्यफल के प्रति चेतनता की भावना आदि को सम्मिलित किया जाता है। इस प्रकार बालकों को आयु वर्ग के अनुसार चरित्रगत गुणों का विकास होना बालकों के सन्तुलित चारित्रिक विकास का द्योतक माना जाता है। इसके विपरीत स्थिति को उचित नहीं माना जा सकता।

6. भाषा विकास (Language development)

बालकों के भाषायी विकास का अध्ययन भी बाल विकास के अन्तर्गत आता है। बालक अपनी आयु के अनुसार विभिन्न प्रकार की ध्वनियाँ एवं शब्दों का उच्चारण करता है। इन शब्दों एवं ध्वनियों का उच्चारण उचित आयु वर्ग के अनुसार बालक के सन्तुलित भाषायी विकास की ओर संकेत करता है। जैसे-1 वर्ष से 1 वर्ष 9 माह तक के बालक की शब्दोच्चारण प्रगति लगभग 118 शब्द होनी चाहिये। यदि शब्दोच्चारण की प्रगति इससे कम है तो बालक का भाषायी विकास उचित रूप में नहीं हो रहा है। इस प्रकार की भाषा सम्बन्धी क्रियाएँ इस क्षेत्र के अन्तर्गत आती हैं।

7. सृजनात्मकता का विकास (Development of creativity)

बालकों की सृजनात्मकता का विकास भी बाल विकास की परिधि में आता है। इसमें बाल कल्पना के विविध स्वरूपों के आधार पर उसके सृजनात्मक विकास के स्वरूप को निश्चित किया जाता है। बालक द्वारा विभिन्न प्रकार के खेल- खेलना, कहानी सुनाना तथा खिलौनों का निर्माण करना आदि क्रियाएँ उसकी सृजनात्मक योग्यता को प्रदर्शित करती हैं।

अभिवृद्धि एवं विकास का अर्थ, [Meaning of growth and development]

अभिवृद्धि [Growth]

सामान्यतः व्यक्ति के स्वाभाविक विकास को अभिवृद्धि कहते हैं। गर्भधारण के समय भ्रूण बनने, जन्म लेने से लेकर प्रौढ़ अवस्था तक मानव शरीर कोशिका की परिणात्मक वृद्धि जो भी स्वाभाविक परिवर्तन होता है। जिन पर प्रायः शिक्षण एवं प्रशिक्षण का प्रभाव नहीं पड़ता है, अभिवृद्धि कहलाता है। जैसे- हाथ-पैर का बढ़ना, नाख़ून का बढ़ना, बाल का बढ़ना, ऊँचाई, भार, चौड़ाई, शारीरिक अनुपात आकार जिसे नापा-तौला एवं प्रायः देखा जा सके। अभिवृद्धि निश्चित उम्र में जाकर रुक जाती है या बहुत कम हो जाती है।

फ्रैंक के अनुसार [According to Frank]

शरीर एवं व्यवहार के किसी पहलू में होने वाला परिवर्तन अभिवृद्धि कहलाता है।

सोरेन्सन के अनुसार [According to Sorenson]

सामान्य रूप से अभिवृद्धि का अभिप्रायः शरीर एवं उनके अंगों के भाग में वृद्धि को कहा जाता है।

विकास [Development]

सामान्यतः विकास में वृद्धि, परिपक्वता, पोषण अवधारणाओं के मिले - जुले अर्थों का प्रयोग किया जाता है परन्तु वास्तव में इन सभी में कुछ न कुछ अंतर है। विकास एक निरंतर रूप से चलने वाली जटिल प्रक्रिया है जिसके परिणामस्वरूप बालक या व्यक्ति के अंतर्निहित शक्तियों एवं गुणों का प्रस्फुटन होता है जिस पर वंशानुक्रम एवं पर्यावरण का बहुत अधिक प्रभाव पड़ता है, जिसके परिणामस्वरूप व्यक्ति में कुछ नई योग्यताओं जैसे- विशेषताओं एवं क्षमताओं, मानसिक शक्तियों, सामान्य नैतिक एवं चारित्रिक आचरण का विकास होता है।

हरलॉक के अनुसार: "विकास का अर्थ परिवर्तन के उस उन्नतशील श्रृंखला से है जो परिपक्वता के एक निश्चित लक्ष्य की ओर अग्रसर होती है।"

अभिवृद्धि एवं विकास में अंतर [Difference between growth and development]

अभिवृद्धि (Growth)	विकास (Development)
(1). वृद्धि आजीवन चलने वाली प्रक्रिया नहीं है यह एक निश्चित आयु पर जाकर रुक जाती है या बिल्कुल ही मंद हो जाती है।	(1). विकास जीवनपर्यंत चलने वाली एक सतत प्रक्रिया है। यह बालक के परिपक्क हो जाने के बाद भी आजीवन चलता रहता है

(2). वृद्धि का स्वरूप बाह्य होता है। अर्थात इसमें बाह्य परिवर्तन दिखता है।	(2). विकास का स्वरूप आंतरिक होता है। इसमें योग्यता को केवल अवलोकित किया जा सकता है।
(3). वृद्धि का आशय शारीरिक एवं व्यावहारिक परिवर्तन से है।	(3). जबकि विकास का आशय मानव के विभिन्न शारीरिक मानसिक तथा व्यावहारिक संघटनों से है।
(4). वृद्धि को सीधे तौर पर मापा जा सकता है.जैसे ऊँचाई, चौड़ाई, भार (शरीर का बढ़ना, मोटा होना, पतला होना) इत्यादि।	(4). विकास को सीधे तौर पर नही मापा जा सकता है बल्कि इसे मापने के लिए मनोवैज्ञानिक तरीकों का प्रयोग होता है। जैसे- बुद्धि को सीधे नहीं मापा जा सकता है इसे मापने हेतु बुद्धि परीक्षण तथा IQ Test लिए जाते है।
(5). वृद्धि विकास की प्रक्रिया का एक चरण है, इसका प्रयोग संकुचित रूप में किया जाता है।	(5). विकास का प्रयोग व्यापक रूप में होता है। वृद्धि इसके अंतर्गत आती है इसमे शारीरिक विकास के साथ-साथ बौद्धिक, सामाजिक तथा संवेगात्मक विकास भी होता है।

वृद्धि और विकास का सिद्धान्त विस्तृत रूप में -

(Principles of Growth and Development) -

1. विकास की दिशा के सिद्धांत [Principles of direction of development] -

A. शिरा-पदाभिमुख (Cephalocaudal Sequence)

B. समीप-दूराभिमुख (Proximodistal Sequence)

बाल विकास दो दिशाओं में होता है, एक सिर से पैर की दिशा में और दूसरा निकट से दूर (शरीर के केंद्र से परिधीय) तक होता है।

A. शिरा-पदाभिमुख: यह प्रदर्शित करता है कि विकास अनुदैर्ध्य दिशा में अर्थात् शीर्षगामी क्रम या सिर से पैर तक आगे बढ़ता है। यही कारण है कि एक बच्चा चलना शुरू करने से पहले सिर पर नियंत्रण हासिल करता है।

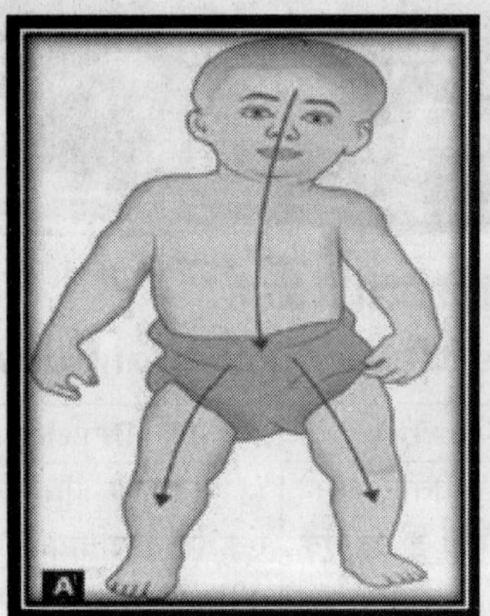

B. समीप-दूराभिमुख: समीप-दूराभिमुख विकास का एक सिद्धांत है, जो बताता है कि शारीरिक विकास केंद्र (धड़/रीढ़) से बाहर की ओर (बाहों/उंगलियों) परिधि तक होता है। इस प्रक्रिया में, पहले धड़, छाती और कंधों जैसी बड़ी मांसपेशियों का नियंत्रण विकसित होता है। उसके बाद ही हाथ, पैर और उंगलियों जैसी सूक्ष्म मांसपेशियों का विकास होता है।

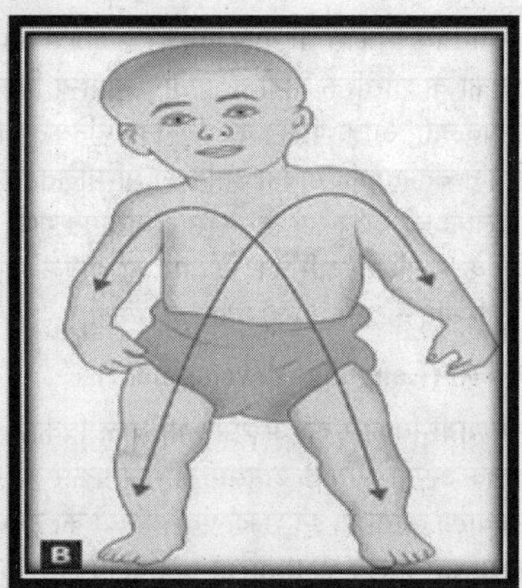

2. **सामान्य से विशिष्ट का सिद्धांत [Principle of General to Specific]** - "सामान्यता से विशिष्टता" का सिद्धांत वृद्धि और विकास की प्रक्रिया को बताता है जिसमें बच्चा पहले सामान्य प्रतिक्रियाएँ दिखाता है और फिर धीरे-धीरे विशिष्ट व्यवहार प्रदर्शित करना शुरू करता है। यह सिद्धांत कहता है कि बच्चे में विकास एक सामान्य व्यापक व्यवहार से शुरू होकर फिर एक विस्तृत और विशिष्ट कार्य में बदल जाता है। उदाहरण के लिए एक बच्चा पहले अपना पूरा हाथ हिलाना सीखता है (सामान्य) और फिर धीरे-धीरे उंगलियों का उपयोग करना सीखता है (विशिष्ट)।

3. **व्यक्तिगत भिन्नता का सिद्धांत [Theory of Individual Differences]** - यह सिद्धांत कहता है कि प्रत्येक बच्चा अपनी व्यक्तिगत शक्तियों, क्षमताओं और अवसरों के कारण एक-दूसरे से अलग होता है। जुड़वाँ बच्चों में भी शारीरिक, मानसिक, सामाजिक और संवेगात्मक क्षेत्रों में भिन्नता देखी जाती है।

4. **निरन्तरता का सिद्धान्त (Principle of Continuity)** – मानव विकास एक सतत् प्रक्रिया है जो जन्म से मृत्यु तक निरन्तर चलती रहती है तथा उसमें कोई भी विकास आकस्मिक ढंग से नहीं होता बल्कि धीरे-धीरे होता है। स्किनर के अनुसार-"विकास प्रक्रियाओं की निरन्तरता का सिद्धान्त केवल इस तथ्य पर बल देता है कि व्यक्ति में कोई आकस्मिक परिवर्तन नहीं होता।"

5. **परस्पर सम्बन्ध का सिद्धान्त (Principle of Interrelation)-** मनुष्य के शारीरिक, मानसिक, भाषाई, भावनात्मक, सामाजिक और चारित्रिक सभी प्रकार के विकास में परस्पर संबंध होता है। वे एक-दूसरे पर निर्भर हैं और एक के साथ अन्य सभी का विकास होता है। उदाहरण के लिए, जैसे-जैसे किसी व्यक्ति के शरीर के बाहरी और आंतरिक अंग बढ़ते हैं तो उनका आकार और वजन बढ़ता है, वैसे-वैसे उसके शरीर के अंगों की कार्यक्षमता भी विकसित होती है और जैसे-जैसे उसके शरीर के अंगों, विशेष रूप से ज्ञानेंद्रियों और मोटर अंगों का विकास होता है। जैसे-जैसे बच्चे की कार्यक्षमता बढ़ती है उसका मानसिक, भाषाई, भावनात्मक, सामाजिक और चारित्रिक विकास भी होता है। इसके लिए उचित माहौल और शिक्षा का उपलब्ध होना जरूरी है।

6. **समान प्रतिमान का सिद्धान्त (Principle of Uniform Pattern) -** समान प्रजाति के विकास के प्रतिमानों में समानता पायी जाती है। प्रत्येक प्रजाति चाहे वह पशु प्रजाति हो या मानव प्रजाति, अपनी प्रजाति के अनुरूप विकास के प्रतिमान का अनुसरण करता है। संसार के समस्त भागों में मानव शिशुओं के विकास का प्रतिमान एक ही है।

7. **वंशानुक्रम तथा वातावरण की अन्तः क्रिया का सिद्धान्त (Principle of Interaction of Heredity and Environment) –** इस सिद्धान्त के अनुसार बालक के विकास में वातावरण और आनुवांशिकता दोनों का सापेक्षिक महत्व होता है। विकास दोनों की अन्तः क्रिया का परिणाम होता है। जैसे- किसी बीज में अन्तर्निहित क्षमताओं को प्रस्फुटित होने के लिए मिट्टी, खाद, पानी, हवा की आवश्यकता होती है उसी प्रकार बालक में आनुवांशिकता से जो क्षमताएँ उपस्थित होती हैं उन्हें अच्छे वातावरण द्वारा ही पूर्णरूप से विकसित किया जा सकता है इस प्रकार व्यक्ति के विकास के लिए वातावरण तथा आनुवांशिकता दोनों ही महत्वपूर्ण हैं।

परीक्षापयोगी स्मरणीय तथ्य

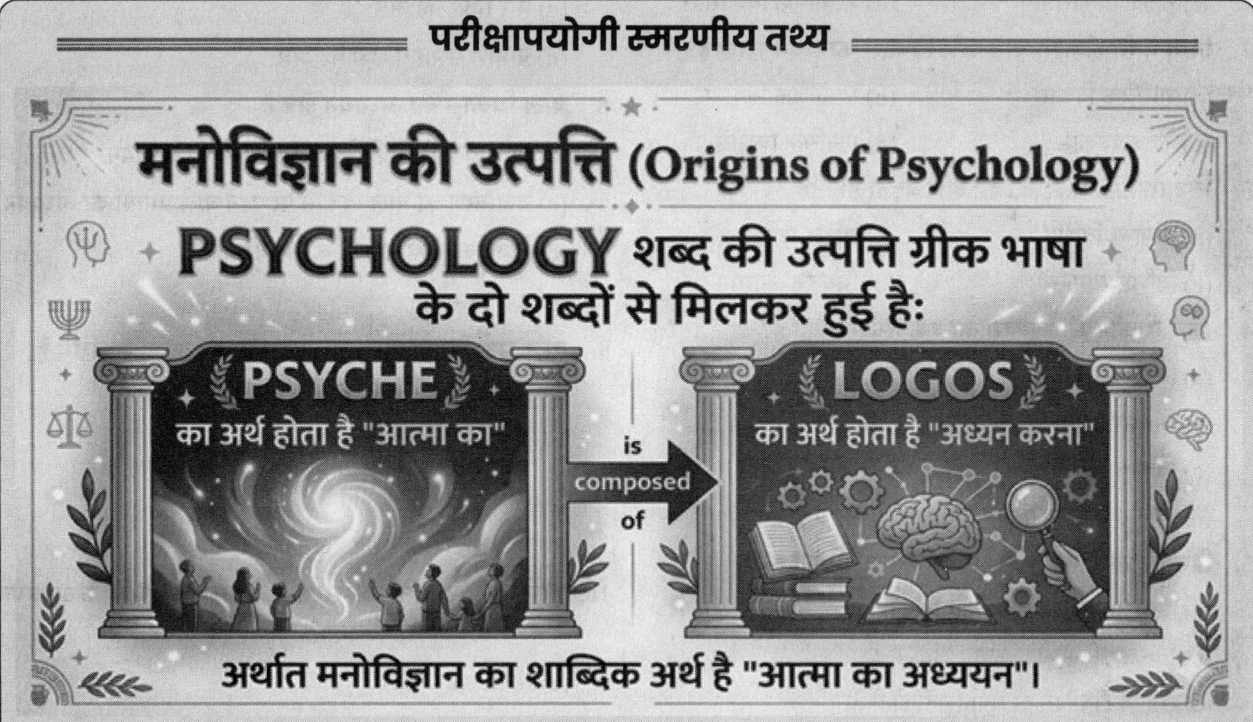

विकास [Development]

विकास क्रम में बालक के शारीरिक तथा मानसिक पक्ष में जो कुछ भी प्रगतिशील परिवर्तन होता है, उसे हम विकास कहते है, यह जन्म से मृत्यु तक चलने वाली प्रक्रिया है, विकास में वृद्धि भी सम्मिलित है।

व्यक्ति का विकास मुख्यतः दो तत्वों- वंशानुक्रम तथा वातावरण की अन्तः क्रिया पर आधारित है।

- विकास सामान्य से विशिष्ट के सिद्धांत का पालन करता है, जिसका अर्थ है कि परिष्कृत गतिविधियों से पहले व्यापक मोटर कौशल विकसित होते हैं।

- यह एक निश्चित प्रतिरूप में भी होता है, जैसे कि सेफेलोकैडल (सिर से पैर तक) और प्रॉक्सिमोडिस्टल (केंद्र से बाहर की ओर) विकास।
- परिपक्वता एवं अधिगम एक महत्वपूर्ण भूमिका निभाते हैं, क्योंकि जैविक विकास और पर्यावरणीय अनुभव किसी व्यक्ति की प्रगति को आकार देते हैं।

अभिवृद्धि [Growth]

व्यक्ति के स्वाभाविक विकास को अभिवृद्धि कहते है, गर्भाशय में भ्रूण बनने के पश्चात् जन्म होते समय तक उसमें जो प्रगतिशील परिवर्तन होते हैं। वह अभिवृद्धि है। इसमें केवल शारीरिक परिवर्तन होते हैं।

अभिवृद्धि के परिणामों को देखना और मापना आसान है जैसे ऊंचाई, वजन, शरीर द्रव्यमान सूचकांक, आदि में वृद्धि।

वृद्धि और विकास शब्द अक्सर एक-दूसरे के लिए उपयोग किए जाते है। दरअसल, वे वैचारिक रूप से अलग हैं। न तो वृद्धि और न ही विकास अपने आप होता है।

- वृद्धि आकार में मात्रात्मक परिवर्तन को दर्शाती है जिसमें ऊंचाई, वजन, आकार, आंतरिक अंगों आदि में शारीरिक परिवर्तन शामिल हैं।
- इसके विपरीत, विकास, विकास के मात्रात्मक परिवर्तनों के साथ एक साथ होने वाले गुणात्मक परिवर्तनों को संदर्भित करता है। इसे क्रमबद्ध, सुसंगत परिवर्तनों की प्रगतिशील श्रृंखला के रूप में परिभाषित किया जा सकता है।

अभ्यास प्रश्न

1. बच्चे की वृद्धि मुख्यतः संबंधित है-

(a) सामाजिक विकास से (b) शारीरिक विकास से
(c) नैतिक विकास से (d) भावात्मक विकास से

2. निम्न में से कौन-सा वृद्धि और विकास का प्रथम चरण है?

(a) शारीरिक विकास (b) सामाजिक विकास
(c) नैतिक विकास (d) मानसिक विकास

3. विकास ....से.......... की ओर बढ़ता है।

(a) सामान्य-विशिष्ट (b) जटिल-कठिन
(c) विशिष्ट-सामान्य (d) साधारण-आसान

4. इनमें से कौन-सा विकास का एक सिद्धांत नहीं है?

(a) विकास संशोधनयोग्य होता है।
(b) विकास केवल संस्कृति से शासित और निर्धारित होता है।
(c) विकास जीवनपर्यंत होता है।
(d) विकास वंशानुक्रम और पर्यावरण दोनों से प्रभावित होता है।

5. निम्नलिखित में से कौन-सा विकास का सिद्धांत है?

(a) यह निरंतर चलने वाली प्रक्रिया नहीं है।
(b) विकास की सभी प्रक्रियाएं अंतः संबंधित नहीं हैं।
(c) सभी की विकास दर समान नहीं होती है।
(d) विकास हमेशा रेखीय होता है।

6. मस्तकाधोमुखी एवं निकट से दूर का क्रम किस क्रिया का अंग है?

(a) चेतना (b) विकास (c) वृद्धि (d) संशोधन

7. विकास का शिर:पदाभिमुख दिशा सिद्धांत व्याख्या करता है कि विकास इस प्रकार आगे बढ़ता है-

(a) सामान्य से विशिष्ट कार्यों की ओर
(b) भिन्न से एकीकृत कार्यों की ओर
(c) सिर से पैर की ओर
(d) ग्रामीण से शहरी क्षेत्रों की ओर

8. बाल विकास का अध्ययन क्षेत्र है-

(a) बाल विकास की विभिन्न अवस्थाओं का अध्ययन
(b) वातावरण का बाल विकास पर पड़ने वाले प्रभावों का अध्ययन
(c) वैयक्तिक विभिन्नताओं का अध्ययन
(d) उपरोक्त सभी

9. बाल-मनोविज्ञान के आधार पर कौन-सा कथन सर्वोत्तम है?

(a) सारे बच्चे एक जैसे होते हैं।
(b) कुछ बच्चे एक जैसे होते हैं।
(c) कुछ बच्चे विशिष्ट होते हैं।
(d) प्रत्येक बच्चा विशिष्ट होता है।

10. निम्नलिखित में से कौन-सा तत्व शिक्षा मनोविज्ञान के अध्ययन क्षेत्र के अंतर्गत नहीं आता है?

(a) सीखने की प्रकृति
(b) मानव व्यक्ति की अभिवृद्धि और उसका विकास
(c) वैयक्तिक भेद (d) मानसिक रोग

11. निम्नलिखित में से कौन-सा शिक्षा मनोविज्ञान के अध्ययन क्षेत्र के अन्तर्गत नहीं आता है?

(a) वंशानुक्रम एवं वातावरण (b) व्यक्तिगत भिन्नता
(c) पारेंद्रिय ज्ञान (d) अधिगम प्रक्रिया

12. शिक्षक के लिए मनोविज्ञान की उपयोगिता जिस क्षेत्र में है, वह है-

(a) उचित शिक्षण विधियों के प्रयोग
(b) बालकों के व्यक्तित्व के सर्वांगीण विकास में
(c) कक्षा के समस्याओं के समाधान में
(d) उपरोक्त सभी

13. अभिवृद्धि के सन्दर्भ में क्या सही नहीं है?

(a) अभिवृद्धि शारीरिक होती है।
(b) अभिवृद्धि मात्रात्मक होती है।
(c) अभिवृद्धि मापनीय होती है।
(d) अभिवृद्धि जीवनपर्यन्त चलने वाली प्रक्रिया है।

14. निम्नलिखित में से कौन-सा एक कथन विकास के बारे में सही है?

(a) विकास जन्म से किशोरावस्था तक आगे की तरफ बढ़ता है और फिर पीछे की तरफ।
(b) विकासात्मक परिवर्तन एक सीधी रेखा में आगे जाता है।
(c) विकास भिन्न व्यक्तियों में भिन्न गति से होता है।
(d) विकास जन्म से किशोरावस्था तक बहुत तीव्र गति से होता है और उसके बाद रुक जाता है।

15. "बाल-मनोविज्ञान वह वैज्ञानिक अध्ययन है जो व्यक्ति के विकास का अध्ययन गर्भकाल के प्रारम्भ से किशोरावस्था की प्रारम्भिक अवस्था तक करता है।" किसने कहा?

(a) जेम्स ड्रेवर (b) HJ आइसेन्क
(c) क्रो और क्रो (d) E B हरलॉक

16. बाल मनोविज्ञान में .... का अध्ययन किया जाता है।

(a) बालक के जन्म से लेकर बाल्यावस्था तक
(b) बालक के जन्म के पूर्व गर्भावस्था से लेकर किशोरावस्था तक
(c) बालक के जन्म से लेकर प्रौढ़ावस्था तक
(d) बालक के जन्म से लेकर युवावस्था तक

17. एक बालक की केंद्र से चारों ओर विकास की दिशा .... कहलाती है।

(a) सिफेलो-कॉडल (b) समीप से दूर
(c) कोडो-सिफेलिक (d) दूर से समीप

18. बाल विकास में गुणात्मक परिवर्तन की पहचान करें-

(a) वजन (b) दृष्टि (c) बाल (d) दाँत

19. शैक्षणिक मनोविज्ञान........के माध्यम से शिक्षा में योगदान देता है।

(a) विद्यार्थी की समस्याओं को समझने
(b) शिक्षक की समस्याओं को समझने
(c) पाठ्यक्रम को समझने
(d) शैक्षणिक समस्याओं को समझने

20. मानव विकास .... है।

(a) मात्रात्मक (b) गुणात्मक
(c) कुछ सीमा तक अमापनीय (d) (A) और (B) दोनों

21. बाल मनोविज्ञान का क्षेत्र है-

(a) केवल शैशवावस्था की विशेषताओं का अध्ययन
(b) केवल गर्भावस्था की विशेषताओं का अध्ययन
(c) केवल बाल्यावस्था की विशेषताओं का अध्ययन
(d) गर्भावस्था से किशोरावस्था की विशेषताओं का अध्ययन

22. निम्नलिखित में से कौन-सा विकल्प शिक्षा मनोविज्ञान की एक सीमा है ?

(a) बाल विकास की विभिन्न अवस्थाओं का ज्ञान
(b) कक्षा की समस्याओं का समाधान
(c) बालक केन्द्रित शिक्षा
(d) वैयक्तिक विभिन्नताओं की समस्या

23. बच्चे के विकास के शिरस्थ सिद्धांत के अनुसार, निम्न में से सत्य कथन है-

(a) विकास सिर से पैर की ओर होता है।
(b) विकास पैर से सिर की ओर होता है।
(c) विकास मध्य भाग से परिधि की ओर होता है।
(d) इनमें से कोई नहीं।

24. विकास में वृद्धि से तात्पर्य है-

(a) ज्ञान में वृद्धि
(b) संवेग में वृद्धि
(c) वजन में वृद्धि
(d) आकार, सोच, समझ कौशलों में वृद्धि

25. निम्नलिखित में से कौन विकास के व्यापक आयामों की सही पहचान करता है?

(a) शारीरिक, व्यक्तित्व, आध्यात्मिक और संवेगात्मक
(b) सामाजिक, शारीरिक, व्यक्तित्व और स्व
(c) शारीरिक, संज्ञानात्मक, सामाजिक और संवेगात्मक
(d) संवेगात्मक, बौद्धिक, आध्यात्मिक और स्व

26. "विकास कभी न समाप्त होने वाली प्रक्रिया है।" यह कथन विकास के किस सिद्धांत से संबंधित है?

(a) एकीकरण का सिद्धांत (b) अंतःक्रिया का सिद्धांत
(c) निरंतरता का सिद्धांत (d) अंतःसंबंध का सिद्धांत

27. निम्न में से कौन-सा शारीरिक विकास का एक प्रमुख नियम है?

(a) मानसिक विकास से भिन्नता का नियम

(b) अनियमित विकास का नियम

(c) द्रुतगामी विकास का नियम

(d) कल्पना और संवेगात्मक विकास से संबंध का नियम

28. बच्चे के विकास के सिद्धांतों को समझना शिक्षक की सहायता करता है-

(a) शिक्षार्थियों को क्यों पढ़ाना चाहिए यह औचित्य स्थापित करने में

(b) शिक्षार्थियों की भिन्न अधिगम शैलियों को प्रभावी रूप में संबोधित करने में

(c) शिक्षार्थी के सामाजिक स्तर को पहचानने में

(d) शिक्षार्थी की आर्थिक पृष्ठभूमि को पहचानने में

29. विकासात्मक दिशा के सिद्धांत में शामिल है -

(a) शीर्षाभिमुख सिद्धांत (b) समीपदूराभिमुख सिद्धांत

(c) (a) और (b) दोनों (d) न तो (a) और न ही (b)

30. निकट से दूर का नियम ....का सिद्धान्त है-

(a) विकास (b) वातावरण (c) वंशानुक्रम (d) जन्म

31. शरीर के विभिन्न हिस्सों में होता है-

(a) छिटपुट विकास या कहीं-कहीं विकास

(b) समान विकास

(c) विकास के विभिन्न दर

(d) कोई विकास नहीं

32. बालक के विकास के सन्दर्भ में निम्नलिखित में से कौन- सा कथन सत्य है?

(a) विकास केवल आनुवंशिकी का परिणाम है।

(b) विकास सतत प्रक्रिया नहीं है।

(c) विकास की गति बालक और बालिकाओं में एकसमान होती है।

(d) विकास सामान्य से विशिष्ट की ओर अग्रसर होता है।

33. कौन विकास का प्रमुख सिद्धान्त नहीं है?

(a) निरंतर अनवरत गति (b) सामान्य से विशिष्ट

(c) निश्चित प्रतिरूप (d) परिपक्वता एवं अधिगम

34. निम्नलिखित में से कौन-सा कथन व्यक्ति के विकास की प्रक्रिया के बारे में सही है ?

(a) विकास की प्रक्रिया एकदिशीय होती है।

(b) यह केवल व्यक्ति की आनुवंशिकता से प्रभावित होता है।

(c) विकास की प्रक्रिया में सांस्कृतिक विविधताएँ होती है।

(d) विकास केवल वातावरणीय कारकों द्वारा निर्धारित होता है।

35. "शिक्षा मनोविज्ञान, मनोविज्ञान की वह शाखा है, जो शिक्षण एवं सीखने से सम्बन्धित है।" यह कथन दिया गया है-

(a) वुडवर्थ द्वारा (b) स्किनर द्वारा

(c) सिम्पसन द्वारा (d) पावलॉव द्वारा

36. अलग-अलग बालकों को अलग-अलग कार्य सौंपे जाने को .... के आधार पर न्योचित ठहराया जा सकता है।

(a) विद्यार्थियों को विभिन्नता पसंद है

(b) यह कार्य की नकल को रोकता है

(c) विद्यार्थियों में वैयक्तिक अंतर है

(d) इसे किसी भी प्रकार न्यायोचित नहीं ठहराया जा सकता

37. बाल मनोविज्ञान का केन्द्र बिन्दु है-

(a) विद्यालय (b) शिक्षण प्रक्रिया

(c) बालक (d) अच्छा शिक्षक

38. बाल मनोविज्ञान के अनुसार शिक्षा के क्षेत्र में मुख्य स्थान है-

(a) अध्यापक का (b) प्रशासक का

(c) बालक का (d) अभिभावक का

39. विकासात्मक मनोविज्ञान में जीवन का अध्ययन किया जाता है-

(a) किशोरावस्था में (b) जीवनपर्यन्त

(c) जन्म से (d) गर्भकाल में

40. शारीरिक वृद्धि और विकास को कहते हैं-

(a) तत्परता (b) अभिवृद्धि

(c) गतिशीलता (d) आनुवंशिकता

41. मनोविज्ञान (Psychology) शब्द की उत्पत्ति किस भाषा से हुई है?

(a) लैटिन (b) फ्रेंच (c) जर्मन (d) ग्रीक (यूनानी)

42. किसके द्वारा 'मनोविज्ञान' शब्द को पहली बार प्रस्तुत किया गया है?

(a) रुडोल्फ गोइकिल (b) विलियम जेम्स

(c) सिगमंड फ्रायड (d) सी.जी. जुंग

43. किसे 'आधुनिक मनोविज्ञान का जनक' माना जाता है?

(a) विल्हेम वुंट (b) बी.एफ. स्किनर

(c) सिगमंड फ्रायड (d) विलियम जेम्स

44. "मनोविज्ञान ने सर्वप्रथम अपनी आत्मा का त्याग किया फिर मन, फिर चेतना, अब यह व्यवहार की विधि को स्वीकार करता है।" यह कथन किसका है?

(a) वुडवर्थ (b) स्किनर (c) वाटसन (d) फ्रायड

45. व्यवहारवाद (Behaviorism) के जनक कौन माने जाते हैं?

(a) विलियम वुण्ट (b) जे.बी. वाटसन

(c) इवान पावलोव (d) सिगमंड फ्रायड

46. भारत में आधुनिक मनोविज्ञान (प्रायोगिक प्रयोगशाला) की शुरुआत कब और कहाँ हुई?

(a) 1900, मद्रास (b) 1916, कलकत्ता

(c) 1920, दिल्ली (d) 1910, बम्बई

47. मनोविश्लेषणवाद (Psychoanalysis) के प्रतिपादक कौन हैं?

(a) वाटसन (b) सिगमंड फ्रायड

(c) कोहलर (d) जेम्स

48. 'साइकोलॉजी' (Psychology) शब्द का सर्वप्रथम प्रयोग किसने किया?

(a) रुडोल्फ गोइकिल (Rudolf Goclenius)

(b) अरस्तू

(c) प्लेटो

(d) विलियम जेम्स

49. "तुम मुझे कोई भी बालक दे दो मैं उसे वैसा बना सकता हूँ जैसा मैं बनाना चाहता हूँ।" यह कथन किसका है?

(a) वुडवर्थ (b) वाटसन (c) स्किनर (d) फ्रायड

50. भारत में आधुनिक मनोविज्ञान का पहला विभाग कब और कहाँ स्थापित किया गया?

(a) 1920, दिल्ली विश्वविद्यालय

(b) 1916, कलकत्ता विश्वविद्यालय

(c) 1930, बॉम्बे विश्वविद्यालय

(d) 1910, मद्रास विश्वविद्यालय

ANSWER KEY

1. (*b*)	2. (*a*)	3. (*a*)	4. (*b*)	5. (*c*)	6. (*b*)	7. (*c*)	8. (*d*)	9. (*d*)	10. (*d*)	11. (*c*)	12. (*d*)	13. (*d*)
14. (*c*)	15. (*c*)	16. (*b*)	17. (*b*)	18. (*a*)	19. (*d*)	20. (*d*)	21. (*d*)	22. (*d*)	23. (*a*)	24. (*d*)	25. (*c*)	26. (*c*)
27. (*c*)	28. (*b*)	29. (*c*)	30. (*a*)	31. (*c*)	32. (*d*)	33. (*a*)	34. (*c*)	35. (*b*)	36. (*c*)	37. (*c*)	38. (*c*)	39. (*c*)
40. (*b*)	41. (*d*)	42. (*a*)	43. (*a*)	44. (*a*)	45. (*b*)	46. (*b*)	47. (*b*)	48. (*a*)	49. (*b*)	50. (*b*)		

2 विकास की अवस्थाएँ

मानव विकास की अवस्थाएँ (Stages of Human Development)

मानव विकास एक सतत प्रक्रिया है. जहाँ तक उसकी शारीरिक बुद्धि की बात है तो वह एक सीमा (परिपक्वता, Maturity) को प्राप्त करने के बाद रुक जाती है परंतु उसकी मनोशारीरिक क्रियाओं में विकास निरंतर होता रहता है. और इसके साथ ही उसका मानसिक, भाषायी, संवेगात्मक, सामाजिक और चारित्रिक विकास निरंतर होता रहता है. यह सब विकास उसके विभिन्न आयु स्तरों पर भिन्न-भिन्न रूप में होता है. इन आयु स्तरों को ही मानव विकास की अवस्थाएँ कहते हैं. भारतीय मनीषियों ने मानव विकास की अवस्थाओं को 7 कालों में विभाजित किया है।

भारत में आज भी मनुष्य जीवन को इन्हीं 7 कालों में विभाजित करके देखा-समझा जाता है. यह 7 अवस्थाएँ निम्नलिखित है-

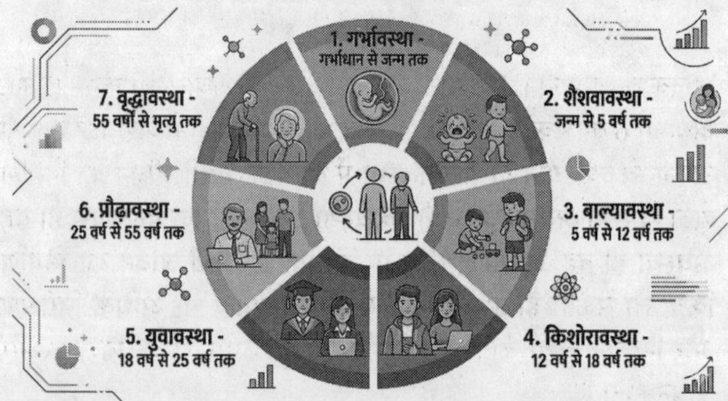

1. गर्भावस्था - गर्भाधान से जन्म तक
2. शैशवावस्था - जन्म से 5 वर्ष तक
3. बाल्यावस्था - 5 वर्ष से 12 वर्ष तक
4. किशोरावस्था - 12 वर्ष से 18 वर्ष तक
5. युवावस्था - 18 वर्ष से 25 वर्ष तक
6. प्रौढ़ावस्था - 25 वर्ष से 55 वर्ष तक
7. वृद्धावस्था - 55 वर्षों से मृत्यु तक

विकास अवस्थाओं का सामान्य वर्गीकरण [General classification of developmental stages]

1.	शैशव अवस्था	–	जन्म से 5 या 6 वर्ष तक
2.	बाल्यावस्था	–	6 से 12 वर्ष तक
3.	किशोरावस्था	–	बालक 12 से 18/19 वर्ष (पूर्व किशोरावस्था 12 से 16 तथा उत्तर किशोरावस्था 17 से 19 वर्ष तक)
4.	प्रौढ़ अवस्था	–	19 वर्ष के बाद।

रॉस के अनुसार –

शैशवावस्था - 1-3 वर्ष

पूर्व बाल्यावस्था - 3-6 वर्ष

उत्तर- बाल्यावस्था - 6-12 वर्ष

किशोरावस्था - 12-18 वर्ष

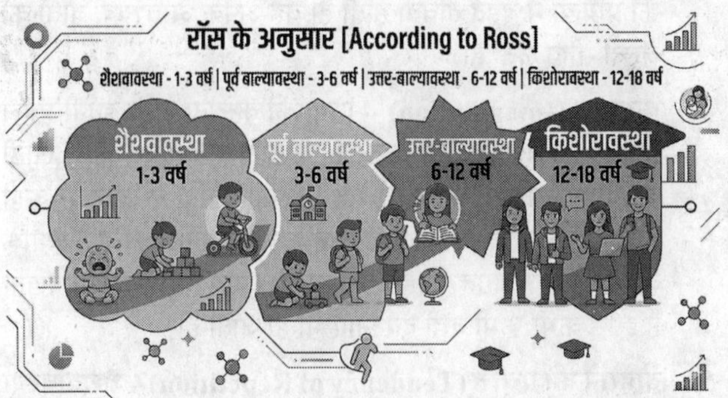

हारलॉक के अनुसार - बाल विकास और बाल अध्ययन की दृष्टि से हारलॉक के द्वारा किया गया वर्गीकरण सामान्य माना गया है –

गर्भावस्था	गर्भाधान से जन्म तक
शैशवावस्था	जन्म से दो सप्ताह तक
बचपनावस्था	तीसरे सप्ताह से 2 वर्ष तक
पूर्व बाल्यावस्था	3 वर्ष से 6 वर्ष तक
उत्तर बाल्यावस्था	7 वर्ष से 12 वर्ष तक
वयः संधि	12 वर्ष से 14 वर्ष तक
पूर्व किशोरावस्था	13-14 से 17 वर्ष तक
उत्तर किशोरावस्था	18 से 21 वर्ष तक
प्रौढ़ावस्था	21 वर्ष से 40 वर्ष तक
मध्यावस्था	41 वर्ष से 60 वर्ष तक
वृद्धावस्था	60 वर्ष के बाद

विकास की अवस्थाएं [Stages of Development]:- मानव विकास विभिन्न अवस्थाओं सेहोकर गुजरता है; इन्हें निम्न अवस्थाओं में विभाजित किया जा सकता है:

गर्भावस्था [Pregnancy]:- यह अवस्था गर्भाधान से जन्म के समय तक 9 महीना या 280 दिन तक मानी जाती है।

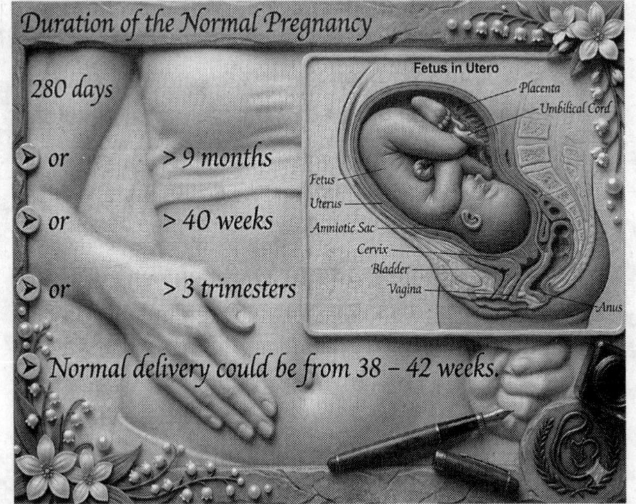

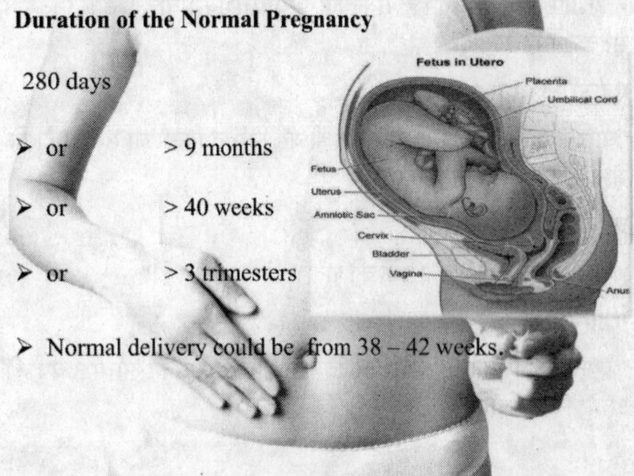

शैशवावस्था (सामान्य कार्यकाल 0 से 5 या 6 वर्ष) [Infancy (typical term 0 to 5 or 6 years)]

Ek Naya Jeevan (A New Life)

Har Bacchcha Hai Ek Pyara Tohfa (Every Child is a Lovely Gift)
Jeevan Ki Bhavishya Ki Raksha Karein (Protect Life's Future)

बालक के जन्म लेने के उपरांत की अवस्था को शैशवावस्था कहते हैं। यह अवस्था 6 वर्ष तक मानी जाती है। विकास अवस्थाओं में शैशवावस्था का अपना विशेष स्थान है। शैशवावस्था में बच्चे के भावी जीवन का निर्माण होता है। सभी अवस्थाओं में शैशवावस्था सबसे अधिक महत्वपूर्ण है। यह अवस्था ही वह आधार है जिस पर बालक के भावी जीवन का निर्माण किया जा सकता है। इस अवस्था में उनका जितना भी अधिक निरीक्षण और निर्देशन किया जाता है उतना ही अधिक उत्तम उसका विकास और जीवन होता है।

शैशवावस्था की परिभाषाएं [definition of infancy]

न्यूमैन के अनुसार-"शैशवावस्था जीवन का सबसे महत्वपूर्ण काल है।"

वैलेंटाइन के अनुसार-"शैशवावस्था सीखने का आदर्श काल है।"

फ्रायड के अनुसार शैशवास्था की परिभाषा

"बालक को जो कुछ बनना हैं, प्रारंभ के 4-5 वर्षों में बन जाता है।"

स्टैंग की परिभाषा

"जीवन के प्रथम वर्ष में बालक अपने भावी जीवन का शिलान्यास करता

है। यद्यपि उसमें परिवर्तन हो सकता है, पर प्रारम्भिक प्रवृत्तियाँ और प्रतिमान सदैव बने रहते हैं।"

एडलर के अनुसार

"बालक के जन्म के कुछ माह बाद ही यह निश्चित किया जा सकता है। कि जीवन में उसका क्या स्थान है।"

क्रो एंड क्रो के अनुसार

"बीसवीं शताब्दी को बालक की शताब्दी कहा जाता है।"

गुडएनफ के अनुसार

" व्यक्ति का जितना भी मानसिक विकास होता है, उसका आधा 3 वर्ष की आयु तक हो जाता है।"

शैशवावस्था की शारीरिक, मानसिक, संवेगात्मक तथा सामाजिक विकास से सम्बन्धित कुछ प्रमुख विशेषताएँ निम्नलिखित हैं-

1. **शारीरिक विकास में तीव्रता (Rapidity in Physical Growth)** – बालक के जीवन में प्रथम तीन वर्षों में शारीरिक विकास तीव्र गति से होता है। प्रथम वर्ष में लम्बाई तथा भार दोनों में तीव्र गति से वृद्धि होती है। आन्तरिक अंगों व माँसपेशियों आदि का भी परस्पर विकास होता है।

2. **मानसिक क्रियाओं में तीव्रता (Rapidity in Mental Processes)** – शिशु की मानसिक क्रियाओं जैसे- ध्यान, स्मृति, कल्पना, संवेदना, प्रत्यक्षीकरण, कल्पना आदि का विकास तीव्र गति से होता है। तीन वर्ष की आयु तक शिशु की लगभग सभी मानसिक शक्तियाँ भली-भाँति कार्य करने लगती हैं।

3. **सीखने में तीव्रता (Rapidity in Learning)** – शिशु के सीखने की प्रक्रिया में बहुत तीव्रता होती है। वह अनेक आवश्यक बातों को जल्दी सीख लेता है।

4. **कल्पना (Imagination)** – शिशु की कल्पना शक्ति इतनी प्रबल होती है कि वह बहुत-सी बातों की कल्पना कर लेता है जैसे- लाठी को घोड़ा समझना, पहिए को रेल समझना आदि। दूरदर्शन पर आने वाले कार्यक्रमों के नायकों के एक्शन करने का प्रयास करता है क्योंकि वह काल्पनिक जगत में पहुँच कर स्वयं को नायक के स्थान पर देखता है इससे कभी-कभी बड़ी दुर्घटनाएँ भी हो जाती हैं।

5. **दोहराने की प्रवृत्ति (Tendency of Repetition)** – शैशवावस्था में शिशु में शब्दों, वाक्यों अथवा क्रियाओं को बार-बार दोहराने की प्रवृत्ति विशेष रूप से पाई जाती है। दोहराने में शिशु एक प्रकार के आनन्द का अनुभव करता है।

6. **दूसरों पर निर्भरता (Dependence on Others)** – मानव शिशु जन्म के बाद कुछ समय तक असहाय अवस्था में रहता है। वह अपनी भौतिक एवं भावनात्मक आवश्यकताओं के लिए अपने माता-पिता एवं परिवार के अन्य सदस्यों पर निर्भर रहता है। खाने , पीने, कपड़े पहनने, बिस्तर पर लेटने आदि सभी कार्यों के लिए वह दूसरों पर निर्भर रहता है। अधिकतर वह अपनी माँ पर निर्भर रहता है। अगर दूसरे बच्चों से झगड़ा होता है तो वह तुरंत इसकी शिकायत अपने माता-पिता से करते हैं। स्नेह, प्रेम, सुरक्षा आदि के लिए अपने माता-पिता या अन्य बड़ों पर निर्भर रहता है।

7. **अनुकरण द्वारा सीखने की प्रवृत्ति (Attitude of Learning by Imitation)** – शिशु सबसे अधिक और जल्दी अनुकरण विधि से सीखते हैं। परिवार में माता-पिता, भाई-बहनों तथा अन्य सदस्य के व्यवहार का वह अनुकरण करता है और सीखता है।

8. **स्वप्रेम की भावना (Feeling of Self Love)** शैशवावस्था में अपने प्रति प्रेम की भावना का बाहुल्य होता है। वह अपने माता-पिता की गोद में किसी अन्य बच्चे को देखकर ईर्ष्या करता है। वह सभी वस्तुएँ, माता-पिता व भाई-बहनों का सम्पूर्ण स्नेह व लाड़-प्यार अपने लिए ही चाहता है। वह अपनी किसी भी चीज में अन्य बच्चों को साझीदार नहीं बनाना चाहता।

9. **नैतिक भावना का अभाव (Lack of Moral Feeling)** – इस अवस्था में बालक में नैतिक भावनाएँ जागृत नहीं होती। वह यह जानने में असमर्थ है कि क्या सही है और क्या गलत, क्या अच्छा है और क्या बुरा। वह केवल वही करता है जिसमें उसे आनंद आता है भले ही वह नैतिक रूप से अवांछनीय हो। वह कभी भी वो काम नहीं करता जिससे उसे दुख पहुंचे। इस प्रकार उसमें नैतिक भावना का सर्वथा अभाव है।

10. **सामाजिक भावना का विकास (Development of Social Feeling)** – 4-5 महीने का बच्चा दूसरे बच्चों की ओर आकर्षित होता है जबकि 10-11 महीने का बच्चा गेम खेलने में व्यस्त रहता है, 11-12 महीने का बच्चा खिलौना छोड़कर दूसरे बच्चों की ओर चला जाता है। शैशवावस्था के अंतिम चरण में बच्चा दूसरे बच्चों की मदद करना शुरू कर देता है। दूसरों के दुःख के प्रति सहानुभूति व्यक्त करता है। दूसरों को चिढ़ाकर अपना मनोरंजन करता है।

शैशवावस्था के कुछ महत्वपूर्ण चरण [Some important stages of infancy]

शैशवावस्था एक महत्वपूर्ण अवस्था होती है जिसमें बच्चे के मस्तिष्क का तेजी से विकास होता है। इस दौरान उन्हें प्यार, देखभाल और उचित पोषण की बहुत आवश्यकता होती है।

नवजात शिशु (0-2 महीने): शिशु अपनी इंद्रियों के माध्यम से दुनिया का अनुभव करना शुरू करते हैं। वे रोने, मुस्कुराने और चेहरे के भावों के माध्यम से संवाद करते हैं।

शिशु (3-5 महीने): शिशु अपने सिर, गर्दन, और धड़ को नियंत्रित करना सीखते हैं। वे खिलौनों तक पहुंचने और उन्हें पकड़ने में सक्षम होते हैं।

शिशु (6-8 महीने): शिशु बैठना, रेंगना और खड़े होना सीखते हैं। वे सरल शब्दों और वाक्यांशों को समझना शुरू करते हैं।

शिशु (9-11 महीने): शिशु चलना, बात करना और खुद को खिलाना सीखते हैं। वे अपनी स्वतंत्रता का दावा करना शुरू करते हैं।

बच्चा (12-18 महीने): बच्चे अपनी भाषा और सामाजिक कौशल विकसित करना जारी रखते हैं। वे अपनी भावनाओं को व्यक्त करना और अपनी रुचि और प्राथमिकताएं विकसित करना सीखते हैं।

शैशवावस्था में शारीरिक विकास [Physical development in infancy]

1. **शिशु का आकार (size):-** जन्म के समय शिशु की लंबाई लगभग 20 इंच होती है। बालक बालिका से 1/2 इंच अधिक लंबे होते हैं। प्रथम वर्ष में शिशु की लंबाई लगभग 27 या 28 इंच दूसरे वर्ष में 31 या 33 इंच और 6 वर्ष तक लगभग 40 या 44 इंच हो जाती है।

2. **शिशु का भार (weight):-** जन्म के समय बालक बालिकाओं से अधिक होता है। नवजात शिशु का भार 6 से 8 पाउंड तक होता है। प्रथम 6 माह में शिशु का भार दोगुना और एक वर्ष में 3 गुना हो जाता है। 3 वर्ष में लगभग 20 या 25 पाउंड और छोटे वर्ष तक 40 पाउंड हो जाता है।

3. **शैशवावस्था शिशु की मांसपेशियां (Muscles):-** शिशु की मांसपेशियों का भार उसके शरीर के कुछ भार का 23% होता है और धीरे-धीरे बढ़ता है। उसकी भुजाओं का विकास तीव्र गति से होता है। प्रथम 2 वर्ष में भुजाएं दुगुनी और टांगे लगभग डेढ़ गुना हो जाती है। 6 वर्ष की आयु तक उनकी मांसपेशियों में लचीलापन आ जाता है।

4. **शैशवावस्था में शिशु की हड्डियां (Bones):-** नवजात शिशु की हड्डियाँ छोटी कोमल और लचीली होती हैं। हड्डियों की संख्या 270 होती है। हड्डियाँ कैल्शियम, फास्फोरस तथा अन्य खनिज पदार्थों की सहायता से मजबूत होती हैं इसे अस्थिकरण की प्रक्रिया कहते हैं। बालक की अपेक्षा बालिका की अस्थिकरण प्रक्रिया जल्दी होती है।

5. **शैशवावस्था में शिशु का दाँत (Teeth):-** जन्म के समय से शिशु के दाँत नहीं होते। लगभग सातवें मास से दाँत निकालना शुरू हो जाते हैं। ये अस्थायी दाँत होते हैं। इनको दूध के दाँत कहा जाता है। 1 वर्ष की आयु तक इनकी संख्या 8 हो जाती है तथा लगभग 4 वर्ष की आयु तक सब दाँत निकल आते हैं। इसके बाद एक दाँत गिर जाते हैं और 5 में या 6 वर्ष की आयु में स्थाई दाँत निकलने लगते हैं।

6. **सिर व मस्तिष्क (Head and Brain):-** नवजात शिशु का सिर शरीर की अपेक्षा बड़ा होता है। जन्म के समय सिर की लंबाई उसके शरीर की कुल लंबाई की 1/4 होती है। प्रथम 2 वर्षों में सिर बहुत तेजी से बढ़ता है। उसके बाद विकास की गति धीमी हो जाती है। जन्म के समय मस्तिष्क का भार लगभग 350 ग्राम होता है। 6 वर्ष की आयु तक या बढ़कर 1260 ग्राम हो जाता है। वयस्क मस्तिष्क का भार 1400 ग्राम बताया जाता है। इससे स्पष्ट है कि शैशवावस्था में मस्तिष्क के बाहर की वृद्धि तीव्र गति से होती हैं।

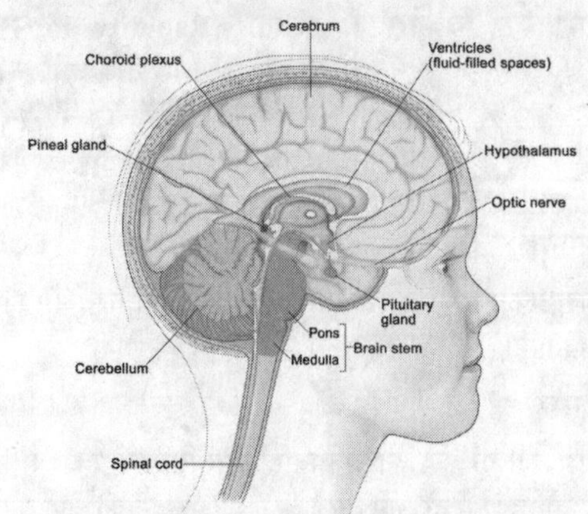

7. **शिशु के आंतरिक अंगों का विकास:-** जन्म के बाद शरीर के आंतरिक अंगों का आप ही विकास होता है। इसमें पाचक अंग, फेफड़े, मांसपेशियां, स्नायु मंडल, रक्त संचार अंग, उत्पादक अंग तथा ग्रंथियों का क्रमशः विकास होता है। इस प्रकार शैशवावस्था में शारीरिक विकास तीव्र गति से होती है।

शैशवावस्था में मानसिक विकास [Mental Development in Infancy]

जन्म के समय शिशु का मस्तिष्क पूर्णतया अविकसित होता है और वह अपने वातावरण को नहीं जानता। जैसे-जैसे उसका मस्तिष्क विकसित होता है उसे अपने वातावरण के बारे में अधिक से अधिक ज्ञान प्राप्त होता जाता है।

Mental Development (मानसिक विकास)

सोरेन्स ने लिखा है- "जैसे-जैसे शिशु प्रतिदिन, प्रतिमास, प्रतिवर्ष बढ़ता जाता है वैसे-वैसे उसकी मानसिक शक्तियों में परिवर्तन होता जाता है।"

जन्म के समय व पहला सप्ताह

जॉन लॉक का मत है- "नवजात शिशु का मस्तिष्क कोरे कागज के समान होता है, जिस पर अनुभव लिखता है।" फिर भी, शिशु जन्म के समय से ही कुछ कार्य जानता है; जैसे-छींकना, हिचकी लेना, दूध पीना, हाथ पैर हिलाना, आराम न मिलने पर रोकर कष्ट प्रकट करना और सहसा जोर की आवाज सुनकर चौंकना।

दूसरा सप्ताह

- शिशु प्रकाश, चमकीली और बड़े आकार की वस्तुओं को ध्यान से देखता है।

पहला माह

- शिशु कष्ट या भूख का अनुभव होने पर विभिन्न प्रकार से चिल्लाता है और हाथ में दी जाने वाली वस्तु को पकड़ने की चेष्टा करता है।

दूसरा माह

- शिशु आवाज सुनने के लिए सिर घुमाता है। सब स्वरों की ध्वनियाँ उत्पन्न करता है और वस्तुओं को अधिक ध्यान से देखता है।

चौथा माह

- शिशु सब व्यंजनों की ध्वनियाँ करता है, दी जाने वाली वस्तु को दोनों हाथों से पकड़ता है और खोये हुए खिलौनों को खोजता है।

छठा माह

- शिशु सुनी हुई आवाज का अनुकरण करता है, अपना नाम समझने लगता है एवं प्रेम और क्रोध में अन्तर जान जाता है।

आठवाँ माह

- शिशु अपनी पसन्द का खिलौना छाँटता है और दूसरे बच्चों के साथ खेलने में आनन्द लेता है।

दसवाँ माह

- शिशु विभिन्न प्रकार की आवाजों और दूसरे शिशुओं की गतियों का अनुकरण करता है एवं अपना खिलौना छीने जाने पर विरोध करता है।

पहला वर्ष

- शिशु चार शब्द बोलता है और दूसरे व्यक्तियों की क्रियाओं का अनुकरण करता है।

दूसरा वर्ष

- शिशु दो शब्दों के वाक्यों का प्रयोग करता है। वर्ष के अन्त तक उसके पास 100 से 200 तक शब्दों का भण्डार हो जाता है।

तीसरा वर्ष

- शिशु पूछे जाने पर अपना नाम बताता है और सीधी या लम्बी रेखा देखकर वैसी ही रेखा खींचने का प्रयत्न करता है।

चौथा वर्ष

- शिशु चार तक गिनती गिन लेता है, छोटी और बड़ी रेखाओं में अन्तर जान जाता है, अक्षर लिखना आरम्भ कर देता है और वस्तुओं को क्रम से रखता है।

पाँचवाँ वर्ष

- शिशु हल्की और भारी वस्तुओं एवं विभिन्न प्रकार के रंगों में अन्तर जान जाता है। वह अपना नाम लिखने लगता है, संयुक्त और जटिल वाक्य बोलने लगता है एवं 10-11 शब्दों के वाक्यों को दोहराने लगता है।

शैशवास्था में गामक विकास [Motor Development in Infancy]

गामक विकास शैशवावस्था में शिशुओं का मांसपेशियों और तंत्रिकाओं के समन्वय से अपनी शारीरिक गतिविधियों पर नियंत्रण प्राप्त करना है।

गामक विकास का तात्पर्य बालकों में उनकी मांसपेशियों तथा तंत्रिकाओं के समन्वित कार्य द्वारा अपनी शारीरिक क्रियाओं पर पूर्ण नियंत्रण प्राप्त करना होता है।

जन्म लेने के बाद बच्चा हाथ-पैर हिलाने-डुलाने तथा फैलाने-सिकोड़ने की क्रिया करने लगता है और धीरे-धीरे गर्दन, आँख की पुतलियाँ,धड़ तथा अन्य अंग चलाने लगता है।

यही अंगो का संचालन की क्रिया और उसमें होने वाले प्रगतिशील एवं अपेक्षित परिवर्तन को गामक विकास कहते है।

हारलॉक के अनुसार [According to Harlock]- "गामक विकास से अभिप्राय है- मांसपेशियों की उन गतिविधियों का नियंत्रण, जो जन्म के समय के पश्चात् निरर्थक एवं अनिश्चित होती है।" गामक विकास मे शरीर के अंगों, मांसपेशियों तथा स्नायुमंडल की शक्तियां एवं क्रियाशीलता अथवा क्षमता की समन्वित व्याख्या की जाती है।

क्रो एवं क्रो के अनुसार [According to Crow and Crow]- "स्नायुमण्डल तथा मांसपेशियों की क्रियाओं के समीकरण द्वारा जो शारीरिक क्रियाकलाप संभव हो सकता है, उन्हे गामक क्रियाएँ कहते है, गामक क्रियाओं में गतिशीलता एवं उसका ठीक-ठीक होना भी सम्मिलित है।"

गैरिसन के अनुसार [According to Garrison]- "शक्ति, अंग-सामंजस्य तथा गति का और हाँथ-पैर एवं शरीर की अन्य मांसपेशियों के ठीक-ठाक उपयोग का विकास बालक के सम्पूर्ण विकास की एक महत्वपूर्ण विशेषता है।"

बाल्यवस्था (Childhood) (कार्यकाल 6 से 12 वर्ष)

यह अवस्था बालक के व्यक्तित्व के निर्माण में होती है। बालक में इस अवस्था में विभिन्न आदतों, रुचि एवं इच्छाओं के प्रतिरूपों का निर्माण होता है। बाल्यावस्था का काल 6 से 12 वर्ष को आयु का माना जाता हैं जिन्हें अभिभावक और शिक्षक सरलता से नहीं समझ पाते। शैशवावस्था से बाल्यावस्था में प्रवेश करते समय बच्चा आत्मनिर्भर होने लगता है। और वह अपने आसपास के वातावरण को समझने लगता है। इस अवस्था में बालक के जीवन में स्थायित्व आ जाता है।

बाल्यावस्था को दो भागों में बांटा गया है- प्रथम 6 से 9 वर्ष तक की अवस्था को पूर्व बाल्यावस्था तथा 9 से 12 वर्ष तक की अवस्था को उत्तर बाल्यावस्था कहा गया है। इस अवस्था में बच्चे में कुछ ऐसे परिवर्तन आते

बाल्यावस्था की परिभाषाएं [definition of childhood]

ब्लेयर जॉन्स एवं सिंपसन के अनुसार [According to Blair, Jones, and Simpson] "बाल्यावस्था वह समय है जब व्यक्ति के आधारभूत दृष्टिकोण व मूल्यों और आदर्शों का बहुत सीमा तक निर्माण होता है।"

कॉल और ब्रूस के अनुसार [According to Call and Bruce]

"बाल्यावस्था जीवन का अनोखा काल(unique period of life) है।" कॉल और ब्रूस लिखते हैं "वास्तव में माता-पिता के लिए बाल विकास की इस अवस्था को समझना कठिन है।"

रॉस के अनुसार [According to Ross]

"बाल्यावस्था मिथ्या परिपक्वता का काल है।"

किलपैट्रिक – "बाल्यावस्था को प्रतिद्वन्दता की अवस्था कहा है।"

बाल्यावस्था के अंन्य नाम [Other names for childhood]

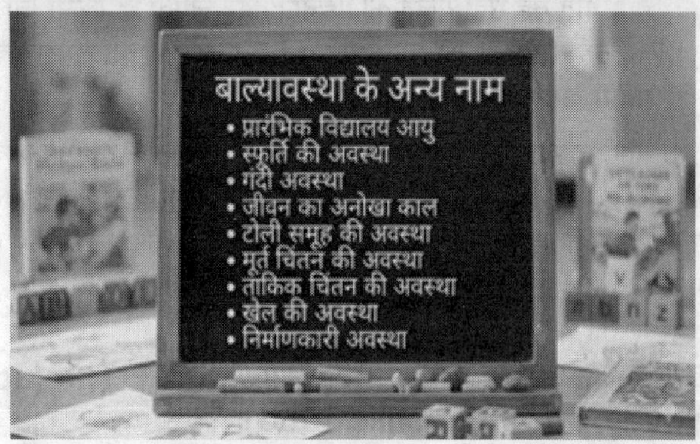

बाल्यवस्था की विशेषता (Characteristics of Childhood)

1. **मूर्त संक्रियात्मक अवस्था (Concrete operational stage)** - मूर्त संक्रियात्मक अवस्था वह अवस्था हैं जिसमें छात्र उसी वस्तु

के बारे में चिंतन करते हैं जिन्हें वह अपनी आँखों के सामने देखते हैं अर्थात जो उन्हें दिखाई देता हैं वह उसी के संबंध में चिंतन कर पाते हैं। यह अवस्था अमूर्त कम और मूर्त ज्यादा होती है।

2. **खेल अवस्था (Gaming Stage)** - इस अवस्था को खेल अवस्था इसलिए कहा जाता हैं, क्योंकि इस अवस्था मे बालक का मन बहुत चंचल होता हैं और वह बहुत सक्रिय होता हैं। इस अवस्था मे लगभग 95 प्रतिशत बालक खेलने में अपनी रुचि प्रकट करते हैं।

3. **निर्माणकारी अवस्था (Formative Stage)** - इस अवस्था को निर्माणकारी अवस्था इसलिए कहा जाता है क्योंकि यह अवस्था छात्रों के व्यक्तित्व एवं चरित्र का निर्माण करती है।

4. **सामुदायिक अवस्था (Community Stage)** - इस अवस्था में बालक समूह में रहना काफी पसंद करते हैं। स्वयं को अकेले रहने में वह असहज महसूस और शांत अवस्था में चले जाते हैं।

5. **संवेदनशीलता (Sensitivity).** संवेदनशीलता अर्थात् इस अवस्था में बालक किसी कार्य को करने हेतु अधिक उत्तेजित एवं विश्वसनीय योग्य होते हैं।

6. **चिंतन (Concerns)** – इस अवस्था में बालक चिंतनशील हो जाते हैं अर्थात् वह सही-गलत की पहचान करने लगता है। किसी विषय की तह तक जाने का प्रयास करता है एवं वस्तुओं को समझने का प्रयास करता है।

यह अवस्था बेहद महत्वपूर्ण अवस्था होती है क्योंकि यह उम्र छात्रों के व्यक्तित्व का निर्माण करती है। इस अवस्था में अगर बालकों को सही मार्गदर्शन नहीं मिलता तो वह गलत दिशा एवं कार्यों की ओर अग्रसर हो सकते हैं ।

बाल्यावस्था में यौन सम्बन्धी विकास (Sexual development in childhood)

यौन सम्बन्धी विकास के लिये बाल्यावस्था को सुषुप्तावस्था माना गया है। इस आयु में काम प्रवृत्ति बहुत ही कम रहती है। ये विपरीत लिंग के प्रति उदासीन रहते हैं। वे या तो एक-दूसरे की उपेक्षा करते हैं या एक-दूसरे को नीचा दिखाने एवं चिढ़ाने की विभिन्न क्रियाएँ करते हैं। बालक स्वयं को पुरुष सिद्ध करने के लिये पुरुषोचित कार्य करते हैं और बालिकाएँ स्त्रियोचित।

अतः यह स्पष्ट होता है कि यौन सम्बन्धी क्रियाओं में इस आयु के बालकों को कोई रुचि नहीं रहती है।

बाल्यावस्था में शारीरिक विकास [Physical development in childhood]

1. **लम्बाई या आकार (Height or Size)** – लम्बाई में वृद्धि की दृष्टि से बाल्यावस्था विशेष रूप से महत्वपूर्ण कहा जा सकता है। इस अवस्था में लम्बाई बढ़ने की दर 2-3 इंच प्रतिवर्ष रहती है। 6 से 9 वर्ष तक की आयु तक बालिकाओं की लम्बाई बालकों को अपेक्षा कम रहती है। 10वें वर्ष में दोनों की लम्बाई लगभग समान हो जाती है तथा 12 वर्ष आने तक बालिकाएँ बालकों से अधिक लम्बी हो जाती हैं।

2. **भार (Weight)** – लम्बाई की भाँति भार में भी बालिकाएँ 9 वर्ष तक बालकों से कम रहती हैं तथा 10 से 12 वर्ष के दौरान बालकों से अधिक हो जाती हैं।

3. **मस्तिष्क व सिर (Brain and Head)** – बाल्यावस्था में सिर का विकास तो होता है किन्तु शरीर और सिर का अनुपात वयस्क के शरीर और सिर के अनुपात की समानता की ओर प्रवृत्त होने लगता है। शैशवावस्था के अन्त तक मस्तिष्क का विकास वयस्क मस्तिष्क का 90% होता है जो बाल्यावस्था में अन्त तक बढ़कर 95% हो जाता है। इस प्रकार बाल्यावस्था के दौरान मस्तिष्क का पर्याप्त विकास हो जाता है।

4. **माँसपेशियाँ (Muscles)** – बाल्यावस्था में माँसपेशियों का विकास मन्द गति से होता है। 8 वर्ष की आयु में माँसपेशियों का भार शरीर के कुल भार का 27% होता है जो 12 वर्ष में बढ़कर 33% हो जाता है।

5. **धड़ का विकास (Trunk Part of the Body)** – बाल्यावस्था में बालक एवं बालिकाओं के धड़ का विकास महत्व रखता है। इस आयु में शरीर बलिष्ठ, पुष्ट तथा शक्तिशाली होने लगता है जिससे बालक अपने अंगों के संचालन पर नियंत्रण प्राप्त कर लेते हैं। बालकों के कन्धे चौड़े होने लगते हैं तथा कूल्हे पतले हो जाते हैं। बालिकाओं के कंधे पतले हो जाते हैं तथा कूल्हे चौड़े हो जाते हैं।

6. **हाथ व पैर (Hands and Legs)** – बाल्यावस्था में बालकों के पैर लम्बे व सीधे हो जाते हैं तथा बालिकाओं के पैर अन्दर की ओर कुछ झुकाव ले लेते हैं। भुजाएँ भी लम्बी होने लगती है।

7. **दाँत (Teeth)** – बाल्यावस्था के आरम्भ में दूध के दाँत गिरने लगते हैं और नए स्थायी दाँत आने प्रारम्भ होने लगते हैं। लगभग 12-13 वर्ष में सभी दाँत आ जाते हैं। सामान्यता दाँतों की संख्या 27-28 होती है। बालिकाओं के दाँत बालकों की तुलना में कुछ जल्दी निकल आते हैं। दाँत चेहरे की आकृति में स्थायित्व लाते हैं और उसे सुन्दर बनाते हैं।

8. **हृदय गति (Heart beating)** – शैशवावस्था की तुलना में बाल्यावस्था में हृदय की धड़कनों की गति कम हो जाती है। 18 वर्ष के बालकों का हृदय प्रति मिनट 85 बार धड़कता है।

निष्कर्ष: इस आर्टिकल में हमने बाल्यावस्था में शारीरिक विकास के बारे में जाना। बाल्यावस्था को दो भागों में बांटा गया है प्रथम भाग 6 से 9 वर्ष

तक, द्वितीय भाग 9 से 12 वर्ष तक। 6 से 9 वर्ष तक विकास की गति तेज होती है तथा 9 से 12 वर्ष तक गति कुछ मन्द पड़ जाती है। प्रथम भाग में बालक बालिकाओं की अपेक्षा अधिक लम्बे होते हैं पर द्वितीय भाग में इसका उल्टा होता है इसमें बालिका बालक से अधिक लम्बे होने लगते है। बाल्यावस्था में मस्तिष्क का विकास 90% से बढ़कर 95% हो जाता है।

बाल्यावस्था में मानसिक विकास [Mental development in childhood]

बाल्यावस्था में मानसिक विकास की स्थिति तीव्र होती है इस अवस्था में बालक में सहज प्रवृत्तियों तथा मूल प्रवृत्तियों का विकास हो जाता है। वह अपनी जिज्ञासा शांत करने के लिए अनेक प्रकार के प्रश्न अपने अभिभावकों से करता है। उसकी रूचि में विस्तार आने लगता है। छोटी-छोटी रोचक कहानियां पढ़ने में उसकी रुचि बढ़ जाती है। यात्रा करने तथा इतिहास पढ़ने में समय लगाता है। सूक्ष्म चिंतन का आरंभ हो जाता है। समस्या पर चिंतन करके कारण तथा निदान खोजने का प्रयत्न करता है। स्मरण शक्ति बढ़ जाती है तथा रटने की योग्यता का विकास हो जाता है।

1. **छठवाँ वर्ष-** बालक बिना हिचके हुए 13-14 तक की गिनती सुना देता है। सरल प्रश्नों के उत्तर दे देता है और शरीर के विभिन्न अंगों के नाम बता देता है। यदि उसे कोई चित्र दिखाया जाय तो वह उसमें बनी हुई वस्तुओं का वर्णन कर सकता है और उनमें समानताएँ एवं असमानताएँ भी बता सकता है।
2. **सातवाँ वर्ष:-** सात वर्ष के बालक में इतनी मानसिकता आ जाती है कि वह दो वस्तुओं में समानताएं और अंतर करने लगता है। वह छोटी-छोटी घटनाओं का वर्णन कर लेता है। वह संदेशों को ला तथा ले जा सकता है।
3. **आठवाँ वर्ष:-** 8 वर्ष की आयु में वह 16, 17 शब्दों के वाक्यों को दोहरा सकता है तथा छोटी-छोटी सामान्य समस्याओं का हल करने की क्षमता विकसित कर लेता है साथ ही कहानियाँ एवं कविताओं को भी याद की क्षमता रखते हैं।
4. **नवाँ वर्ष:-** 9 वर्ष की आयु में वह दिन, समय, तारीख, वर्ष बता सकता है, तथा उसे सिक्कों का भी ज्ञान हो जाता है। बालक को रूपए-पैसे गिनना, जोड़ना-घटाना आदि का ज्ञान हो जाता है साथ ही 5-6 तुकांत शब्दों को बताने में भी सफलता प्राप्त कर लेता है।
5. **दसवाँ वर्ष:-** 10 वर्ष की अवस्था में वह छोटे-छोटे वाक्यों की त्रुटियों को दोहराने लगता है। 3 मिनट में वह 770 शब्दों को दोहरा सकता है, बालक में तीव्र गति से बोलने की शक्ति आ जाती है तथा वे दैनिक जीवन के नियमित कार्यों को स्वयं करने लगता है वह सही ढंग से निरीक्षण और तार्किक चिंतन भी करने लगता है।
6. **ग्यारहवाँ वर्ष:-** 11 वर्ष में बालक लगभग 6 अंक आगे तथा 4 अंक पीछे की उल्टी गिनती बड़ी आसानी से कर सकता है। साधारण या सामान्य गद्यांश को पढ़कर उसका सारांश भी बता सकता है साथ ही छोटी-छोटी वस्तुओं तथा घटनाओं की तुलना भी कर सकता है किसी भी घटना का कारण वह बता सकता है।
7. **बारहवाँ वर्ष:-** 12 वर्ष की अवस्था में वह किसी बात का कारण बता सकता है तथा अपनी और व्याख्या कर सकता है इन वर्ष में बालक में इतनी मानसिकता आ जाती है कि वह बड़ी ही आसानी से तर्क और समस्या को हल करने की योग्यता का विकास कर लेता है। वह विभिन्न परिस्थितियों की वास्तविकता जानने की कोशिश करता है तथा कठिन शब्दों की व्याख्या और छोटी-छोटी बातों का कारण बताने का प्रयास करता है उनकी स्मरण शक्ति चिंता शक्ति एवं बुद्धि में वृद्धि होती है जिससे वह दूसरे बालकों को सलामी देने लगता है वह किसी भी वस्तु या किसी भी घटना को देखकर कम से कम 75% उनका विवरण दे सकता है। बाल्यावस्था में बालक एवं बालिकाओं की ज्ञान इंद्रियाँ तीव्रता से विकसित हो जाती हैं उनमें परिपक्वता आ जाती है।

किशोरावस्था (Adolescence)

(कार्यकाल 12 से 18 वर्ष)

किशोरावस्था शब्द अंग्रेजी में Adolescence कहते है जिसकी उत्पत्ति लैटिन भाषा के Adolescere शब्द से हुई है, जिसका अर्थ है – परिपक्वता की ओर बढ़ना (To grow to maturity)।

किशोरावस्था की प्रमुख परिभाषाएँ [Key Definitions of Adolescence]:

विश्व स्वास्थ्य संगठन (WHO)

किशोरावस्था बचपन और वयस्कता के बीच जीवन को एक महत्वपूर्ण चरण के रूप में परिभाषित करता है जिसमें व्यक्ति 10 से 19 वर्ष की आयु के बीच होता है।

कोहलन के अनुसार किशोरावस्था की परिभाषा:- "किशोरावस्था वह काल है जिसकी विशेषताएं हैं लिंगी सामाजिक, व्यवसायिक, आदर्श संबंधित समायोजन और माता-पिता पर निर्भरता से मुक्ति प्राप्त करने का चेष्टा।"

स्टैनले हाल के अनुसार किशोरावस्था की परिभाषा: - "किशोरावस्था बहुत दबाव , तनाव, तूफान तथा संघर्ष का समय होता है।"

क्रो एंड क्रो के अनुसार [According to Crow and Crow]:- "किशोर ही वर्तमान की शक्ति और भावी आशा को प्रस्तुत करता है।"

जरशिल्ड के अनुसार [According to Jarschild]:- "किशोरावस्था वह समय है, जिसमें विचारशील व्यक्ति बाल्यावस्था से परिपक्वता की ओर संक्रमण करता है।"

किलपैट्रिक के अनुसार [According to Kilpatrick]:- "किशोरावस्था जीवन का सबसे कठिन काल है।"

ब्लेयर जोंस एवं सिम्पसन के अनुसार [According to Blair Jones and Simpson]:- "किशोरावस्था प्रत्येक व्यक्ति के जीवन का वह काल है जो बाल्यावस्था के अंत में होता है और प्रौढ़ावस्था के आरंभ में समाप्त होता है।"

रॉस के अनुसार [According to Ross]:- "किशोरावस्था शैशवावस्था की पुनरावृत्ति है।"

किशोरावस्था के अन्य नाम [Other names for adolescence]

- टीन एज
- स्वर्ण काल
- विरोध की अवस्था
- सबसे कठिन काल
- उलझन की अवस्था
- समूह भक्ति की अवस्था
- अमूर्त चिंतन की अवस्था
- संघर्ष और तूफान की अवस्था
- संवेगात्मक परिवर्तन की अवस्था
- अपराध प्रवृत्ति के विकास की नाजुक अवस्था

किशोरावस्था की मुख्य विशेषताएँ [Main characteristics of adolescence]

किशोरावस्था का काल संसार के सभी देशों में एक-सा नहीं माना जाता। श्री हैरीमैन ने लिखा है- *"यूरोपीय देशों में किशोरावस्था का समय लड़कियों में*

लगभग 13 वर्ष से लेकर 21 वर्ष और लड़कों में 15 वर्ष से लेकर 21 तक माना जाता है। भारत देश में लड़कियों की 11-17 और लड़कों की 13-19 वर्ष की आयु तक किशोरावस्था की सीमा मानी जाती है।"

अतः हम यहाँ पर किशोरावस्था की विशिष्टता को ध्यान में रखते हुए विशेषताओं का वर्णन करेंगे-

(1) विकासात्मक विशेषता (Developmental Trait)- किशोरावस्था को शारीरिक विकास का सर्वश्रेष्ठ काल माना जाता है। इसमें किशोर के शरीर में अनेक महत्वपूर्ण परिवर्तन होते हैं, जैसे भार और लंबाई में तीव्र वृद्धि, मांस पेशियों और शारीरिक ढांचे में दृढ़ता, किशोर में दाढ़ी और मूँछ (Beard and Mustache) की रोमावलियों का आना एवं किशोरियों में प्रथम मासिक स्राव (Menstruation) के दर्शन आदि।

(2) कल्पना की बहुलता (Plurality of Imagination)- किशोर के मस्तिष्क का लगभग सभी दिशाओं में विकास होता है। उसमें विशेष रुप से लिखित मानसिक गुण (mental quality) पाए जाते हैं। कल्पना व दिवास्वप्नों की बहुलता (Multiplicity of fantasy and daydreams) ,बुद्धि का अधिकतम विकास सोचने समझने और तर्क करने की शक्ति में वृद्धि, विरोधी मानसिक दशाएँ आदि। किशोर किसी समूह का सदस्य होते हुए भी केवल एक या दो बालकों से घनिष्ठ संबंध रखता है, जो उसके परम मित्र होते हैं।

(3) संवेंगो में अस्थिरता (Volatility in Sentiment)- किशोरों में आवेगों एवं संवेगों की बहुत प्रबलता होती है। इसी कारण वह विभिन्न अवसरों पर भिन्न-भिन्न व्यवहार करता है। उदाहरण के तौर पर किसी समय वह बहुत क्रियाशील रहता है तो किसी समय अधिकांशतः कायर या उदासीन। उसमें उत्साह व उत्साहहीनता के लक्षण समयानुसार देखे जा सकते हैं।

डॉ. माथुर का कथन है-"किशोरावस्था में बालक अत्यंत संवेगात्मक अवस्था में रहता है उसमें भावुकता, अस्थिरता, घबराहट के भाव उतार-चढ़ाव एवं चरम सीमा पर होते हैं। वह कभी-कभी बहुत उत्तेजित हो जाता है और कभी अत्यंत मलीन मन और खिन्न दिखाई देता है। उसके संवेग आनंद एवं उदासीनता के बीच आते रहते हैं।"

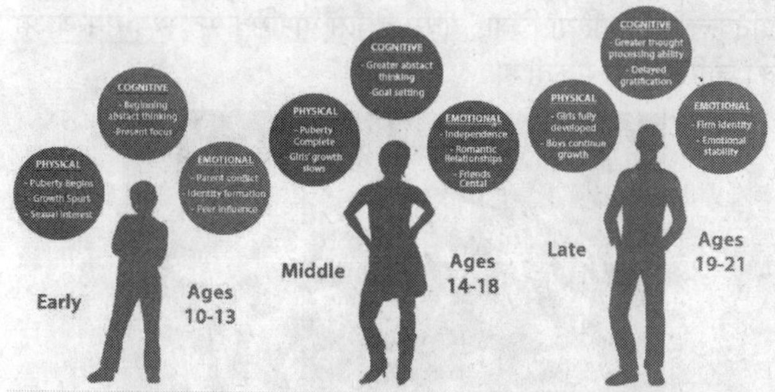

(4) शैशवावस्था का पुनरावर्तन काल (Relapse of Infancy)- मनोवैज्ञानिक रॉस (Ross) ने किशोरावस्था को शैशवावस्था का पुनरावर्तन काल कहा है क्योंकि किशोर बहुत कुछ शिशु के समान होता है। उसकी बाल्यावस्था की स्थिरता समाप्त हो जाती हैं और वह एक बार फिर शिशु के समान अस्थिर हो जाता है। उसके व्यवहार में इतनी उद्विग्नता आ जाती है कि वह शिशु के समान अन्य व्यक्तियों और अपने वातावरण से समायोजन नहीं कर पाता है। अतः रॉस का विचार है कि- " शिशु के समान किशोर को अपने वातावरण से समायोजन करने का कार्य फिर से आरंभ करना पड़ता है।"

(5) स्वतंत्रता की भावना (Sense of Freedom) - किशोर में शारीरिक एवं मानसिक स्वतंत्रता की प्रबल भावना होती है। वह बड़ों के आदेशों, अन्धविश्वासों के बंधनों में बँधकर स्वतंत्र जीवन व्यतीत करना चाहता है। यदि उस पर किसी प्रकार का प्रतिबंध लगाया जाता है तो उसमें विद्रोह की भावना विकसित होती है।

(6) काम भावना में परिपक्वता (Maturity in Sex)- कामेन्द्रियों की परिपक्वता और कामशक्ति का विकास किशोरावस्था की सबसे महत्वपूर्ण विशेषताओं में से एक है। इस अवस्था के पूर्व में अर्थात् पूर्व किशोरावस्था में विषमलिंगी आकर्षण होता है वे एक दूसरे को आकर्षित कर सकते हैं।

(7) समूह के प्रति समर्पण (Devotion to the Own Group)- किशोर जिस समूह का सदस्य होता है, उसको वह अपने परिवार और विद्यालय से अधिक महत्वपूर्ण समझता है। यदि उसके माता-पिता और समूह दृष्टिकोणों में अंतर होता है तो वह समूह के ही दृष्टिकोणों को बेहतर मानता है और उन्हीं के अनुसार अपने व्यवहार, रुचियों, इच्छाओं आदि में परिवर्तन करता है।

(8) रुचियों में परिवर्तन (Change in Interests)- रुचियों में परिवर्तन एवं स्थायित्व पन्द्रह वर्ष की आयु तक किशोरों की रुचियों में परिवर्तन होता रहता है किंतु उसके बाद के वर्षों में किशोरों की रुचियों में स्थायित्व आ जाता है अर्थात् उनकी रुचियाँ आगामी जीवन तक बनी रहती हैं। बालकों को खेलकूद और व्यायाम में विशेष रूचि होती है जबकि बालिकाओं में कढ़ाई-बुनाई, नृत्य, संगीत, सिलाई आदि के प्रति विशेष आकर्षण होता है।

(9) समाज सेवा की भावना (Spirit of Social Service) - किशोरों में समाज सेवा की अति तीव्र भावना होती है। इस सम्बंध में

रॉस महोदय ने लिखा है- "किशोर समाज सेवा के आदर्शों का निर्माण और पोषण करता है। उसका उदार हृदय मानव जाति के प्रेम से ओत-प्रोत होता है और वह आदर्श समाज का निर्माण करने में सहायता देने के लिए उद्विग्न रहता है।"

(10) **धार्मिक एवं नैतिक भावनाओं का उदय (Rise of Religious and Moral Sentiments)-** किशोरावस्था के आरंभ में बालकों को धर्म व ईश्वर में आस्था नहीं होती। इनके सम्बंध में उनमें इतनी शंकाएँ उत्पन्न होती हैं कि वे इनका समाधान नहीं कर पाते। किंतु धीरे-धीरे उनमें धर्म में विश्वास उत्पन्न हो जाता है और वे ईश्वर की सत्ता को स्वीकार करने लगते हैं।

किशोरावस्था में शारीरिक विकास [Physical development in adolescence]

1. **भार (Weight)-** किशोरावस्था में किशोरों का भार किशोरियों की अपेक्षा अधिक बढ़ता है। इस अवस्था के अन्त में किशोर का भार किशोरी से 25 पौण्ड अधिक होता है। पूर्व किशोरावस्था में बालिकाओं का भार अधिक होता है परंतु उत्तर किशोरावस्था में बालकों का भार अधिक हो जाता है। बालकों का भार 43 से 50 पौण्ड के आस-पास हो जाता है।

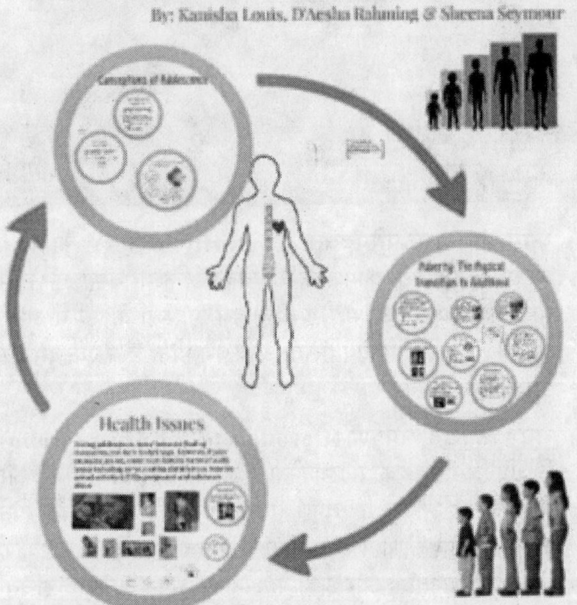

2. **ऊँचाई (Height)** किशोरावस्था में किशोर तथा किशोरियों की ऊँचाई में तीव्रता के साथ वृद्धि होती है। 15 वर्ष की आयु में किशोर तथा किशोरियों की ऊँचाई लगभग समान रहती है। 18 वर्ष की आयु तक पहुँचते-पहुँचते किशोरों की लम्बाई किशोरियों से 6-7 सेमी अधिक हो जाती है। किशोरी 16 वर्ष की आयु में अपनी अधिकतम ऊँचाई प्राप्त कर लेती है, किशोरों की लम्बाई 18 वर्ष के बाद भी बढ़ती रहती है।

3. **सिर व मस्तिष्क (Head and Brain)-** सिर एवं मस्तिष्क का विकास इस अवस्था में भी होता रहता है। 15 या 16 वर्ष की आयु तक सिर का लगभग पूर्ण विकास हो जाता है। मस्तिष्क का भार 1200 और 1400 ग्राम के बीच होता है।

4. **हड्डियाँ (Bones)-** इस अवस्था में अस्थिकरण की प्रक्रिया पूर्ण हो जाती है। कुछ छोटी-मोटी अस्थियाँ आपस में जुड़ जाती हैं। जिसके कारण से हड्डियों की संख्या 206 हो जाती है।

5. **दाँत (Teeth)-** किशोरावस्था के आरम्भ तक बालकों और बालिकाओं के सभी स्थायी दाँत निकल आते हैं। प्रज्ञादन्त (Wisdom Teeth) भी इस अवस्था के अन्त में अथवा प्रौढ़ावस्था के प्रारम्भ में निकलते हैं। बालिकाओं में बालकों की अपेक्षा प्रज्ञादन्त पहले आ जाते हैं। इस अवस्था में दांतों की संख्या 28 होती है।

6. **माँसपेशियाँ (Muscles)-** किशोरावस्था में माँसपेशियों का विकास तीव्रता से होता है। 12 वर्ष की आयु में माँसपेशियों का भार शरीर के कुल भार का 33% और 16 वर्ष की आयु में लगभग 44% होता है। माँसपेशियों के गठन में दृढ़ता आ जाती है। सभी अंग सुडौल और पुष्ट दिखाई देने लगते हैं।

7. **हृदय-** किशोरावस्था में हृदय का धड़कना भी घट जाता है बालकों का हृदय 72 बार धड़कता है वहीं लड़कियों का हृदय लगभग 68-70 बार धड़कता है।

8. **आवाज-** किशोरावस्था में बालिकाओं की आवाज मधुर होती है वही बालकों की आवाज भारी होने लगती है।

9. **प्रजनन अंग-** किशोरावस्था में प्राचीन अंगों का भी पूर्ण रूप से विकास हो जाता है।

किशोरावस्था में मानसिक विकास [Mental development in adolescence]

मस्तिष्क में संरचनात्मक और कार्यात्मक परिवर्तनों से शुरू होता है, जो किशोरों को अमूर्त सोच, समस्या-समाधान और जटिल तार्किक संबंधों को समझने की क्षमता प्रदान करता है। किशोर अपनी भावनाओं के प्रति अधिक जागरूक होते हैं अपनी पहचान बनाते हैं और भविष्य के बारे में निर्णय लेना सीखते हैं। यह एक महत्वपूर्ण और रचनात्मक अवधि है लेकिन गरीबी, दुर्व्यवहार या सोशल मीडिया का अत्यधिक उपयोग जैसी प्रतिकूल परिस्थितियाँ चिंता, अवसाद जैसे मानसिक स्वास्थ्य समस्याओं का जोखिम बढ़ा सकती हैं।

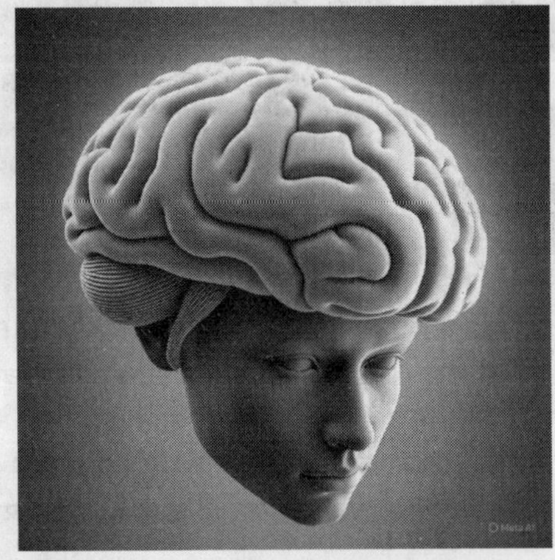

बुद्धि में स्थिरता (Stability in inteligence)

किशोरावस्था में बुद्धि का विकास पूर्ण हो जाता है इसीलिये इस अवस्था को बुद्धि में स्थिरता लाने वाली अवस्था भी कहा जाता है। टरमन, जोन्स एवं कोनाई और स्पीयरमैन आदि विद्वानों ने बुद्धि का पूर्ण विकास 14 से 16 वर्ष के बीच माना है। मनोशास्त्रियों के अनुसार, बुद्धि में प्रखरता का विकास ही सम्भव है, क्योंकि बुद्धि तो जन्मजात होती है।

कल्पना शक्ति में तीव्रता (Sharpness in imagination power)

किशोरावस्था में कल्पना शक्ति का बाहुल्य रहता है। किशोर अपनी इच्छाओं की पूर्ति के लिये दिवास्वप्न देखते हैं। उनकी इस कल्पना शक्ति को सही मार्ग-दर्शन देकर कला, संगीत, खेल, साहित्य एवं अन्य रचनात्मक कार्यों में मौलिकता का प्रदर्शन किया जाता है। अध्ययनों से स्पष्ट होता है कि कल्पना शक्ति की अधिकता बालिकाओं में बालको से अधिक होती है।

रुचि में विविधता (Differences in interest)

किशोरावस्था में रुचियों का विकास तीव्रता से होता है। स्त्री एवं पुरुष अपनी-अपनी रुचियों का चुनाव भिन्न-भिन्न तरीके से करते हैं। बालिकाओं में स्त्रियोचित रुचियों का विकास होता है। और बालकों में पुरुषोचित रुचियों का। अतः रुचि विविधता होना स्वाभाविक है।

मानसिक शक्तियाँ (Mental powers)

इस अवस्था में बालकों एवं बालिकाओं की संवेदना, प्रत्यक्षीकरण, अवधान, स्मृति, विस्मृति, कल्पना, चिन्तन, तर्क और समस्या समाधान आदि मानसिक शक्तियों का पूर्ण विकास हो जाता है। वह इनका प्रयोग विभिन्न परिस्थितियों में आसानी से करते हैं।

चिन्तन में स्वाभाविकता (Reality in thinking)

इस आयु में चिन्तन में नवीनता और स्वाभाविकता आना प्रारम्भ हो जाती है। किशोर सामाजिक रूढ़ियों, परम्पराओं, रीति-रिवाजों एवं अन्ध-विश्वासों आदि का विरोध करता है और नये मापदण्डों का प्रयोग करता है। अतः उसके चिन्तन को एक नयी दिशा मिलती है।

किशोरावस्था में मानसिक विकास क्षेत्र [Areas of Mental Development in Adolescence]

सोच और तर्क:

- अमूर्त और परोक्ष रूप से सोचने की क्षमता विकसित होती है।
- समस्या-समाधान और निर्णय लेने की क्षमता में वृद्धि होती है।
- दीर्घकालिक सोच और भविष्य की योजना बनाने की क्षमता विकसित होती है।

अभ्यास प्रश्न

1. **विकास की किस अवस्था में बुद्धि का अधिकतम विकास होता हैं? [UPTET 2016]**
   (a) बाल्यावस्था (b) शैशवावस्था
   (c) किशोरावस्था (d) प्रौढ़ावस्था
2. **मानव विकास का प्रारंभ होता है- [UPTET 2019]**
   (a) पूर्व बाल्यावस्था से (b) गर्भावस्था से
   (c) शैशवावस्था से (d) उत्तर बाल्यावस्था से
3. **बचपन का सांप्रतिक दृष्टिकोण की मान्यता है- [UPTET 2011]**
   (a) बहुत तरीके से बच्चे वयस्कों के बराबर होते हैं।
   (b) बच्चों को युवा वयस्कों के रूप में सबसे अच्छा माना जाता है।
   (c) बचपन आधारित रूप से 'प्रतीक्षा अवधि' है।
   (d) बचपन वृद्धि एवं परिवर्तन की अनूठी अवधि है।
4. **स्व-केन्द्रित अवस्था होती है बालक के- [UPTET 2013]**
   (a) 7 वर्ष से किशोरावस्था तक
   (b) किशोरावस्था में (c) 3 से 6 वर्ष तक
   (d) जन्म से 2 वर्ष तक
5. **विकास की कौन-सी अवस्था 'तनाव एवं तूफान की अवस्था' कही जाती है ? [Haryana TET 2013]**
   (a) बाल्यावस्था (b) किशोरावस्था
   (c) शैशवावस्था (d) प्रौढ़ावस्था
6. **गर्भस्थ शिशु में संवेदनशीलता का विकास प्रारम्भहोता है- [Bihar TET 2013]**
   (a) पैर से (b) सिर से (c) सम्पूर्ण शरीर से (d) हाथ से
7. **वीर पूजा की भावना जाग्रत होती है- [Bihar TET 2013]**
   (a) प्रौढ़ावस्था में (b) किशोरावस्था में
   (c) बाल्यावस्था में (d) इनमें से कोई नहीं
8. **यौन परिपक्वता में महत्वपूर्ण हाथ है- [Bihar TET 2013]**
   (a) उपवृक्क ग्रंथि का (b) पीयूष ग्रंथि का
   (c) गल ग्रंथि का (d) उपगल ग्रंथि का

9. पूर्वाग्रही किशोर/किशोरी अपनी .... के प्रति कठोर होंगे। [UP TET 2013]

(a) जीवन-शैली (b) समस्या

(c) वास्तविकता (d) सम्प्रत्यय

10. शैशवावस्था की प्रमुख विशेषता है- [UP TET 2012]

(a) शारीरिक विकास में तीव्रता

(b) मानसिक विकास में तीव्रता (c) मूलप्रवृत्यात्मक व्यवहार

(d) सीखने की प्रक्रिया में तीव्रता

11. शैशवावस्था की मुख्य विशेषता क्या नहीं है? [CGTET 2011]

(a) सीखने की प्रक्रिया में तीव्रता (b) जिज्ञासा की प्रवृत्ति

(c) अनुकरण द्वारा सीखने की प्रवृत्ति (d) चिंतन प्रक्रिया

12. निम्नलिखित अवधि में से किसमें शारीरिक वृद्धि एवं विकास तीव्र गति से घटित होता है? [CTET (Primary) 2019]

(a) शैशवावस्था एवं प्रारंभिक बाल्यावस्था

(b) प्रारंभिक बाल्यावस्था एवं मध्य बाल्यावस्था

(c) मध्य बाल्यावस्था एवं किशोरावस्था

(d) किशोरावस्था एवं वयस्कता

13. शैशवावस्था मानव विकास की प्रमुख अवस्था है- [BTET 2013]

(a) प्रथम (b) द्वितीय (c) तृतीय (d) चतुर्थ

14. शैशवकाल की अवधि है- [CTET 2015]

(a) जन्म से 1 वर्ष तक (b) जन्म से 2 वर्ष तक

(c) जन्म से 3 वर्ष तक (d) 2 से 3 वर्ष तक

15. शैशवावस्था में बच्चों के क्रिया-कलाप...........होते हैं- [UPTET 2013]

(a) मूलप्रवृत्यात्मक (b) संरक्षित

(c) संज्ञानात्मक (d) संवेगात्मक

16. इस अवस्था में बालकों में नई खोज करने की और घूमने की प्रवृत्ति बहुत अधिक बढ़ जाती है- [REET 2017]

(a) शैशवावस्था (b) उत्तर बाल्यकाल

(c) किशोरावस्था (d) प्रौढ़ावस्था

17. विकास की किस अवस्था को कोल तथा ब्रूस ने "संवेगात्मक विकास का अनोखा काल" कहा है? [UPTET 2019]

(a) बाल्यावस्था (b) शैशवावस्था

(c) किशोरावस्था (d) प्रौढ़ावस्था

18. बालक के व्यक्तित्व की नींव किस अवस्था में पड़ती है? [BTET 2013]

(a) शैशवावस्था (b) गर्भकालीन अवस्था

(c) बचपनावस्था (d) इनमें से कोई नहीं

19. तनाव और क्रोध की अवस्था है- [CGTET 2011]

(a) शैशवावस्था (b) किशोरावस्था

(c) बाल्यावस्था (d) वृद्धावस्था

20. वह अवधि जो वयस्कता के संक्रमण की पहल करती है, उसे क्या कहते हैं? [CTET 2019]

(a) पूर्व-क्रियात्मक अवधि (b) बाल्यावस्था की समाप्ति

(c) किशोरावस्था (d) मध्य बाल्यावस्था

21. 'विद्रोह की भावना' की प्रवृत्ति निम्न में से किस अवस्था से संबंधित हैं? [UPTET 2017]

(a) बाल्यावस्था (b) शैशवावस्था

(c) पूर्व किशोरावस्था (d) मध्य किशोरावस्था

22. मध्य बाल्यावस्था में भाषा .... के बजाय ..... अधिक है। [CTET 2015]

(a) अहं-केंद्रित, समाजीकृत (b) समाजीकृत, अहं-केंद्रित

(c) जीववादी, समाजीकृत (d) परिपक्व, अपरिपक्व

23. निम्नलिखित में से कौन प्रारंभिक बाल्यावस्था अवधि के दौरान उन भूमिकाओं एवं व्यवहारों के बारे में जानकारी प्रदान करते हैं, जो एक समूह में स्वीकार्य हैं? [CTET 2015]

(a) अध्यापक एवं साथी (b) साथी एवं माता-पिता

(c) माता-पिता एवं भाई-बहन (d) भाई-बहन एवं अध्यापक

24. शर्म तथा गर्व जैसी भावना का विकास किस अवस्था में होता है? [CGTET 2011]

(a) शैशवावस्था (b) बाल्यावस्था

(c) किशोरावस्था (d) वृद्धावस्था

25. निम्नलिखित में से कौन-सा आयु समूह परवर्ती बाल्यावस्था श्रेणी के अंतर्गत आता है? [CTET 2015]

(a) 18 से 24 वर्ष (b) जन्म से 6 वर्ष

(c) 6 से 11 वर्ष (d) 11 से 18 वर्ष

26. शैशवावस्था मानव विकास की प्रमुख अवस्था है [Bihar TET 2013]

(a) द्वितीय (b) प्रथम (c) तृतीय (d) चतुर्थ

27. किशोरावस्था में संवेगों की तीव्रता किस प्रकार होती है ? [UPTET 2014]

(a) व्यवसाय की समस्या

(b) प्रतिकूल पारिवारिक सम्बन्ध

(c) नई परिस्थिति के साथ समायोजन (d) उपरोक्त सभी

28. बाल्यावस्था की प्रमुख मनोवैज्ञानिक विशेषता क्या है? [UPTET 2014]

(a) धार्मिकता (b) सामूहिकता की भावना

(c) अनुकरणात्मक प्रवृत्ति का अभाव (d) पर-निर्भरता

29. व्यवहार का 'करना' पक्ष....... में आता है। [UKTET 2014]

(a) सीखने के गतिक क्षेत्र (b) सीखने के भावनात्मक क्षेत्र

(c) सीखने के मनोवैज्ञानिक क्षेत्र

(d) सीखने के संज्ञानात्मक क्षेत्र

30. निम्नलिखित में से कौन मानव विकास का सही क्रम है ? [Haryana TET 2014]

(a) शैशवावस्था, बाल्यावस्था, किशोरावस्था, प्रौढ़ावस्था

(b) शैशवावस्था, किशोरावस्था, बाल्यावस्था, प्रौढ़ावस्था

(c) बाल्यावस्था, किशोरावस्था, प्रौढ़ावस्था, शैशवावस्था

(d) बाल्यावस्था, शैशवावस्था, किशोरावस्था, प्रौढ़ावस्था

31. स्टेनले हॉल के अनुसार अधिक तनाव और तूफान की अवस्था है- [Haryana TET]

(a) बाल्यावस्था (b) प्रौढ़ावस्था

(c) किशोरावस्था (d) शैशवकाल

32. हॉल का सिद्धान्त निम्न में से किसकी व्याख्या करता है ? [UPTET 2016]

(a) अधिगम में अभिप्रेरण की भूमिका

(b) बुद्धि की प्रकृति (c) मूल्यों का विकास

(d) किशोरावस्था का विकास

33. निम्न में से कौन-सी एक अन्त:स्रावी ग्रन्थि नहीं है ? [UPTET 2017]

(a) पीयूष ग्रन्थि (b) एड्रिनल ग्रन्थि

(c) लार ग्रन्थि (d) थायरॉइड ग्रन्थि

34. गिरोह अवस्था किस आयु वर्ग एवं विकास से सम्बन्धित है? [UPTET 2018]

(a) 16-19 वर्ष एवं नैतिकता (b) 3-6 वर्ष एवं भाषा

(c) 8-10 वर्ष एवं समाजीकरण

(d) 16-19 वर्ष एवं संज्ञानात्मक

35. विकास की किस अवस्था को कोल तथा ब्रूस ने "संवेगात्मक विकास का अनोखा काल" कहा है? [UPTET 2020]

(a) बाल्यावस्था (b) प्रौढ़ावस्था

(c) किशोरावस्था (d) शैशवावस्था

36. किशोर अधिगम में निम्नलिखित में से कौन-सी भावनात्मक विशेषताएं निर्णायक महत्व की हैं? [UPTET 2020]

(a) समूह से तदीयत्व की भावना

(b) नायक-पूजा और संवेदनाएं

(c) पड़ोसियों के साथ भावनात्मक संबंधों का विस्तार

(d) निर्भरता, उन्मुखता और मित्र बनाना

37. बालकों के सीखने में प्रेरणा को किस रूप में उपयोगी माना जाता है? [UPTET 2013]

(a) बालक की वैयक्तिकता का आदर

(b) पुरस्कार एवं दण्ड (c) प्रशंसा एवं भर्त्सना

(d) ये सभी

38. विकास के किस काल को 'अत्यधिक दबाव और तनाव का काल' कहा गया है? [UPTET 2013]

(a) किशोरावस्था (b) प्रौढ़ावस्था

(c) मध्यावस्था (d) वृद्धावस्था

39. किशोरावस्था में बच्चे किस प्रकार की समस्या का सामना करते हैं? [UPTET 2013]

(a) शारीरिक एवं मानसिक परिवर्तन से समायोजन करना

(b) अपने साथियों से समायोजन करना

(c) अपने माता-पिता से समायोजन करना

(d) पढ़ाई सम्बन्धी समायोजन करना

40. किशोरावस्था में संवेगों की तीव्रता किस प्रकार प्रकट होती है? [UPTET 2013]

(a) प्रतिकूल पारिवारिक सम्बन्ध (b) व्यवसाय की समस्या

(c) नई परिस्थिति के साथ समायोजन (d) ये सभी

41. "मैं कौन हूँ", "क्या हूँ", "मैं भी कुछ हूँ" आदि ऐसी प्रबल भावनाएँ विकास की किस अवस्था की ओर इंगित होती हैं [UPTET 2017]

(a) किशोरावस्था (b) प्रौढ़ावस्था

(c) पूर्व बाल्यावस्था (d) बाल्यावस्था

42. बाल्यावस्था की मुख्य विशेषता क्या होती है? [MPTET 2017]

(a) जिज्ञासा (b) खेलना (c) पढना (d) बातें करना

43. निम्नलिखित में से कौन सी पूर्व बाल्यावस्था की विशेषता नहीं है? [REET LEVEL 2022]

(a) पूर्व-गिरोह आयु (b) अनुकरणीय आयु

(c) प्रश्न करने की आयु (d) गिरोह आयु

44. बाल विकास का सही अनुक्रम है- [MPTET 2017]

(a) बचपन, बाल्यवस्था (b) गर्भावस्था, शैशवावस्था

(c) गर्भावस्था, बाल्यवस्था (d) बाल्यवस्था, गर्भावस्था

45. बच्चों में स्थायी दांत ....की आयु में दिखाई देने लगते हैं। [DSSSB 2022]

(a) 12 वर्ष (b) 6 वर्ष (c) 10 वर्ष (d) 3 वर्ष

46. निम्नलिखित में से कौन सी किशोरावस्था के दौरान संवेगात्मक विकास की विशेषता नहीं है? [REET 2023]

(a) वीर पूजा (b) विरोधी मनोदशायें

(c) भाव प्रधान जीवन (d) नार्सीसिज़्म (आत्मप्रेम)

47. निम्नलिखित में से कौन सी किशोरावस्था की विकासात्मक विशेषता नहीं है? [CGTET 2015]

(a) संचय प्रवृत्ति (b) विरोधी मानसिक दशाएं
(c) व्यवसाय की चिन्ता (d) वीर पूजा की भावना

48. वय:संधि अवस्था का आयु विस्तार क्या होता है? [MPTET 2018]

(a) 10 से 12 वर्ष (b) 6 से 12 वर्ष
(c) 11 से 16 वर्ष (d) 8 से 10 वर्ष

49. किस अवस्था को 'खेलने की अवस्था', 'प्राक्-टोली आयु' और 'समन्वेशी आयु' कहा जाता है? [UPTET 2018]

(a) शैशवावस्था (b) बाल्यावस्था
(c) किशोरावस्था (d) प्रौढ़ावस्था

50. मानव विकास को निम्नलिखित में से किस अवस्था में विभाजित किया गया है? [REET 2022]

(a) शैशवावस्था, बाल्यावस्था, किशोरावस्था और प्रौढ़ावस्था
(b) शैशवावस्था, बाल्यावस्था और किशोरावस्था
(c) बाल्यावस्था, किशोरावस्था और प्रौढ़ावस्था
(d) शैशवावस्था और किशोरावस्था

51. छद्म परिपक्वता काल होता है- [HTET 2019]

(a) किशोरावस्था (b) शैशवावस्था
(c) पूर्व बाल्यावस्था (d) उत्तर बाल्यावस्था

52. शैशवावस्था की विशेषता नहीं है- (REET-II, 2016)

(a) शारीरिक विकास की तीव्रता (b) दूसरों पर निर्भरता
(c) नैतिकता का होना
(d) मानसिक विकास में तीव्रता

53. "बीसवीं शताब्दी बच्चे की शताब्दी कहलाती है।" यह किसने कहा था? [UPTET 2018]

(a) क्रो और क्रो (b) पियाजे
(c) टॉलमैन (d) स्किनर

54. खिलौनों की आयु कहा जाता है - [REET-2011]

(a) पूर्व बाल्यवस्था (b) उत्तर बाल्यवस्था
(c) शैशवास्था (d) सभी

55. बाल विकास में .... [UPTET 2014]

(a) प्रक्रिया पर बल है
(b) वातावरण और अनुभव की भूमिका पर बल है
(c) गर्भावस्था से किशोरावस्था तक का अध्ययन होता है
(d) उपरोक्त सभी

56. विकास के लिए निम्नलिखित में से कौन-सा एक उचित है? [UPTET 2014]

(a) विकास जन्म के साथ प्रारम्भ होता है और समाप्त होता है
(b) 'सामाजिक-सांस्कृतिक सन्दर्भ' विकास में महत्त्वपूर्ण भूमिका का निर्वाह करता है
(c) विकास एकल आयामी है
(d) विकास पृथक् होता है

57. निम्न में से कौन-सी बाल्यावस्था के बौद्धिक विकास की विशेषता नहीं है? [UPTET 2018]

(a) भविष्य की योजना की सूझ-बूझ
(b) विज्ञान की काल्पनिक कथाओं में अधिक रुचि
(c) बढ़ती हुई तार्किक शक्ति
(d) काल्पनिक भय का अन्त

58. कोल के अनुसार बालिकाओं के लिए पूर्व किशोरावस्था का काल है- [REET 2016]

(a) 11 से 12 वर्ष (b) 12 से 13 वर्ष
(c) 13 से 14 वर्ष (d) 15 से 16 वर्ष

59. अपनी सामाजिक विकास की प्रक्रिया में बालक समूह बनाता है, वह अवस्था है- [REET 2023]

(a) शैशवावस्था (b) किशोरावस्था
(c) प्रौढावस्था (d) बाल्यावस्था

60. शैशवकाल का समय है- [UPTET 2021]

(a) 12 वर्ष से 18 वर्ष तक (b) 15 वर्ष तक
(c) जन्म से 6 वर्ष तक (d) जन्म से 2 वर्ष तक

ANSWER KEY

1. (c) 2. (b) 3. (b) 4. (c) 5. (b) 6. (b) 7. (b) 8. (b) 9. (b) 10. (c) 11. (d) 12. (a) 13. (a)
14. (b) 15. (a) 16. (b) 17. (a) 18. (c) 19. (b) 20. (c) 21. (c) 22. (b) 23. (c) 24. (b) 25. (c) 26. (b)
27. (d) 28. (b) 29. (a) 30. (a) 31. (c) 32. (d) 33. (c) 34. (c) 35. (a) 36. (b) 37. (d) 38. (a) 39. (a)
40. (d) 41. (a) 42. (a) 43. (d) 44. (b) 45. (b) 46. (d) 47. (a) 48. (c) 49. (b) 50. (a) 51. (d) 52. (c)
53. (a) 54. (a) 55. (d) 56. (b) 57. (a) 58. (a) 59. (d) 60. (d)

3 मनोविज्ञान की उत्पत्ति और बाल विकास की अवधारणा

अधिगम [Learning]

सामान्य बोलचाल की भाषा में हम इसे सीखना कहते हैं लेकिन मनोविज्ञान की भाषा में इसे अधिगम कहा जाता है।

अधिगम का अर्थ है अभ्यास और अनुभव से व्यवहार, ज्ञान और कौशल में होने वाला स्थायी परिवर्तन।

उदाहरण के लिए –

छोटे बालक के सामने जलता दीपक ले जाने पर वह दीपक की लौ को पकड़ने का प्रयास करता है। इस प्रयास में उसका हाथ जलने लगता है। वह हाथ को पीछे खींच लेता है। पुनः जब कभी उसके सामने दीपक लाया जाता है तो वह अपने पूर्व अनुभव के आधार पर लौ पकड़ने के लिए हाथ नहीं बढ़ाता है, वरन् उससे दूर हो जाता है।

इसी विचार को स्थिति के प्रति प्रतिक्रिया करना कहते हैं।

अर्थात् हम कह सकते हैं कि, "व्यक्ति के व्यवहार में अभ्यास, प्रशिक्षण और अनुभव के कारण आए अपेक्षाकृत स्थाई परिवर्तन को अधिगम कहते हैं।"

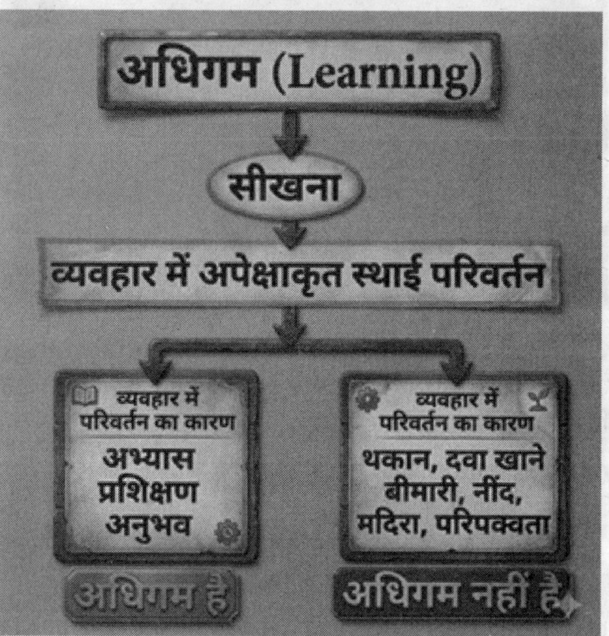

अधिगम की परिभाषाएँ [Definitions of learning]

(1) **गेट्स के अनुसार-** "अनुभव और प्रशिक्षण द्वारा अपने व्यवहारों का संशोधन और परिमार्जन करना ही सीखना है।"

(2) **गिलफोर्ड के अनुसार-** "व्यवहार के कारण व्यवहार में परिवर्तन ही सीखना है।"

(3) **स्किनर के अनुसार-** "सीखना व्यवहार में प्रगतिशील सामंजस्य की प्रक्रिया है।"

(4) **क्रो एण्ड क्रो के अनुसार -** "सीखना आदतों, ज्ञान और अभिवृत्तियों का अर्जन है।"

(5) **क्रानवेक के अनुसार-** "सीखना, अनुभव के फलस्वरूप व्यवहार में परिमार्जन द्वारा अभिव्यक्त होता है।"

(6) **वुडवर्थ के अनुसार** - "नवीन ज्ञान और प्रक्रियाओं को प्राप्त करने की प्रक्रिया सीखने की प्रक्रिया है।"

(7) **कौलविन के अनुसार**- "अनुभव के आधार पर हमारे पूर्व निर्मित व्यवहार में परिवर्तन की प्रक्रिया ही सीखना है।"

(8) **डगलस और हालैण्ड के अनुसार** - "सीखना वह प्रक्रिया है जिसके द्वारा व्यक्ति नवीन प्रकार के व्यवहारों में परिवर्तन करता है नवीन व्यवहार को अपनाता है।"

(9) **ई.ए. पील के अनुसार**- "सीखना व्यक्ति में एक परिवर्तन है जो उसके वातावरण के परिवर्तनों के अनुसरण में होता है।"

(10) **प्रेसी के मतानुसार**- "सीखना उस अनुभव को कहते हैं जिसके द्वारा व्यवहार में परिवर्तन या समायोजन होता है और जिससे व्यवहार की नई दिशाएँ प्राप्त होती हैं।"

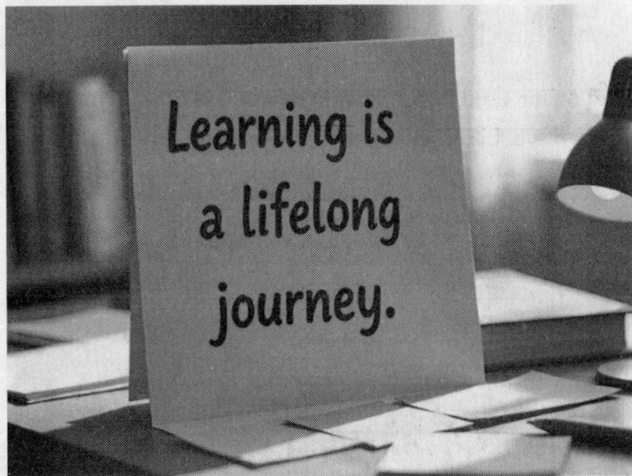

अधिगम की विशेषताएँ [Characteristics of learning]

उक्त परिभाषाओं का अध्ययन करने के पश्चात अधिगम की निम्नलिखित विशेषताएँ निर्धारित की जा सकती हैं-

(1) **सीखना परिवर्तन है** - सीखना एक प्रकार का परिवर्तन करना ही है क्योंकि व्यक्ति के द्वारा किसी नवीन ज्ञान को प्राप्त कर उसे व्यवहार में लाया जाता है तो निश्चित ही बालक या व्यक्ति के जीवन में कुछ परिवर्तन आते हैं इसलिए कहते हैं सीखना परिवर्तन है।

(2) **सीखना जीवन भर चलता है** - अधिगम व्यक्ति के जन्म के पश्चात से प्रारंभ होकर मृत्यु तक चलते रहता है। ऐसा कोई भी पल व्यक्ति के जीवन में नहीं होता जहाँ वह कुछ न कुछ अनुभव करते हुए सीखता न हो। अतः सीखना व्यक्ति के पूरे जीवन काल में चलता रहता है।

(3) **सीखना विकास है** - जब बालक के द्वारा कोई बात सीख ली जाती है और उसे अपने व्यवहार में लाया जाता है तब बालक के व्यवहारिक एवं मानसिक क्षेत्र में उन्नति होती है। इस तरह से कहा जा सकता है कि सीखना विकास करना है।

(4) **सीखना सार्वभौमिक प्रक्रिया है** -सार्वभौमिक का अर्थ होता है सर्वत्र। अधिगम (सीखना) को सार्वभौमिक प्रक्रिया इसलिए माना जाता है क्योंकि अधिगम प्रक्रिया समस्त प्राणियों में होती है। ऐसा कोई प्राणी नहीं है जिसमें अधिगम न होता हो इसलिए यह एक सार्वभौमिक प्रक्रिया कहलाती है।

(5) **सीखना उद्देश्यपूर्ण होता है** - अधिगम की यह एक महत्वपूर्ण विशेषता है। किसी भी प्राणी के द्वारा अधिगम करना एक उद्देश्य को लेकर होता है। यदि हम अपने विद्यार्थियों को किसी अवधारणा का ज्ञान दे रहे हैं या उसे कोई बात सिखा रहे हैं तो उसके पीछे हमारा कोई न कोई उद्देश्य होता है। उदाहरण के लिए एक बालक को कंप्यूटर चलाना सिखाया जाता है तो इसका उद्देश्य है कि वह कई तरह की जानकारियाँ कंप्यूटर से प्राप्त कर सके। अतः यहाँ कंप्यूटर के बारे में सीखने का उद्देश्य कंप्यूटर से अन्य जानकारी प्राप्त करना हुआ।

(6) **सीखना समायोजन करना है** - एक व्यक्ति या बालक जिस परिवेश में रहता है उसे उस माहौल में ढलने के लिए आवश्यक जानकारियों को प्राप्त करने की आवश्यकता होती है। यदि व्यक्ति आवश्यक बातों को सीख लेता है तो फिर अपने परिवेश में सहज अनुकूलित हो जाता है अर्थात् अपने आप को समायोजित कर लेता है। इस तरह से सीखना समायोजन करना होता है।

(7) **सीखना अनुभवों का संगठन है** - सीखना अनुभवों का संगठन इसलिए है क्योंकि बालक सतत रूप से अधिगम करता है और कई तरह की बातों को सीखते रहता है जो उसे उन्नति की राह पर ले जाते हैं। इस तरह बालक के पास ढेर सारी जानकारियों और उसके अनुभवों का संगठन होता है जिनके आधार पर वह अपने व्यवहार को परिपक्व और परिमार्जित करता है।

(8) **सीखना खोज करना है** - सीखना एक प्रकार की खोज है। इस संबंध में (Mursell) मरसेल कहते हैं-

"सीखना उस तथ्य को खोजने और जानने का कार्य है, जिसे व्यक्ति खोजना और जानना चाहता है।"

सामान्य बात है यदि बालक या व्यक्ति किसी जानकारी को प्राप्त करना चाहता है तो उसे विभिन्न क्षेत्रों में अग्रसर होना होगा अर्थात् खोज करने पर ही वह उस जानकारी को प्राप्त कर पाएगा। इस तरह से कह सकते हैं सीखना खोज करना है।

अधिगम के प्रमुख सिद्धांत

थॉर्नडाइक का उद्दीपन अनुक्रिया सिद्धांत
Thorndike's stimulus response theory

थार्नडाइक का सामान्य परिचय [General introduction of Thorndike]-

ई० एल० थार्नडाइक (Edward Lee Thorndike)

थॉर्नडाइक संयुक्त राज्य अमेरिका के एक शिक्षा मनोवैज्ञानिक थे, इन्होंने एक महत्वपूर्ण अधिगम सिद्धांत का प्रतिपादन किया जिसे प्रयास एवं त्रुटि के सिद्धांत के नाम से जाना जाता है। थार्नडाइक ने सीखने के सिद्धांत का प्रतिपादन 1898 में अपनी पीएचडी के शोध प्रबंध के दौरान पशुओं के व्यवहार का अध्ययन कर किया। इनके शोध का शीर्षक 'एनिमल इंटेलिजेंस' था। बाद में उनकी पुस्तक 'शिक्षा मनोविज्ञान' में इस सिद्धांत को दुनिया मे प्रसिद्धि मिली। थार्नडाइक ने अपना संपूर्ण जीवन एक शिक्षक के रूप में बिताया। यह पहले ऐसे मनोवैज्ञानिक हैं जिन्होंने पशुओं पर अध्ययन किया इसलिए इन्हें पशु मनोविज्ञान का जनक भी कहा जाता है।

थॉर्नडाइक को प्रथम शैक्षिक मनोवैज्ञानिक माना जाता है क्योंकि शिक्षा के क्षेत्र में अधिगम (सीखने) के नियम सबसे पहले थार्नडाइक ने दिए। टालमैन कहते हैं कि थार्नडाइक का सिद्धांत इतना वैज्ञानिक था कि सबने इसको आरंभिक बिंदु (Starting point) मान लिया।

थॉर्नडाइक प्रकार्यवादी संप्रदाय से संबंधित थे लेकिन जब मनोविज्ञान में व्यवहार का विज्ञान आया तब वह व्यवहारवाद के साथ जुड़ गए थे।

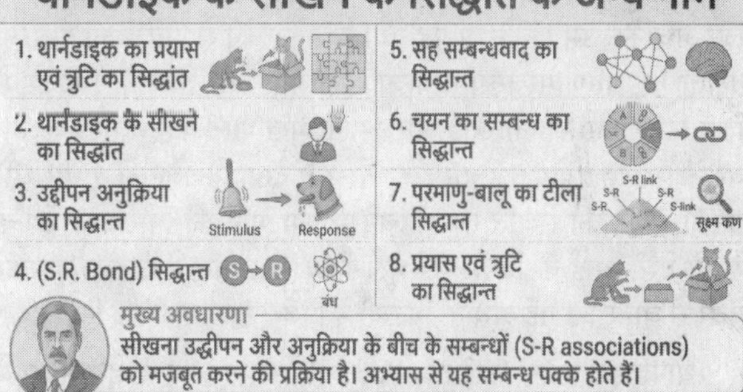

थॉर्नडाइक का कहना था कि पशु या मनुष्य किसी कार्य को 'प्रयत्न तथा भूल' की प्रक्रिया द्वारा सीखता है. उनके अनुसार प्रत्येक सीखने की परिस्थिति में शिक्षार्थी के सामने एक समस्या रखी जाती है. वह उस समस्या का समाधान करने के लिए अनेक प्रकार के अनुक्रिया करता है. इन अनुक्रियाओं में सही अनुक्रिया का शिक्षार्थी द्वारा चयन कर लिया जाता है और फिर बाद में यही सही अनुक्रिया उस समस्या के साथ संबंधित हो जाती है, जिसे हम सीखना कहते हैं. थार्नडाइक ने अपने सिद्धांत में सही अनुक्रिया को परिभाषित करते हुए कहा है कि "सही अनुक्रिया वह अनुक्रिया है, जिसके करने के बाद शिक्षार्थी को पुनर्बलन मिलता है." यही कारण है कि थार्नडाइक के सीखने के सिद्धांत को 'उद्दीपन-अनुक्रिया पुनर्बलन सिद्धांत' भी कहा जाता है.

थॉर्नडाइक का बिल्ली पर पहेली बॉक्स में प्रयोग (Thorndike's experiment on the cat in the Puzzle Box)

थॉर्नडाइक ने सीखने की प्रक्रिया के स्वरूप को समझने के लिए कुत्ते, बिल्ली एवं बंदर आदि जानवरों पर अनेक प्रयोग किए, परंतु इस संदर्भ में उनका एक बिल्ली पर किया गया प्रयोग बड़ा महत्वपूर्ण है. उन्होंने बिल्ली को बंद करने के लिए पिंजरा बनवाया. इस पिजड़े को पहेली पेटी (Puzzle Box) कहा जाता है. इस पिंजड़े में एक ऐसा खटका लगवाया जिसके दबने से पिजड़े का दरवाजा खुल जाता था.

थॉर्नडाइक में एक दिन इस पिंजड़े में एक भूखी बिल्ली को बंद कर दिया. उसे पिंजरे में बंद करने के बाद पिंजड़े के बाहर एक प्लेट में मछली रख दी, मछली देखते ही भूखी बिल्ली ने पिंजरे से बाहर आने का प्रयत्न शुरू कर दिया, उसने बाहर आने के लिए कई प्रकार के प्रयत्न किए, कभी इधर-उधर कूदी और कभी इधर-उधर पंजे मारे, इस प्रयत्न में एक बार उसका पंजा अचानक उस खटके पर पड़ गया जिसके दबने से पिछड़े का दरवाजा खुलता था, प्ररिणामस्वरूप दरवाजा खुल गया और बिल्ली ने पिंजरे से बाहर निकलकर मछली खाई और अपनी भूख शांत की, थॉर्नडाइक उस बिल्ली पर यह प्रयोग कई बार दोहराया और देखा कि बिल्ली ने धीरे-धीरे खटका दबाने की स्थिति तक पहुंचने में कम भूलें की और अंत में एक स्थिति ऐसी आई के बिना कोई भूल किये ही प्रयास में खटका दबाकर पिंजरे से बाहर आ गई अर्थात, बिल्ली ने पिंजरा खोलना सीख लिया था।

थॉर्नडाइक ने इसे 'उद्दीपन-अनुक्रिया' सिद्धांत कहा है. इसे संक्षेप में 'S.R Theory' कहते हैं. इस सिद्धांत के अनुसार, सीखने के लिए पहली आवश्यकता होती है-'उद्दीपक', दूसरी आवश्यकता 'अनुक्रिया' और तीसरी आवश्यकता 'उद्दीपन-अनुक्रिया में गहन संबंध'. इस सिद्धांत को 'अनुबंधन-सिद्धांत' भी कहते हैं. इसमें सीखने वाला प्रयत्न तथा भूल द्वारा सही अनुक्रिया तक पहुंचता है इसलिए इसे 'प्रयत्न तथा भूल का सिद्धांत' भी कहते हैं।

थॉर्नडाइक के सीखने के नियम (Thorndike's Laws of Learning)

थॉर्नडाइक ने सीखने के सिद्धांत में तीन महत्त्वपूर्ण नियम तथा 5 गौण नियमों का वर्णन किया है. सीखने के महत्वपूर्ण नियम इस प्रकार हैं-

- तत्परता का नियम
- अभ्यास का नियम
- प्रभाव का नियम

(i) **तत्परता का नियम (Law of Readiness):-** तत्परता का नियम यह बताता है कि सीखने वाले व्यक्ति किन किन परिस्थितियों में संतुष्ट रहते हैं तथा किन किन परिस्थितियों में उनमें खीज उत्पन्न होती है.

जब व्यक्ति किसी कार्य को करने के लिए तत्पर रहता है और उसे वह कार्य करने दिया जाता है तो उससे उसमें संतोष होता है. परन्तु जब व्यक्ति किसी कार्य को करने के लिए तत्पर रहता है और उसे वह कार्य नहीं करने दिया जाता तो उसमें उसे खीज उत्पन्न होती है. और जब व्यक्ति किसी कार्य को करने के लिए तत्पर नहीं रहता और उससे वह कार्य करने के लिए बाध्य किया जाता है तो इससे भी उसमें खीज होती है.

(ii) **अभ्यास का नियम (Law of Exercise):-** अभ्यास का नियम इस तथ्य पर आधारित है कि अभ्यास से व्यक्ति में पूर्णता आती है अभ्यास का नियम यह बताता है अभ्यास करने से उद्दीपन तथा अनुक्रिया का संबंध मजबूत होता है तथा अभ्यास रोक देने से यह संबंध कमजोर पड़ जाता है।

थॉर्नडाइक के अनुसार शिक्षक को चाहिए कि वे छात्रों को कक्षा में अधिक से अधिक बार विषय या पाठ को दोहराने दें, इसमें उन्हें कोई जल्दबाजी नहीं बरतनी चाहिए।

(iii) **प्रभाव का नियम (Law of Effect):-** इस नियम के अनुसार व्यक्ति किसी अनुक्रिया या कार्य को उसके प्रभाव के आधार पर सकता है. किसी कार्य या अनुक्रिया का प्रभाव व्यक्ति में या तो संतोषजनक होता है या खीज उत्पन्न करने वाला होता है. प्रभाव संतोषजनक होने पर व्यक्ति उस अनुक्रिया को सीख लेता है तथा खीज उत्पन्न होने पर व्यक्ति अनुक्रिया को दोहराना नहीं चाहता, परिणामस्वरुप उसे वह भूल जाता है।

अतः शिक्षकों को कक्षा का वातावरण डरावना बनाकर नहीं रखना चाहिए बल्कि उन्हें कक्षा का वातावरण ऐसा बना कर रखना चाहिए कि उसमें छात्र अधिक से अधिक खुश हो तथा अध्यापन से संतुष्ट हो.

थॉर्नडाइक के सीखने के गौण नियम [Thorndike's secondary laws of learning]

प्रारम्भ में थॉर्नडाइक ने देखा कि उद्दीपक-प्रतिचार के सम्बन्धों को पुरस्कार द्वारा मजबूत बनाया जा सकता है और दण्ड के द्वारा कमजोर, 1930 के पश्चात् अपने आपने प्रयोगों से स्पष्ट किया कि पुरस्कार सीखने में सहायक होता है, लेकिन दण्ड असहायक नहीं। अतः थॉर्नडाइक ने अधिगम के कुछ अन्य नियमों का भी प्रतिपादन किया है-

1. बहुप्रतिक्रिया /विविध प्रतिचारों का नियम (Law of multiple responses)
2. मनोवृत्ति का नियम (Law of attitude)
3. वर्णनात्मक अनुक्रिया का नियम (Law of selective response)
4. समानता का नियम (Law of analogy)
5. साहचर्य परिवर्तन का नियम (Law of association shifting)

उद्दीपन अनुक्रिया सिद्धांत की विशेषताएं (Features of stimulus response theory)

- यह सिद्धांत संबंधवाद (Connectionism) का समर्थक है, यह बात दूसरी है कि यह केवल उद्दीपन-अनुक्रिया में संबंध स्थापित होने को ही सीखना मानता है.
- इस सिद्धांत के अनुसार सीखे हुए ज्ञान का प्रयोग कर पाना ही सीखना कहलाता है.
- यह सिद्धांत सीखने के लिए उद्देश्य का होना आवश्यक मानता है.
- यह सिद्धांत उद्देश्य प्राप्ति के लिए सीखने वाले के प्रयत्न को आवश्यक मानता है.
- यह सिद्धांत सीखने के उद्देश्य के पीछे किसी प्रेरक अथवा अभिप्रेरक का होना आवश्यक मानता है.

उद्दीपन अनुक्रिया सिद्धांत की शिक्षा में उपयोगिता (Use of stimulus response theory in education)

- बच्चों को कुछ भी सिखाने से पहले उन्हें सीखने के लिए तैयार करने में इस सिद्धांत का उपयोग किया जाता है.
- इस सिद्धांत का प्रयोग मंदबुद्धि बालकों के लिए प्रयत्न एवं भूल द्वारा सीखने में किया जाता है.
- इस सिद्धांत का उपयोग बच्चों द्वारा स्वयं के प्रयत्न से सीखने में किया जाता है.
- इस सिद्धांत के प्रयोग से छात्रों द्वारा सही अनुक्रिया करने पर उनकी प्रशंसा करनी चाहिए और उनके असफल होने पर उन्हें बार-बार प्रयत्न करने के लिए प्रोत्साहित करना चाहिए.
- इस सिद्धांत के अनुसार सीखने के नियमों का सीखने की प्रक्रिया को प्रभावशाली बनाने में प्रयोग किया जाता है.

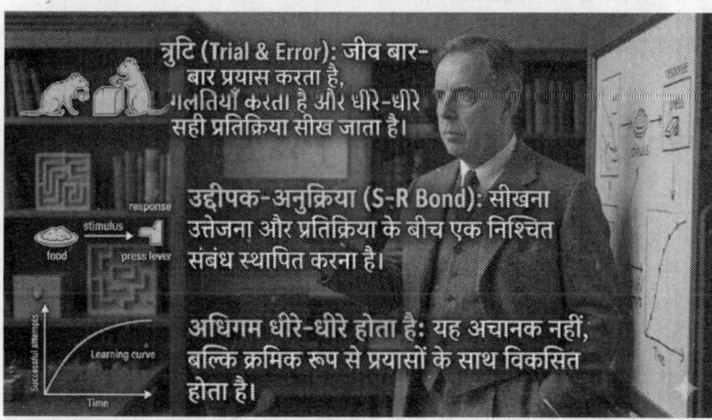

थॉर्नडाइक स्मरणीय बिन्दु

- ई. एल. थॉर्नडाइक, एक अमेरिकी मनोवैज्ञानिक, को आधुनिक शैक्षिक मनोविज्ञान के संस्थापक के रूप में जाना जाता है।
- प्रयोग : भूखी बिल्ली
- उन्होंने 'प्रयत्न और त्रुटि सिद्धांत' को प्रतिपादित किया जो यह दर्शाता है कि शिक्षण उद्दीपकों और अनुक्रियाओं के बीच संबंध बनाने का परिणाम है।
- "गलतियाँ व्यक्ति को सिखाती हैं" जो 'प्रयत्न और त्रुटि सिद्धांत' पर आधारित है।

पॉवलाव का शास्त्रीय अनुबंधन सिद्धांत Pavlov's classical conditioning theory

आई० पी० पॉवलाव (I. P. Pavlov) एक रूसी शारीरिक-वैज्ञानिक थे, जिन्होंने पाचन क्रिया के देहिकी का विशेष रूप से अध्ययन करना प्रारंभ किया और उनका यह अध्ययन इतना महत्वपूर्ण एवं लोकप्रिय हुआ कि 1904 में इसके लिए उन्हें नोबेल पुरस्कार भी दिया गया.

पॉवलाव ने अपने सीखने के सिद्धांत का आधार अनुबंधन को माना है. अनुबंधन एक ऐसी प्रक्रिया है जिसके द्वारा उद्दीपन (Stimulus) तथा अनुक्रिया (Response) के बीच एक साहचर्य (Association) स्थापित होता है. पॉवलाव के सीखने के इस अनुबंधन सिद्धांत को क्लासिकी अनुबंधन सिद्धांत या प्रतिवादी अनुबंधन सिद्धांत कहा जाता है.

पॉवलाव:- प्राचीन अनुबंधन सिद्धांत [1904 में, नोबेल पुरस्कार भी मिला]

पॉवलाव नियम के अन्य नाम[Other names of Pavlov's law]

- शास्त्रीय अनुबंधन सिद्धांत
- परंपरागत अनुबंधन सिद्धांत
- अनुबंधन का सिद्धांत
- अनुकूलित अनुक्रिया सिद्धांत
- शृंखलागत अधिगम सिद्धांत
- सम्बन्ध प्रतिक्रिया सिद्धांत

कुत्ते पर प्रयोग:-

पॉवलाव ने अनुबंधित अनुक्रिया (Conditional Response) के अपने सिद्धांत को समझाने के लिए कुत्ते के ऊपर प्रयोग किया। उन्होंने कुत्ते की लार ग्रंथि का ऑपरेशन किया और कुत्ते के मुंह से लार एकत्रित करने के लिए एक नली के माध्यम से उसे एक कांच के जार से जोड़ दिया। इस प्रयोग की प्रक्रिया को निम्न तीन चरणों में समझा जा सकता है -

सर्वप्रथम पॉवलाव ने कुत्ते को भोजन (प्राकृतिक या स्वाभाविक उद्दीपक) मुँह में लार आ गई। उन्होंने बताया कि भूखे कुत्ते के मुंह में भोजन देखकर लारा जाना स्वाभाविक क्रिया है। स्वाभाविक क्रिया को सहज

क्रिया भी कहा जाता है। यह क्रिया उद्दीपक के उपस्थित होने पर होती है। भोजन एक प्राकृतिक उद्दीपक है जिसको देखकर लार टपकना एक स्वाभाविक क्रिया है।

दूसरे चरण में पॉवलाव ने कुत्ते को घंटी (कृत्रिम उद्दीपक) बजाकर भोजन दिया। भोजन को देखकर कुत्ते के मुंह में फिर लार का स्राव हुआ। इस प्रक्रिया में भोजन को देखकर लार आने की स्वाभाविक क्रिया को उन्होंने घंटी बजाने की एक कृत्रिम उद्दीपक से सम्बन्धित किया जिसका परिणाम स्वाभाविक प्रतिक्रिया के रूप में प्राप्त हुआ।

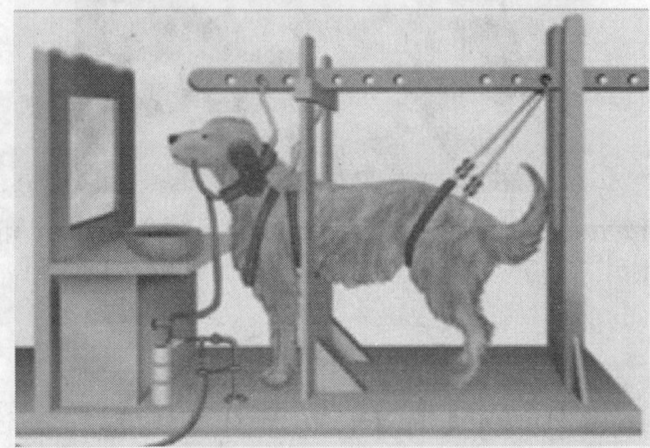

पॉवलाव ने कुत्ते पर अपने प्रयोग को बार - बार दोहराया तीसरे चरण में उन्होंने कुत्ते को भोजन न देकर केवल घंटी बजाई। इस बार घंटी की आवाज सुनते ही कुत्ते के मुँह में लार आ गई। इस प्रकार अस्वाभाविक या कृत्रिम उद्दीपक से भी स्वाभाविक प्रतिक्रिया (लार का टपकना) प्राप्त हुई।

उपर्युक्त प्रयोग में अस्वाभाविक या कृत्रिम उद्दीपक से स्वाभाविक प्रतिक्रिया (लार का टपकना) ही अनुकूलित-अनुक्रिया सिद्धान्त है। जैसे- मिठाई की दुकान को देखकर बच्चों के मुँह से लार टपकना। उपरोक्त प्रयोग में जो क्रिया (लार का टपकना) पहले स्वाभाविक उद्दीपक से हो रही थी वो अब प्रयोग को बार बार दोहराने से अस्वाभाविक या कृत्रिम उद्दीपक से होने लग गई।

इस प्रकार कहा जा सकता है कि दो उद्दीपकों को एक साथ प्रस्तुत करने पर कालांतर में नवीन उद्दीपक प्रभावशाली हो जाता है। व्यवहारवादी मनोवैज्ञानिक रेनर और वाटसन ने 11 माह के अल्बर्ट नामक बच्चे पर भी ऐसा ही एक प्रयोग किया। यह बालक जंगली जानवरों से भयभीत नहीं होता था लेकिन जब एक दिन जानवर के साथ भयानक तेज ध्वनि (प्राकृतिक उद्दीपक) निकाली गई तो वह डर गया। इसके बाद वह हमेशा जानवरों (कृतिम उद्दीपक) को देख कर ही डर (अनुबंध प्रतिक्रिया) जाता था।

भोजन से उत्पन्न लार => [UCR] अनानुबंधित अनुक्रिया.

लार (स्वाभाविक क्रिया)

घंटी से उत्पन्न लार => [CR] अनुबंधित अनुक्रिया

भोजन UCS	घंटी CS
(1) अनानुबंधित उद्दीपक	(1) अनुबंधित उद्दीपक
(2) वास्तविक उद्दीपक	(2) कृत्रिम उद्दीपक
(3) प्राकृतिक उद्दीपक	(3) अप्राकृतिक उद्दीपक
(4) स्वाभाविक उद्दीपक	(4) अस्वाभाविक उद्दीपक

प्राचीन अनुबंधन सिद्धांत का शिक्षा में उपयोग :--

- विद्यार्थियों का भय दूर करना
- विद्यार्थियों में अच्छी आदतों का निर्माण
- दृश्य - श्रव्य सामग्री का प्रयोग

अनुकूलित-अनुक्रिया सिद्धान्त के गुण या विशेषताएँ [Properties or Characteristics of Adapted-Response Theory]

सम्बद्ध प्रतिक्रिया-सिद्धान्त, बालकों की शिक्षा में बहुत उपयोगी सिद्ध हुआ है इसकी पुष्टि में अग्रांकित तथ्य प्रस्तुत किये जा सकते हैं

1. यह सिद्धान्त, सीखने की स्वाभाविक विधि बताता है अतः यह बालकों को शिक्षा देने में सहायता देता है।
2. यह सिद्धान्त, बालकों की अनेक क्रियाओं और असामान्य व्यवहार की व्याख्या करता है।
3. यह सिद्धान्त, बालकों के समाजीकरण और वातावरण से उनका सामंजस्य स्थापित करने में सहायता देता है।
4. इस सिद्धान्त का प्रयोग करके बालकों के भय-सम्बन्धी रोगों का उपचार किया जा सकता है।
5. समाज-मनोविज्ञान के विद्वानों के अनुसार, इस सिद्धान्त का समूह के निर्माण में बहुत महत्वपूर्ण स्थान है।
6. **क्रो एवं क्रो (Crow and Crow) के अनुसार-** इस सिद्धान्त की सहायता से बालकों में अच्छे व्यवहार और उत्तम अनुशासन की भावना का विकास किया जा सकता है।

स्किनर का क्रिया-प्रसूत अधिगम सिद्धान्त (SKINNER'S OPERANT CONDITIONING THEORY)

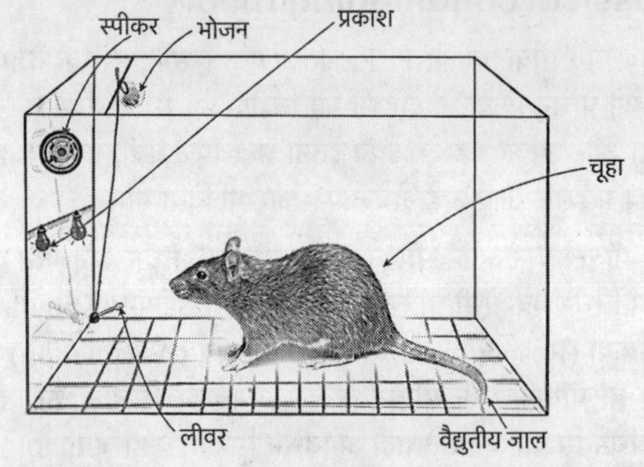

सीखने के सिद्धान्तों का प्रतिपादन करने में बी. एफ. स्किनर (B. F. Skinner) ने विशेष योगदान किया है। स्किनर ने दो प्रकार की क्रियाओं पर प्रकाश डाला-क्रिया-प्रसूत (Operant) तथा उद्दीपन प्रसूत (Stimulus)। जो क्रियाएँ उद्दीपन के द्वारा होती हैं वे उद्दीपन-आधारित होती हैं। क्रिया-प्रसूत का सम्बन्ध उत्तेजना से होता है।

बी. एफ. स्किनर (B.F. Skinner) ने ऑपरेंट कंडीशनिंग (क्रिया प्रसूत अनुबंधन) के सिद्धांत को विकसित किया, जिसे पुनर्बलन के सिद्धांत के रूप में भी जाना जाता है। उन्होंने अपने सिद्धांतों में पुनर्बलन (reinforcement) का प्रयोग किया और यह स्थापित किया कि व्यवहार को परिणामों के माध्यम से आकार दिया जा सकता है।

नोट: पुनर्बलन सिद्धांत (reinforcement theory) के जनक क्लार्क हल हैं, जबकि पुनर्बलन सिद्धांत के प्रयोगकर्ता बी. एफ. स्किनर हैं।

बी.एफ. स्किनर ने अधिगम के क्षेत्र में अनेक प्रयोग किये और यह अनुभव किया कि अभिप्रेरणा के कारण ही अधिगम में क्रियाशीलता आती है। उद्दीपन भावी क्रिया को नियंत्रित करता है। शिक्षक कक्षागत परिस्थितियों में कुछ संकेत शब्दों से सम्पूर्ण क्रिया का संचालन करता है।

स्किनर ने चूहों , कबूतरों आदि पर प्रयोगों द्वारा यह स्पष्ट किया कि दो प्रकार के व्यवहार प्राणियों में पाए जाते हैं—

(i) अनुक्रिया (Respondent)

(ii) सक्रिय (Operant)

अनुक्रिया का सम्बन्ध उद्दीपन से होता है और सक्रियता किसी ज्ञात उद्दीपन से नहीं जुड़ी होती, यह स्वतंत्र होती है, सक्रिय व्यवहार किसी ज्ञात उद्दीपन से नहीं जुड़ा होता , इसलिए इसकी शक्ति को परवर्ती (Reflex) नियमों द्वारा नहीं मापा जा सकता, अनुक्रिया की दर (Rate) ही सक्रिय शक्ति का माप है।

1930 में स्किनर ने सफेद चूहों पर प्रयोग किया, उसके एक लीवर वाला बक्सा बनाया। इस लीवर में चूहे का पैर पड़ता था, खट् की आवाज को सुनकर चूहा आगे बढ़ता और प्याले में खाना मिलता है, यह खाना चूहे के लिए पुनर्बलन (Reinforcement) का कार्य करता, चूहा इसलिए वह लीवर दबाता था, चूहा भूखा होने के कारण प्रणोदित (Drived) होता था और सक्रिय रहता था।

स्किनर ने लीवर की क्रिया के चयन के कारण इस प्रकार बताये

(i) चूहें के लिये लीवर दबाना सरल कार्य है।

(ii) चूहा घण्टे में अनेक बार लीवर दबाने की क्रिया करता है, अत: उसके इस व्यवहार का निरीक्षण सरलता से किया जा सकता है।

(iii) लीवर दबाने की क्रिया का आभास हो जाता है।

इस प्रयोग से यह स्पष्ट है कि यदि किसी क्रिया के बाद कोई बल प्रदान करने वाला उद्दीपन मिलता है तो उस क्रिया की शक्ति में वृद्धि हो जाती है।

स्किनर नियम के अन्य नाम [Other names for Skinner's law]

- सक्रिय अनुबंधन का सिद्धांत
- अभिक्रमित अनुदेशन का सिद्धान्त
- नैमित्तिक अनुबंधन का सिद्धान्त
- कार्यात्मक प्रतिबद्धता का सिद्धान्त
- R-S Theory
- Skinner R-S Theory of Learning

सक्रिय अनुबंधन सिद्धांत की विशेषताएं (Features of Operant Conditioning Theory)

- यह सिद्धांत क्रियाप्रसूत अनुबंधन पर बल देता है और इस सिद्धांत द्वारा सीखना अधिक स्थाई होता है.
- यह सिद्धांत क्रिया से अधिक क्रिया के परिणाम को महत्व देता है.
- यह सिद्धांत सकारात्मक परिणाम से मिलने वाले पुनर्बलन पर बल देता है जो सीखने वाले की क्रिया को गति देने में सहायक है.
- यह सिद्धांत सीखने की क्रिया में सफलता पर विशेष बल देता है.
- यह सिद्धांत सीखने की क्रिया में अभ्यास पर बल देता है.
- सक्रिय अनुबंधन द्वारा मंदबुद्धि के बच्चों को भी सिखाया जा सकता है.

सक्रिय अनुबंधन सिद्धांत की शिक्षा में उपयोगिता (Usefulness of Operant Conditioning Theory in Education)

- यह सिद्धांत सीखने के लिए उद्दीपक (Stimulus) के स्थान पर प्रेरणा (Motivation) को आवश्यक मानता है इसलिए पढ़ने लिखने वाले बालकों को अभिप्रेरित करने के लिए इसका उपयोग किया जाता है.
- यह सिद्धांत सीखने में पुनर्बलन को बहुत महत्व देता है इसलिए शिक्षण कार्य में, शिक्षक द्वारा शिक्षार्थियों को पुनर्बलन देने में इसका उपयोग किया जाता है.
- शिक्षार्थियों की सफलता के लिए उन्हें क्रियाशील रखने हेतु इस सिद्धांत का उपयोग किया जाता है.
- सक्रिय अनुबंधन का प्रयोग समस्यात्मक बालकों के व्यवहार में वांछित परिवर्तन करने के लिए किया जाता है.

कोहलर का अन्तर्दृष्टि या सूझ का सिद्धांत [Kohler's Theory of Insight]

सूझ का अधिगम सिद्धांत गैस्टाल्टवादियों की देन है। वे लोग समग्र में विश्वास करते हैं, अंश में नहीं। जैसा कॉलसनिक ने लिखा है, "अधिगम व्यक्ति के वातावरण के प्रति सूझ तथा आविष्कार के सम्बन्ध को स्पष्ट करने वाली प्रक्रिया है।"

इस सिद्धान्त को समग्राकृति (Gestalt) सिद्धान्त भी कहते हैं। इस सिद्धान्त का प्रतिपादन जर्मन मनोवैज्ञानिक वर्दीमर, कोफ्का तथा कोहलर ने किया था। हम कुछ कार्यों को करके सीखते हैं और कुछ को दूसरों को करते हुए देखकर सीखते हैं। कुछ कार्य ऐसे भी होते हैं, जिन्हें हम बिना बताए अपने आप सीख लेते हैं। इस प्रकार के सीखने को 'सूझ द्वारा सीखना' कहते हैं।

गुड (Good) ने लिखा है-

" सूझ, वास्तविक स्थिति का आकस्मिक, निश्चित और तात्कालिक ज्ञान है।"

कोहलर (Kohler) ने लिखा है-

"सूझ आकस्मिक ज्ञान है, जब एक व्यक्ति स्थिति विशेष को देखकर निश्चित ज्ञान प्राप्त करता है। अन्य शब्दों में जब हम किसी समस्या का समाधान प्रत्यक्ष सम्बन्धों के आधार पर स्थापित करते हैं, तो अति उत्तम होता है।"

महत्वपूर्ण बिन्दु -

- गेस्टाल्ट मनोविज्ञान (Gestalt psychology) की स्थापना जर्मनी में **मैक्स बरदाईमर (Max Wertheimer)** द्वारा 1912 ई0 में की गयी। **गेस्टाल्ट (Gestalt)** का अर्थ है – **"समग्र रूप"**। गेस्टाल्टवादियों का मानना है कि व्यक्ति किसी वस्तु या अवधारणा को आंशिक रूप से नहीं बल्कि पूर्ण रूप से सीखता है।

कोहलर का प्रयोग (experiments by Kohler)

कोहलर ने अपना प्रयोग भूखे चिम्पांजी पर किया। जिनका नाम सुल्तान था। इन्होंने चिम्पांजी पर दो तरह से प्रयोग किया। कोहलर ने कुल 6 चिम्पांजी पर अपना प्रयोग किये थे।

कोहलर का पहला प्रयोग [Kohler's first experiment]

कोहलर ने अपना प्रयोग एक बंद कमरे में किया जिसमें चिम्पांजी को भूखा रखा ताकि उसमें उत्तेजना उत्पन्न हो। उसने उस कमरे की छत पर कुछ केले बांध दिए थे वहां तक पहुंचना चिम्पांजी के लिए असंभव था। चिम्पांजी भूखा था इसलिए केले को देखकर उसमें उत्तेजना उत्पन्न होने लगी और उसने केला प्राप्त करने का भरपूर प्रयास किया पर उसमें वह असफल रहा। थक कर वह एक कोने में जाकर बैठ गया। उस कमरे में तीन बॉक्स रखे गए थे। कुछ देर के बाद चिम्पांजी को कुछ सूझा और उसने उन बॉक्स में से एक बॉक्स को केले के नीचे रखकर उस पर चढ़कर उछला पर केले तक नहीं पहुंच पाया। कुछ देर बाद उसने दूसरा बॉक्स भी पहले बॉक्स के ऊपर रखा और उस पर चढ़कर फिर से केले प्राप्त करने की कोशिश की पर इस बार भी वह असफल रहा फिर उसने तीसरा बॉक्स उन बॉक्स के ऊपर रखा और चढ़ा इस बार उन्हें केले प्राप्त हो गया। इस पर कोहलर ने निष्कर्ष निकाला कि अगर किसी भी प्राणी पर कोई समस्या आ पड़ती है तो वह अपनी सूझबूझ से उस समस्या का हल निकाल सकता है जैसे कि चिम्पांजी ने किया।

कोहलर का दूसरा प्रयोग [Kohler's second experiment]

दूसरे प्रयोग में कोहलर ने चिम्पांजी को एक पिंजरे में रखा और पिंजरे के बाहर कुछ केले रख दिए थे चिंपांजी को केले स्पष्ट दिखाई दे रहे थे। चिंपांजी भूखा था तथा केले को देख कर बहुत ज्यादा उत्तेजित होने लगे। पर वह केला तक नहीं पहुंच सकता था। पिंजरे के अंदर दो छड़ियां थी जो जुड़ कर एक छड़ी बन जाती थी पर ये बात सुल्तान को नहीं पता था। उसने पहली बार केवल एक ही छड़ी की मदद से केले को पाने की कोशिश की पर छड़ी केले तक पहुंच ही नहीं पाती थी। उसने कई बार प्रयास किया पर वह सफल न हो पाया। कुछ देर के बाद उसने दोनों ही छड़ियों को जोड़ने का प्रयास करने लगा कुछ देर के बाद वह इसमें सफल हो गया और उसने केले भी प्राप्त कर लिये।इस प्रकार चिंपांजी ने अपने अन्तर्दृष्टि की सहायता से अपना समस्या हल कर लिया।

अंतर्दृष्टि को प्रभावित करने वाले कारक (factors influencing insight)

अंतर्दृष्टि को प्रभावित करने वाले प्रमुख कारक निम्नलिखित है-

1. **बुद्धि(intelligence)** - बुद्धि अंतर्दृष्टि को प्रभावित करने वाला प्रमुख कारक है। अंतर्दृष्टि का संबंध प्राणी की बुद्धि से होता है चिम्पांजी की अपेक्षा मनुष्य अधिक बुद्धिमान होता है। इसलिए उसमें

अंतर्दृष्टि अधिक पाई जाती है या उच्च बौद्धिक स्तर वाले जीवो में अंतर्दृष्टि अधिक होती है।

2. **अनुभव(experience)** - अंतर्दृष्टि को प्रभावित करने वाला दूसरा महत्वपूर्ण कारक अनुभव है। अनुभवों से किसी समस्या को सुलझाने में मदद मिलता है। अनुभवी व्यक्ति समस्या को सुलझाने में हमेशा अंतर्दृष्टि का लाभ उठाते हैं। वह अनुभव का स्थानांतरण एक परिस्थिति से दूसरी परिस्थिति में करते हैं अनुभवों के आधार पर व्यक्ति अपनी किसी भी समस्या का समाधान बहुत जल्दी कर लेता है।

3. **समस्या का प्रत्यक्षीकरण(perception)** - प्रत्यक्षीकरण अंतर्दृष्टि का विकास करता है जब तक समस्या का पूर्ण रूप से प्रत्यक्षीकरण नहीं होता तब तक अंतर्दृष्टि संभव नहीं है अंतर्दृष्टि पर समस्या की रचना भी प्रभावित करती है।

4. **प्रयास(trial)** - कुछ मनोवैज्ञानिकों का विचार है कि किसी भी क्रिया के मूल में प्रयास या प्रयत्न आवश्यक निहित रहता है। मनुष्य या कोई भी जीव समस्याओं का हल करने के लिए कुछ ना कुछ प्रयास या प्रयत्न अवश्य करता है।

कोहलर के सिद्धांत का शैक्षिक महत्व [Educational importance of Kohler's theory]

1. माता पिता तथा शिक्षकों को बालक के व्यक्तित्व को पूर्ण रूप से देख कर ही उसके बारे में कोई विचार बनाने चाहिए। बालक के किसी एक कार्य से ही उसके व्यक्तित्व का अनुमान लगाना अनुचित होगा।
2. बालकों के बौद्धिक विकास हेतु उनकी अंतर्दृष्टि तथा सूझ बूझ बहुत सहायक होती है इसलिए इस विधि के द्वारा अधिक से अधिक कार्यों को करने के लिए बालकों को प्रोत्साहित करना चाहिए।
3. छात्रों के पूर्वानुभवों के संगठन पर भी शिक्षक को ध्यान देना चाहिए क्योंकि अंतर्दृष्टि अधिगम में अनुभव अधिक सहायक सिद्ध होते हैं।
4. अध्यापक को अंतर्दृष्टि का प्रयोग समस्या समाधान अधिगम के लिए करना चाहिए।
5. विद्यार्थी में अंतर्दृष्टि का विकास करने हेतु शिक्षा का कार्य उनकी अंतर्दृष्टि के अनुकूल होना चाहिए क्योंकि विद्यार्थियों की क्षमता के प्रतिकूल कार्य होने पर उनमें अंतर्दृष्टि का विकास नहीं हो सकता।
6. विद्यार्थी को मानसिक रूप से तत्पर बनाने हेतु शिक्षक को अनुकूल वातावरण बनाना चाहिए और विद्यार्थियों को उनकी पूर्व धारणाओं से मुक्त करना चाहिए।
7. पाठ्यक्रम के निर्माण में सूझ बूझ अथवा अंतर्दृष्टि प्रक्रिया को ध्यान में रखकर पाठ्यक्रम के विभिन्न अंगों को एकीकृत किया जाता है। दूसरे शब्दों में एकीकृत पाठ्यक्रम इसी सिद्धांत के परिणाम स्वरूप किया जाता है।

पियाजे का संज्ञानात्मक विकास सिद्धांत (Piaget's Cognitive Development Theory)

जीन पियाजे एक स्विस मनोवैज्ञानिक थे। इनका जन्म 1886 ईसवी को **स्विट्जरलैंड** में हुआ था। आधुनिक युग में ज्ञानात्मक विकास के क्षेत्र में स्विट्जरलैंड के मनोवैज्ञानिक जिन पियाजे ने क्रांति पैदा कर दी। आज तक ज्ञानात्मक विकास के क्षेत्र में शोध एवं अध्ययन किए गए उनमे सबसे विस्तृत और वैज्ञानिक रूप से अध्ययन जीन पियाजे ने किया।

जीन पियाजे ने बालक के संज्ञानात्मक विकास का गहराई से अध्ययन किया और मानव के मानसिक विकास की व्याख्या संज्ञानात्मक विकास के रूप में की है। उसने संज्ञानात्मक विकास की चार महत्वपूर्ण अवस्थाएं बताई हैं

1. संवेदी-मोटर चरण (Sensorimotor Stage):

आयुः जन्म से 2 वर्ष (Birth to 2 years)

मुख्य विशेषताएँ:

इस चरण में शिशु अपने इंद्रियों (जैसे स्पर्श, दृष्टि, सुनना) और मोटर क्रियाओं (जैसे: हिलना, पकड़ना) के माध्यम से दुनिया को जानना सीखते हैं। वे वस्तु स्थायित्व (Object Permanence) विकसित करते हैं, जिसका अर्थ है कि उन्हें यह समझ में आने लगता है कि वस्तुएं तब भी मौजूद रहती हैं जब वे उन्हें देख या सुन नहीं सकते।

उदाहरण: बच्चा यह समझने लगता है कि अगर कोई खिलौना कंबल के नीचे छिपा है, तो वह अभी भी वहां है, गायब नहीं हुआ।

2. पूर्व संक्रियात्मक चरण (Pre-operational Stage):

आयुः 2 से 7 वर्ष (2 to 7 years)

मुख्य विशेषताएँ [Main Features]:

इस चरण में बच्चे प्रतीकों (symbols) का उपयोग करना शुरू कर देते हैं, जैसे शब्दों और चित्रों से वस्तुओं का प्रतिनिधित्व करना।

स्वकेन्द्रता (Egocentrism) - वे दूसरों के दृष्टिकोण को समझने में कठिनाई महसूस करते हैं और सोचते हैं कि बाकी लोग भी दुनिया को उसी तरह देखते हैं जैसे वे देखते हैं।

प्रतीकात्मक खेल (Symbolic play) - मुख्य रूप से जीन पियाजे के अनुसार पूर्व-संक्रियात्मक चरण (2-7 वर्ष की आयु) में होता है। इस चरण में बच्चे प्रतीकात्मक खेल खेलना शुरू करते हैं। वे एक वस्तु का उपयोग दूसरी वस्तु के प्रतिनिधित्व के रूप में करते हैं, जैसे केले को फोन की तरह इस्तेमाल करना।

आनिमिज्म (Animism) - वे यह मानते हैं कि निर्जीव वस्तुओं में भी

भावनाएं और विचार होते हैं (जैसे कि बच्चा सोचता है कि सूरज जीवित है क्योंकि वह आसमान में चलता है)।

संरक्षण की कमी (Lack of Conservation) - वे यह नहीं समझते कि कुछ विशेषताएँ (जैसे मात्रा या संख्या) तब भी स्थिर रहती हैं जब उनकी बाहरी रूपरेखा बदल जाती है।

उदाहरण: यदि आप पानी को चौड़े ग्लास से पतले और लंबे गिलास में डालते हैं, तो बच्चा सोच सकता है कि लंबे ग्लास में अधिक पानी है।

3. मूर्त संक्रियात्मक चरण (Concrete Operational Stage):

आयुः 7 से 11 वर्ष (7 to 11 years)

मुख्य विशेषताएँ:

इस चरण में बच्चे ठोस वस्तुओं और घटनाओं के बारे में तर्कसंगत ढंग से सोच सकते हैं।

मूर्त संक्रियात्मक अवस्था पियाजे के संज्ञानात्मक विकास सिद्धांत का तीसरा चरण है, जो लगभग 7 से 11 वर्ष की आयु तक चलता है। इस अवस्था में, बच्चे मूर्त (भौतिक) वस्तुओं के बारे में तार्किक रूप से सोचना शुरू करते हैं। इस अवस्था की प्रमुख विशेषताएँ हैं कि बच्चे वस्तुओं को वर्गीकृत कर सकते हैं, संख्या, आयतन और द्रव्यमान जैसी चीज़ों के संरक्षण (conservation) की क्षमता विकसित करते हैं और 'प्रतिवर्तिता' (reversibility) जैसी अवधारणाओं को समझते हैं।

संरक्षण (Conservation): वे यह समझने लगते हैं कि आकार, मात्रा और संख्या जैसी विशेषताएँ तब भी स्थिर रहती हैं जब उनकी बाहरी रूप में परिवर्तन हो जाता है। वे मानसिक क्रियाएँ कर सकते हैं, जैसे कि पलटाव प्रक्रिया (Reversibility), यानी वे समझते हैं कि किसी क्रिया को पलटा भी जा सकता है (जैसे मिट्टी के गोले को फिर से उसकी मूल अवस्था में लाया जा सकता है)। तर्कसंगत सोचः वे समस्याओं को हल कर सकते हैं, लेकिन आमतौर पर उन्हें ठोस वस्तुओं या उदाहरणों की आवश्यकता होती है। उदाहरणः बच्चा अंकगणितीय समस्याओं को हल कर सकता है यदि वह उन समस्याओं को ठोस वस्तुओं की मदद से देख सकता है।

4. औपचारिक प्रचालनात्मक चरण (Formal Operational Stage):

आयुः 11 वर्ष और उससे आगे (11 years and beyond)

मुख्य विशेषताएँ:

इस चरण में बच्चे अमूर्त (Abstract) और काल्पनिक (Hypothetical) स्थितियों के बारे में सोचने की क्षमता विकसित करते हैं। वे संभावित या काल्पनिक स्थितियों पर तर्कसंगत रूप से विचार कर सकते हैं, केवल ठोस वस्तुओं पर निर्भर नहीं रहते।

निर्णयात्मक तर्क (Deductive reasoning): वे सामान्य सिद्धांतों का उपयोग करके विशेष भविष्यवाणियां कर सकते हैं (यदि-तब की सोच)। वे नैतिक, दार्शनिक, और वैज्ञानिक अवधारणाओं के बारे में भी सोच सकते हैं।

उदाहरण: किशोर बिना ठोस वस्तुओं की आवश्यकता के जटिल समस्याओं जैसे बीजगणित (Algebra) को हल कर सकते हैं।

अमूर्त संक्रियात्मक अवस्था में बालक काल्पनिक (परिकल्पनात्मक) और निगमनात्मक दोनों तरह के चिंतन करने में सक्षम होते हैं, जिससे वे अमूर्त और जटिल समस्याओं को हल कर सकते हैं।

पियाजे के सिद्धांत की मुख्य अवधारणाएँ (Key Concepts in Piaget's Theory):

स्कीमा (Schemas): स्कीमा मानसिक ढांचे या संरचनाएँ हैं जो हमें जानकारी को संगठित और समझने में मदद करती हैं। पियाजे के अनुसार, सीखना एक ऐसा प्रक्रिया है जिसमें हम इन स्कीमाओं को अपने अनुभवों के आधार पर समायोजित करते हैं।

आत्मसातीकरण (Assimilation):

आत्मसातीकरण तब होता है जब नई जानकारी को मौजूदा स्कीमा में शामिल किया जाता है। उदाहरण: अगर बच्चा कुत्ते को जानता है और बिल्ली को देखकर उसे "कुत्ता" कहता है, तो वह नई जानकारी को अपनी मौजूदा स्कीमा में जोड़ रहा है।

समायोजन (Accommodation):

समायोजन तब होता है जब नई जानकारी के कारण स्कीमा को बदलना पड़ता है। ऊपर दिए गए उदाहरण में, जब बच्चा यह सीखता है कि बिल्ली कुत्ते से अलग है, तो वह अपनी स्कीमा को बदल देता है।

संतुलन (Equilibration):

आत्मसातीकरण और समायोजन के बीच संतुलन को संतुलन प्रक्रिया कहा जाता है। यह सीखने की प्रक्रिया को चलाता है क्योंकि बच्चे अपने आस-पास की दुनिया को समझने की कोशिश करते हैं।

संरक्षण (Conservation): संरक्षण का मतलब यह समझना है कि कुछ वस्तुओं की विशेषताएँ (जैसे मात्रा, संख्या) उनके रूप या आकार बदलने के बावजूद समान रहती हैं। यह क्षमता ठोस प्रचालनात्मक चरण में विकसित होती है।

पियाजे के सिद्धांत का महत्व (Importance of Piaget's Theory):

पियाजे का सिद्धांत शिक्षा के क्षेत्र में बहुत प्रभावशाली रहा है। इससे शिक्षकों को यह समझने में मदद मिलती है कि बच्चे विभिन्न चरणों में अलग-अलग तरीके से सीखते हैं। शिक्षक अपने छात्रों की विकासात्मक अवस्था को ध्यान में रखते हुए उचित पाठ योजनाएँ बना सकते हैं।

उदाहरण: पूर्व-प्रचालनात्मक चरण में शिक्षक दृश्य सहायक सामग्री और व्यावहारिक गतिविधियों का उपयोग कर सकते हैं, जबकि औपचारिक प्रचालनात्मक चरण में वे अमूर्त सोच और समस्या समाधान गतिविधियों पर ध्यान केंद्रित कर सकते हैं।

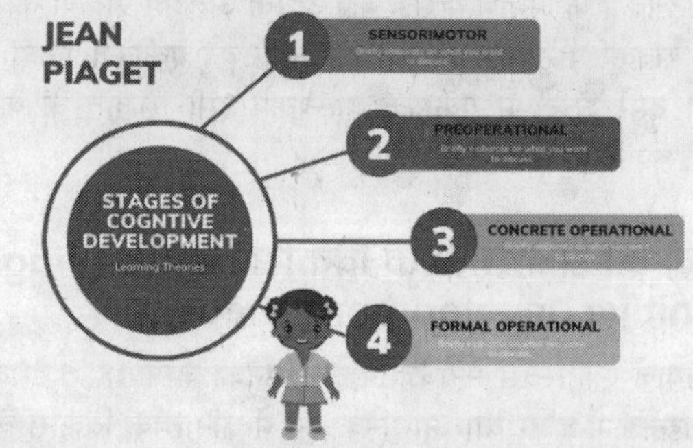

वाइगोत्स्की का सिद्धान्त Vygotsky Theory लिव वाइगोत्स्की (1896-1934) द्वारा दिया गया सिद्धान्त हैं। यह एक रूसी मनोवैज्ञानिक थे। जिन्होंने सामाजिक-सांस्कृतिक सिद्धान्त का प्रतिपादन किया था। जिसको निकट विकास का क्षेत्र (Zone of Proximal Devlopment) ZPD के नाम से भी जाना जाता हैं।

वाइगोत्स्की के अनुसार छात्रों को अधिगम करवाने या उनका विकास करने हेतु उचित मार्गदर्शन या दिशा-निर्देश की आवश्यकता होती हैं और छात्रों को यह निर्देशन एवं मार्गदर्शन समाज और संस्कृति से प्राप्त होता हैं।

वाइगोत्स्की को संरचनावादी की संज्ञा दी जाती हैं। वाइगोत्स्की सिद्धांत को मनोविज्ञान और बाल मनोविज्ञान में **अधिगम के सिद्धांत (Theory of Learning)** के रूप में भी देखा जाता हैं।

वाइगोत्स्की का सामाजिक-सांस्कृतिक सिद्धान्त- Vygotsky Theory वाइगोत्स्की एक रचनात्मक विचारधारा वाले व्यक्ति थे। जिन्होंने सामाजिक और सांस्कृतिक सिद्धान्तों के आधार पर छात्रों के संज्ञानात्मक विकास (Cognitive Devlopment) की व्याख्या की थी। जहाँ जीन पियाजे (Piaget Theory) संज्ञानात्मक विकास में उम्र को आधार बना कर चलते हैं, वहीं वाइगोत्स्की संज्ञानात्मक विकास के लिए सामाजिक और सांस्कृतिक सिद्धान्तों को आधार बनाते हैं।

वाइगोत्स्की के इस सिद्धांत के अनुसार बालक समाज और संस्कृति में रह कर अनुकरण (नकल) के द्वारा सीखता है। इनके अनुसार बालक समाज के साथ अंतः क्रिया करके अपना विकास करता हैं। वाइगोत्स्की अपने सिद्धान्त का प्रतिपादन समाज को केंद्र में रख कर करते हैं।

वाइगोत्स्की बालक के संज्ञानात्मक विकास में सामाजिक अन्तःक्रिया, भाषा, संस्कृति को महत्वपूर्ण स्थान देते हैं। उनके संज्ञानात्मक विकास के ये 3 तत्व आधार है, अर्थात वह अपने सिद्धान्त की सम्पूर्ण व्याख्या इन तीनों को आधार बना कर करते हैं।

सामाजिक अन्तःक्रिया (Social Interaction) –

वाइगोत्स्की के अनुसार बालक समाज से दिशा-निर्देश प्राप्त कर अपना संज्ञानात्मक विकास करते हैं और विकास की इस प्रक्रिया को वह अनुकरण को आधार बना कर करते हैं।

भाषा (Language) –

वाइगोत्स्की संज्ञानात्मक विकास के लिए भाषा को एक उपकरण (Tool) मानते है। जिसकी सहायता से बालक समाज और संस्कृति के साथ रहकर अंतःक्रिया का कार्य करता हैं। वाइगोत्स्की के अनुसार भाषा के अभाव में व्यक्ति अपना संज्ञानात्मक विकास नहीं कर सकता।

-वाइगोत्स्की के अनुसार –

"एक बच्चे की भाषा के विकास में दूसरों के साथ सम्प्रेक्षण एक महत्वपूर्ण तत्व हैं।"

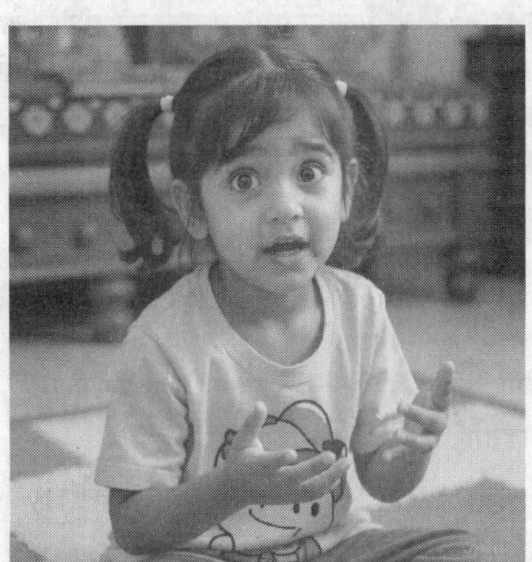

संस्कृति (Culture) – वाइगोत्स्की सिद्धान्त में संस्कृति का अपना अहम योगदान हैं। संस्कृति बालक में नैतिक-मूल्यों का विकास करती हैं। मनुष्य को सभ्य व्यवहार करने की ओर प्रेरित करती हैं और बालक यह सब भी अनुकरण द्वारा ही सीखता है।

संभावित या निकटवर्ती विकास का क्षेत्र। Zone of Proximal Devlopment (ZPD)

वाइगोत्स्की के संभावित विकास के क्षेत्र (ZPD) के अनुसार व्यक्ति को इस स्तर में सीखने के लिए अन्य व्यक्ति की सहायता की आवश्यकता होती हैं, अर्थात इसमें अन्य ज्ञानवान व्यक्ति के अभाव में इसका विकास संभव

नही हो पाता। विकास के इस क्षेत्र में व्यक्ति को उचित दिशा-निर्देश की आवश्यकता होती हैं और इसी की सहायता से व्यक्ति अपने आगे लक्ष्य को प्राप्त करने में सक्षम हो पाता है।

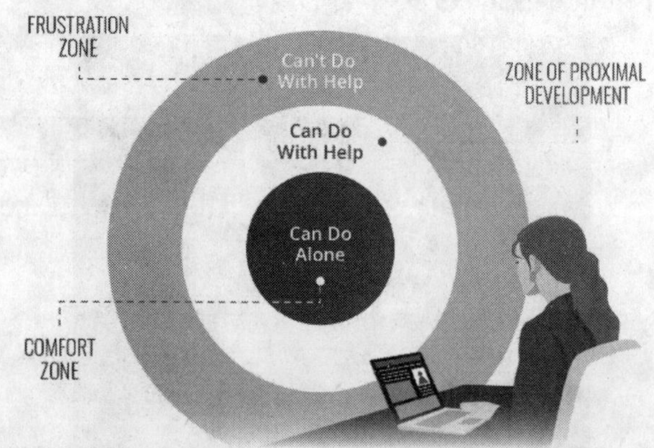

इस संप्रत्यय के अनुसार इस स्तर में व्यक्ति अपने मित्र या फिर अपने किसी परिजन के माध्यम से अपनी समस्याओं का समाधान प्राप्त करता है। वाइगोत्स्की के अनुसार छात्र इस स्तर में व्यक्तिगत अधिगम करना सीखते हैं और वह नवीन विचारों को ग्रहण करने में बहुत उत्सुक अनुभव करते हैं।

उदाहरण- बालक बिना विद्यालय जाए काफी ज्ञान घर मे रह कर ही प्राप्त कर लेते हैं। परंतु जिन बिंदुओं में उनको समस्या आती है, उन बिंदुओं से उत्पन्न समस्या के समाधान हेतु वह अध्यापकों एवं अपने मित्रों की सहायता लेकर सीखते हैं और इसी को वाइगोत्स्की ZPD की संज्ञा देते हैं।

ढांचा(Scaffolding)

वाइगोत्स्की (Vygotsky) के अनुसार बालक को सीखने के लिए एक ढांचे की जरूरत होती हैं, अर्थात एक ऐसी सीढ़ी जो उसे अधिगम के उस शिखर तक ले जा सकें। जिस शिखर पर पहुचकर वह अपनी अधिगम के अंतर्गत आने वाली समस्त समस्याओं का समाधान कर सकें।

अर्थात् स्कैफोल्डिंग का अर्थ है छात्रों को किसी नए कौशल या अवधारणा को सीखने में मदद करने के लिए दी जाने वाली अस्थायी सहायता। यह सहायता धीरे-धीरे कम की जाती है, ताकि छात्र अंततः स्वतंत्र रूप से सीख सकें।

वाइगोत्स्की के सामाजिक-सांस्कृतिक सिद्धान्त की विशेषता (Characteristics of Vygotsky Theory)

1. वाइगोत्स्की बालक के संज्ञानात्मक विकास के लिए समाज और संस्कृति को महत्वपूर्ण स्थान देते हैं।
2. इस सिद्धांत के अनुसार विकास के लिए पहले अधिगम होना अत्यंत आवश्यक हैं।
3. इस सिद्धान्त के अनुसार छात्र में संज्ञानात्मक विकास करने के गुण पहले से ही विद्यमान होते हैं, लेकिन इन गुणों को बाहर निकालने का कार्य समाज और संस्कृति द्वारा होता हैं।
4. वाइगोत्स्की बालक के संज्ञानात्मक विकास करने हेतु सामाजिक अन्तः क्रिया, भाषा और संस्कृति को अत्यंत महत्वपूर्ण मानते हैं।
5. वाइगोत्स्की ने छात्र के अधिगम हेतु ZPD, MKO और Scaffolding संप्रत्यय को आवश्यक माना हैं।

वाइगोत्स्की और पियाजे के सिद्धांतों में अंतर। Difference Between Piaget and Vygotsky Theory

- वाइगोत्स्की बालक के संज्ञानात्मक विकास हेतु समाज और संस्कृति को महत्व देते हैं, वहीं पियाजे संज्ञानात्मक विकास (piaget theory) हेतु आयु को महत्वपूर्ण स्थान देते हैं।
- वाइगोत्स्की सामाजिक संरचनात्मक विचारों वाले थे और वहीं पियाजे संज्ञानात्मक संरचनात्मक विचारों वाले व्यक्ति थे।
- वाइगोत्स्की अधिगम के लिए मार्गदर्शन को आवश्यक मानते हैं और वही पियाजे अधिगम को आत्म-सक्रियता का भाग मानते हैं।
- वाइगोत्स्की के अनुसार बालक में पहले भाषा का जन्म होता हैं बाद में विचारों का वहीं पियाजे ठीक इसके विपरीत मानते हैं।

लॉरेंस कोहलबर्ग का नैतिक विकास का सिद्धांत (Lawrence Kohlberg's Theory of Moral Development)

लॉरेंस कोहलबर्ग का नैतिक विकास का सिद्धांत (Theory of Moral Development) बताता है कि बच्चे और वयस्क सही-गलत के बारे में कैसे तर्क करते हैं, जो उनके नैतिक विकास के 3 स्तरों और 6 चरणों में विकसित होता है। यह सिद्धांत बताता है कि नैतिकता जन्मजात नहीं है, बल्कि उम्र के साथ सामाजिक और संज्ञानात्मक विकास के साथ विकसित होती है।

कोहलबर्ग के नैतिक विकास के तीन स्तर (Kohlberg's Three Levels of Moral Development):

पूर्व-परंपरागत नैतिकता (Pre-conventional Morality - लगभग 4-10 वर्ष):

चरण 1: आज्ञापालन और दंड (Punishment & Obedience): बच्चा सजा से बचने के लिए नियमों का पालन करता है।

चरण 2: साधनात्मक उद्देश्य/व्यक्तिगत हित (Individualism & Exchange): "जैसे को तैसा" (Tit-for-Tat) की भावना; स्वार्थ की भावना।

पारंपरिक नैतिकता (Conventional Morality - लगभग 10-13 वर्ष):

चरण 3: अच्छा लड़का-अच्छी लड़की (Good Interpersonal Relationships): सामाजिक स्वीकृति और दूसरों को खुश करने के लिए नैतिकता।

चरण 4: कानून और व्यवस्था (Law & Order): नियमों और सामाजिक व्यवस्था को बनाए रखना कर्तव्य माना जाता है।

उत्तर-परंपरागत नैतिकता (Post-conventional Morality - किशोरावस्था से वयस्कता):

चरण 5: सामाजिक अनुबंध (Social Contract): लोग नियमों को सामाजिक अनुबंध के रूप में देखते हैं, जो बदले जा सकते हैं।

चरण 6: सार्वभौमिक नैतिक सिद्धांत (Universal Ethical Principles): अंतरात्मा की आवाज और न्याय/मानवाधिकार के आधार पर निर्णय।

ब्रूनर का संज्ञानात्मक विकास सिद्धांत (Bruner's Coginitive Development Theory)

जेरोम ब्रूनर एक अमेरिकी मनोवैज्ञानिक थे और उन्होंने संज्ञानात्मक विकास पर एक नया सिद्धांत प्रतिपादित किया। ब्रूनर ने अपने संज्ञानात्मक सिद्धांत के प्रतिपादन से पहले पियाजे के संज्ञानात्मक विकास के सिद्धांत पर कार्य किया और इसके बाद उसने स्वतंत्र रूप से अपने संज्ञानात्मक सिद्धांत का प्रतिपादन किया। ब्रूनर का सिद्धांत को संरचनात्मक अधिगम सिद्धांत या अन्वेषण सिद्धांत के नाम से भी जाना जाता है।

जेरोम ब्रूनर के विकास की अवस्थाएं [Jerome Bruner's stages of development]:-

(1) Enactive Stage [क्रियात्मक चरण]

(2) Iconic Stage [दृश्य प्रतिमा चरण]

(3) Symbolic Stage [सांकेतिक चरण]

1. **क्रियात्मक चरण (Enactive Stage):** (अवधि जन्म से 18 माह) इस विधि में शिशु अपनी अनुभूतियों को शब्द इन क्रियाओं के माध्यम से व्यक्त करता है। जैसे भूख लगने पर हाथ पैर दिलाना, रोना आदि।
2. दृश्य प्रतिमा चरण **(Iconic Stage):** (18 से 24 माह) इस विधि में बालक अपनी अनुभूतियों को अपने मन से कुछ दृश्य प्रतिमान बनाकर व्यक्त करता है। इस अवस्था में वहां प्रत्यक्षीकरण से सबसे ज्यादा सीखता है।
3. **सांकेतिक चरण (Symbolic Stage):** (7 वर्ष से आगे) इस विधि में बालक अपनी अनुभूतियों को ध्वनि संबंधी संकेतों (भाषा) के माध्यम से व्यक्त करता है। तथा इस अवस्था में बच्चों में प्रतीकों को उनके मूल विचारों से संबंधित करने की योग्यता का विकास हो जाता है। या होने लगता है।

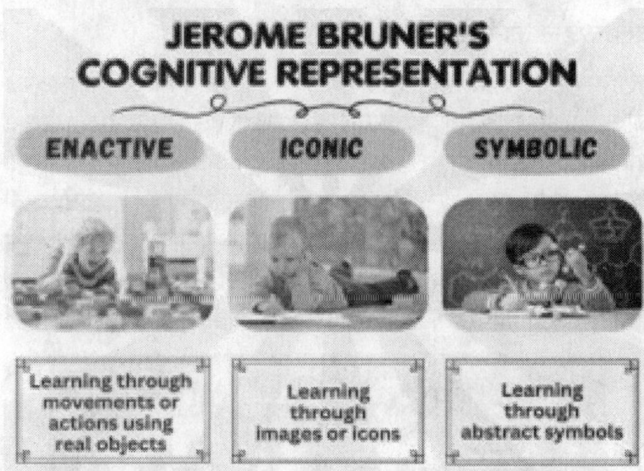

ब्रूनर के सिद्धान्त की विशेषताएं

(Characteristics of Bruner's Cognitive Development Theory)

1. ब्रूनर का सिद्धान्त बालक के पूर्व अनुभवों तथा नये विषय वस्तु में समन्वय के लिए अनुकूल वातावरण तैयार करने पर बल देता है।
2. विषय वस्तु की संरचना ऐसी हो, कि बच्चे सुगमता व सरलता से सीख सकें।
3. इस सिद्धान्त के अनुसार विषयवस्तु जो सिखाई जानी है, ऐसे अनुक्रम व बारम्बारता से प्रस्तुत की जाये, जिससे बच्चे तार्किक ढंग से एवं अपनी कठिनाई स्तर के अनुसार सीखते हैं।
4. यह सिद्धान्त सीखने में पुनर्बलन, पुरस्कार व दण्ड आदि पर बल देता है।
5. इस सिद्धान्त के अनुसार शिक्षा बालक में व्यक्तिगत व सामाजिक दोनो गुणों का विकास करती है।

ब्रूनर के सिद्धान्त की शिक्षा में उपयोगिता (Use of Bruners theory in Education)

1. ब्रूनर के संज्ञानात्मक विकास की विभिन्न अवस्थाओं के अनुसार पाठ्यक्रम का निर्माण करना चाहिए।
2. ब्रूनर ने मानसिक अवस्थाओं का वर्णन किया। इन अवस्थाओं के अनुसार शिक्षण विधियों व प्रविधियों का प्रयोग करना चाहिये।
3. इनकी अन्वेषण विधि द्वारा छात्रों में समस्या समाधान की क्षमता का विकास किया जा सकता है।

4. ब्रूनर ने सम्प्रत्यय को समझने पर बल दिया अतः शिक्षक को विषय ठीक से समझाने चाहिये। इसके ज्ञान से छात्र पर्यावरण को समझ कर उसका उपयोग कर सकता है।
5. इन्होंने वर्तमान अनुभवों को पूर्व ज्ञान एवं अनुभव से जोडने पर बल दिया। इससे छात्रों के ज्ञान
6. ब्रूनर की संज्ञानात्मक विकास की अवस्थाओं के अनुसार शिक्षक, अपने नियोजन (Planning) क्रियान्वयन (Execution) एवं मूल्यांकन (Evaluation) प्रक्रिया में संशोधन कर बालकों के बौद्धिक विकास में सहायक हो सकते हैं।

क्लार्क हल का सिद्धांत [Clark Hull's Theory]

क्लार्क हल (Clark . L. Hull) द्वारा प्रतिपादित पुनर्बलन का सिद्धान्त जीवन के सम्पूर्ण कार्य को प्रस्तुत करता है । हल ने इस सिद्धान्त का प्रतिपादन 1915 में किया था और 1952 तक अर्थात् मृत्युपर्यन्त इसका विकास करता रहा । हल ने अपने सिद्धान्त का प्रतिपादन ' व्यवहार के सिद्धान्त ' (Principles of behaviour) नामक पुस्तक में किया है । इस सिद्धान्त का नवीन रूप बाद में 1951 में प्रकाशित ' व्यवहार के आवश्यक तत्त्व' (Essentials of behaviour) नामक उसकी पुस्तक में दिया गया ।

हल ने चूहों आदि पर प्रयोग किये तथा उसने यह निष्कर्ष निकाला कि उत्तेजना तथा प्रतिक्रिया के मध्य सम्बन्ध प्रणोदन (Drive) और पुरस्कार (Reward) पर निर्भर है । प्रणोदन के सम्बन्ध में हल का विचार है - यह वह परिस्थिति है जो प्राणी में शारीरिक तथा मनोवैज्ञानिक आवश्यकता से पैदा होती हैं । जब व्यक्ति प्रणोदन का अनुभव करता है तब अनेक प्रकार की उत्तेजनाएँ उत्पन्न होती हैं । ये उत्तेजनाएँ व्यक्ति को उद्देश्य तक पहुँचाने में सहायक होती हैं । यो उद्दीपन - अनुक्रिया के सम्बन्ध बनाने तथा मानसिक संघर्ष को कम करने में सहायता मिलती है । इसी के कारण पुनर्बलन दिया जाता है ।

उदाहरण:

यदि आप भूखे हैं (ड्राइव), तो आप भोजन की तलाश करेंगे। जब आपको भोजन मिलता है और आप उसे खाते हैं, तो आपकी भूख कंम हो जाती है (ड्राइव रिडक्शन)। क्योंकि यह व्यवहार भूख को शांत करता है, यह व्यवहार मजबूत होता है, जिससे भविष्य में जब आप भूखे होंगे तो भोजन की तलाश करने की आपकी संभावना बढ़ जाती है। यह सीखे हुए व्यवहार का एक उदाहरण है।

हल के नियम के प्रमुख बिन्दु

- हल के अनुसार, आवश्यकता व्यवहार का उत्पादन करेगी और आवश्यकता को कम करने वाले विशेष व्यवहार को धीरे-धीरे सीखा जाएगा।
- हूल का अधिगम का सिद्धांत यह मानता है कि S-R के बीच संबंध अधिगम के लिए पर्याप्त नहीं है।
- उनका विचार था कि संकेत के रूप में उद्दीपन को स्थापित करने के लिए किसी प्रकार का पुरस्कार या पुनर्बलन आवश्यक है।
- उनके अधिगम के सिद्धांत को पुनर्बलन का सिद्धांत कहा जाता है।
- हल ने विशिष्ट व्यवहार की संभावना का अनुमान लगाने के लिए विशिष्ट सूत्रों का उपयोग किया।
- उन्होंने निर्दिष्ट किया कि एक विशेष उद्दीपन एक विशेष प्रतिक्रिया ("उत्तेजना क्षमता") को जन्म देगी।

"टॉल मैन का सिद्धांत" ["The Tall Man's Theory"]

"टॉल मैन का सिद्धांत" से आपका तात्पर्य एडवर्ड टॉलमैन के उद्देश्यपूर्ण व्यवहारवाद से है, जो बताता है कि सीखना लक्ष्य-उन्मुख होता है और जीव अपने पर्यावरण के संज्ञानात्मक मानचित्र बनाते हैं। इस सिद्धांत के अनुसार, सीखना सिर्फ उद्दीपन-प्रतिक्रिया नहीं है, बल्कि यह संकेतों का अनुसरण करने और विभिन्न व्यवहारों के बीच संबंध स्थापित करने की प्रक्रिया है, जिसमें व्यक्ति पर्यावरण को समझता है और उस समझ का उपयोग लक्ष्यों को प्राप्त करने के लिए करता है।

टॉलमैन के सिद्धांत के मुख्य बिंदु [Key Points of Tolman's Theory]

- संज्ञानात्मक मानचित्रः टॉलमैन का मानना है कि व्यक्ति

- किसी कार्य को करने के लिए केवल उत्तेजना-प्रतिक्रिया के बजाय एक मानसिक या "संज्ञानात्मक मानचित्र" बनाते हैं।
- उद्देश्यपूर्ण व्यवहार: यह सिद्धांत मानता है कि सभी व्यवहार उद्देश्यपूर्ण और लक्ष्य-निर्देशित होते हैं।
- अव्यक्त अधिगम (Latent Learning): लोग सीखी
- गई जानकारी को अपने व्यवहार में तब तक नहीं दिखाते जब तक कि कोई विशेष प्रेरणा न हो। टॉलमैन और होन्ज़िक ने अपने चूहों के प्रयोगों में इसे दर्शाया, जहाँ चूहों ने भोजन न मिलने पर भी भूलभुलैया का मानसिक मानचित्र विकसित किया, और भोजन मिलने पर उसे प्रदर्शित किया।
- पुनर्बलन का महत्वः टॉलमैन ने पुनर्बलन को सीखने का अनिवार्य तत्व नहीं माना। उनका मानना था कि प्रेरणा केवल प्रदर्शन को प्रभावित करती है, न कि सीखने को।

टॉलमैन सिद्धांत के शैक्षिक निहितार्थ [Educational Implications of Tolman's Theory]

- शिक्षण विधियों को छात्रों की संज्ञानात्मक प्रक्रियाओं और समझ को विकसित करने पर केंद्रित होना चाहिए।
- शिक्षण सामग्री को छात्रों के लिए सार्थक और वास्तविक जीवन से संबंधित होना चाहिए।
- अंधानुकरण या "भेड़चाल" के बजाय, छात्रों को समस्याओं को हल करने और सही विधियों का चयन करने के लिए प्रोत्साहित किया जाना चाहिए।

कार्ल रोजर्स का अधिगम सिद्धांत [Carl Rogers' learning theory]

- कार्ल रोजर्स अमेरिकी मनोवैज्ञानिक थे।
- इनके अनुसार व्यक्ति में सीखने का आधार स्व-अनुभव होता है।
- व्यक्ति के भीतर प्राकृतिक तौर पर सीखने की अद्वितीय क्षमता होती है।
- व्यक्ति किसी भी कार्य को अपनी इच्छा से सीखता है।
- सीखने की प्रक्रिया self initiative कहलाती है।

अर्थात हर व्यक्ति में व्यक्तिगत विकास और आत्म-साक्षात्कार की जन्मजात इच्छा होती है। यह सिद्धांत व्यक्ति-केंद्रित दृष्टिकोण पर केंद्रित है, जिसमें आत्म-सम्मान और आत्म-विकास को बढ़ावा देने के लिए बिना शर्त सकारात्मक सम्मान और ग्राहक के साथ सहानुभूति पर जोर दिया जाता है।

अधिगम की मूल प्रकृति क्या है इसका पता लगाने के लिए रोजर्स ने अधिगम को दर्दा प्रकारों में बांटा

- Cognitive learning- संज्ञानात्मक अधिगम
- Experiential learning- अनुभवजन्य अधिगम

संज्ञानात्मक अधिगम[Cognitive learning] -

- जब तक इसे उपयोग में न लाया जाये निरर्थक होता है। इसका उददेश्य ज्ञान की प्राप्ति मात्र है।
- सोचने, याद रखने, समझने और समस्या समाधान—पर केंद्रित है, जो रटने के बजाय ज्ञान को पूर्व समझ से जोड़कर सक्रिय रूप से सीखने को बढ़ावा देता है।

अनुभवजन्य अधिगम [Experiential learning]

- यह विधि व्यक्ति को करके सीखने पर जोर देती है। इसमें व्यक्ति की रूचि पाई जाती है।
- इसके लिए व्यक्ति द्वारा पहल की जाती है।
- जैसे किसी इंजीनियर के द्वारा किसी मशीन के पुर्जे का ज्ञान प्राप्त करना

गुथरी का सिद्धांत (Edwin R. Guthrie)

गुथरी के अनुसार सीखना तब होता है जब उत्तेजना (Stimulus) और प्रतिक्रिया (Response) एक साथ घटित होते हैं।

यानी "जो काम किसी स्थिति में किया जाता है, वही काम अगली बार उसी स्थिति में दोहराया जाता है।

"इसे Contiguity Theory (सन्निकटता सिद्धांत) कहा जाता है।

गुथरी के अनुसार महत्वपूर्ण बिंदु (Key Points According to Guthrie)

(i) One-Trial Learning

एक बार में सीखना हो जाता है

अभ्यास सिर्फ मजबूती देता है

(ii) Movement (गति) का महत्व सीखना पूरी क्रिया नहीं, बल्कि छोटी-छोटी गतियों (movements) का जोड़ है

(iii) Habit Formation (आदत निर्माण)

कई S-R कनेक्शन मिलकर आदत बनाते हैं

उदाहरण (Examples)

✔ उदाहरण 1

बच्चा पहली बार बिजली के स्विच को छूकर झटका खाता है → तुरंत सीख जाता है

☞ "स्विच नहीं छूना"

✔ उदाहरण 2

कक्षा में शिक्षक के सामने छात्र शांत रहता है → वही स्थिति आने पर फिर शांत रहेगा

अभ्यास प्रश्न

1. सीखना एक तरह के व्यवहार का- [UPTET 2018]

(a) बचाव है। (b) विस्तार है।
(c) संशोधन है। (d) प्रसार है।

2. 'व्यवहार के कारण व्यवहार में परिवर्तन ही अधिगम है' यह किसने कहा है? [UPTET 2019]

(a) गिलफोर्ड (c) क्रो एंड क्रो
(b) वुडवर्थ (d) स्किनर

3. "अधिगम, अनुभव और प्रशिक्षण के परिणामस्वरूप व्यवहार में परिवर्तन है।" यह कथन किनके द्वारा दिया गया? [UPTET 2017]

(a) गेट्स व अन्य (b) मॉर्गन और गिलिलैंड
(c) स्किनर (d) क्रॉनबैक

4. अधिगम के किस सिद्धान्त के आधार पर बालक में भय, प्रेम एवं घृणा के भाव आसानी से उत्पन्न किए जा सकते हैं? [UPTET 2018]

(a) अनुभवजन्य अधिगम सिद्धान्त (b) अन्तर्दृष्टि सिद्धान्त
(c) शास्त्रीय अनुबन्ध सिद्धान्त
(d) प्रयास एवं त्रुटि का सिद्धान्त

5. अनुकूलित अनुक्रिया सिद्धान्त किसके अनुकूलन पर बल देता हैं? [UPTET 2018]

(a) तर्क (b) व्यवहार (c) चिन्तन (d) अभिप्रेरणा

6. क्रिया-प्रसूत अनुबन्धन का दूसरा नाम हैं? [UPTET 2018]

(a) समीपस्थ अनुबन्धन (b) नैमित्तिक अनुबन्धन
(c) प्राचीन अनुबन्धन (d) चिह्न अनुबन्धन

7. क्रियाप्रसूत अनुकूलन सिद्धान्त का प्रतिपादन .... ने किया था। [UPTET 2016]

(a) पावलॉव (b) स्किनर
(c) थॉर्नडाइक (d) कोहलर

8. पुनर्बलन सिद्धान्त है [UPTET 2018]

(a) स्किनर का (b) मॉस्लो का
(c) वुडवर्थ का (d) थॉर्नडाइक का

9. निम्नलिखित में से कौन-सा सीखने का नियम नहीं हैं? [UPTET 2016]

(a) तत्परता का नियम (b) तनाव का नियम
(c) प्रभाव का नियम (d) अभ्यास का नियम

10. अभिप्रेरणा का प्रत्याशा सिद्धान्त किसके द्वारा दिया गया हैं? [UPTET 2018]

(a) विक्टर ब्रूम (b) मास्लो
(c) हर्जबर्ग (d) स्किनर

11. सीखने में प्रयास व भूल के सिद्धान्त का प्रतिपादन किसने किया ? [UPTET 2018]

(a) कोहलर (b) पावलॉव
(c) थॉर्नडाइक (d) गेस्टाल्ट

12. निम्न में से कौन-सा विकास का सिद्धान्त नहीं हैं? [UPTET 2017]

(a) अनुकूलित प्रत्यावर्तन का सिद्धान्त
(b) निरन्तर विकास का
(c) परस्पर सम्बन्ध का सिद्धान्त
(d) समान प्रतिमान का सिद्धान्त

13. सीखने से सम्बद्ध प्रतिक्रिया सिद्धान्त में पावलॉव ने प्रयोग किया? [UPTET 2016]

(a) बिल्ली पर (b) कुत्ते पर
(c) बन्दर पर (d) चूहे पर

14. थॉर्नडाइक का व्यक्तित्व के वर्गीकरण का आधार है [UPTET 2013]

(a) शारीरिक गठन और शक्लसूरत

(b) रचनात्मकता और मौलिकता
(c) समायोजन और बुद्धि
(d) चिन्तन और कल्पना

15. एक अध्यापक की दृष्टि में कौन-सा कथन सर्वोत्तम है? [UPTET 2011]

(a) प्रत्येक बच्चा सीख सकता है
(b) कुछ बच्चे सीख सकते हैं
(c) अधिकतर बच्चे सीख सकते हैं
(d) बहुत कम बच्चे सीख सकते हैं

16. सीखना है- [UPTET 2014]

(a) व्यवहार में परिवर्तन
(b) अनुभव तथा अभ्यास का परिणाम
(c) व्यवहार में अपेक्षाकृत स्थायी परिवर्तन
(d) उपरोक्त सभी

17. व्यावहारिक क्षमताओं में वह सापेक्ष स्थायी परिवर्तन, जो कि प्रबलित अभ्यास का परिणाम होता है, उसे क्या कहते हैं? [UPTET 2016]

(a) अधिगम (b) अभिप्रेरणा
(c) अभिवृत्ति (d) अभिक्षमता

18. अधिगम प्रक्रिया उद्दीपन एवं के बीच की संगति है। [UPTET 2020]

(a) पूर्व अनुभव (b) व्यवहार
(c) अनुक्रिया (d) पशु

19. अधिगम, एक.........और........प्रक्रिया है। [CTET 2020]

(a) जटिल; सक्रिय (b) सरल; रैखिक
(c) सरल; व्यक्तिगत (d) जटिल; निष्क्रिय

20. सीखने से संबंधित तथ्य निम्न में से नहीं हैं- [JHTET 2012]

(a) सीखना व्यवहार में परिवर्तन है।
(b) सीखना केवल विद्यालय में होता है।
(c) सीखना व्यक्तित्व के सर्वांगीण विकास में सहायक है।
(d) सीखना एक सार्वभौमिक प्रक्रिया है।

21. सीखने का प्राथमिक मूलभूत नियम सम्बन्धित है [UPTET 2013]

(a) अभ्यास कार्य से (b) परिणाम की अपेक्षा से
(c) प्रशंसा से (d) तत्परता से

22. निम्नलिखित में से किस एक से शिशु के अधिगम को सहायता नहीं मिलती है? [UPTET 2013]

(a) अनुकरण (b) अभिप्रेरणा
(c) स्कूल का बस्ता (d) पुरस्कार

23. सीखने की प्रक्रिया को प्रभावित करने वाले कारक हैं [UPTET 2013]

(a) अनुकरण (b) प्रशंसा एवं निन्दा
(c) प्रतियोगिता (d) ये सभी

24. व्यवहार में होने वाले स्थायी परिवर्तन, जो अभ्यास के कारण होते हैं, को कहा जाता है [UPTET 2013]

(a) सीखना (b) सोचना
(c) क्रिया करना (d) कल्पना करना

25. आपकी कक्षा में एक बच्चा रोज आपको परेशान करने के लिए अप्रासंगिक प्रश्न पूछता है। आप क्या करेंगे? [UPTET 2013]

(a) प्रधानाचार्य से शिकायत करेंगे
(b) उसे डाँटेंगे
(c) उससे बातचीत करेंगे
(d) उसके माता-पिता से शिकायत करेंगे

26. अधिगम में प्रयत्न व भूल के सिद्धांत का प्रतिपादन किसने किया? [UPTET 2016]

(a) पावलॉव (b) हेगार्टी
(c) थॉर्नडाइक (d) हॉल

27. थॉर्नडाइक के उद्दीपक-अनुक्रिया सिद्धांत (एस. आर. थ्योरी) में सीखने की प्रक्रिया में क्या महत्वपूर्ण नहीं है? [UPTET 2020]

(a) क्रिया-प्रसूत व्यवहार (b) अंतर्नोद
(c) अभिप्रेरक (d) उद्दीपक

28. 'सीखने के नियम' के प्रतिपादक हैं- [CGTET 2011]

(a) फ्रॉयड (b) स्किनर (c) थॉर्नडाइक (d) एडलर

29. सीखने से संबद्ध प्रतिक्रिया सिद्धांत में पावलॉव ने प्रयोग किया- [UPTET 2016]

(a) बिल्ली पर (b) कुत्ते पर
(c) बंदर पर (d) चूहे पर

30. सूझ या अंतर्दृष्टि के सिद्धांत का प्रतिपादन किसने किया है? [UPTET 2017]

(a) थॉर्नडाइक
(b) गेस्टाल्टवादी मनोवैज्ञानिक
(c) हेगार्टी (d) स्किनर

31. 'सीखने के अंत:दृष्टि सिद्धांत' को किसने बढ़ावा दिया? [CTET 201]

(a) 'गेस्टाल्ट' सिद्धांतवादी (b) पावलॉव
(c) जीन पियाजे (d) वाइगोत्स्की

32. अधिगम में, ...ने प्रभाव का नियम दिया था। [UPTET 2015]

(a) पावलॉव (b) स्किनर

(c) वॉटसन (d) थॉर्नडाइक

33. निम्न में से कौन-सा सीखने के मुख्य नियमों में शामिल नहीं है? [UPTET 2017]

(a) तत्परता का नियम (b) अभ्यास का नियम

(c) बहु-अनुक्रिया का नियम (d) प्रभाव का नियम

34. निम्न में से कौन-सा थॉर्नडाइक के अधिगम के प्राथमिक नियमों में शामिल नहीं है? [UPTET 2018]

(a) अभ्यास का नियम

(b) प्रभाव का नियम

(c) साहचर्यात्मक स्थानांतरण का नियम

(d) तत्परता का नियम

35. पियाजे मुख्य रूप से किसके अध्ययन के लिए जाने जाते हैं? [UPTET 2016]

(a) भाषा विकास (b) यौन विकास

(c) संज्ञानात्मक विकास (d) सामाजिक विकास

36. संज्ञानात्मक विकास का अर्थ है- [HTET 2013]

(a) अभियोग्यता का विकास (b) बच्चे का विकास

(c) शारीरिक कौशल का विकास (d) व्यक्तिगत विकास

37. निम्नलिखित में से किस आधार पर जीन पियाजे ने मानव विकास का संज्ञानात्मक सिद्धांत दिया? [MPTET 2015]

(a) मौलिक अनुसंधान (b) प्रायोगिक अनुसंधान

(c) क्रियात्मक अनुसंधान (d) मूल्यांकन अनुसंधान

38. बच्चों के बौद्धिक विकास के चार सुस्पष्ट स्तरों को पहचाना गया था- [UPTET 2011]

(a) कोहलबर्ग द्वारा (b) एरिक्सन द्वारा

(c) स्किनर द्वारा (d) पियाजे द्वारा

39. जीन पियाजे ने संज्ञानात्मक विकास की कितनी अवस्थाओं की व्याख्या की है? [HTET 2017]

(a) आठ अवस्थाएं (b) पांच अवस्थाएं

(c) छः अवस्थाएं (d) चार अवस्थाएं

40. पियाजे के अनुसार, संज्ञानात्मक विकास की द्वितीय अवस्था है? [UPTET 2017]

(a) ज्ञानेंद्रिय अवस्था

(b) औपचारिक संक्रियता की अवस्था

(c) पूर्व-संक्रिया की अवस्था

(d) मूर्त संक्रिया की अवस्था

41. 'द कंडीशंस ऑफ लर्निंग' पुस्तक के लेखक हैं- [UPTET 2019]

(a) बी.एफ. स्किनर (b) ई.एल. थॉर्नडाइक

(c) आई.पी. पावलॉव (d) आर.एम. गैग्ने

42. 'द बिहेवियर ऑफ ऑर्गेनिज्म्स' नामक पुस्तक के लेखक हैं- [UPTET 2018]

(a) स्किनर (b) हॉल (c) पावलॉव (d) थॉर्नडाइक

43. छिपी हुई वस्तुएं ढूंढ निकालना इस बात का संकेत है कि शिशु निम्नलिखित में से किस संज्ञानात्मक कार्य में दक्षता प्राप्त करने लगा है? [UPTET 2014]

(a) साभिप्राय व्यवहार (b) वस्तु-स्थायित्व

(c) समस्या-समाधान (d) प्रयोग करना

44. पियाजे के अनुसार, संज्ञानात्मक विकास के किस चरण पर बच्चा 'वस्तु-स्थायित्व' को प्रदर्शित करता है? [UPTET 2015]

(a) मूर्त संक्रियात्मक चरण

(b) औपचारिक संक्रियात्मक चरण

(c) संवेदीप्रेरक चरण (d) पूर्व-संक्रियात्मक चरण

45. वाइगोत्स्की के अनुसार, जब एक वयस्क बच्चे के निष्पादन के वर्तमान स्तर को सहयोग द्वारा विस्तारित करते हैं, तो इसे क्या कहते हैं? [CTET 2019]

(a) समीपस्थ विकास का क्षेत्र (b) पाड़ (ढांचा)

(c) अंतः व्यक्तिनिष्ठता (d) खोजपूर्ण अधिगम

46. सीखने के सिद्धांतों के संदर्भ में 'स्कैफोल्डिंग'. ओर संकेत करता है। [CTET 2012, 2019]

(a) सीखने में वयस्कों द्वारा अस्थायी सहयोग

(b) विद्यार्थियों द्वारा की गई गलतियों के कारणों का पता लगाना

(c) अनुरूपित शिक्षण

(d) पूर्व अधिगम की पुनरावृत्ति

47. ....के अनुसार, बच्चों के चिंतन के बारे में सामाजिक प्रक्रियाओं तथा सांस्कृतिक संदर्भ के प्रभाव को समझना आवश्यक है। [CTET 2019]

(a) जीन पियाजे (b) लेव वाइगोत्स्की

(c) अल्बर्ट बंडूरा (d) लॉरेंस कोहलबर्ग

48. निम्नलिखित में से किस मनोवैज्ञानिक ने बच्चों को ज्ञान के सक्रिय जिज्ञासु के रूप में देखते हुए उनके चिंतन पर सामाजिक एवं सांस्कृतिक विषय-वस्तुओं के प्रभाव को महत्व दिया? [CTET 2019]

(a) जॉन बी. वॉट्सन (b) लेव वाइगोत्स्की

(c) जीन पियाजे (d) लॉरेंस कोहलबर्ग

49. यह तथ्य कि बच्चों को सांस्कृतिक रूप से प्रासंगिक ज्ञान की आवश्यकता होती है, निम्नलिखित में से किस व्यक्ति से संबंधित है? [CTET 2014]

(a) चार्ल्स डार्विन (b) बी.एफ. स्किनर

(c) यूरी बोनफैनबैनर (d) लेव वाइगोत्स्की

50. पियाजे के अनुसार, संज्ञानात्मक विकास की तृतीय अवस्था निम्न में से कौन-सी है? [UPTET 2018]

(a) पूर्व-संक्रिया अवस्था (b) मूर्त संक्रिया अवस्था

(c) औपचारिक संक्रिया अवस्था

(d) संवेदनात्मक गामक अवस्था

51. कोहलबर्ग के अनुसार, सही और गलत के प्रश्न के बारे में निर्णय लेने में शामिल चिंतन प्रक्रिया को क्या कहा जाता है?

(a) नैतिक यथार्थवाद

(b) नैतिक दुविधा

(c) नैतिक तर्कणा (Moral Reasoning)

(d) सहयोग की नैतिकता

52. कोहलबर्ग के नैतिक विकास के सिद्धांत के अनुसार, किस स्तर पर बच्चा दूसरों की अपेक्षाओं को पूरा करने और सामाजिक व्यवस्था बनाए रखने पर ध्यान केंद्रित करता है?

(a) पूर्व-पारंपरिक स्तर (Pre-conventional)

(b) पारंपरिक स्तर (Conventional)

(c) उत्तर-पारंपरिक स्तर (Post-conventional)

(d) इनमें से कोई नहीं

53. हेंज की दुविधा (Heinz Dilemma) का उपयोग कोहलबर्ग ने बच्चों के किस विकास को समझने के लिए किया था?

(a) संज्ञानात्मक विकास (b) सामाजिक विकास

(c) नैतिक विकास (d) शारीरिक विकास

54. कोहलबर्ग के अनुसार, दंड से बचने के लिए नियमों का पालन करना किस चरण की विशेषता है?

(a) आज्ञाकारिता और दंड अभिविन्यास (चरण 1)

(b) व्यक्तिगतता और विनिमय (चरण 2)

(c) अच्छा लड़का-अच्छी लड़की (चरण 3)

(d) सामाजिक अनुबंध (चरण 5)

55. कोहलबर्ग के सिद्धांत की आलोचना, कैरोल गिलिगन (Carol Gilligan) ने किस आधार पर की थी?

(a) बहुत अधिक नमूने (Sample)

(b) लिंग भेद (Gender Bias)

(c) सांस्कृतिक पूर्वाग्रह

(d) उम्र का सही आकलन न करना

56. ब्रूनर के संज्ञानात्मक विकास के सिद्धांत के अनुसार, निम्नलिखित में से कौन सा चिंतन का तरीका नहीं है?

(a) सक्रिय (b) संख्यात्मक

(c) प्रतिष्ठित (d) प्रतीकात्मक

57. कार्ल रोजर्स द्वारा समर्थित "मानव शिक्षण संदर्भ" से संबंधित तकनीकों का वर्णन करने के लिए किस शब्द का उपयोग किया गया था?

(a) स्व-विनियमित अधिगम (b) सार्थक अधिगम

(c) स्वसंचालन अधिगम (d) अन्वेषण अधिगम

58. पूर्णतः कार्यशील व्यक्ति बनना .... द्वारा प्रस्तुत की गई अवधारणा है।

(a) कार्ल युंग (b) अब्राहम मास्लो

(c) कार्ल रोजर्स (d) आलपोर्ट

59. क्रमादेशित अधिगम के नाम से जानी जाने वाली अधिगम की प्रणाली किसने विकसित की?

(a) पावलोव (b) स्किनर

(c) थार्नडाइक (d) गुथरी

60. निम्नलिखित में से कौन व्यवहारवादी है?

(a) जीन पियाजे (b) रॉबर्ट एम गग्ने

(c) एडविन गुथरी (d) लेव वायगोत्स्की

61. कक्षा में रचनावादी सिद्धांत है:

(a) शिक्षक केंद्रित (b) छात्र केंद्रित

(c) गतिविधि केंद्रित (d) प्रश्न केंद्रित

62. ब्रूनर की प्रतिबिम्बात्मक अवस्था पियाजे के संज्ञानात्मक विकास की किस अवस्था से मिलती जुलती है?

(a) मूर्त संक्रियात्मक अवस्था (b) संवेदी गामक अवस्था

(c) औपचारिक संक्रियात्मक अवस्था (d) पूर्व संक्रियात्मक अवस्था

63. बालक का विकास प्रभावित होता है।

(a) केवल संस्कृति से

(b) आनुवंशिकता एवं वातावरण दोनों से

(c) केवल आनुवंशिकता से

(d) केवल वातावरण से

64. निम्न में से कौन-सा जोड़ा गलत है ?

(a) कोहलर - चिम्पेन्जी (b) स्किनर - चूहा

(c) पॉवलोव - कबूतर (d) थार्नडाइक - बिल्ली

65. क्रिया प्रसूत मुख्यतः किसकी भूमिका पर बल देता है?

(a) वातावरण (b) पुनर्बलन

(c) अधिगम सामग्री (d) शिक्षक

66. थोर्नडाइक के कौन से प्राथमिक नियम में सीखने की प्रयास एवं त्रुटि विधि की व्याख्या की गई है ?

(a) प्रभाव का नियम (b) संतोष का नियम

(c) तत्परता का नियम (d) अभ्यास का नियम

67. वह प्रक्रिया जिसमें एक व्यक्ति प्रत्यक्ष अनुभव के बजाय दूसरे के व्यवहार को देखकर नई प्रतिक्रियाएँ सीखता है, उसे क्या कहते हैं?

(a) अनुबंधन (b) सामाजिक अधिगम

(c) प्रायोगिक अधिगम (d) आकस्मिक अधिगम

68. सोनू को गुब्बारों से खेलना बहुत पसंद था, लेकिन एक दिन वह गुब्बारे फूटने की आवाज सुनकर डर गया। तब से, वह गुब्बारों को देखकर रोता है। मनोवैज्ञानिकों के निम्नलिखित में से कौन सा सिद्धांत इस घटना का वर्णन करता है?

(a) थॉर्नडाइक का प्रभाव का नियम

(b) पावलोव द्वारा शास्त्रीय अनुबंधन

(c) स्किनर द्वारा क्रियाप्रसूत अनुबंधन

(d) टॉलमैन द्वारा साइन-गेस्टाल्ट अधिगम का सिद्धांत

69. किसने प्रयत्न एवं भूल का सिद्धान्त दिया ?

(a) थॉर्नडाइक (b) रॉस

(c) पावलॉव (d) इनमें से कोई नहीं

ANSWER KEY

1. (c)	2. (a)	3. (a)	4. (c)	5. (b)	6. (b)	7. (b)	8. (a)	9. (b)	10. (a)	11. (c)	12. (a)	13. (b)
14. (d)	15. (a)	16. (d)	17. (a)	18. (c)	19. (a)	20. (b)	21. (d)	22. (c)	23. (d)	24. (a)	25. (c)	26. (c)
27. (a)	28. (c)	29. (b)	30. (b)	31. (a)	32. (d)	33. (c)	34. (c)	35. (c)	36. (a)	37. (a)	38. (d)	39. (d)
40. (c)	41. (d)	42. (a)	43. (b)	44. (c)	45. (b)	46. (a)	47. (b)	48. (b)	49. (d)	50. (b)	51. (c)	52. (b)
53. (c)	54. (a)	55. (b)	56. (b)	57. (b)	58. (c)	59. (b)	60. (c)	61. (b)	62. (d)	63. (b)	64. (c)	65. (b)
66. (d)	67. (b)	68. (b)	69. (a)									

4 सीखने का वक्र एवं पठार

सीखने के वक्र का अर्थ व परिभाषा (MEANING AND DEFINITION OF LEARNING CURVE)

हम अपने जीवन में अनेक नई बातें, नये कार्य व नये विषय सीखते हैं; जैसे-कार चलाना, अंग्रेजी पढ़ना, चित्र बनाना आदि। हमारी इन सबको सीखने की गति आरम्भ से अन्त तक एक-सी नहीं होती है। वह कभी तेज और कभी धीमी होती है। यदि हम अपनी सीखने की गति को ग्राफ पेपर पर अंकित करें, तो एक वक्रेखा बन जाएगी। इसी को 'सीखने का वक्र' (Learning Curve) कहते हैं। दूसरे शब्दों में, सीखने का वक्र-सीखने में होने वाली उन्नति या अवनति को व्यक्त करता है।

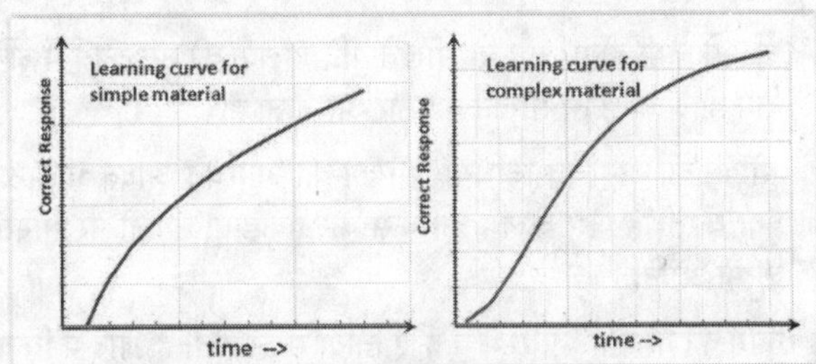

अधिगम वक्र की परिभाषाएँ [Definitions of Learning Curve]

1. **चार्ल्स स्किनर (C.E. Skinner)** के अनुसार, "अधिगम का वक्र किसी दी हुई क्रिया में उन्नति या अवनति का वर्गांकित कागज पर ब्यौरा है।
2. **एलेक्जेंडर (Alexander)** के अनुसार, "जब आँकड़ों को वर्गांकित कागज पर अंकित किया जाता है तो वह वक्र बन जाता है।"
3. **गेट्स (Gates)** - "अधिगम वक्र सीखने की क्रिया से होने वाली गति और प्रगति को व्यक्त करता है।"
4. **रैमर्स और सहयोगियों के अनुसार (According to Ramers and colleagues)** "सीखने का वक्र किसी दी हुई क्रिया की आंशिक रूप से सीखने की पद्धति है।"

अधिगम के वक्र (learning curve)

रेमर्स एवं गेज :- "अधिगम का वक्र किसी क्रिया को आंशिक रूप से "अधिगम का बक वक्र सीखने की प्रक्रिया है।"

अधिगम वक्र के 4 प्रकार

1. सरल/रेखीय वक्र Simple Curve
2. नतोदर/धनात्मक/Positive/Concave
3. उन्नतोदर या नकारात्मक वक्र / उत्तल (Convex)
4. मिश्रित वक्र या 'S' प्रकार का वक्र/Mixed curve or 'S' type curve:

1. **सरल/रेखीय वक्र Simple Curve:-** सरल वक्र में सीखने की गति एक समान होने के कारण मानव सरल वक्र नहीं बन सकता क्योंकि मानव के सीखने की गति घटती बढ़ती रहती है।

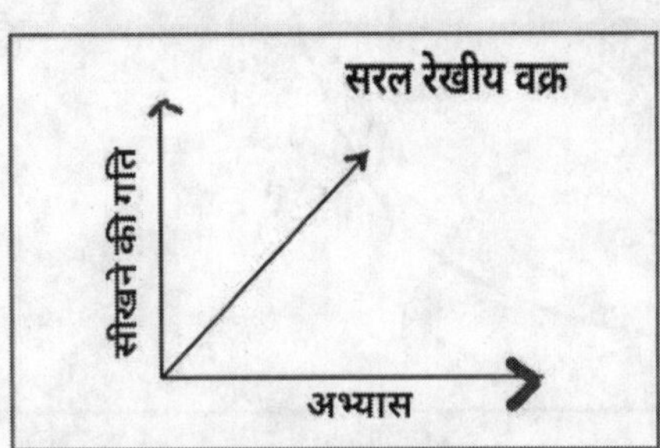

2. **नतोदर या सकारात्मक वक्र / अवतल (Concave):-** इस वक्र में शुरुआत में सीखने की गति धीमी और बाद में तेज होती है। समय व प्रयास के साथ अधिगम तीव्र गति से बढ़ता है, जितना प्रयास बढ़ेगा, उतना ही सीखने की मात्रा बढ़ेगी।

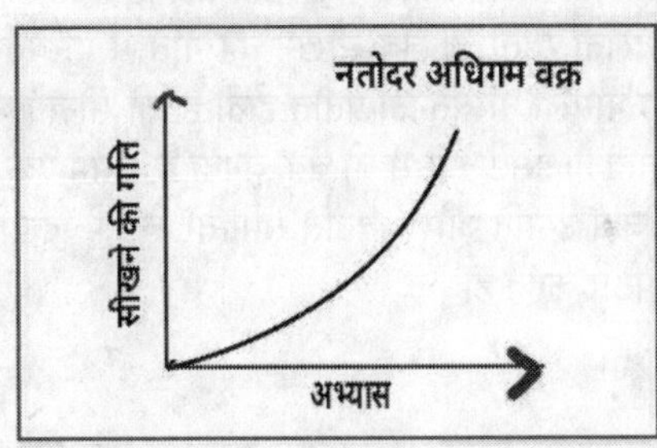

3. **उन्नतोदर या नकारात्मक वक्र / उत्तल (Convex):-** इस वक्र में शुरुआत में सीखने की गति तेज और बाद में धीमी हो जाती है।

समय व प्रयासों के साथ अधिगम धीमी गति से होने लगता है और अंत में वक्र के रूप में हो जाता है, जिससे आशय है कि अब कितना भी अभ्यास कर लो तो भी सीखने की मात्रा सम्भव नहीं है।

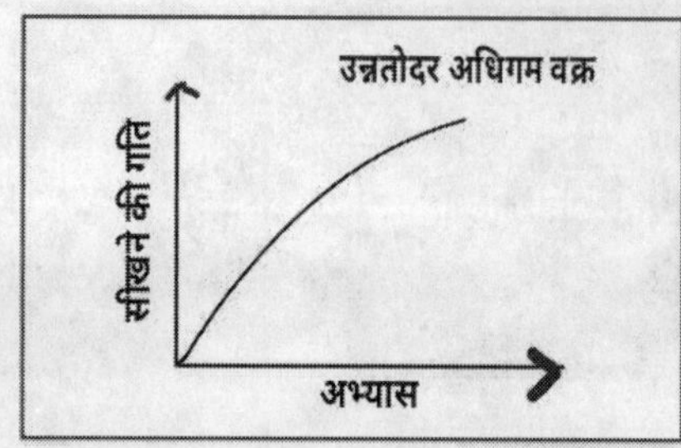

4. **मिश्रित वक्र या 'S' प्रकार का वक्र/Mixed curve or 'S' type curve: -**

नतोदर व उन्नतोदर वक्रों का मिला-जुला रूप होता है।

इस वक्र में सीखने की गति आसमान होती है, अर्थात बढ़ती - घटती है, घटती - बढ़ती है।

इसमें आरम्भ में गति तीव्र या मंद फिर तीव्र......

सीढ़ीदार वक्र = 'S' प्रकार

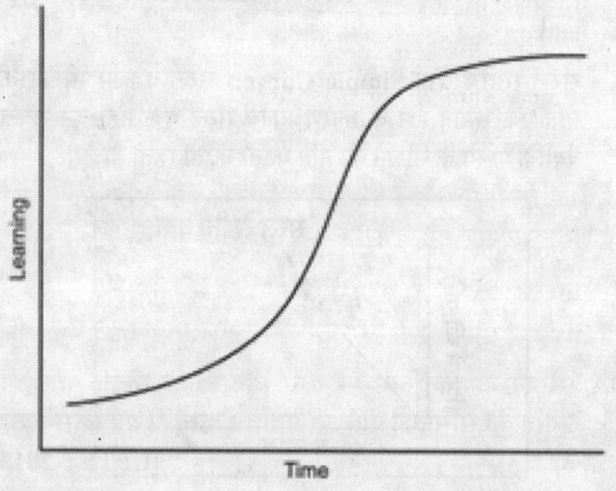

अधिगम के पठार का अर्थ एवं परिभाषाएँ (Meaning and Definitions of Learning Plateau)

सीखने की गति का अध्ययन सीखने के वक्रों से स्पष्ट होता है। सीखने की गति सदैव बदलती रहती है। जब सीखने की गति में परिवर्तनता समाप्त हो जाती है या मामूली परिवर्तनता प्रतीत होती है, तो सीखने की गति की उन्नति रुक जाती है। इस प्रकार से जो वक्र बनता है, उसमें एक स्थान ऐसा आ जाता है, जहाँ उन्नति और अवनति समान्तर रूप में दिखायी देती है, इसे अधिगम पठार कहते हैं।

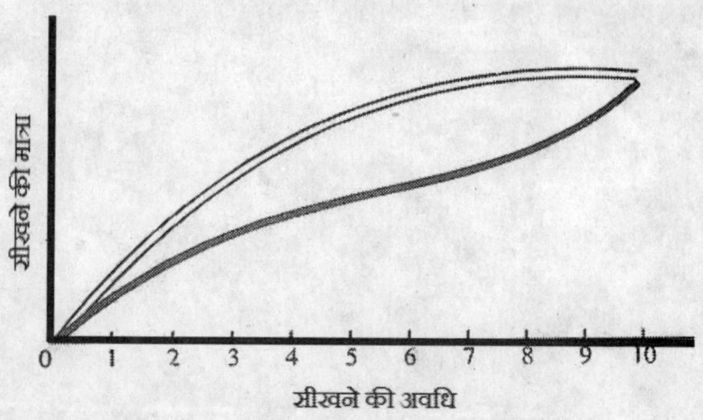

अधिगम पठार की परिभाषा [Definition of a Learning Plateau]

1. **रॉस (Ross) के अनुसार,** "पठार सीखने की प्रक्रिया की प्रमुख विशेषता है, जो इस अवधि को सूचित करते हैं, जब सीखने की क्रिया में कोई उन्नति नहीं होती है।"
2. **स्किनर (Skinner) के अनुसार,** "पठार क्षैतिज प्रसार है, जिससे सीखने में उन्नति का प्रत्यक्ष बोध नहीं होता है।"
3. **रैक्स एवं नाइट (Rex and Knight)** के अनुसार, "सीखने में पठार तब आते हैं, जब व्यक्ति सीखने की एक अवस्था पर पहुँचकर दूसरी अवस्था में प्रवेश करता है।"

पठार के निम्नलिखित कारण (The following are the reasons for the plateau)

- प्रेरणा का अभाव- उचित प्रेरकों के अभाव में भी सीखने में पठार आ जाता है।
- रुचि में कमी होना- सीखते-सीखते यदि बालक की उस कार्य में रुचि कम हो जाती है तो सीखने में पठार आ जाता है।
- सीखने की अनुचित विधियाँ- सीखने की अनुचित आदते भी पठार पैदा करती है जैस कलम को कस कर पकड़ना, उंगली पर गिनती करना आदि।
- कार्य की गहनता - प्रारम्भ में कोई क्रिया सरल होती है, बाद में क्रिया कठिन होती जाती है। इससे सीखने में गतिवरोध उत्पन्न होता है।
- पुरानी आदतों व नई सीखी आदतों में संघर्ष- किसी प्रकार के कौशलात्मक कार्य को सीखने में पुरानी आदतें नवीन आदतों में बाधा डालती है। जैसे टाइप करने में अक्षर अभ्यास के बाद शब्द अभ्यास में पुरानी आदत अक्षर अभ्यास बाधा पैदा करते हैं।

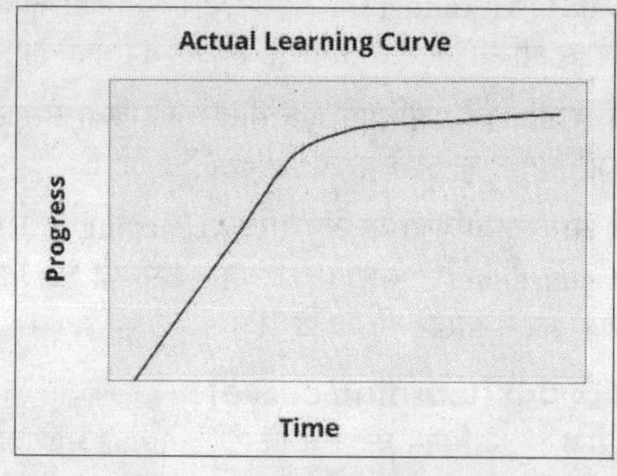

पठार को दूर करने के उपाय - शिक्षक को पठार को दूर करने के लिए निम्नलिखित उपाय करने चाहिये-

- सीखने वाले को प्रेरणा देना।
- नवीन प्रणालियों का प्रयोग।
- कार्य के बीच-बीच में विश्राम देना।
- सीखने की उचित विधियों का प्रयोग।
- बच्चों के व्यक्तिगत भेदों पर ध्यान देकर उनकी क्षमता के अनुसार सीखने की सुविधा प्रदान करना।
- बच्चों का उत्साहवर्धन करना।
- सीखने का वातावरण इस प्रकार रखे कि वो सीखने की प्रक्रिया में यथासम्भव सहायता प्रदान करें।
- कभी-कभी बालक हतोत्साहित हो जाते हैं, ऐसी स्थिति में शिक्षकों को चाहिये कि वो समय-समय पर बच्चों का उचित मार्गदर्शन करें।

अभ्यास प्रश्न

1. सीखने के वक्र किसके सूचक हैं? [UPTET 2016]

(a) सीखने की प्रगति के सूचक हैं।
(b) सीखने की मौलिकता के सूचक हैं।
(c) सीखने के गत्यात्मक स्वरूप के सूचक हैं।
(d) सीखने की रचनात्मकता के सूचक हैं।

2. जब शिक्षार्थियों को समूह में किसी समस्या पर चर्चा का अवसर दिया जाता है, तब उनके सीखने का वक्र- [CTET 2016]

(a) स्थिर रहता है (b) अवनत होता है
(c) समान रहता है। (d) बेहतर होता है

3. "सीखने का पठार सीखने की प्रक्रिया के मुख्य अभिलक्षण हैं, जो उस स्थिति को प्रकट करते हैं, जिसमें सीखने की प्रक्रिया में कोई उन्नति नहीं होती।" यह कथन किसका है? [UPTET 2019]

(a) हालिंगवर्थ (b) गेट्स व अन्य
(c) स्किनर (d) रॉस

4. अधिगम का पठार है- [UPTET 2018]

(a) अधिगम में अवरुद्ध वर्द्धन (b) अधिगम में दोष
(c) अधिगम की समाप्ति (d) अधिगम में अवरोध

5. एक परिस्थिति में अर्जित ज्ञान का दूसरी परिस्थिति में उपयोग कहलाता है [UPTET 2016]

(a) सीखने की विधियाँ (b) सीखने में स्थानान्तरण
(c) सीखने में पठार (d) सीखने में रुचि

6. जब सीखने में हो रही प्रगति एक ही स्तर पर कुछ समय के लिए रुक जाए, तो इसे सीखने का .... कहते हैं। [UPTET 2017]

(a) पठार (b) वक्र
(c) '1' और '2' दोनों (d) इनमें से कोई नहीं

7. 'सीखने' की प्रक्रिया के दौरान पठारों के आने का कारण है

1. सीखने की अनुचित विधि
2. कार्य की जटिलता
3. शारीरिक सीमा
पुरानी आदतों का नई आदतों से संघर्ष उपरोक्त कथनों में सत्य कथन को चुनिए।

(a) 1, 2 और 3 (b) 2,3 और 4
(c) 1,2 और 4 (d) ये सभी

8. निम्न पर विचार कीजिए

1. शिक्षण विधि में अन्तर
2. उचित अभिप्रेरणा प्रदान करना
3. पाठ्य सामग्री का संगठन
4. उचित अभ्यास

उपरोक्त में से किस विधि द्वारा 'सीखने' के दौरान आने वाले पठारों का निराकरण सम्भव है?

(a) 1, 2 और 3 (b) 2, 3 और 4
(c) 1,3 और 4 (d) ये सभी

9. सीखने के वक्र अभ्यास द्वारा सीखने की मात्रा, गति और प्रगति की सीमा को ग्राफ पर प्रदर्शित करते हैं। यह किसने कहा है? [UPTET 2018]

(a) स्किनर (b) रॉस
(c) एबिंगहास (d) एमएल बिग्गी

10. "सीखने की प्रक्रिया की प्रमुख विशेषता पठार है। ये उस अवधि को व्यक्त करते हैं, जब सीखने की क्रिया में कोई उन्नति नहीं होती।" यह कथन किसका है?

(a) रॉस (b) स्किनर
(c) '1' और '2' दोनों (d) इनमें से कोई नहीं

11. अधिगम वक्र में पठार बनता है- [UPTET 2017]

(a) परिपक्वता के कारण (b) अभिप्रेरणा के कारण
(c) थकान के कारण (d) अभिरुचि के कारण

12. निम्न में से कौन-सा अधिगम के पठार का कारण नहीं है? [UPTET 2017]

(a) प्रेरणा की कमी
(b) विद्यालय का असहयोग
(c) शारीरिक सीमा
(d) ज्ञान की सीमा

13. 'सीखने के पठार' के निराकरण के लिए क्या नहीं करना चाहिए? [UPTET 2014]

(a) सीखने वाले को प्रेरित और प्रोत्साहित करना चाहिए
(b) सीखने की अच्छी विधि का प्रयोग करना चाहिए
(c) उसे दंडित करना चाहिए
(d) इनके कारणों का अध्ययन करना चाहिए

14. स्कूटर चलाने वाले व्यक्ति द्वारा कार चलाना सीखते समय उसके पूर्व अनुभवों का सहायक होना, किस प्रकार के अधिगम अंतरण का उदाहरण है? [UPTET 2020]

(a) क्षैतिज अंतरण
(b) धनात्मक अंतरण
(c) निम्न अंतरण
(d) द्वि-पार्श्विक अंतरण

15. एक बालक जो साइकिल चलाना जानता है, मोटरबाइक चलाना सीख रहा है। यह उदाहरण होगा- [UPTET 2017]

(a) क्षैतिज अधिगम अंतरण का।
(b) ऊर्ध्व अधिगम अंतरण का।
(c) द्विपाश्विक अधिगम अंतरण का।
(d) कोई भी अधिगम अंतरण नहीं।

16. सीखे हुए ज्ञान, कौशल या विषय का अन्य परिस्थितियों में उपयोग करने को कहते हैं- [UPTET 2014]

(a) प्रेरणा
(b) सीखने का स्थानांतरण
(c) भग्नाशा
(d) चिंता

17. सीखने में पलायन आधारित है- [UPTET 2016]

(a) सकारात्मक पुनर्बलन पर
(b) नकारात्मक पुनर्बलन पर
(c) विलंबित पुनर्बलन पर
(d) पुनर्बलन की निष्क्रियता पर

18. सीखने की प्रक्रिया में 'सीखने का स्थानांतरण' हो सकता है- [UPTET 2014]

(a) सकारात्मक
(b) नकारात्मक
(c) शून्य
(d) उपरोक्त सभी

19. एक परिस्थिति में अर्जित ज्ञान का दूसरी परिस्थिति में उपयोग कहलाता है- [UPTET 2015]

(a) सीखने की विधियां
(b) सीखने में स्थानांतरण
(c) सीखने में पठार
(d) सीखने में रुचि

20. सीखे हुए ज्ञान, कौशल या विषय का अन्य परिस्थितियों में उपयोग करने को कहते हैं- [UPTET 2014]

(a) प्रेरणा
(b) सीखने का स्थानांतरण
(c) भग्नाशा
(d) चिंता

21. पठार सीखने की प्रक्रिया में .... उत्पन्न करते हैं। [UPTET 2018]

(a) विश्राम (b) बाधा (c) निराकरण (d) ये सभी

22. निम्न में से पठारों के निराकरण के उपाय हैं

(a) आदत परिवर्तन
(b) उचित अभ्यास
(c) विश्राम
(d) ये सभी

23. "शायद ऐसी कोई विधि नहीं है, जिससे पठारों को बिल्कुल समाप्त कर दिया जाए, परन्तु उनकी संख्या और अवधि को कम किया जा सकता है।" यह किसका विचार है? [UPTET 2017]

(a) सोरेनसेन
(b) पावलॉव
(c) '1' और '2' दोनों
(d) इनमें से कोई नहीं

24. "सीखने की अवधि में पठार साधारणतया कुछ दिनों, सप्ताहों तक रह सकता है" किसका विचार है? [UPTET 2014]

(a) रैक्स (b) नाइट (c) सोरेनसेन (d) गेट्स

25. शिक्षण या सीखने की प्रगति या अवनति को दर्शाने वाली वक्र रेखा .... है।

(a) अधिगम वक्र
(b) अधिगम पठार
(c) अधिगम प्रगति
(d) अधिगम अवनति

ANSWER KEY

1. (*a*) 2. (*d*) 3. (*d*) 4. (*a*) 5. (*d*) 6. (*a*) 7. (*d*) 8. (*d*) 9. (*c*) 10. (*a*) 11. (*c*) 12. (*b*) 13. (*c*)
14. (*b*) 15. (*b*) 16. (*b*) 17. (*b*) 18. (*d*) 19. (*b*) 20. (*b*) 21. (*b*) 22. (*d*) 23. (*a*) 24. (*c*) 25. (*a*)

5 वंशानुक्रम और वातावरण

वंशानुक्रम [Heredity]

प्रत्येक मनुष्य व व्यक्ति को मानसिक, शारीरिक, व्यवहार आदि संबंधित गुण अपने पूर्वजों से विरासत मे मिलते है इन मिश्रित गुणों के समूह को ही वंशानुक्रम कहा जाता है वास्तव में वंशानुक्रम एक अमूर्त व जैवकीय दृष्टि से अत्यंत धारणा है जो पूर्वजो के व्यवहारों की तुलना करके जाना जाता है व्यक्ति के जन्मजात गुण ही उसका वंशानुक्रम है|

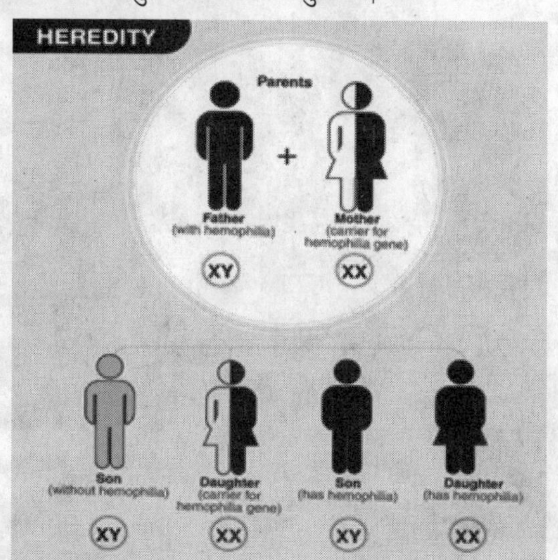

वंशानुक्रम की परिभाषा (Definition of Heredity)

वंशानुक्रम की परिभाषाएँ कई विद्वानों ने दी हैं, प्रमुख परिभाषाएँ निम्नलिखित हैं

रूथ बैंडिक्ट के अनुसार वंशानुक्रम की परिभाषा- "वंशानुक्रम माता-पिता से सन्तान को प्राप्त होने वाले गुणों का नाम है।"

पी. जिंसबर्ट के अनुसार वंशानुक्रम की परिभाषा- "प्रकृति में पीढ़ी का प्रत्येक कार्य माता-पिता द्वारा सन्तानों में कुछ जैविकीय या मनोवैज्ञानिक विशेषताओं का हस्तान्तरण करना है। इस प्रकार से विशेषताओं के संगठित हस्तान्तरण को वंशानुक्रम के नाम से जाना जाता है।"

जेम्स ड्रेवर के अनुसार वंशानुक्रम की परिभाषा- "माता-पिता की शारीरिक एवं मानसिक विशेषताओं का संतानो में संक्रमित होना ही वंशानुक्रम हैं।"

एच. ए. पेटरसन वंशानुक्रम के बारे में लिखते हैं- "वंशानुक्रम को इस प्रकार परिभाषित किया जा सकता है कि व्यक्ति अपने माता-

पिता के माध्यम से पूर्वजों के जो कुछ गुण प्राप्त करता है, वही वंशानुक्रम कहलाता है।"

बी. एन. झा के अनुसार वंशानुक्रम की परिभाषा- "व्यक्ति की जन्मजात विशेषताओं के समस्त योग को वंशानुक्रम कहते हैं।"

वातावरण - वातावरण भी बालक के विकास को प्रभावित करने वाला तत्व है। वातावरण बालक के व्यक्तित्व पर गहरा प्रभाव छोड़ता है, बालक जिस प्रकार के वातावरण में रहेगा उसका विकास उसी प्रकार से होगा। जैसे – किसी डॉक्टर की संतान आगे चलकर डॉक्टर ही बनना चाहता है क्योंकि वह बचपन से ही एक ऐसे वातावरण में रहा है।

वातावरण की परिभाषाएं [Definitions of environment]

डगलस व हॉलैंड के अनुसार: वातावरण शब्द का प्रयोग हम समस्त वाह्य शक्तियों, प्रभावों तथा दशाओं का सामूहिक रूप से वर्णित करने के लिए किया जाता है

वुडवर्थ के अनुसार: वातावरण में सभी तत्व आ जाते है जिन्होंने जीवन शुरू करने के समय मनुष्य को प्रभावित किया हो

पी गिल्बर्ट के अनुसार: वातावरण वह वस्तु है जो प्रत्यक्ष है जो प्रत्यक्ष रूप से तुरंत प्रभावित करती है

रॉल्स के अनुसार: यह वह शक्ति है जो सब पर प्रभाव डालती है

बोरिंग व लैंगफील्ड के अनुसार: वह प्रत्येक वस्तु है जो व्यक्ति के पित्रैक के अतिरिक्त उसकी अन्य सभी बातों पर प्रभाव डालती है

वंशानुक्रम के नियम [Laws of inheritance]

वंशानुक्रम के प्रमुख तीन नियम हैं जो निम्नलिखित हैं -

- समानता का नियम
- भिन्नता का नियम
- प्रत्यागमन का नियम

वंशानुक्रम का समानता का नियम :- वंशानुक्रम के समानता के नियम के अनुसार, जैसे माता-पिता होते हैं, वैसी ही उनकी सन्तान होती है। वंशानुक्रम के समानता के नियम के बारे में मनोवैज्ञानिक सोरेनसन ने अपना मत दिया है। सोरेनसन वंशानुक्रम के समानता का नियम का अर्थ और स्पष्टीकरण करते हुए कहा है कि :-

बुद्धिमान माता-पिता के बच्चे बुद्धिमान, साधारण माता-पिता के बच्चे साधारण और मन्द बुद्धि माता-पिता के बच्चे मन्द बुद्धि होते हैं। इसी प्रकार, शारीरिक रचना की दृष्टि से भी बच्चे माता-पिता के समान होते हैं। **- सोरेनसन**

वंशानुक्रम का विभिन्नता का नियम [law of variation in inheritance]:-

वंशानुक्रम का विभिन्नता का नियम के अनुसार, बच्चे अपने माता-पिता के बिल्कुल समान न होकर उनसे कुछ भिन्न होते हैं। इसी प्रकार, एक ही माता-पिता के दो बच्चे भी एक दूसरे से भिन्न हो सकते हैं।

वंशानुक्रम का विभिन्नता का नियम के अनुसार, हो सकता है, कि एक ही माता-पिता की संताने रंग में समान हों लेकिन बुद्धि, और स्वभाव में एक-दूसरे से अलग-अलग होते हों। या फिर हो सकता है उनका रंग अलग-अलग हो और उनकी बुद्धि में समानता हो।

वंशानुक्रम का विभिन्नता का नियम के विषय में सोरेन्सन ने बताया है कि –

एक ही माता-पिता की संतानों में, विभिन्नता के कारण माता – पिता के उत्पादक कोषों की विशेषताएँ हैं । उत्पादक कोषों में अनेक पित्रैक होते हैं, जो विभिन्न प्रकार से संयुक्त होकर एक -दूसरे से भिन्न बच्चों का निर्माण करते हैं। **– सोरेन्सन**

वंशानुक्रम का प्रत्यागमन का नियम [Law of reversion of inheritance]:-वंशानुक्रम का प्रत्यागमन का नियम के अनुसार, बच्चों में अपने माता-पिता के विपरीत गुण पाये जाते हैं। वंशानुक्रम के प्रत्यागमन का नियम के बारे में सोरेन्सन ने अपना मत देते हुए कहा है कि-

बहुत प्रतिभाशाली माता-पिता के बच्चों में कम प्रतिभा होने की प्रवृत्ति और बहुत कम प्रतिभाशाली के माता-पिता के बच्चों में कम प्रतिभा होने की प्रवृत्ति ही प्रत्यागमन है। **– सोरेन्सन**

वंशानुक्रम की प्रक्रिया और गुणसूत्र [Process of Heredity and Chromosomes]

वंशानुक्रम की प्रक्रिया (Process of Heredity) मानव शरीर कोषों (cells) का योग होता है। शरीर का आरम्भ केवल एक कोष से होता है, जिसे संयुक्त कोष (zygote) कहते हैं। यह कोष 2,4,8,16,32 और इसी क्रम में संख्या में आगे बढ़ता है। संयुक्त कोष दो उत्पादक कोषों का योग होता है। इनमें से एक कोष पिता का होता है, जिसे 'पितृकोष' (sperm) और दूसरा माता का होता है, जिसे 'मातृकोष' (ovum) कहते हैं। 'उत्पादक कोष' भी 'संयुक्त कोष' के समान संख्या में बढ़ते हैं। पुरूष और स्त्री के प्रत्येक कोष में 23-23 गुणसूत्र (chromosomes) होते हैं। इस

प्रकार संयुक्त कोष में 'गुणसूत्रों' के 23 जोड़े होते हैं। गुणसूत्रों के सम्बन्ध में मन ने लिखा है- ''हमारी सब असंख्य परम्परागत विशेषताएँ इन 46 गुणसूत्रों में निहित रहती हैं। ये विशेषताएँ गुणसूत्रों में विद्यमान पित्र्यैकों (Genes) में होती है।'' अतः हमें संयुक्त कोष गुणसूत्र तथा पित्रैक के बारे में जानना आवश्यक है-

(1) संयुक्त कोष (Zygote) ये गाढ़े एवं तरल पदार्थ साइटोप्लाज्म का बना होता है। साइटोप्लाज्म के अन्दर एक नाभिक (न्यूक्लियस) होता है, जिसके भीतर गुणसूत्र (क्रोमोसोम्स) होते हैं।

(2) गुणसूत्र (chromosomes) प्रत्येक कोशिकाओं के नाभिक में डोरों के समान रचना पायी जाती है, जिनको क्रोमोसोम्स कहा जाता है। ये गुणसूत्र सदैव जोड़ों में पाये जाते हैं। एक संयुक्त कोष में गुणसूत्रों के 23 जोड़े होते हैं। जिसमें आधे पिता द्वारा प्राप्त होते हैं और आधे माता द्वारा। प्रत्येक गुणसूत्र में छोटे-छोटे तत्त्व होते हैं, जिनको 'जीन्स' कहते हैं।

(3) पित्रैक (Gene) एक गुणसूत्र के अन्दर वंशानुक्रम के अनेक निश्चयात्मक तत्व पाये जाते हैं, जिनको पित्रैक (जीन) कहा जाता है। जैसा कि एनास्टासी ने लिखा है- "पित्रैक वंशानुक्रम की विशेषताओं का वाहक है, जो किसी न किसी रूप में सदैव हस्तान्तरित होता है।"

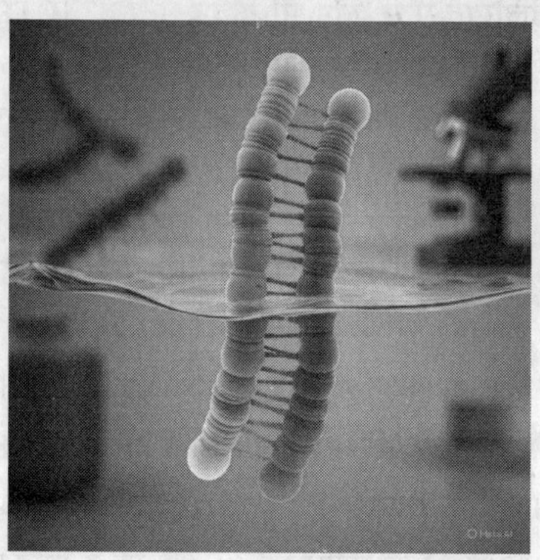

अतः अपने माता-पिता और पूर्वजों से जन्मजात विशेषताओं के रूप में हमें जो भी प्राप्त होता है, वह माता-पिता द्वारा प्रदान किये गये पित्रैकों के माध्यम से माँ के गर्भ में जीवन प्रारम्भ होने (शुक्र कीट द्वारा अण्डकोष का निषेचन होने) के समय ही प्राप्त हो जाता है। यह स्वतः ही पीढ़ी में हस्तान्तरित होते रहते हैं।

वंशानुक्रम का गुणसूत्र सिद्धांत [Chromosomal theory of inheritance]

- वंशानुक्रम का गुणसूत्र सिद्धांत 1900 के प्रारंभ में बोवेरी और सटन द्वारा दिया गया था।
- यह आनुवंशिकी का मूल सिद्धांत है।
- इस सिद्धांत के अनुसार, जीन आनुवंशिकता की इकाइयाँ हैं और गुणसूत्रों में पाए जाते हैं।
- मेंडेलियन आनुवंशिकी के लंबे समय बाद वंशानुक्रम का गुणसूत्र सिद्धांत अस्तित्व में आया।
- जब कोशिकाओं को विभाजित किया गया तो सटन और बोवेरी ने गुणसूत्रों के व्यवहार का अवलोकन किया।

वंशानुक्रम तथा वातावरण की अंतः क्रिया (Interaction of heredity and environment)-

'वंशानुक्रम × वातावरण' व्यक्ति को प्रभावित करता है' का अर्थ है कि एक व्यक्ति का विकास केवल अनुवांशिक गुणों से ही नहीं, बल्कि उसके आसपास के वातावरण और अनुभवों से भी होता है, और ये दोनों कारक एक-दूसरे के साथ मिलकर कार्य करते हैं। वंशानुक्रम जन्मजात क्षमताएं और लक्षण प्रदान करता है, जबकि वातावरण उन क्षमताओं के विकास के अवसर और दिशा प्रदान करता है। व्यक्ति के व्यक्तित्व, बुद्धिमत्ता और अन्य विशेषताओं पर इन दोनों का संयुक्त (गुणात्मक) प्रभाव पड़ता है।

व्यक्ति ='वंशानुक्रम × वातावरण'

कथन "व्यक्ति वंशानुक्रम एवं वातावरण की उपज है" क्रो और क्रो द्वारा दिया गया था, जो प्रसिद्ध शैक्षिक मनोवैज्ञानिक हैं।

उनका मानना था कि न तो केवल वंशानुक्रम और न ही केवल पर्यावरण अकेले किसी व्यक्ति के पूर्ण विकास को निर्धारित कर सकते हैं।

इसके बजाय, यह विरासत में मिले लक्षणों और परिवेश के बीच की बातचीत है, जिसमें परिवार, संस्कृति, शिक्षा और जीवन के अनुभव शामिल हैं, जो किसी व्यक्ति के व्यक्तित्व और क्षमताओं को आकार देते हैं।

अभ्यास प्रश्न

1. शारीरिक विकास को प्रभावित करने वाला कारक कौन-सा है? [UPTET 2017]

(a) वंशानुक्रम (b) वातावरण
(c) खेल तथा व्यायाम (d) उपरोक्त सभी

2. ....जन्मजात वैयक्तिक गुणों का योगफल है। [UPTET 2016]

(a) समानता (b) निरंतरता (c) वंशानुक्रम (d) युयुत्सा

3. 'सर्वाधिक उपयुक्त जीवित (Survival of the fittest) रहता है' का सिद्धांत है- [UPTET 2014]

(a) लैमार्क का (b) हैरिसन का
(c) डार्विन का (d) मैक्डूगल का

4. सामान्य संयुक्त कोशिका में गुणसूत्रों के जोड़े होते हैं- [UPTET 2017]

(a) 22 (b) 23 (c) 24 (d) उपर्युक्त में से कोई नहीं।

5. प्रकृति-पोषण विवाद निम्नलिखित में से किससे संबंधित है? [CTET 2014]

(a) आनुवंशिकी एवं वातावरण (b) व्यवहार एवं वातावरण
(c) वातावरण एवं जीव-विज्ञान
(d) वातावरण एवं पालन-पोषण

6. निम्नलिखित में से वंशानुक्रम संबंधी नियम है- [UPTET 2017]

(a) प्रयासों का नियम (b) सीखने का नियम
(c) समानता का नियम (d) स्वास्थ्य का नियम

7. निम्न में से कौन-सा वंशानुक्रम का नियम नहीं है? [REET 2017]

(a) समानता (b) भिन्नता
(c) प्रत्यागमन (d) अभिप्रेरणा

8. निम्न में से कौन सा वंशानुक्रम का नियम नहीं है ? [REET 2016]

(a) समानता (b) भिन्नता
(c) प्रत्यागमन (d) अभिप्रेरणा

9. आनुवांशिकता की भूमिका के अध्ययन के लिये कौन सी विधि वैध नहीं है ? [REET 2022]

(a) जुड़वाँ बच्चों का अध्ययन
(b) अभिभावक-बालक विश्लेषण
(c) दत्तक-ग्रहण अध्ययन
(d) समवयस्क समूह अध्ययन

10. मानव विकास परिणाम है?

(a) जैविक कारकों का
(b) वंशानुगति एवं वातावरणीय कारकों का
(c) सामाजिक कारकों का
(d) अभिप्रेरणा कारकों का

11. 'वातावरण में वे सब बाह्य तत्त्व आ जाते हैं, जिन्होंने व्यक्ति को जीवन आरम्भ करने के समय से प्रभावित किया है?', यह कथन था -

(a) डगलस एवं हॉलैंड का (b) वुडवर्थ का
(c) वुल्फ एवं वुल्फ का (d) हरलॉक का

12. ....में क्रोमोसोम होते हैं। [REET 2023]

(a) 26 (b) 42 (c) 36 (d) 46

13. ट्राइसोमी-21 को कहा जाता है- [REET 2022]

(a) क्लाइनफेल्टर संलक्षण (b) सिकल सेल रोग
(c) टर्नर संलक्षण (d) डाउन संलक्षण

14. "बुद्धि पर वंशानुक्रम का प्रभाव होता है।" किसने कहा है? [BTET 2013]

(a) गैसल (b) गाल्टन (c) टर्मन (d) डॉ. माथुर

15. आंख के रंग को कौन-सा कारक प्रभावित करता है? [UPTET 2016]

(a) वातावरण (b) आनुवंशिकता
(c) हॉर्मोन (d) समाज

16. निम्नलिखित में से कौन-सा कथन सत्य है? [CTET 2014] UPTET (Upper Primary), दिसंबर, 2016

(a) आनुवंशिक बनावट व्यक्ति की, परिवेश की गुणवत्ता के प्रति, प्रत्युत्तरात्मकता को प्रभावित करती है।
(b) गोद लिए गए बच्चों का वही बुद्धि-लब्धांक (IQ) होता है, जो गोद लिए गए उनके सहोदर भाई-बहनों का होता है।
(c) अनुभव मस्तिष्क के विकास को प्रभावित नहीं करता।
(d) विद्यालयीकरण का बुद्धि पर कोई प्रभाव नहीं पड़ता।

17. .... के कारण प्रतिभाशालिता होती है। [CTET 2013]

(a) आनुवंशिक रचना (b) वातावरणीय अभिप्रेरणा
(c) (a) और (b) का संयोजन (d) मनो-सामाजिक कारकों

18. आनुवंशिकता और पर्यावरण की भूमिका के बारे में निम्नलिखित में से कौन-सा कथन सत्य है? [CTET 2018]

(a) सीखने और प्रदर्शन करने की एक बच्चे की क्षमता जीनों द्वारा पूरी तरह से निर्धारित की जाती है।

(b) अच्छी देखभाल और पौष्टिक आहार बच्चे के किसी भी जन्मजात विकार को दूर कर सकता है।

(c) पर्यावरण केवल बच्चे के भाषा-विकास में महत्वपूर्ण भूमिका निभाता है।

(d) विकास के कुछ पहलू आनुवंशिकता और कुछ अन्य पर्यावरण से अधिक प्रभावित होते हैं।

19. नवजात शिशु के लिंग का निर्धारण किससे वंशागत हुए गुणसूत्र द्वारा किया जा सकता है [CTET 2018]

(a) माता (b) पिता

(c) माता और पिता (d) पिता का पिता

20. मनुष्य में नर गुणसूत्र समिश्रण होता है

(a) XX (b) XY (c) XO (d) XXX

21. आनुवंशिकीय विज्ञान की मूल इकाई .... है -

(a) जीन (b) युग्मक (c) गुणसूत्र (d) कारक

22. पुरुष में पुरुषत्व के के लिए कौन सा गुणसूत्री संयोजन उतरदायी है

(a) XX (b) XXX (c) XX (d) XY

23. माता पिता के गुण उनकी संतानों में किसके द्वारा स्थानातरित होते है

(a) रक्त द्वारा (b) हार्मोन द्वारा

(c) गुणसूत्र द्वारा (d) इनमे से कोई नही

24. मनुष्य में कौन से क्रोमोसोम के मिलने से बालक का जन्म होता है

(a) पुरुष का X व स्त्री का X (b) पुरुष का X व स्त्री का Y

(c) पुरुष का Y व स्त्री का X (d) पुरुष का Y व स्त्री का Y

ANSWERS KEY

1. (*d*) 2. (*c*) 3. (*c*) 4. (*b*) 5. (*a*) 6. (*c*) 7. (*d*) 8. (*d*) 9. (*d*) 10. (*b*) 11. (*b*) 12. (*d*) 13. (*d*)
14. (*c*) 15. (*b*) 16. (*a*) 17. (*c*) 18. (*d*) 19. (*b*) 20. (*b*) 21. (*a*) 22. (*d*) 23. (*c*) 24. (*c*)

6 सृजनात्मकता

सृजनात्मकता शब्द अंग्रेजी के क्रियेटिविटी शब्द से बना है जिसका अर्थ सृजन, उत्पन्न करना या सृजित करना होता है

निर्माण करना, स्वयं की प्रेरणा तथा नवीन विचारों व प्रतिभाओं के साथ किसी नई वस्तु का सृजन करना ही सृजनात्मकता है

सृजनात्मकता का अर्थ कुछ नया और मौलिक रचने या निर्माण करने की प्रक्रिया या योग्यता है। यह एक मानसिक प्रक्रिया है जिसमें नए विचारों, समाधानों या वस्तुओं का जन्म होता है. मनोविज्ञान में इसे व्यक्ति की वह शक्ति माना जाता है जिसके द्वारा वह नया उत्पादन करता है. यह मौलिकता और उपयोगिता का संयोजन है और इसमें अपसारी चिंतन, कल्पना तथा मौलिक परिणाम उत्पन्न करने की क्षमता शामिल होती है.

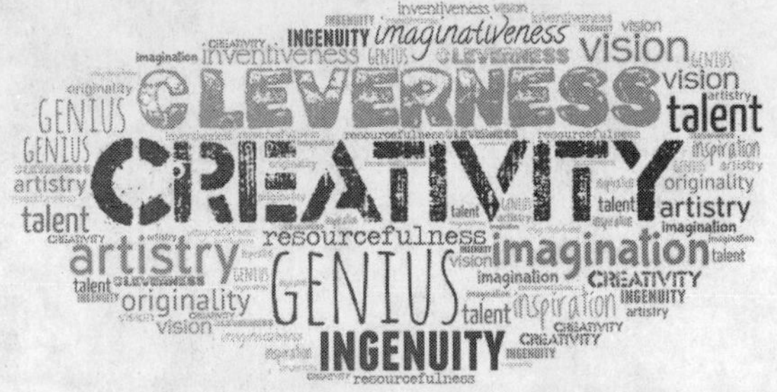

परिभाषाए [Definitions]:

स्टेगनर एवं कावौस्की के अनुसार [According to Stegner and Kawowski]- किसी नई वस्तु का पूर्ण या आंशिक उत्पादन सृजनात्मकता कहलाता है।

ड्रेवगहल के अनुसार [According to Drewgahl]-सृजनात्मकता व्यक्ति की वह योग्यता है जिसके द्वारा वह उन वस्तुओं के विचारों का उत्पादन करता है और जो अनिवार्य रूप से नए हों और जिन्हें वह पहले से न जानता हो।

स्किनर के अनुसार [According to Skinner]-- 'सृजनात्मक चिन्तन वह है जो नए क्षेत्र की खोज करता है, नए परीक्षण करता है, नई भविष्यवाणियां करता है और नए निष्कर्ष निकालता है।

क्रो व क्रो [Crow and Crow]- "सृजनात्मकता मौलिक परिणामों को अभिव्यक्त करने का मानासिक प्रक्रिया है।

गिलफोर्ड के अनुसार [According to Guilford]- 'सृजनात्मकता बालकों में प्रायः सामान्य गुण होते हैं, उनमें न केवल मौलिकता का गुण होता है, वरन उनमें लचीलापन, प्रवाहमयता, प्रेरण, एवं संयमता की योग्यता भी पाई जाती है।

स्टेन के अनुसार [According to Stein]- "सृजनात्मकता वह कार्य है जिसका परिणाम नवीन हो और किसी समय, किसी समूह द्वारा उपयोगी एवं संतोषजनक रूप मे स्वीकार किया जाए।

बैरन के अनुसार [According to Baron]- "सृजनात्मक बालक पहले से विध्यमान वस्तुओं एवं तत्वों को संयुक्त कर नवीन रचना करता है। "

सृजनशीलता के तत्व (Elements of Creativity) -

सृजनशीलता की परिभाषाओं के अवलोकन तथा विश्लेषण से ज्ञात होता है कि सृजनशीलता को संवेदनशीलता, जिज्ञासा, कल्पना, मौलिकता, खोजपरकता, लचीलापन, प्रवाह, विस्तृतता, नवीनता आदि के संदर्भ में समझा जा सकता है। सृजनशीलता के कुछ समानार्थी यह विभिन्न संप्रत्यय वैज्ञानिक अनुसंधानों, कलाकृतियों, संगीत, रचना, लेखन व काव्य कला, चित्रकला, भवन निर्माण आदि सृजनशील कार्यों में स्पष्ट रूप से परिलक्षित होते हैं। ई. पॉल टोरेंस (E. Paul Torrance) ने सृजनात्मकता के चार मुख्य तत्व बताए हैं

1. प्रवाह (Fluency)

2. विविधता (Flexibility)

3. मौलिकता (Originality)

4. विस्तारण (Elaboration)

जिन्हें निम्नवत् ढंग से व्यक्त किया जा सकता है -

1. **प्रवाह (Fluency)** - प्रवाह से तात्पर्य किसी दी गयी समस्या पर अधिकाधिक विचारों या प्रत्युत्तरों या अनुक्रियाओं को प्रस्तुत करने से है। प्रवाह को पुनः चार भागों- वैचारिक प्रवाह (Ideational Fluency), अभिव्यक्ति प्रवाह (Expressional Fluency), साहचर्य प्रवाह (Associative Fluency) तथा शब्द प्रवाह (Word fluency) में बाँटा जा सकता है। वैचारिक प्रवाह में विचारों के स्वतंत्र प्रस्फुटन को प्रोत्साहित किया जाता है। जैसे किसी कहानी के अनेकानेक शीर्षक बताना, किसी वस्तु के अनेकानेक उपयोग बताना, किसी वस्तु को सुधारने के अनेकानेक तरीके बताना आदि आदि। अभिव्यक्ति प्रवाह में मानवीय अभिव्यक्तियों के स्वतंत्र प्रस्फुटन को प्रोत्साहित किया जाता है। जैसे दिये गये चार शब्दों से वाक्य बनाना, दिये गये अपूर्ण वाक्य को पूरा करना आदि। साहचर्य प्रवाह से तात्पर्य दिये गये शब्दों या वस्तुओं में परस्पर साहचर्य स्थापित करने से है। जैसे किसी दिये गये शब्द के अधिकाधिक पर्यायवाची या विलोम शब्द लिखना आदि। शब्द प्रवाह का सम्बन्ध शब्दों से होता है। जैसे दिये गये प्रत्ययों तथा उपसर्गों (Prefix and Suffix) से शब्दों को बनाना आदि। किसी व्यक्ति के द्वारा किसी सृजनशील परीक्षण के किसी पद (Item) पर प्रवाह को प्रायः उस पद पर दिये गये प्रत्युत्तरों की संख्या से व्यक्त किया जाता है। परीक्षण पर व्यक्ति के कुल प्रवाह प्राप्तांक को ज्ञात करने के लिए सभी पदों के प्रवाह अंकों का योग कर लिया जाता है।

2. **विविधता (Flexibility)** - विविधता से अभिप्राय किसी समस्या पर दिये प्रत्युत्तरों या विकल्पों में विविधता के होने से है। इससे ज्ञात होता है कि व्यक्ति के द्वारा प्रस्तुत किये गये विकल्प या प्रत्युत्तर एक दूसरे से कितने भिन्न - भिन्न प्रकार के हैं। विविधता की तीन विमाएँ- आकृति स्वतः स्फूर्त विविधता (Figural Spontaneous Flexibility), आकृति अनुकूलन विविधता (Figural Adaptive Flexibility) तथा स्वतः स्फूर्त विविधता (Semantic Spontaneous Flexibility) हो सकती है। आकृति स्वतः स्फूर्त विविधता से तात्पर्य किसी वस्तु या आकृति में सुधार या परिमार्जन करने के उपायों की विविधता से होता है। आकृति अनुकूलन विविधता से अभिप्राय किसी वस्तु या आकृति के रूप में परिवर्तित करने की विधियों की विविधता से होता है। शाब्दिक स्वतः स्फूर्त विविधता के अन्तर्गत वस्तुओं या शब्दों के प्रयोग में विविधता को देखा जाता है। सृजनशीलता के परीक्षणों के किसी पद (Item) पर विविधता को प्रायः उस पद पर व्यक्ति के द्वारा दिये गये प्रत्युत्तरों के प्रकार (Types of Responses) की संख्या से व्यक्त किया जाता है। परीक्षण पर किसी व्यक्ति के कुल विविधता प्राप्तांक को ज्ञात करने के लिए उसके द्वारा विभिन्न पदों पर प्राप्त विविधता अंकों को जोड़ लिया जाता है।

3. **मौलिकता (Originality)** - मौलिकता से अभिप्राय व्यक्ति के द्वारा प्रस्तुत किये गये विकल्पों या उत्तरों का असामान्य (Uncommon) अथवा अन्य व्यक्तियों के उत्तरों से भिन्न होने से है। इसमें देखा जाता है कि व्यक्ति द्वारा दिये गये विकल्प या प्रत्युत्तर सामान्य या प्रचलित (Popular) विकल्पों या प्रत्युत्तरों से कितने भिन्न हैं। दूसरे शब्दों में मौलिकता मुख्य रूप से नवीनता (Newness) से सम्बन्धित होती है। व्यक्ति के अन्यों से भिन्न विकल्पों को मौलिक विकल्प कहा जा सकता है। वस्तुओं के नये उपयोग बताना, कहानी, कविता या लेख के शीर्षक लिखना, परिवर्तनों के दूरगामी परिणाम बताना, नवीन प्रतीक खोजना आदि मौलिकता के कुछ उदाहरण हैं।

4. **विस्तारण (Elaboration)** - विस्तारण से तात्पर्य दिये गये विचारों या भावों की विस्तृत व्याख्या या व्यापक पूर्ति या गहन प्रस्तुतिकरण से होता है। विस्तारण को दो भागों में शाब्दिक विस्तारण (Semantic Elaboration) तथा आकृति विस्तारण (Figural Elaboration) में बाँटा जा सकता है। शाब्दिक विस्तारण में किसी दी गयी संक्षिप्त घटना, क्रिया, कार्य, परिस्थिति आदि को विस्तृत करके प्रस्तुत करने के लिए कहा जाता है जबकि आकृति विस्तारण में किसी दी गयी रेखा या अपूर्ण चित्र में कुछ जोड़कर उससे एक पूर्ण एवं सार्थक चित्र बनाना होता है।

सृजनात्मक बालकों के गुण या विशेषताएँ (Qualities Of Creative Children) -

जैसा कि पहले भी इंगित किया जा चुका है कि सृजनात्मक बालक किसी भी समाज व राष्ट्र की अमूल्य विरासत होते हैं। अतः शिक्षा की दृष्टि से ऐसे बालकों की पहचान करना अत्यन्त आवश्यक और महत्त्वपूर्ण है। सृजनात्मक बालकों की महत्त्वपूर्ण विशेषताएँ निम्न हैं -

1. सृजनात्मक (सृजनशील) बालक स्वभाव से अत्यन्त साहसी होते हैं। ऐसे बालक साहसिक कार्यों को करने हेतु सदैव तत्पर रहते हैं तथा उनके अन्दर स्व निर्णय लेने की अटूट क्षमता होती है।
2. ऐसे बालकों में रहस्यपूर्ण, अज्ञात तथा अन्जान विषयों या समस्याओं के प्रति आकर्षण और निर्भयता होती है। ऐसे बालकों को हम जिज्ञासु कहते हैं क्योंकि ऐसे बालक स्वभाव से ही खोजी प्रवृत्ति के होते हैं क्योंकि उनकी जिज्ञासा कभी शांत या समाप्त नहीं होती है।
3. आत्म निर्भरता तथा आत्म विश्वास भी ऐसे बालकों का एक मुख्य गुण होता है। इन्हें अपने चिंतन एवं कार्य पर आत्म-विश्वास होता है। इसीलिए यह बालक प्रत्येक कार्य को पूरे आत्म विश्वास के साथ करते हैं।
4. ऐसे बालकों मे सौन्दर्यानुभूति, सौन्दर्यग्राह्यता एवं सौन्दर्यपरख करने की अभूतपूर्व क्षमता निहित होती है। वे प्रत्येक सुन्दर वस्तु को देखकर, आकर्षित होकर उसकी सराहना अवश्य करते हैं।
5. ऐसे बालकों के विचार तथा अभिव्यक्ति में प्रवाहात्मकता होती है। ये स्पष्ट विचारधारा वाले बालक होते हैं तथा सदैव अपने ही विचारों में लीन रहते हैं।
6. ऐसे बालक अपने प्रत्येक कार्य के प्रति गम्भीर होते हैं तथा अपने किसी भी कार्य को अपना समझकर उत्तरदायित्वपूर्ण ढंग से करते हैं।
7. उनमें विपरीत परिस्थितियों में सामंजस्य करने तथा साहस भरे कार्यों के लिए चुनौती स्वीकार करने की अद्भुत क्षमता होती है।
8. ये संवेदनशील प्रवृत्ति के बालक होते हैं क्योंकि इनके स्वभाव में संवेगात्मकता होती है।
9. ये मन में उत्पन्न किसी भी विचार का दमन नहीं करते हैं तथा अन्य लोगों के विचारों को भी ग्रहण करते हैं।
10. इनके द्वारा पूछे ये प्रश्न बड़े तर्कपूर्ण तथा विवेकयुक्त होते हैं।
11. इन बालकों की आदतें साधारण बालकों से हटकर विचित्र प्रकार की होती हैं।

सृजनात्मक चिंतन के प्रकार [Types of creative thinking]

सृजनात्मक चिंतन के दो प्रकार होते हैं:

1. अभिसारी चिंतन [Convergent thinking]
2. अपसारी चिंतन [Divergent thinking]

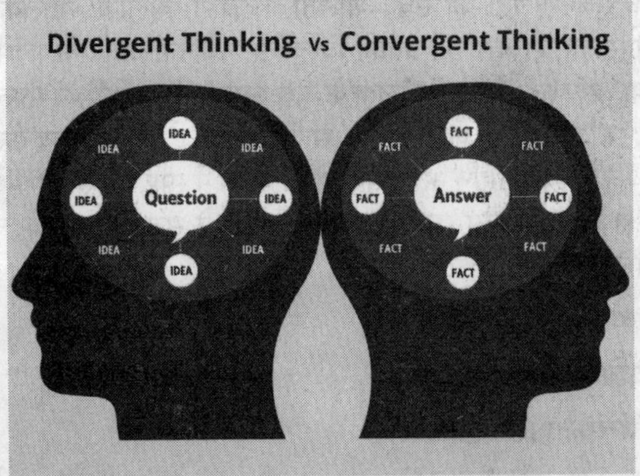

अपसारी चिंतन (divergent thinking)

इसके अंतर्गत व्यक्ति एक ही व्यवस्था का भिन्न भिन्न रुपों में चिंतन करता है। दूसरे शब्दों में , इस चिंतन के माध्यम से व्यक्ति एक ही समस्या का समाधान भिन्न भिन्न विधियों से करने पर विचार करता है। इसमें एक प्रकार की मस्तिष्क उद्वेलन की प्रक्रिया संपन्न होती है। जिसके आधार में एक विषय पर अनेक विचार उत्पन्न किए जा सकते हैं।अपसारी चिंतन को उदाहरण के माध्यम से स्पष्ट कर सकते हैं। जैसे ईश्वर की प्राप्ति के विषय में यदि चिंतन किया जाए तो अनेक विचार हमारे सामने उपस्थित हो सकेंगे। ईश्वर को दान से प्राप्त किया जा सकता। ईश्वर को भक्ति के माध्यम से प्राप्त किया जा सकता है। ईश्वर को कर्म के माध्यम से प्राप्त किया जा सकता है। इसी प्रकार के अनेक विषयों पर विविधता युक्त चिंतन या चुनौतियों का विभिन्न प्रकार से समाधान अपसारी चिंतन प्रक्रिया के अंतर्गत आता है।

अभिसारी चिंतन (convergent thinking)

इस प्रकार के चिंतन की प्रक्रिया में किसी भी विषय पर एकांगी चिंतन किया जाता है। जो कि उसके लिए आवश्यक होता है। इस प्रकार के चिंतन में व्यक्ति किसी समस्या का समाधान श्रेष्ठ विचार या तरीके से करता है। अभिसारी चिंतन को हम निम्न उदाहरण के माध्यम से समझ सकते हैं। जैसे ईश्वर प्राप्ति के विषय में विचार करने के लिए व्यक्ति के सामने अनेक विकल्प होते हैं। परंतु वह मानता है कि भक्ति सर्वश्रेष्ठ विकल्प है। जिसे ईश्वर की प्राप्ति होती है। इस प्रकार व अन्य विकल्पों को इसलिए छोड़ देता है। कि सभी विचार ईश्वर की प्राप्ति में सहायक है। इसीलिए वह सर्वश्रेष्ठ उपाय भक्ति को अपने चिंतन का आधार बनाता है।इस प्रकार अभिसारी चिंतन में किसी समस्या का समाधान किसी एक विचार, एक विधि, एक उपाय द्वारा संपन्न किया जाता है।

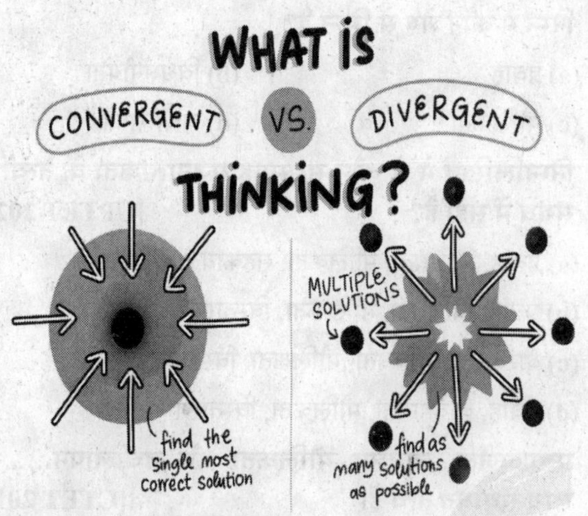

सृजनात्मकता के चरण (Stages)

ग्राहम वॉल्स ने सृजनात्मकता के 4 चरण बताएं हैं -

1. **आयोजन/तैयारी (Preparation)** - चिन्तन की शुरुआत
2. **उद्धवन/सुप्तावस्था** - निष्क्रिय अवस्था यानी जब चिंतन का कोई निष्कर्ष न हो या सही दिशा न मिले।
3. **प्रकाशन/उद्धासन (Illumination)**- अचानक कुछ नया हासिल कर लेना।
4. **सत्यापन/मूल्यांकन (Verification)** - यह पता लगाना की जो नियम या नई वस्तु हमने खोजी है वह आशा के अनुरूप है या नहीं।

सृजनात्मकता के स्तर सिद्धान्त

यह सिद्धान्त आई. ए. टेलर ने सृजनात्मकता के 5 स्तर बताये है।

इस सिद्धान्त के अनुसार, सृजनात्मकता को क्रमिक स्तरो वाले पदानुक्रमिक रूप में व्यक्त किया जा सकता है।

निम्न से उच्च स्तर

आधार (Basis)	अभिसारी चिंतन (Convergent)	अपसारी चिंतन (Divergent)
प्रतिपादक	जे. पी. गिलफोर्ड (J.P. Guilford)	जे. पी. गिलफोर्ड (J.P. Guilford)
मुख्य बिंदु	इसमें 'तथ्यों' पर जोर दिया जाता है।	इसमें 'कल्पना' पर जोर दिया जाता है।
बुद्धि बनाम सृजनात्मकता	यह मुख्य रूप से बुद्धि (Intelligence) से संबंधित है।	यह मुख्य रूप से सृजनात्मकता (Creativity) से संबंधित है।
प्रश्नों के प्रकार	बंद अंत वाले (Closed-ended) प्रश्न। (जैसे: MCQ, हाँ/ना)	मुक्त अंत वाले (Open-ended) प्रश्न। (जैसे: निबंध, 'क्या होगा यदि...')
चिंतन की दिशा	एक ही बिंदु पर केंद्रित (Focused)।	चारों दिशाओं में फैलने वाला (Multi-directional)।
सटीकता	इसमें केवल एक सही उत्तर प्राप्त होता है।	इसमें एक से अधिक नवीन उत्तर प्राप्त होते हैं।
मानसिक प्रक्रिया	यह रैखिक (Linear) होती है।	यह पार्श्व (Lateral) और लचीली होती है।
उदाहरण	2 + 2 = ? (उत्तर: 4)	पानी बचाने के 5 नए तरीके बताइए।

अभ्यास प्रश्न

1. **"सृजनशीलता मौलिक परिणामों को अभिव्यक्त करने की मानसिक क्रिया है।"**
उपरोक्त कथन किसके द्वारा दिया गया है? [UPTET 2014]
(a) क्रो एंड क्रो (b) जेम्स ड्रेवर
(c) रॉस (d) स्किनर

2. **"सृजनात्मकता मौलिक परिणामों को अभिव्यक्त करने की मानसिक प्रक्रिया है।" यह कथन है- [UPTET 2017]**
(a) कोल एवं ब्रुस का (b) ड्रेवहल का
(c) डीहान का (d) क्रो एवं क्रो का

3. **आउट-ऑफ-द-बॉक्स' चिंतन किससे संबंधित है? [CTET 2015]**
(a) स्मृति-आधारित चिंतन (b) अपसारी चिंतन
(c) अभिसारी चिंतन (d) अनुकूल चिंतन

4. **निम्नलिखित में से कौन-सा सृजनात्मकता से संबंधित है? [CTET 2015]**
(a) अपसारी चिंतन (b) अभिसारी चिंतन
(c) सांवेगिक चिंतन (d) अहंवादी चिंतन

5. सृजनात्मकता मुख्य रूप से............संबंधित है। [CTET 2012]

(a) मॉडलिंग (b) अनुकरण

(c) अभिसारी चिंतन (d) अपसारी (बहुविध) चिंतन

6. अलग ढंग से कार्य करने तथा नए तरीकों का इस्तेमाल करने की योग्यता कहलाती है- [STET 2019]

(a) सृजनात्मकता (b) व्यक्तित्व विकास

(c) नवीनता (d) जागरूकता

7. अलग-अलग सोच वाले पैटर्न उन बच्चों की पहचान करते हैं, जो- [CTET 2018]

(a) डिस्लेक्सिक हैं। (b) सृजनात्मक हैं।

(c) प्रत्यास्थी हैं। (d) विकलांग हैं।

8. विद्यार्थी में अवांछित व्यवहार को किंचित परिवर्तित करने में सबसे प्रभावी पद्धति है [UPTET 2011]

(a) विद्यार्थी को दण्ड देना

(b) अभिभावकों के ध्यान में इसे लाना

(c) अवांछित व्यवहार के कारणों को ढूँढना एवं उपचार का प्रबन्धन करना

(d) इसकी उपेक्षा करना

9. सृजनात्मक बालक में निम्न में से कौन-सा गुण नहीं पाया जाता है?

(a) खोजपूर्ण प्रवृत्ति

(b) क्रियाशीलता व उत्पादकता

(c) अच्छी अन्तर्दृष्टि व मौलिकता

(d) सीमित रुचियाँ व अपरिवर्तनशीलता

10. निम्नलिखित में से क्या, बच्चों की सृजनात्मकता के विकास में सहायक नहीं है?

(a) खेल (b) भाषण

(c) कहानी लेखन (d) निर्माण सम्बन्धी क्रियाएँ

11. उत्सुकता परीक्षण निम्न में किसका घटक है?[UPTET 2013]

(a) सृजनात्मकता (b) अभिप्रेरण

(c) रुचि (d) बुद्धि

12. सृजनशीलता की पहचान हेतु किसने 'सृजनात्मक चिंतन परीक्षण' का निर्माण किया? [UPTET 2019]

(a) मेरीफील्ड (b) टॉरेंस

(c) कोल एवं ब्रूस (d) केंट

13. निम्न में कौन सृजनात्मकता से संबंधित नहीं है? [UPTET 2013]

(a) मौलिकता (b) प्रवाह

(c) मितव्ययिता (d) उपयोगिता

14. निम्न में कौन शेष से भिन्न है?

(a) प्रवाह (b) विश्वसनीयता

(c) मौलिकता (d) लचीलापन

15. निम्नलिखित में से कौन-सा समूह सृजनात्मकता के तत्वों के संबंध में सही है? [UPTET 2020]

(a) प्रवाह, विविधता, मौलिकता, सहकार्यता

(b) प्रवाह, विविधता, मौलिकता, विस्तारण

(c) बारंबारता, विविधता, मौलिकता, विस्तारण

(d) प्रवाह, व्यवहार्यता, मौलिकता, विस्तारण

16. प्रवाहपूर्णता, व्याख्या, मौलिकता और लचीलापन...... के साथ संबंधित तत्व हैं। [CTET 2014]

(a) प्रतिभा (b) गुण

(c) अपसारी चिंतन (d) त्वरण

17. निम्नलिखित में से कौन उन महत्वपूर्ण कारकों में से एक नहीं है जिन्हें एक मनोवैज्ञानिक द्वारा पहचाना गया है जो रचनात्मकता को प्रभावित करते हैं?

(a) रचनात्मक समस्या दृष्टिकोण

(b) रचनात्मक व्यक्ति दृष्टिकोण

(c) रचनात्मक उत्पाद दृष्टिकोण

(d) रचनात्मक प्रक्रिया दृष्टिकोण

18. .... सृजनात्मक समस्या समाधान का एक चरण है जिसमें एक व्यक्ति समस्या पर ध्यान नहीं देता है।

(a) अनुवाद (b) प्रदीपन

(c) उद्भवन (d) तैयारी

19. रूही हमेंशा समस्या के एकाधिक समाधानों के बारे में सोचती है। इनमें से काफी समाधान मौलिक होते हैं। रूही किन गुणों का प्रदर्शन कर रही है?

(a) सृजनात्मक विचारक (b) अभिसारिक विचारक

(c) अनम्य विचारक (d) आत्म-केन्द्रित विचारक

20. निम्नलिखित में से कौन-सा कथन सही नहीं है ?

(a) सृजनशीलता किसी भी कला में एक मौलिकता होती है।

(b) सृजनशीलता के लिए चिन्तन आवश्यक नहीं है।

(c) सृजनशीलता किसी पूरा किये गये काम का एक नया परिणाम होता है।

(d) सृजनशीलता में समाज या किसी समूह के लिए उपयोगिता होनी चाहिए।

21. रचनात्मकता में मुख्य रूप से .... शामिल है।

(a) अभिसारी चिंतन (b) तर्क

(c) अपसारी चिंतन (d) परंपरा

22. निम्नलिखित में सृजनशीलता का प्रमुख तत्व क्या नहीं है?

(a) मौलिकता (b) अनुशासन

(c) धाराप्रवाहिता (d) लचीलापन

23. सजनात्मकता की विशेषता है -

(a) मौलिकता (b) प्रवाहशीलता

(c) लचीलापन (d) उपरोक्त सभी

24. सृजनात्मक शिक्षार्थी हैं -

(a) बहुत परिश्रमी (b) बहिर्मुखी

(c) अभिसारी चिंतक (d) अपसारी चिंतक

25. बुद्धि एवं सृजनात्मकता में किस प्रकार का सहसम्बन्ध पाया जाता है?

(a) ऋणात्मक (b) धनात्मक

(c) शून्य (d) उपरोक्त सभी

26. सृजनात्मक उत्तरों के लिए आवश्यक है ?

(a) प्रत्यक्ष शिक्षण एवं प्रत्यक्ष प्रश्न

(b) विषय-वस्तु आधारित

(c) मुक्त उत्तर वाले प्रश्न

(d) एक अंत्यंत अनुशासित कक्षा

27. सृजनशीलता मौलिक परिणामों को अभिव्यक्त करने की मानसिक क्रिया है

(a) जम्स ड्रेवर (b) स्किनर

(a) क्रो एण्ड क्रो (d) रास

28. सृजनात्मक बालक की विशेषता है-

(a) संवेदनशील होता है (b) परिहास प्रिय होता है

(c) जिज्ञासु होता है (d) उपर्युक्त सभी

29. एक बालक अनुपयोगी प्लास्टिक थैलियों से कलात्मक वस्तु बनाता है, यह दर्शाता है ?

(a) प्रतिभा (b) दार्शनिक

(c) सृजनशीलता (d) कुशलता

30. एक बालक जो गणित के अतिरिक्त अन्य विषयों में सामान्य है, जबकि गणित में बहुत निम्न उपलब्धि रखता है, ऐसे बालक किस श्रेणी में आते है ?

(a) पिछड़े बालक (b) मन्द बुद्धि बालक

(c) औसत बालक (d) मनस्ताप बालक

31. बुद्धि और सृजनात्मकता में कैसा सम्बन्ध पाया जाता है ?

(a) सकारात्मक (Affirmative) (b) नकारात्मक (Negative)

(c) समान्तर (d) वैध

ANSWER KEY

1. (*a*) 2. (*d*) 3. (*b*) 4. (*a*) 5. (*d*) 6. (*a*) 7. (*b*) 8. (*c*) 9. (*d*) 10. (*b*) 11. (*a*) 12. (*b*) 13. (*c*)
14. (*b*) 15. (*b*) 16. (*c*) 17. (*a*) 18. (*c*) 19. (*a*) 20. (*b*) 21. (*c*) 22. (*b*) 23. (*d*) 24. (*d*) 25. (*b*) 26. (*c*)
27. (*c*) 28. (*d*) 29. (*c*) 30. (*a*) 31. (*a*)

7 व्यक्तित्व

व्यक्तित्व अंग्रेजी के पर्सनेल्टी शब्द का हिंदी रूपान्तर है, जिसकी उत्पत्ति यूनानी भाषा के पर्सोना शब्द से हुई, जिसका अर्थ मुखौटा है।

उदाहरणार्थ, एक व्यक्ति जो देखने में सुंदर है, जिसकी पोशाक आकर्षक है, जो मधुरभाषी और फुर्तीला है- साधारण बोलचाल की भाषा में उसे अच्छे व्यक्तित्व का व्यक्ति कहा जाता है। ठीक इसके विपरीत, जब किसी बेडौल नाक-नक्शेवाले व्यक्ति को मैले कपड़ों में देखते हैं तब हम उसके व्यक्तित्व को बुरा कहते हैं। इस दृष्टिकोण को माननेवाले वाटसन, शरमन आदि हैं। व्यक्तित्व के संबंध में एक अन्य दृष्टिकोण तात्विक दृष्टिकोण कहलाता है। यह दृष्टिकोण मनुष्य के स्वाभाविक स्थायी गुणों की ही व्याख्या करता है। इस दृष्टिकोण के समर्थकों में वारेन एवं कारमाइकेल के नाम प्रमुख है। वे व्यक्तित्व को मानसिक संगठन मानते हैं, जिसके अंतर्गत बुद्धि धातुस्वभाव, कौशल आदि आंतरिक स्वाभाविक गुण आते हैं।

लेकिन, उपर्युक्त दोनों दृष्टिकोणों में कोई भी एक दृष्टिकोण व्यक्तित्व के वास्तविक स्वरूप को स्पष्ट करने में सफल नहीं है। मनोविज्ञान के अन्दर व्यक्तित्व को समझने के लिए हमें दोनों दृष्टिकोणों को शामिल करना होगा। इसका मतलब यह हुआ कि किसी व्यक्ति के व्यक्तित्व को समझने के लिए हमें उसके बाह्य रंग-रूप, वेश-भूषा, चाल-ढाल इत्यादि के साथ-साथ उसके अन्दर के गुण, स्वभाव, विचार, अभिरूचि, मनोवृत्ति इत्यादि पर भी ध्यान देना होगा। अस्तु, इस दृष्टिकोण के अनुसार 'व्यक्तिव को व्यक्ति के बाह्य एवं आन्तरिक स्वाभाविक स्थायी गुणों का समन्वय कहा जा सकता है।'

व्यक्तित्व की परिभाषाएँ [Definitions of Personality]

बोरिंग के अनुसार, "व्यक्ति के अपने वातावरण के साथ अपूर्व एवं स्थायी समायोजन के योग को व्यक्तित्व कहते हैं।"

मन के शब्दों में, "व्यक्तित्व वह विशिष्ट संगठन है जिसके अन्तर्गत व्यक्ति के गठन, व्यवहार के तरीकों, रुचियों, दृष्टिकोणों, क्षमताओं, योग्यताओं और प्रवणताओं को सम्मिलित किया जा सकता है।"

आलपोर्ट के अनुसार, "व्यक्तित्व व्यक्ति के उन मनो-शारीरिक संस्थानों का गत्यात्मक संगठन है जो वातावरण के साथ उसके अनूठे समायोजन को निर्धारित करता है।"

मॉर्टन प्रिंस के कथनानुसार, "व्यक्तित्व व्यक्ति के सभी जन्मजात व्यवहारों, आवेगों, प्रवृत्तियों, झुकावों, आवश्यकताओं तथा मूल-प्रवृत्तियों एवं अनुभवजन्य और अर्जित व्यवहारों व प्रवृत्तियों का योग है।

वारेन का विचार है, "व्यक्तित्व व्यक्ति का सम्पूर्ण मानसिक संगठन है जो उसके विकास की किसी भी अवस्था में होता है।

व्यक्तित्व का अर्थ (Meaning of Personality)

विभिन्न विद्वानों के दृष्टिकोण से व्यक्तित्व के अर्थ को इस प्रकार स्पष्ट किया जा सकता है-

1. **दार्शनिक दृष्टिकोण से व्यक्तित्व का अर्थ (Philosophical view)** दर्शन के अनुसार इसकी परिभाषा निम्न प्रकार से है- "व्यक्तित्व आत्म-ज्ञान का ही दूसरा नाम है, यह पूर्णता का प्रतीक है। इस पूर्णता का आदर्श ही व्यक्तित्व को प्रदर्शित करता है।"

2. **समाजशास्त्रीय दृष्टिकोण से व्यक्तित्व का अर्थ (Sociological view)** इस दृष्टिकोण के अनुसार-व्यक्तित्व उन सभी तत्वों का संगठन है, जिनके द्वारा व्यक्ति को समाज में कोई स्थान प्राप्त होता है, इसलिये व्यक्तित्व का एक सामाजिक प्रभाव है।

   फारिस (Faris) के अनुसार- "व्यक्तित्व संस्कृति का वैयक्तिक पक्ष है।"

3. **मनोवैज्ञानिक दृष्टिकोण से व्यक्तित्व का अर्थ (Psychological view)** इस दृष्टिकोण के अनुसार व्यक्तित्व का अर्थ वंशानुक्रम एवं वातावरण का ही एक रूप है।

मार्टन के अनुसार- "व्यक्तित्व व्यक्ति के जन्मजात तथा अर्जित स्वभाव, मूल प्रवृत्तियों, भावनाओं तथा इच्छाओं आदि का समुदाय है।"

मनोवैज्ञानिक दृष्टिकोण (psychological view points)

युंग ने व्यक्तित्व के प्रकार का आधार मनोवैज्ञानिक दृष्टिकोण माना है।

युंग के अनुसार व्यक्तित्व के निम्न प्रकार है-

(1) अंतर्मुखी (introvert personality)

(2) बहिर्मुखी (extrovert personality)

(3) उभयमुखी (Ambirvert / double faced personality)

1. **अन्तर्मुखी व्यक्तित्व (Introvert personality)** ऐसा व्यक्ति चिन्तनशील होता है, अपनी ही ओर केन्द्रित रहता है, कर्त्तव्यपरायण होता है, प्रतिक्रियावादी होता है तथा कष्टों के प्रति सजग रहता है।

अन्तर्मुखी व्यक्तित्व की विशेषताएँ (Characteristics of introvert personality)-

अन्तर्मुखी व्यक्तित्व की निम्न विशेषताएँ हैं-

- बाह्य जगत की वस्तुओं से कम अनुराग होता है।
- वे एकांकी होते हैं।
- कर्त्तव्यपरायण होते हैं तथा समय का सदैव ध्यान रखते हैं।
- यह व्यवहार कुशल नहीं होते, हँसी मजाक एवं व्यर्थ के छलों आदि में नहीं फंसते सस्ती लोकप्रियता के इच्छुक नहीं होते।
- युंग ने अन्तर्मुखी व्यक्तियों को विचार प्रधान, भाव प्रधान, तर्क प्रधान तथा दिव्यदृष्टि प्रधान चार रूपों में विभक्त किया जाता है।
- चिन्ताग्रस्त होते हैं, अपनी वस्तुओं तथा कष्टों के प्रति सजग होते हैं।
- भाव प्रधान होते हैं, आत्मचिन्तन करते हैं, आत्मोद्दार हेतु लीन होते देखे गये हैं।
- कर्त्तव्यपरायण एवं आज्ञाकारी होते हैं, परन्तु शीघ्र ही घबराने लगते हैं।

2. बहिर्मुखी व्यक्तित्व (Extrovert personality)

ऐसे व्यक्तित्व वाले व्यक्ति की रूचि बाह्य जगत में होती है। आध्यात्मिक विषयों में उसकी रुचि नहीं होती।

- बहिर्मुखी व्यक्तित्व की निम्न विशेषताएँ हैं-
- इनमें कार्यकुशलता की मात्रा अन्तर्मखी व्यक्ति से अधिक होती है।
- अचेतन मन स्वार्थी होता है, परन्त चेतन मन में स्वार्थ के प्रति घृणा होती है।
- ये सबको प्रसन्न करने वाले होते हैं तथा प्रशंसकों से घिरे रहने की कामना करते हैं।
- व्यवहारकुशल होते हैं, विचार प्रधान होते हैं तथा निर्णय भी भावों के अनुरूप ही लेते हैं।
- साहस का कार्य करने वाले एवं कार्य के प्रति दृढ़ता का भाव रखने वाले होते हैं।
- शासन करने का स्वभाव होता है, कष्टों अथवा परेशानियों से घबराते नहीं हैं।
- आशावादी तथा परिस्थिति के अनुरूप अपने को ढालने वाले होते हैं।

3. उभयमुखी या उभयोमुखी व्यक्तित्व [Ambidextrous or Ambivert Personality]

कुछ ऐसे भी व्यक्ति होते हैं, जो दोनों का सम्मिश्रण होते हैं, उन्हें उभयोमुखी (Double-faced) या विकासोन्मुखी (Ambivert) कहते हैं।

उभयोमुखी व्यक्तित्व में द्विविधा और छल का भाव होता है, जबकि विकासोन्मुखी व्यक्तित्व में परिस्थिति के अनुसार समायोजन होता है।

विकासोन्मुखी व्यक्तित्व सकारात्मक और स्वाभाविक होता है, जबकि उभयोमुखी व्यक्तित्व नकारात्मक और कपटी माना जाता है।

शरीर – रचना दृष्टिकोण (physiological view point)

मनोवैज्ञानिक क्रेश्मर ने व्यक्तित्व का विभाजन शरीर रचना के आधार पर किया है जो निम्न प्रकार से है-

(1) गोलकाय या नाटा (picnic)

(2) कृशकाय (asthenic)

(3) सुडौलकाय (athletic)

(4) असाधारण या दुर्विकिसित (dysplastic)

1. गोलकाय प्रकार या नाटा प्रकार (picnic)

- भारी निर्मित शरीर व ऊंचाई में कम।
- छोटी, मोटी गर्दन।
- सामाजिक और हंसमुख।
- वे खुशमिजाज हैं-भाग्यशाली हैं,
- वे खाना और सोना पसंद करते हैं।
- क्रेश्मर ने उन्हें "साइक्लोइड" कहा, क्योंकि उनके पास मनोचिकित्सा के उन्मत्त-अवसादग्रस्त प्रकार के शिकार होने की उच्च संभावना है।

2. कृशकाय (दुर्बल) प्रकार (asthenic)

- इस प्रकार के व्यक्ति पतले चपटे,गोल ,कोमल शारीरिक गठन वाले लंबे अंग वाले, चपटे तथा तंग सीने वाले होते हैं।
- यह व्यक्ति शर्मीले तथा अकेले रहने वाले होते हैं।

3. सुडौलकाय प्रकार (athletic)

- इस प्रकार के व्यक्ति अच्छी मांसपेशी वाले होते हैं। इनके कंधे चौड़े, हाथ लंबे और पुष्ट अंगों वाले होते हैं।यह बहुत शर्मीले तथा अकेले रहने वाले तथा अधिक संवेदनशील होते हैं।

4. असाधारण या दुर्विकसित (dysplastic)

- यह व्यक्ति अनुचित शारीरिक अनुपात वाले तथा विशेष शारीरिक गठन वाले होते हैं। इस प्रकार के व्यक्तित्व के व्यक्तियों में शारीरिक विकास की अनेक समानताएं भी पाई जाती है।

शारीरिक गुणों के आधार पर व्यक्तित्व के प्रकार

शेल्डन के अनुसार

इनके अनुसार व्यक्तित्व 3 प्रकार का होता है

१.एंडोमॉर्फिक (Endomorphic - गोलकाय)

२.मेसोमॉर्फिक (Mesomorphic - मध्यकाय /पुष्टकाय)

३.एक्टोमॉर्फिक (Ectomorphic - लंबकाय)

(1) **एंडोमॉर्फिक (Endomorphic - गोलकाय)** इस प्रकार के शारीरिक गठन वाले व्यक्ति गोल मटोल तथा नरम होते हैं। ऐसे व्यक्ति आराम पसंद, भावुक तथा सुख चाहने वाले होते हैं।

(2) **मेसोमॉर्फिक (Mesomorphic - मध्यकाय /पुष्टकाय)** ऐसे व्यक्ति कटीले तथा मजबूत शरीर वाले होते हैं। यह व्यक्ति स्वभाव से क्रियाशील शक्तिशाली तथा आक्रामक एवं फुर्तीले स्वभाव के होते हैं। इनमें उपलब्धि का स्तर उच्च होता है।

(3) **एक्टोमॉर्फिक (Ectomorphic - लंबकाय)** इस प्रकार के गठन वाले व्यक्ति दुबले-पतले तथा कमजोर शरीर वाले होते हैं। स्वभाव से संवेदनशील, नाजुक, बौद्धिक और पलायन वादी होते हैं।

स्प्रिंगर के अनुसार [According to Springer]

स्प्रिंगर ने व्यक्तित्व के निम्न प्रकार बताये है

(1) आर्थिक व्यक्तित्व

(2) धार्मिक व्यक्तित्व

(3) सामाजिक व्यक्तित्व

(4) सैद्धांतिक व्यक्तित्व

(5) राजनैतिक व्यक्तित्व

(6) कलात्मक व्यक्तित्व

(1) **आर्थिक व्यक्तित्व [Economic personality]** ऐसे व्यक्तित्व वाले लोग धन से संबंधित गतिविधियों से जुड़े होते हैं यह लोग अपने कार्य में विशेष महत्व धन को देते है। इनके सभी कार्य एवं गतिविधियाँ धन से जुड़ी होती है।

(2) **धार्मिक व्यक्तित्व [Religious personality]** ऐसे व्यक्तित्व वाले व्यक्ति के जीवन का आधार धर्म होता है। यह लोग अपने कार्य में विशेष महत्त्व धर्म एवं संस्कृति को देते हैं। इनके सभी कार्य भी धर्म एवं संस्कृति से ही जुड़े होते हैं।

(3) **सामाजिक व्यक्तित्व [Social personality]** इस तरह के व्यक्तित्व वाले व्यक्ति समाज में रहते हैं। इनको सामाजिक कार्यों में रुचि होती है। जो समाज से जुड़ना पसंद करते हैं। तथा सामाजिक कार्यों में सहायता भी करते हैं। यह स्वयं को समाज का एक अंग भी मानते हैं इसलिए यह उसे कर्म समझकर निभाते हैं।

(4) **सैद्धांतिक व्यक्तित्व [Theoretical Personality]** ऐसे व्यक्तित्व वाले व्यक्ति अपने जीवन में बड़े नियम एवं सिद्धांत के साथ रहते हैं। इनके जीवन में समस्त जीवन शैली नियम एवं सिद्धांतों से ही चलती है। यह नियम एवं सिद्धांतों को ही प्रमुखता देते हैं।

(5) **राजनैतिक व्यक्तित्व [Political Personality]** इन व्यक्तित्व वाले व्यक्ति राजनीति के क्षेत्र में रुचि लेते हैं। यह लोग राजनीति के क्षेत्र में जाकर देश सेवा का भाव रखते हैं। यह लोग अपने कार्यों एवं जीवनशैली में भी राजनीति को एक अंग मानते हैं। इनके कार्य भी राजनीति से भी जुड़े होते हैं।

(6) **कलात्मक व्यक्तित्व [Artistic Personality]** यह व्यक्ति कला के क्षेत्र में अत्यधिक उत्कृष्ट होते हैं। कलात्मक व्यक्तित्व के व्यक्ति विभिन्न कला में निपुण होते हैं। यह मानते हैं की कला ही इनका जीवन है।

विलियम जेम्स के अनुसार व्यक्तित्व के प्रकार

(1) कोमल हृदय वाले [Soft hearted]

(2) कठोर हृदय वाले [Hard hearted]

(1) **कोमल हृदय वाले (Soft hearted)** इनका व्यवहार कोमल होता है कल्पनाशील होते हैं,भाव में वह जाते हैं ऐसे व्यक्ति बुद्धिजीवी, आशावादी, आदर्शवादी, आर्थिक तथा पूर्वाग्राही होते हैं।

(2) **कठोर हृदय वाले (Hard hearted)** ऐसे व्यक्ति विचारों की अपेक्षा शारीरिक संवेदनाओ में अधिक रुचि रखते हैं। ऐसे व्यक्ति भौतिकवादी, निराशावादी, अधार्मिक तथा संशयवादी होते है।

न्यूमैन तथा स्टर्न के अनुसार व्यक्तित्व के प्रकार

(1) विश्लेषणात्मक व्यक्ति [Analytical person]

(2) संश्लेषणात्मक व्यक्ति [Synthetic person]

(1) **विश्लेषणात्मक व्यक्ति (Analytical person)** यह व्यक्ति किसी बात के सूक्ष्म अध्ययन में बड़ी रुचि रखते हैं। यह प्रत्येक व्यक्ति वस्तु पर विश्लेषण करने की चेष्टा रखते हैं।

(2) **संश्लेषणात्मक व्यक्ति (Synthetic person)** यह व्यक्ति समीक्षा करना प्रायः पसंद नहीं करते है। यह प्रत्येक व्यक्ति वस्तु पर संश्लेषण करने की चेष्टा रखते हैं।

आधुनिक वर्गीकरण के अनुसार व्यक्तित्व के प्रकार

(1) भावुक व्यक्ति [Emotional person]

(2) कर्मशील व्यक्ति [Action person]

(3) विचारशील व्यक्ति [Thoughtful person]

(1) **भावुक व्यक्ति (Emotional person)** यह व्यक्ति अत्यधिक भावुक होते हैं। यह आत्मचिंतन अधिक करते हैं। इनको दूसरों की भावना पीड़ा की अधिक चिंता रहती है।अतः इनकी क्रियाएं भावनाओं से संचालित होती है।

(2) **कर्मशील व्यक्ति (Action person)** यह व्यक्ति कर्म को अपने जीवन का आधार मानते हैं। इनका मानना होता है कि कर्म ही जीवन है। हमको जो कुछ भी प्राप्त होगा वह कर्म से ही प्राप्त होगा। अतः जीवन में कर्म दूसरा पहलू है। यह व्यक्ति हर समय अपने को किसी न किसी रचनात्मक कार्य में लगाये रहते हैं।

(3) **विचारशील व्यक्ति (Thoughtful person)** ऐसे व्यक्ति अधिक विचारवान होते हैं। इन व्यक्तियों में सृजनात्मकता अधिक पाई जाती है। यह लोग किसी कार्य को करने से पूर्व भली-भांति सोच विचार करते हैं।

व्यक्तित्व की प्रक्षेपण विधियां [Projection methods of personality]

व्यक्तित्व मापन की प्रक्षेपण विधियों पर विचार करने से पूर्व 'प्रक्षेपण' शब्द का अर्थ जानना आवश्यक है। प्रक्षेपण का अर्थ है 'फेंकना'। प्रक्षेपण शब्द का प्रयोग सर्वप्रथम सुप्रसिद्ध मनोविश्लेषण वादी (Psychoanalysis) सिगमंड फ्रायड (Sigmund Freud) (1849) ने किया।

यह वह क्रिया है जिसमें प्रत्येक व्यक्ति अपने विचारों, भावनाओं, इच्छाओं, संवेगो आदि का अन्य व्यक्तियों या बाह्य जगत के माध्यम से सुरक्षात्मक रूप प्रस्तुत करता है।

वारेन के अनुसार, यह वह प्रवृत्ति है जिसमें व्यक्ति बाह्य जगत में अपनी दमित मानसिक प्रक्रियाओं का प्रक्षेपण करता है।

मैकडोनल्ड लैडैल के अनुसार, "प्रक्षेपण एक ऐसी मनोवैज्ञानिक रचना है जिसमें व्यक्ति दूसरों पर ऐसी भावनाओं और संवेगों को प्रक्षेपित करता है जिसका उसने दमन कर लिया हो।"

व्यक्तित्व प्रक्षेपण विधियों के प्रकार -

1. रोर्शा स्याही धब्बा परीक्षण [Rorschach inkblot test]

स्याही धब्बा परीक्षण का प्रतिपादन स्विट्जरलैंड के मनोचिकित्सक हर्मन रोर्शा है। जिन्होंने 1921 में इस परीक्षण का निर्माण किया। इसमें 10 कार्ड होते हैं जिनमें से 5 काले एवं सफ़ेद 2 कार्डों पर लाल और काले तथा 3 कार्डों पर विभिन्न रंग की आकृतियां बनी होती है। इन कार्डों के माध्यम से व्यक्ति के अचेतन मन की स्थिति की जानकारी प्राप्त हो जाती है।

जिस व्यक्ति के व्यक्तित्व का मापन करना होता है उसे परीक्षण कर्ता एक कार्ड देता है और व्यक्ति उसे देख कर कोई विवरण-कहानी प्रस्तुत कर देता है। इस परीक्षण के माध्यम से उसकी बुद्धि, सामाजिकता, समायोजन, संवेगात्मक स्थिति, कल्पनाशीलता, अहम् की शक्ति आदि पक्षों का अध्यन किया जाता है। एक प्रशिक्षित मनोवैज्ञानिक ही रॉर्सचाक परीक्षण को प्रशासित कर सकता है।

2. प्रासंगिक अंतर्बोध परीक्षण (TAT परीक्षण)

TAT : थेमेटिक एपरेसिएशन टेस्ट (अन्तश्चेतनाभि अभिबोध परीक्षण) की रचना मुरे एवं मार्गन ने 1935 में की थी। इस परीक्षण में 30 चित्रों के कार्ड होते हैं तथा एक कार्ड खाली होता है। (कुल 31) सभी चित्र प्रायः अर्धनिर्देशित (Semi Structured) होते हैं। इनमें 10 कार्ड केवल पुरुषों के लिए, 10 कार्ड केवल स्त्रियों के लिए तथा 10 कार्ड दोनों के लिए होते हैं।

परीक्षण के समय एक प्रयोज्य पर प्रायः 20 कार्डों का प्रशासन किया जाता है। इन्हें दो सत्रों में प्रकाशित किया जाता है। प्रत्येक सत्र में 10 कार्डो का प्रशासन किया जाता है।

प्रत्येक कार्ड को दिखा कर अलग अलग कहानी लिखाई जाती है। प्रत्येक कहानी के लिए पांच-पांच मिनट का समय दिया जाता है। अंतिम खाली कार्ड पर अलग से विषय या प्रयोज्य से कहानी लिखवाई जाती है इसके बाद इसका विश्लेषण किया जाता है।

कहानी में वर्णित पात्रों व उनके चरित्र चित्रण से विषयी के व्यक्तित्व की झलक मिल जाती है इस प्रकार निर्मित कहानी की व्याख्या से व्यक्ति के अंतर्द्वंद्व, संवेगात्मक स्थिति, आवश्यकताओं, असामान्य व्यवहार एवं समस्याओं आदि का पता लगाया जाता है।

इस प्रकार इन चित्रों के देखकर लिखी गई कहानियों का विश्लेषण कहानी में वर्णित मुख्य पात्र की आवश्यकताओं के दबावों के आधार पर किया जाता है।

3. बालकों का अंतर्बोध परीक्षण (CAT परीक्षण)

जहां TAT परीक्षण का प्रयोग व्यस्कों पर किया जाता है वही CAT परीक्षण (Children Apperception Test) बालकों के लिए उपयुक्त होता है। CAT परीक्षण का सर्व प्रथम प्रकाशन लियोपोल्ड बैलक ने सन 1948 में किया। भारतीय परिस्थिति के लिए इसका संशोधन एवं अनुकूलन कोलकाता की उमा चौधरी ने किया है।

यह परीक्षण 3 से 11 वर्ष तक की आयु वाले बालकों के व्यक्तित्व का मूल्यांकन करने के लिए उपयुक्त है। इसमें कुल 10 चित्र होते हैं। प्रत्येक पर जानवरों के चित्र अंकित हैं।

इन चित्रों के माध्यम से बालकों की परिवार संबंधी, सफाई संबंधी, प्रशिक्षण आदि अनेक समस्याओं व आदतों की जानकारी होती है। बुद्धि का स्तर, चिंतन की विशेषताएं, मानसिक द्वंद्व, सामाजिक संबंध एवं अहम की शक्ति आदि विशेषताओं का पता इस परीक्षण से लगता है। बालकों का अंतर्बोध परीक्षण (CAT परीक्षण)

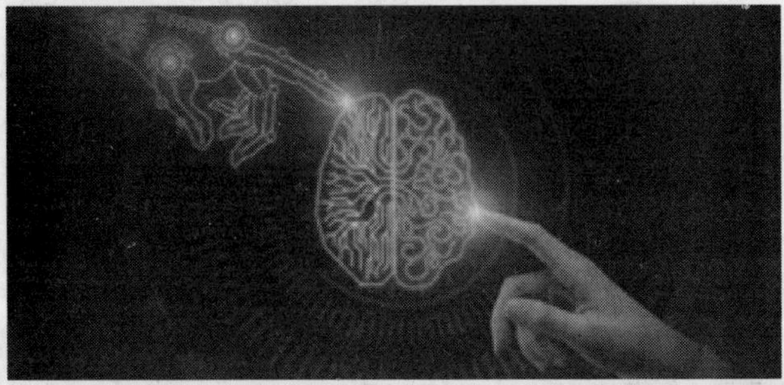

4. वाक्य पूर्ति परीक्षण (Sentence Completion Test)

प्रक्षेपण विधियों में वाक्य पूर्ति परीक्षण भी महत्वपूर्ण है। जिसमें कुछ अधूरे वाक्यों को शीघ्र पूरा करने के लिए विषयी को कहा जाता है। वाक्य विषयी की व्यक्तित्व के शील गुणों को अभिव्यक्त करने वाले होते हैं। ये लिखित रूप में होते हैं। इसलिए शिक्षित व्यक्तियों पर ही इसका प्रशासन किया जा सकता है।

वाक्य पूर्ति परीक्षण विधि का प्रवर्तन सर्वप्रथम 1910 में पाइने व टेण्डलर ने किया। इसमें कुल 20 वाक्य थे, जैसे-मैं सुख का अनुभव करता हूं क्योंकि.......। इन वाक्यों में विषयी की इच्छा,भय आदि से संबंधित वाक्य होते हैं। इस तरह व्यक्तित्व के गुणों का बोध इस विधि से होता है।

5. शब्द साहचर्य परीक्षण (Word Association Test)

शब्द साहचर्य परीक्षण का सर्वप्रथम प्रयोग गाल्टन ने सन 1879 में किया। उन्होंने 75 शब्दों की एक सूची बनाई और देखा कि साहचर्य शब्दों के स्मरण से कुछ मानसिक चित्र एवं प्रतिभाएं मस्तिष्क में अंकित हो जाती है। इसके बाद युंग ने 1910 में संवेगात्मक मनो ग्रंथियों का पता लगाने के लिए शब्द साहचर्य विधि को पूर्ण विकसित किया।

वास्तव में शब्द साहचर्य परीक्षण के जनक फ्रॉयड तथा युंग थे। उनके अनुसार इस परीक्षण में पूर्व निश्चित उद्दीपन शब्द दिए रहते हैं जिसमें से एक-एक परिक्षार्थी के समक्ष प्रस्तुत किए जाते हैं। युंग से प्रेरित होकर कैंट रोजनाफ (1910) ने तथा 1946 में रैपापोर्ट ने भी शब्द साहचर्य परीक्षण का निर्माण किया जिनका अनुप्रयोग व्यक्तित्व मापन में होता है।

इस विधि में विषयी के सम्मुख एक उत्तेजक शब्द प्रस्तुत किया जाता है और उससे कहा जाता है कि वह इस शब्द को सुनते ही उस शब्द का प्रतीचार करें जो उसके मन में आए उसे शीघ्रता से करें।

6. रोजेनविग PF परीक्षण (Rosenzweig P.F. Study)

इस परीक्षण का निर्माण अमेरिका के मनोवैज्ञानिक रोजेनविग ने अपने दबाव व भग्नासा के सिद्धांत के आधार पर किया। यह अर्ध प्रक्षेपण परीक्षण है जो तीन रूपों में है, पहला – 4 से 13 वर्ष के बालकों के लिए। दूसरा – किशोरों के लिए तथा तीसरा – वयस्कों के लिए। बालकों व वयस्कों के परीक्षण का भारतीय परिस्थिति के अनुकूल उदय पारीक ने किया है।

इस परीक्षण में 24 चित्र होते हैं। प्रत्येक चित्र में एक व्यक्ति की कुंठा उत्पन्न करने वाला वाक्य कहता है और उत्तर देने वाला एक वाक्य में उसकी प्रतिक्रिया लिख देता है।

इस तरह प्रत्येक वाक्य का मूल्यांकन विश्लेषक द्वारा किया जाता है जिसके आधार पर आक्रामकता, समूह अनुरूपता, समायोजन, कुसमायोजन आदि की जानकारी होती है।

7. 16PF व्यक्तित्व परीक्षण (16PF Personality Test) -

16PF (सोलह व्यक्तित्व कारक) एक मनोवैज्ञानिक व्यक्तित्व परीक्षण है जो व्यक्ति के व्यक्तित्व को 16 प्राथमिक कारकों में मापता है। यह डॉ. रेमंड कैटेल द्वारा 1949 में विकसित किया गया था और आज इसका व्यापक रूप से मनोविज्ञान, मानव संसाधन और कैरियर परामर्श जैसे क्षेत्रों में उपयोग होता है। यह परीक्षण बहुविकल्पीय प्रश्नों पर आधारित होता है और व्यक्ति के व्यवहार का आकलन करने में मदद करता है।

उपयोग: इसका उपयोग चयन, विकास और प्रेरणा जैसे कार्यों के लिए किया जाता है। यह कैरियर सलाहकारों और मनोवैज्ञानिकों द्वारा भी उपयोग किया जाता है।

संरचना: इसमें 185 बहुविकल्पीय प्रश्न होते हैं, जो रोज़मर्रा की स्थितियों पर आधारित होते हैं।

अवधि: इसे पूरा करने में आमतौर पर 30 से 50 मिनट का समय लगता है।

8. मिनेसोटा व्यक्तित्व परीक्षण (Minnesota Personality Test)-

मिनेसोटा व्यक्तित्व परीक्षण, जिसे मिनेसोटा मल्टीफ़ेज़िक पर्सनैलिटी

इन्वेंटरी (MMPI) भी कहा जाता है, व्यक्तित्व के लक्षणों और मनोवैज्ञानिक विकारों का आकलन करने के लिए एक व्यापक मनोवैज्ञानिक परीक्षण है। यह मुख्य रूप से मानसिक स्वास्थ्य समस्याओं वाले लोगों का मूल्यांकन करने के लिए उपयोग किया जाता है और इसका उपयोग नैदानिक और अनुसंधान सेटिंग्स दोनों में किया जाता है।

मुख्य बिंदु:

उद्देश्य: इसका मुख्य उद्देश्य व्यक्तियों में मनोवैज्ञानिक विकारों या असामान्य व्यवहार पैटर्न की पहचान करना है।

संरचना: परीक्षण में कथनों की एक श्रृंखला होती है जिनका उत्तर 'सत्य' या 'असत्य' में देना होता है।

स्केलिंग: परीक्षण में कई नैदानिक स्केलों के साथ-साथ वैधता के लिए स्केल भी होते हैं, जो बताता है कि क्या उत्तरदाता सच बोल रहे हैं या अपनी स्थिति को बढ़ा-चढ़ाकर बता रहे हैं।

व्यक्तित्व के विकास को प्रभावित करने वाले कारक [Factors affecting personality development]

व्यक्तित्व विकास को प्रभावित करने वाले कारक व्यक्ति का मनोवैज्ञानिक विकास आनुवंशिकता तथा पर्यावरण दोनोसे प्रभावित होती है। क्रो एंडक्रो का कथन है कि सामाजिक या पर्यावरणीय प्रभावों के साथ जैवकीय कारकों की अंतःक्रिया के परिणामस्वरूप व्यक्तित्व के स्वरूप का विकास होता है। इस प्रकार व्यक्तित्व के निर्धारकों को दो मुख्य वर्गों में रखा गया है-

(1) जैवकीय निर्धारक (Biological determinants)

(2) पर्यावरण संबंधी निर्धारक (Environmental determinants)

(1.) जैविकीय निर्धारक (Biological determinants)

ये जन्मजात होते हैं। इसके अन्तर्गत व्यक्तित्व को प्रभावित करने वाले अग्रलिखित कारक है।

1. **वंशानुक्रम** - व्यक्तित्व के जैविक निर्धारकों में आनुवंशिकता या वंशानुक्रमण अत्यधिक महत्वपूर्ण है। अनेक अध्ययन इस बात की पुष्टि करते हैं कि व्यक्तित्व का स्वरूप निर्धारण वंशानुक्रमण के प्रभाव से होता है। शेल्डन ने शरीर की बनावट या रचनाऔर उससे सम्बन्धित स्वभाव एवं व्यवहार का जो वर्णन किया है उससे व्यक्तित्व के निर्माण में वंशानुक्रमण का महत्व स्पष्ट हो जाता है। फ्रांसिस गाल्टन ने व्यक्तियों के शरीरिक व मानसिक लक्षणों में भिन्नता का कारण वंशानुक्रमण को ही बतलाया है।

2. **अंतः स्त्रावी ग्रंथियाँ** - अंतःश्रावी ग्रन्थियाँ रासायनिक पदार्थों का जिन्हें हारमोन कहते हैं सीधे रक्तप्रवाह में विसर्जन करती है जिससे रक्त के द्वारा वे पूरे शरीर में पहुँच जाते है अंतः स्त्रावी ग्रन्थियों से निकले हारमोन प्रत्यक्ष रूप से शरीर की वृद्धि एवं विकास पर प्रभाव डालते हैं। गैरेट के अनुसार यह कहना है कि हम अपनी ग्रन्थियों की कठपुतली हैं सत्य नहीं है किन्तु अंतः स्त्रावीहारमोन निस्संदेह हमारे व्यक्तित्व के कई लक्षणों पर बहुत अधिक प्रभाव डालते हैं। एक या अधिक ग्रन्थियों के कार्य में गड़बड़ी होने पर इनका प्रभाव बड़े नाटकीय रूप में देखा जा सकता है। शरीर में अन्तः श्रावी ग्रन्थियाँ मुख्य रूप से आठ हैं।

1. पियूष ग्रन्थि
2. थायरॉइडग्रन्थि
3. उपगल ग्रन्थियाँ
4. लैंगर हैंस के आइलेट
5. अधिवृक्क ग्रन्थियाँ
6. यौन ग्रन्थि या जननग्रन्थि
7. थाइमस ग्रन्थि और पीनियल ग्रन्थि।

इन सभी ग्रन्थियों का प्रभाव व्यक्तित्व विकास पर पड़ता है। इन ग्रंथियों से निकलने वाले हार्मोन्स के स्त्राव का अनुपात यदि नर अथवा मादा में बिगड़ जाए तो पुरुषो में स्त्रियों जैसा तथा स्त्रियों में पुरुषो जैसा कुछ लक्षण विकसित हो जाते है अतः ऐसे व्यक्ति अंतर लिंगी कहलाते है

3. **तंत्रिका तंत्र-** व्यवहार का मूल शारीरिक आधार तंत्रिका तंत्र होता है तंत्रिका तंत्र के सुचारू रूप से कार्य करने पर ही व्यक्ति का मानसिक विकास तथा मानसिक क्रियाओं का संचालन निर्भर करता है इसलिए जिसका तंत्रिका तंत्र जितना अधिक विकसित होता है उतनी ही अधिक उसमे मानसिक योग्यताओं के विकसित होने की संभावनाएं रहती है अतः वह परिस्थिति को सूक्ष्मता से समझकर उसके अनुरूप समायोजन करने में समर्थ हो जाता है तंत्रिका तंत्र के पूर्ण विकास के अभाव में व्यक्ति की शारीरिक मानसिक शक्तियों का पूर्ण विकास नहीं हो पाता, परिणमत वह अल्प बुद्धि का हो सकता है यह भी हो सकता है कि उसे व्यक्तित्व का संपूर्ण विकास ही अवरुण हो जाए।

4. **शारीरिक रचना एवं शारीरिक रसायन-** शरीर रचना जैवकीय निर्धारण है दीर्घकाल से यह विश्वास चला आ रहा है कि प्रत्येक व्यक्ति की शरीर रचना विशेष ढंग की होती है जिसमें व्यक्तित्व के निश्चीत लक्षण पाये जाते हैं। शारीरिक रचना के अन्तर्गत शरीर के अंगों का पारस्परिक अनुपात शरीर की लम्बाई और भार नेत्रों एवम बालों का रंग तथा मुखाकृति आदि आते हैं।

शरीर में रासायनिक तत्वों की अधिकता या न्यूनता का प्रभाव व्यक्ति के व्यक्तित्व पर विशेष रूप से पड़ता है। रक्त की अधिकता व्यक्ति को आशावादी। पित्त का आधिक्य व्यक्ति को चिड़चिड़ा और कफ की अधिकता व्यक्ति को शान्त स्वभाव का बना देती है। अधिकतर रासायनिक पदार्थों का निर्माण शरीर के भीतर भोजन के आधार पर होता है। कुछ रासायनिक तत्व शरीर में बाहर से पहुँचते है जैसे शराब गाँजा भांग इत्यादि।

5. **अन्य जैवकीय कारक-** व्यक्तित्व विकास को प्रभावित करने वाले अन्य जैवकीय कारक है लिंग भेद बुद्धि स्वभाव संवेग मूल प्रवृत्तियाँ स्वाभाविक प्रवृत्तियाँ तथा विशिष्ट अभियोग्यताएं। लड़के एवं लड़कियों में लिंग भेद के कारण व्यक्तित्व के गुणों में अन्तर पाया जाता है। बुद्धि जन्मजात होती है। विभिन्न बुद्धि के स्तर के लोग जैसे प्रतिभावान सामान्य या जड़मति व्यक्तित्व की दृष्टि से भिन्न होते हैं।

(2.) पर्यावरण संबंधी निर्धारक (Environmental determinants)

व्यक्तित्व विकास पर पर्यावरण के प्रभाव को मनोवैज्ञानिक अनेक अध्ययनों के आधार पर सिद्ध कर चुके हैं। व्यक्तित्व के पर्यावरण सम्बन्धी निर्धारक मुख्यतः तीन प्रकार के माने जाते हैं।

1. प्राकृतिक पर्यावरण

2. सामाजिक पर्यावरण

3. सांस्कृतिक पर्यावरण

शीलगुण उपागम (Trait Approach)

शीलगुण (trait) से सामान्य अर्थ होता है व्यक्ति के व्यवहारों का वर्णन (description of human behaviour)। प्रश्न उठता है कि क्या सभी शब्द जिनसे मानव व्यवहार का वर्णन होता है, शीलगुण है? कदापि नहीं। शीलगुण कहलाने के लिए यह आवश्यक है कि उसमें संगति (consistency) का गुण हो। उदाहरणार्थ, यदि कोई व्यक्ति हर तरह की परिस्थिति में ईमानदारी (honesty) का गुण दिखलाता है तो हम कहते हैं कि उसके व्यवहार में संगति (consistency) है तथा उसमें ईमानदारी का शीलगुण है। परन्तु जब वह कुछ परिस्थिति में ईमानदारी दिखलाता है तथा कुछ में नहीं, तो यह नहीं कहा जा सकता है कि इस व्यक्ति में ईमानदारी (honesty) का शीलगुण है। हाँ, यह थोड़ी देर के लिए कहा जा सकता है कि उसमें ईमानदारी दिखलाने की आदत (habit) है जिसे वह कभी दिखलाता है कभी नहीं। इस तरह से हम कह सकते हैं कि व्यक्ति के व्यवहारों में पूर्ण संगति (consistency) को शीलगुण तथा कम संगति (less consistency) को आदत कहा जाता है।

शीलगुण सिद्धान्त में मूल रूप से दो मनोवैज्ञानिकों के विचारों का उल्लेख किया जाता है जो निम्नांकित हैं

1. **आलपोर्ट का योगदान (Contribution of Allport) -** आल्लपोर्ट द्वारा प्रतिपादित व्यक्तित्व के सिद्धान्त को 'आलपोर्ट का शीलगुण सिद्धान्त' (Allport's trait theory) कहा जाता है आलपोर्ट ने शीलगुण को मुख्यतः दो भागों में बाँटा है जो इस प्रकार हैं

   (i) **सामान्य शीलगुण (Common trait)** सामान्य शीलगुण से तात्पर्य वैसे शीलगुणों से होता है जो किसी समाज या संस्कृति (culture) के अधिकतर लोगों में पाया जाता है। फलतः सामान्य शीलगुण ऐसा शीलगुण है जिसके आधार पर किसी समाज या संस्कृति के अधिकतर लोगों की तुलना आपस में की जा सकती है।

   (ii) **व्यक्तिगत शीलगुण (Personal trait)-** आल्लपोर्ट (Allport) के अनुसार व्यक्तित्व शीलगुण (personal trait) एक दूसरा महत्त्वपूर्ण शीलगुण है जिसे उन्होंने व्यक्तिगत प्रवृत्ति (personal disposition) कहना अधिक उचित ठहराया है।

   आल्लपोर्ट (Allport) ने व्यक्तिगत प्रवृत्ति को इस दृष्टिकोण से निम्नांकित तीन भागों में बाँटा है

   (a) **कार्डिनल प्रवृत्ति (Cardinal disposition) -** इस तरह की व्यक्तिगत प्रवृति व्यक्तित्व का इतना प्रमुख एवं प्रबल गुण होता है कि उसे छिपाया नहीं जा सकता है और व्यक्ति के प्रत्येक व्यवहार की व्याख्या इस तरह से कार्डिनल प्रवृत्ति के रूप में आसानी से की जा सकती है। सभी व्यक्तियों में कार्डिनल प्रवृत्ति नहीं होती है परन्तु जिनमें होती है, वे पूर्णरूपेण उस प्रवृत्ति या गुण से चर्चित होते हैं। जैसे- महात्मा गाँधी के व्यक्तित्व का कार्डिनल प्रवृत्ति (cardinal disposition) शांति एवं अहिंसा में अटूट विश्वास था और इस गुण से पूरे संसार में वे चर्चित हैं।

   (b) **केन्द्रीय प्रवृत्ति (Central disposition)** केन्द्रीय प्रवृत्ति सभी व्यक्तियों में पायी जाती है। प्रत्येक व्यक्ति में 5 से 10 ऐसे प्रवृत्तियाँ (disposition) या गुण होते हैं जिनके भीतर उसका व्यक्तित्व अधिक सक्रिय (active) रहता है। एक तरह से यदि कहा जाय कि व्यक्तित्व इन 5 से 10 गुणों के भीतर जिंदा रहता है, तो कोई अतिशयोक्ति (exaggeration) नहीं होगी। इन गुणों या प्रवृत्तियों को केन्द्रीय प्रवृत्ति कहा जाता है। सामाजिकता (socialiability), आत्मविश्वास (self-confidence), उदासी (depression) आदि कुछ केन्द्रीय प्रवृत्ति (central disposition) के उदाहरण हैं।

   (c) **गौण प्रवृत्ति (Secondary disposition)-** गौण प्रवृत्ति वैसे गुणों को कहा जाता है जो व्यक्तित्व के लिए कम महत्त्वपूर्ण, कम संगत (consistent), कम अर्थपूर्ण तथा कम स्पष्ट होते हैं। जैसे- खाने की आदत, हेयर स्टाइल (hair style), पहनावा, आदि कुछ ऐसी प्रवृत्तियाँ (disposition) हैं जिनके आधार पर व्यक्तित्व को समझने में कोई खास मदद नहीं मिलती है और न ही इसके आधार पर व्यक्तित्व के बारे में कोई खास अर्थ ही लगाया जा सकता है।

2. **कैट्टेल का योगदान (Contribution of Cattell) -** शीलगुण सिद्धान्त में आलपोर्ट के बाद कैटेल का नाम अधिक महत्त्वपूर्ण माना गया है। कैट्टेल ने प्रमुख शीलगुणों की खोज की शुरूआत आल्लपोर्ट (Allport) द्वारा बतलाये गए 18,000 शीलगुणों में से 4,500 शीलगुणों को चुनकर किया। बाद में कैट्टेल (Cattell) ने शीलगुणों को कई ढंग से विभाजित कर अध्ययन किया है। उनका सबसे मशहूर (popular) वर्गीकरण वह है जिसमें उन्होंने व्यक्तित्व के शीलगुणों को सतही शीलगुण (surface trait) तथा मूल या स्रोत शीलगुण (source trait) के रूप में विभाजन किया है। इन दोनों का वर्णन निम्नांकित है

   (i) **सतही शीलगुण (Surface trait) -** इस तरह के शीलगुण ऐसे होते हैं जो व्यक्ति के दिन-प्रतिदिन की अन्तः क्रिया (interaction) में आसानी से अभिव्यक्त हो जाते हैं। इसकी अभिव्यक्ति (expression) इतनी स्पष्ट होती है कि सम्बन्धित शीलगुण के बारे में व्यक्ति में कोई दो मत हो ही नहीं सकते हैं। जैसे प्रसन्नता (cheerfulness), परोपकारिता (altruism), सत्यनिष्ठा (integrity) कुछ ऐसे शीलगुण हैं जो सतही शीलगुण के उदाहरण हैं जिनकी अभिव्यक्ति व्यक्ति के दिन-प्रतिदिन की अन्तः क्रिया (interaction) में स्पष्ट रूप से होती है।

   (ii) **स्रोत या मूल शीलगुण (Source trait) -** कैटेल के अनुसार मूल शीलगुण व्यक्तित्व की अधिक महत्त्वपूर्ण संरचना है तथा इसकी संख्या सतही शीलगुण की अपेक्षा कम होती है। कैटेल के अनुसार मूल शीलगुण (source trait) व्यक्तित्व की भीतरी संरचना होती है जिसके बारे में हमें ज्ञान तब होता है जब हम उससे सम्बन्धित सतही शीलगुण (surface trait) को एक साथ मिलाने की कोशिश करते हैं। जैसे-सामुदायिकता (gregariousness), निस्वार्थता (unselfishness) तथा

हास्य (humour) तीन ऐसे सतही शीलगुण (surface trait) हैं जिनके एक साथ मिलाने से एक नया मूल शीलगुण (source trait) बनता है जिसे मित्रता (friendliness) की संज्ञा दी जाती है।

फ्रायड का मनोविश्लेषण विकास सिद्धांत [Freud's Psychoanalytic Development Theory]

फ्रायड का मनोविश्लेषण या मनोलैंगिक विकास सिद्धांत:- फ्रायड ने अपने इस सिद्धात में काम प्रवृति को विकास का महत्वपूर्ण अंग माना , इसके लिए फ्रायड ने मनोविश्लेषण विकास का सिद्धांत दिया।

इन्होंने मन की तीन प्रकार बताएं है –

1. **चेतन मन (conscious mind)-** यह मन वर्तमान के विचारों से संबंधित होता है।
2. **अर्द्ध चेतन मन (subconscious mind)-**इसमें हमें तुरंत ज्ञान नहीं होता लेकिन कुछ टाइम देखकर याद किया जा सकता है।
3. **अचेन मन (Unconscious mind)-** इसमें भी बातें होती है जो हम भूल चुके हैं और हमारी याद करने पर भी याद नहीं आती हैं।

फ्रायड व्यक्तित्व को तीन भागों में बांटा है –

(i) **ld (इदम्)-** उसने व्यक्ति की शारीरिक और मूल अवस्था आवश्यकताएं हैं जैसे- भूख, प्यास आदि को satisfied करना होता है यह सामाजिक आवश्यकता और नैतिक मूल्यों की चिंता किए बिना इच्छाओं की पूर्ति पर बल देता है।

(ii) **Ego (अहम)-**यह आवश्यकताओं या इच्छाओं की संतुष्टि की योजना का निर्माण करता है और उसका implementation करता है या परिणाम की चिंता करता है।

(iii) **super Ego (पराअहम्)-** यह समाज द्वारा नैतिक सूत्रों के according काम करता है यानी जिस व्यक्ति के अंदर super Ego ज्यादा होगी वह बुरे कामों से उतना ही दूर होगा जैसे – चोरी ना करना या झूठ ना बोलना।

फ्राइड के व्यक्तित्व संबंधी विचारों को मनो लैंगिक विकास का सिद्धांत भी कहा जाता है। इसे फ्राइड ने 5 अवस्थाओं में बांटा है।

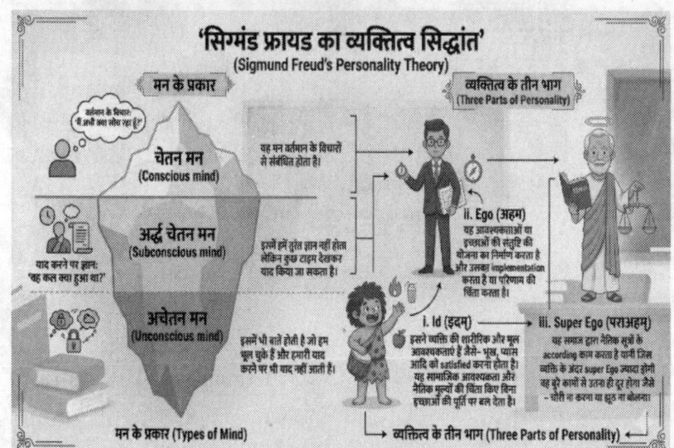

सिगमंड फ्रायड की मनोलैंगिक विकास की अवस्थाये (Stages of Psychosexual Development)

1. मुखावस्था (oral Stage) – जन्म से 1 वर्ष
2. गुदावस्था (Anal Stage)- 1 से 2 वर्ष
3. लिंग प्रधानावस्था (Phalic Stage) – 2 से 5 वर्ष
4. अव्यक्तावस्था (latency Stage) -6 से 12 वर्ष
5. जननेंद्रियावस्था (Gentle Stage) 12 वर्ष के बाद

1. मुखावस्था (oral Stage) – जन्म से 1 वर्ष

ये मनोलैंगिक विकास की पहली अवस्था है। 1 वर्ष से कम आयु के बच्चे इस अवस्था में होते है। इस अवस्था में लिबिड़ो क्षेत्र "मुख" होता है, जिसके परिणाम स्वरूप बालक में मुख से करने वाली क्रियाओ में आनंद की अनुभूति होती है जैसे काटना ,चूसना |

इस अवस्था में व्यक्ति में दो तरह के व्यक्तित्व विकसित होते है।

1. मुखवर्ती निष्क्रिय व्यक्तित्व (Oral Passive Personality) – आशावादिता, विश्वास का गुण

2. मुखवर्ती /अनुवर्ती आक्रामक व्यक्तित्व (Oral Aggressive Personality) – शोषण, प्रभुत्व, दूसरों को पीड़ा देना आदि गुण पाए जाते है।

फ्रायड ने धूम्रपान की आदत को लिबिड़ो की अल्प संतुष्टि माना है।

2. गुदावस्था (Anal Stage)- 1 से 2 वर्ष

ये मनोलैंगिक विकास की दूसरी अवस्था है इसमें कामुकता का क्षेत्र मुख की जगह "गुदा" होता है , जिसके कारण बच्चे मल-मूत्र त्यागने और उन्हें रोकने में आन्नद की अनुभूति करते है। इसी अवस्था में बालक प्रथम बार अंतद्वंद की अनुभूति करता है।

3.लिंग प्रधानावस्था (Phalic Stage) – 2 से 5 वर्ष ये मनोलैंगिक विकास की तीसरी अवस्था है इसमें लिबिड़ो का स्थान "जननेंद्रिय" होता है।

इस अवस्था में लड़के में "मातृ प्रेम" की उत्पति व लडकियों में "पितृ प्रेम" की उत्पति होती है। जिसका कारण फ्रायड ने लडको में "मातृ मनोग्रंथि (Oedipus Complex) " तथा लडकियों में " पितृ मनोग्रंथि (Electra Complex)" को बताया है।

"मातृ मनोग्रंथि (Oedipus Complex) " के कारण लडको से अचेतन मन में अपनी माता के लिए लैंगिक प्रेम की इच्छा होती है जबकि" पितृ मनोग्रंथि (Electra Complex)" के कारण लडकियों में अपने पिता की लिए लैंगिक आकर्षण उत्पन्न होने लगता है।

4.अव्यक्तावस्था (latency Stage) -6 से 12 वर्ष

ये मनोलैंगिक विकास की चौथी अवस्था है इसमें लिबिडो का क्षेत्र अदृश्य हो जाता है। ये प्रत्यक्ष नही होता है लेकिन माना जाता है की वह सामाजिक कार्यो और हमउम्र के बच्चो के साथ खेल कर अदृश्य लिबिड़ो को संतुष्टि प्राप्त करते है।

5. जननेंद्रियावस्था (Gental Stage) 12 वर्ष के बाद

ये मनोलैंगिक विकास की चौथी अवस्था है ये 12 वर्ष के बाद निरंतर चलती है। इसमें हार्मोन्स का निर्माण होने लगता है जिसके कारण से इस अवस्था में विपरीत लिंग के प्रति आकर्षण होने लगता है। ये आकर्षण बहुत ही तीव्र होते है।

परीक्षापयोगी स्मरणीय तथ्य

ऑडीपस व इलेक्ट्रा ग्रंथि [Oedipus and Electra gland] - ऑडीपस व इलेक्ट्रा ग्रंथि "सिगमंड फ्रायड के अनुसार" ,लड़कों में ऑडीपस ग्रंथि पाई जाती है जिसके कारण वह अपनी माँ से अधिक प्रेम करेंगे।

तथा लड़कियों में इलेक्ट्रा ग्रंथि पाई जाने के कारण वह अपने पिता से अधिक प्रेम करती हैं।

लिबिडो(Libido) -प्रेम, स्नेह व काम प्रगति को लिबिडो कहते हैं यह एक स्वाभाविक प्रकृति होती है और यदि इस प्रवृत्ति का दमन किया जाता है तो व्यक्ति को समायोजित हो जाता है

स्वमोह (नर्सिसिज्म) [Narcissism] - फ्रायड के अनुसार जब बालक शैशव अवस्था में होता है तो अपने रूप पर मोहित हो जाता है और अपने आप से प्रेम करने लग जाता है |

इस प्रकार स्वमोह/आत्म प्रेम को फ्रायड ने "नर्सिसिज्म " शब्द दिया |

सिगमंड फ्रायड के सिद्धांत

अभ्यास प्रश्न

1. "व्यक्ति में उन मनोशारीरिक अवस्थाओं का गतिशील संगठन, जो उसके पर्यावरण के साथ अद्वितीय सामंजस्य निर्धारित करता है।" कहलाता है- [UPTET 2016]

(a) व्यक्तित्व (b) समायोजन

(c) संवेदना (d) चरित्र

2. व्यक्तित्व विकास की अवस्था है- [CGTET 2011]

(a) अधिगम एवं वृद्धि (b) व्यक्तिवृत्त अध्ययन

(c) उपचारात्मक अध्ययन (d) इनमें से कोई नहीं

3. ''व्यक्तित्व व्यक्ति के अंतर्गत उन मनोशारीरिक गुणों का गतिशील संगठन है, जो पर्यावरण में उसके अपूर्व समायोजन को निर्धारित करते हैं।" उक्त परिभाषा देने वाले हैं- [UPTET 2016]

(a) एम.एल. मन (b) एस. फ्रायड

(c) जी. डब्ल्यू. आलपोर्ट (d) जे.ई. डेशील

4. मानव-व्यक्तित्व परिणाम है- [UPTET 2015]

(a) पालन-पोषण और शिक्षा का।

(b) आनुवांशिकता और वातावरण की अंतः क्रिया का।

(c) केवल वातावरण का।

(d) केवल आनुवांशिकता का।

5. फ्रायड के अनुसार, हमारे मूल्यों का आंतरिकीकरण .... में होता है। [UPTET 2015]

UTET (Primary), 2015 CTET (Primary) जनवरी, 2012

(a) इदं (b) अहं (c) परा-अहं (d) परिस्थितियों

6. निम्न में से किसे व्यक्तित्व की नैतिकता वाली भुजा कहेंगे? [HTET 2017]

(a) उपाह (इड) (b) आत्मा (इगो)

(c) पराह (सुपर-इगो) (d) इड तथा सुपर-इगो

7. मनोलैंगिक विकास में सुप्तावस्था का वर्ष अंतराल संबंधित है- [UPTET 2016]

(a) 2-5 वर्षों का (b) 6 से यौवन तक

(c) 18-20 वर्षों का (d) 20-22 वर्षों का

8. रोर्शा का स्याही धब्बा परीक्षण निम्न में से किसका उदाहरण है?

(a) स्व-मूल्यांकन विधि (b) प्रक्षेपण विधि

(c) परिस्थितीय परीक्षण विधि (d) रेटिंग स्केल विधि

9. रोर्शा स्याही धब्बा परीक्षण है एक-

(a) प्रक्षेपीय प्रविधि (b) वस्तुनिष्ठ प्रविधि

(c) विषयनिष्ठ प्रविधि (d) उपरोक्त में से कोई नहीं

10. निम्नलिखित में कौन-सा लक्षण अंतर्मुखी व्यक्तित्व का नहीं है? [HTET 2017]

(a) आत्मकेंद्रित (b) रूढ़िवादी

(c) सामाजिकता (d) दब्बू

11. एक उभयलिंगी व्यक्तित्व

HTET (Primary), 2017 [CTET 2018]

(a) में आमतौर पर माने गए मर्दाना और स्त्री गुणों का समायोजन होता है।

(b) में दृढ़ और अहंकारी होने की आदत है।

(c) समाज में प्रचलित रूढ़िवादी लिंग भूमिकाओं का पालन करता है।

(d) स्त्री लक्षणों वाले पुरुषों को संदर्भित करता है।

12. मनोविश्लेषणवादी सिद्धांत के प्रवर्तक हैं- [JHTET 2012]

(a) कैटल (b) आलपोर्ट (c) फ्रायड (d) साइमन बिने

13. मानव व्यक्तित्व के मनोलैंगिक विकास को निम्न में किसने महत्व दिया था? [UPTET 2016]

(a) कमेनियस (b) हॉल

(c) हॉलिंगवर्थ (d) फ्रायड

14. किसने व्यक्तित्व को लंबकाय, सुडौलकाय तथा गोलकार में वर्गीकृत किया? [UPTET 2016]

(a) जुंग (b) क्रेचमर (c) स्प्रेजर (d) मुर्रे

15. थार्नडाइक के व्यक्तित्व के वर्गीकरण का आधार है- [UPTET 2013]

(a) शारीरिक गठन और शक्ल-सूरत

(b) रचनात्मकता और मौलिकता (c) समायोजन और बुद्धि

(d) चिंतन और कल्पना

16. अंतर्मुखी व्यक्तित्व एवं बहिर्मुखी व्यक्तित्व का वर्गीकरण किसने किया है? [UPTET 2017]

(a) फ्रायड (b) युंग (c) मन (d) आलपोर्ट

17. अंतर्मुखी, बहिर्मुखी तथा उभयमुखी व्यक्तित्व का वर्गीकरण .... द्वारा किया गया है। [UPTET 2015]

(a) क्रेचमर (b) युंग (c) शेल्डन (d) स्प्रेजर

18. व्यक्तित्व में अंतर्मुखी और बहिर्मुखी की संकल्पना किसने दी थी?

(a) क्रेचमर (b) शेल्डन (c) युंग (d) सोंजर

19. 'प्रासंगिक बोध परीक्षण' किसने बनाया था?

(a) हरमन रोर्शा (b) मॉर्गन एवं मुर्रे

(c) मिनीसोटा (d) गाल्टन

20. प्रासंगिक अंतर्बोध परीक्षण (T.A.T.) का विकास .... द्वारा किया गया था। [UPTET 2015]

(a) सायमंड (b) होल्ट्ज़मैन (c) मरे (d) बैलक

21. एक अध्यापक विद्यार्थियों के .... का मापन करने के लिए विषय आत्मबोधन परीक्षण (T.A.T.) प्रशासित करता है-

(a) उपलब्धि (b) जागरूकता

(c) अभिवृत्ति (d) व्यक्तित्व

22. Thematic Apperception Test (TAT) में निहित है।

(a) 40 तस्वीरें (b) 30 तस्वीरें

(c) 25 तस्वीरें (d) 45 तस्वीरें

23. क्लाउड पिक्चर टेस्ट निम्न में से किसके मापन में प्रयुक्त होता है? [UPTET 2017]

(a) बुद्धि (b) व्यक्तित्व (c) अभिक्षमता (d) अभिरुचि

24. 16-PF का प्रयोग किसके मापन हेतु किया जाता है? [UPTET 2013]

(a) सृजनात्मकता (b) अभिरुचि

(c) व्यक्तित्व (d) दबाव

25. निम्नलिखित में से कौन व्यक्तित्व की विशेषता है?

(a) यह जीवन भर स्थिर रहता है।

(b) यह किसी के व्यवहार को प्रभावित नहीं करता है।

(c) यह अद्वितीय है और एक व्यक्ति को दूसरे से अलग करता है।

(d) यह पूरी तरह से आनुवंशिक कारकों द्वारा निर्धारित होता है।

26. व्यक्ति की गोल मटोल कद काठी, मुलायम शरीर, आराम करना, भोजन विशेष प्रिय, विनोद प्रिय व तनाव रहित लक्षण निम्न में से किसके होते हैं ?

(a) एंडोमोरफिक (b) मीसोमोरफिक

(c) एक्टोमोरफिक (d) उपरोक्त में से कोई नहीं

27. सैनिक अथवा खिलाड़ी की तरह मजबूत शारीरिक संरचना, सुगठित मांसपेशियां एवं होती हैं, स्वभाव से आत्मविश्वासी, साहसी तथा तार्किक, शारीरिक क्रियाओं में भाग लेने में रुचि वाले लक्षण निम्न में से किसके होते हैं ?

(a) एंडोमोरफिक (b) मीसोमोरफिक

(c) एक्टोमोरफिक (d) उपरोक्त में से कोई नहीं

28. दुबले-पतले शरीर, आत्म केंद्रित, निराशावादी, शारीरिक रूप से कमजोर, रिजर्व नेचर वाले लक्षण निम्न में से किसके होते हैं

(a) एंडोमोरफिक (b) मीसोमोरफिक

(c) एक्टोमोरफिक (d) उपरोक्त में से कोई नहीं

29. व्यक्तित्व के एंडोमोरफिक, मीसोमोरफिक एवं एक्टोमोरफिक वर्गीकरण किसने किये हैं

(a) कार्ल जुंग ने (b) शेल्डन ने

(c) क्रेचमेर ने (d) पावलोव ने

30. परसोना (Persona) शब्द किस भाषा से लिया गया है

(a) लैटिन (b) हिंदी (c) उर्दू (d) अंग्रेजी

31. परसोना (Persona) शब्द का क्या अर्थ होता है

(a) चित्र (b) चरित्र (c) मुखौटा (d) नृत्य

32. असामान्य व्यक्ति के व्यवहार का अध्ययन क्या कहलाता है

(a) आत्म निरीक्षण (b) प्रेक्षण

(c) मनोविश्लेषण (d) उपरोक्त में से कोई नहीं

33. निम्न में से किसने शारीरिक रचना के आधार पर व्यक्तित्व बताए हैं

(a) कार्ल जुंग (b) फ्रायड

(c) पावलोव (d) शैल्डन

34. निम्न में से कौन सा व्यक्तित्व का प्रकार से शैल्डन द्वारा नहीं बताया गया है

(a) एन्डोमार्फ (b) एक्टोमार्फ

(c) मीसोमार्फ (d) एथलेटिक

35. एंडोमार्फ व्यक्तित्व के लोग किस प्रकार के होते हैं

(a) मोटे थुलथुले (b) दुबले पतले

(c) मजबूत मांसपेशी वाले (d) उपरोक्त में से कोई नहीं

36. निम्न में से किसने व्यक्तित्व को अंतर्मुखी और बहिर्मुखी प्रकारों में बांटा है

(a) क्रेशमर (b) कार्ल जुगं

(c) शैल्डन (d) उपरोक्त में से कोई नहीं

37. शांत रहना, गुस्सा ना करना, अकेले रहना, चिंता करना आदि गुण किस प्रकार की व्यक्तित्व में पाए जाते हैं

(a) अंतर्मुखी (b) बहिर्मुखी

(c) उभय मुखी (d) उपरोक्त सभी

38. सबसे खुल कर मिलना, हंसी मजाक करना, चिंता ना करना आदि गुण किस प्रकार के व्यक्तित्व में पाए जाते हैं

(a) अंतर्मुखी (b) बहिर्मुखी

(c) उभय मुखी (d) उपरोक्त सभी

39. निम्नलिखित में से क्या व्यक्तित्व का घटक नहीं है

(a) शारीरिक (b) मानसिक

(c) भावनात्मक (d) धार्मिक

40. लोगों में व्यक्तिगत विभिन्नताएं किस कारण से होती हैं

(a) पर्यावरण के प्रभाव से (b) वंशानुक्रम के प्रभाव से

(c) वंशानुक्रम और पर्यावरण दोनों के प्रभाव से

(d) उपरोक्त में से कोई नहीं

41. निम्न में से अंतर्मुखी व्यक्तित्व की विशेषताएं कौन सी है

(a) हंसी मजाक करने वाले (b) नेतृत्व क्षमता
(c) संदेही, एकांत प्रिय (d) उपरोक्त में से कोई नहीं

42. निम्न में से कौन सी विशेषता एथलेटिक व्यक्तित्व में नहीं पाई जाती है

(a) आत्मविश्वास (b) समर्पण
(c) बहिर्मुखी होना (d) आसानी से हार मानना

43. वृद्धि एवं विकास को प्रभावित करने वाले कारक कौन से हैं

(a) अनुवांशिकता (b) पर्यावरण
(c) जलवायु (d) उपरोक्त सभी

44. सोच समझकर निर्णय लेना, तर्क करना, समस्याओं का हल निकालना आदि गुण किस विकास के अंतर्गत आते हैं

(a) मानसिक विकास (b) शारीरिक विकास
(c) आध्यात्मिक विकास (d) सामाजिक विकास

45. निम्नलिखित में से कौन सा लक्षण मनोवैज्ञानिक कारणों से नहीं होता है

(a) गुस्सा आना (b) चिंता होना
(c) निराश हो जाना (d) चक्कर आना

46. निम्नलिखित में से कौन सा शरीर का प्रकार क्रैशमर द्वारा नहीं बताया गया है

(a) एथलेटिक (b) एस्थेनिक
(c) पिकनिक (d) एन्डोमार्फ

47. शेल्डन ने कितने प्रकार के व्यक्तित्व बताए हैं

(a) तीन प्रकार के (b) चार प्रकार के
(c) पांच प्रकार के (d) छह प्रकार के

48. आत्म केंद्रित, शर्मीले, रिजर्व नेचर, कम बोलने वाले एकांत प्रिय व्यक्तियों को क्या कहा जाता है

(a) अंतर्मुखी (b) बहिर्मुखी (c) एथलेटिक (d) सैद्धांतिक

49. निम्नलिखित में से किस प्रकार के लोग मजबूत शरीर और मसल्स वाले, चौड़े सीने वाले, स्फूर्तिवान, उत्साही और सामाजिक जीवन में सक्रिय होते हैं

(a) एंडोमोरफ़ (b) एथलेटिक
(c) अंतर्मुखी (d) राजनीतिक

50. MMPI एक परीक्षण है जिसका उपयोग निम्न में से किसको मापने के लिए किया जाता है? [UPTET 2021]

(a) व्यक्तित्व (b) सृजनात्मकता
(c) उपलब्धि (d) बुद्धि

Answer Key

1. (*a*)	2. (*a*)	3. (*c*)	4. (*b*)	5. (*c*)	6. (*c*)	7. (*b*)	8. (*b*)	9. (*a*)	10. (*c*)	11. (*a*)	12. (*c*)	13. (*d*)
14. (*b*)	15. (*d*)	16. (*b*)	17. (*b*)	18. (*c*)	19. (*b*)	20. (*c*)	21. (*d*)	22. (*b*)	23. (*b*)	24. (*c*)	25. (*c*)	26. (*a*)
27. (*b*)	28. (*c*)	29. (*b*)	30. (*a*)	31. (*c*)	32. (*c*)	33. (*d*)	34. (*d*)	35. (*a*)	36. (*b*)	37. (*a*)	38. (*b*)	39. (*d*)
40. (*c*)	41. (*c*)	42. (*d*)	43. (*d*)	44. (*a*)	45. (*d*)	46. (*d*)	47. (*a*)	48. (*a*)	49. (*b*)	50. (*a*)		

8

बुद्धि

बुद्धि का अर्थ [Meaning of Intelligence]

बुद्धि एक ऐसा शब्द है, जिसका प्रयोग हम अपने आम जीवन की दिनचर्या में करते हैं। लेकिन जितना हम अपने जीवन में बुद्धि के अर्थ को समझते हैं, बाल विकास, शिक्षाशास्त्र और मनोवैज्ञानिक में इसका अर्थ और महत्व कहीं ज्यादा है।

बुद्धि अंग्रेजी शब्द Intelligence का हिन्दी वर्जन है। Intelligence लैटिन भाषा का शब्द है जो कि लैटिन भाषा के दो शब्दों Inter एवं Legere से मिलकर बना है। बुद्धि के अर्थ के बारे में मनोवैज्ञानिकों के बीच मतभेद है, जिससे बुद्धि के किसी एक अर्थ में सहमति नहीं है।

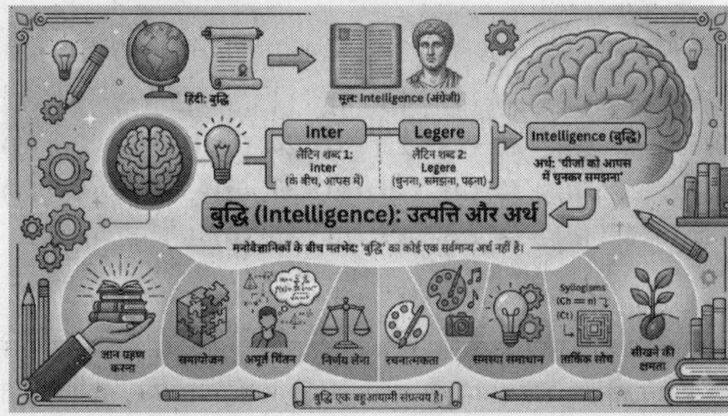

बुद्धि का सरल शब्दों में अर्थ है कि- किसी कार्य, स्थिति में उपलब्ध सभी विकल्पों में से सबसे ज्यादा बेहतर और अनुकूलित विकल्प का चुनाव करके अपने लक्ष्य को हासिल करना।

बुद्धि का अर्थ एवं परिभाषा (Meaning and Definition of Intelligence)

टरमन के अनुसार, "बुद्धि अमूर्त विचारों के बारे में सोचने की योग्यता है।"

स्टर्न के अनुसार, "बुद्धि एक सामान्य योग्यता है जिसके द्वारा व्यक्ति नई परिस्थितियों में अपने विचारों को जान-बूझकर समायोजित कर लेता है।"

बकिंघम के अनुसार, "सीखने की शक्ति ही बुद्धि है।"

गाल्टन के अनुसार, "बुद्धि पहचानने तथा सीखने की शक्ति है।"

मैक्डूगल के अनुसार, "बुद्धि, पूर्व अनुभवों के प्रकाश में जन्मजात प्रवृत्ति के सुधारने की योग्यता है।"

रेक्स और नाइट के अनुसार, "बुद्धि वह तत्व है जो सब मानसिक योग्यताओं में सामान्य रूप से सम्मिलित रहता है।

यह परिभाषा इस शताब्दी की एक सबसे महत्वपूर्ण मनोवैज्ञानिक खोज का प्रतिष्ठापन करती है।"

कोलेसनिक के अनुसार, "बुद्धि कोई एक शक्ति या क्षमता या योग्यता नहीं है, जो सब परिस्थितियों में समान रूप से कार्य करती है, वरन् विभिन्न योग्यताओं का योग है।

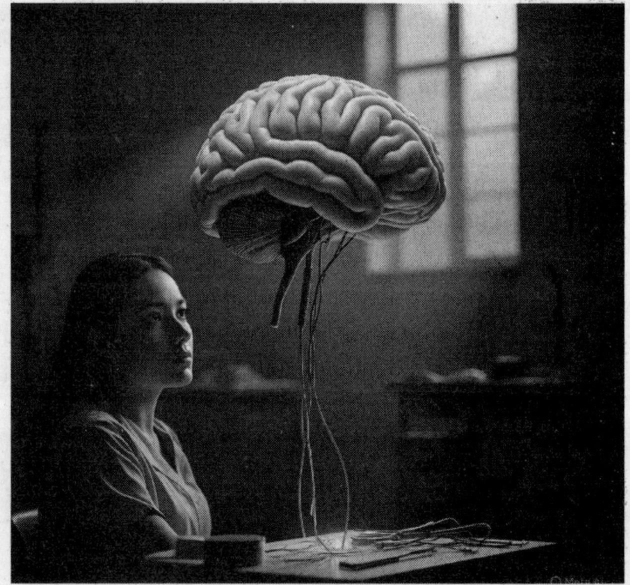

थार्नडाइक के अनुसार ''वास्तविक परिस्थिति के अनुसार अपेक्षित प्रतिक्रिया की योग्यता ही बुद्धि है।

बिने तथा साइमन के अनुसार ''निर्णय सद्भावना उपकरण समझने की योग्यता उक्ति युक्त तर्क और वातावरण में अपनी को व्यवस्थित करने की शक्ति ही बुद्धि है।

वैशलर के अनुसार "बुद्धि किसी व्यक्ति के द्वारा उद्देश्य पूर्ण ढंग से कार्य करने , तार्किक चिंतन करने तथा वातावरण के साथ प्रभावपूर्ण ढंग से क्रिया करने की सामूहिक योग्यता है।"

बुद्धि [Intelligence]

बुद्धि के प्रकार (Buddhi Ke Prakar)

थार्नडाइक ने बुद्धि के तीन प्रकार बताएं है

1. अमूर्त बुद्धि (Abstract Intelligence)
2. मूर्त बुद्धि (Concrete Intelligence)
3. सामाजिक बुद्धि (Social Intelligence)

1. अमूर्त बुद्धि (Abstract Intelligence)

जो चीज हमारे सामने नहीं हैं अगर हम उसके बारे में सोचना या चिन्तन करना प्रारंभ कर रहे हैं तब हम अमूर्त बुद्धि का उपयोग करते हैं परिभाषा के रूप में, अमूर्त बुद्धि व्यक्ति की ऐसी बौद्धिक योग्यता एंव क्षमता है,

जिसकी मदद से व्यक्ति गणित, शाब्दिक, या सांकेतिक समस्याओं का समाधान करता हैं अमूर्त बुद्धि का प्रयोग करके हम पढने, लिखने एंव तार्किक प्रश्नों में करते हैं इस बुद्धि का सम्बन्ध पुस्तकीय ज्ञान से होता है,

उदहारण के लिए, कवि साहित्यकार, चित्रकार आदि लोग अमूर्त बुद्धि से ही अपनी कला का प्रदर्शन करते हैं शिक्षक, लेखक, संगीतकार, वैज्ञानिक।

2. मूर्त बुद्धि (Concrete Intelligence)

जो चीज हमे दिखाई दे रही है उसके बारे में तर्क करना, सोचना, चर्चा करने पर हम मूर्त बुद्धि का उपयोग करते हैं परिभाषा के रूप में, मूर्त बुद्धि के द्वारा व्यक्ति विभिन्न प्रकार की वस्तुओं का व्यवहारिक एंव उत्तम प्रयोग करने की क्षमता अर्जित करता हैं

मूर्त बुद्धि को यांत्रिक बुद्धि या गायक बुद्धि भी कहा जाता हैं हम अपने दैनिक जीवन के ज्यादातर कार्य मूर्त बुद्धि की ही सहायता से करते हैं क्योकि इस बुद्धि का सम्बन्ध यंत्रों व मशीनों से होता हैं

उदहारण के लिए, आपके सामने एक मोबाइल है, उसमे कुछ कमी होने पर उसको खोल दिया और उसको देखना शुरू कर दिया ऐसे शारीरिक कार्यों में अधिक बुद्धिमान लोगो में मूर्त बुद्धि होती हैं

उदहारण, इंजीनियर, फॉरमैन, कंप्यूटर ऑपरेटर, मैकेनिक।

3.सामाजिक बुद्धि (Social Intelligence)

ऐसी बुद्धि जिसके अंदर सामाज के प्रति या सामाजिक कार्य करने की क्षमता हो, वह सामाजिक बुद्धि कहलाती हैं इसीलिए ऐसे व्यक्ति सामाजिक कार्य, समाज सेवा करने, समाज में समायोजन करने, दूसरे व्यक्तियों के हित को समझना,

दूसरे व्यक्तियों के फायदे के बारे में सोचना, लोक कल्याण की भावना जैसे गुण जिनके अंदर होते हैं उनमे सामाजिक बुद्धि होती हैं मतलब सामाजिक बुद्धि से तात्पर्य उन बौद्धिक योग्यताओं से होता है,

जिनका उपयोग कर व्यक्ति सामाजिक परिवेश के साथ समायोजन स्थापित करने में करता हैं वंशानुक्रम एंव वातावरण तथा दोनों की अंत: क्रिया बुद्धि को प्रभावित करने वाले कारक हैं इस बुद्धि का सम्बन्ध सामाजिक अनुकूलशीलता से होता है,

उदहारण के लिए, समाज सेवक, नेता जी, पंडित जी, धर्म गुरु, बीमा एजेंट।

बुद्धि के सिद्धान्त (principles of intelligence)

(1) एक कारक सिद्धांत (unifactor theory)

बिने का एक कारक सिद्धांत [Binet's one factor theory]

इस सिद्धांत का प्रतिपादन फ्रांस के मनोवैज्ञानिक अल्फ्रेड बिने ने 1905 में किया। अमेरिका के मनोवैज्ञानिक टर्मन तथा जर्मनी के मनोवैज्ञानिक एबिंगहास ने इस सिद्धांत का समर्थन किया। इस सिद्धांत के अनुसार "बुद्धि वह शक्ति है जो समस्त मानसिक कार्यों को प्रभावित करती है।" इस सिद्धांत के अनुयाइयों ने बुद्धि को समस्त मानसिक कार्यों को प्रभावित करने वाली एक शक्ति के रूप में माना है। उन्होंने यह भी माना है कि बुद्धि समग्र रूप वाली होती है और व्यक्ति को एक विशेष कार्य करने के लिये अग्रसित करती है।

इस सिद्धांत के अनुसार बुद्धि एक एकत्व का खंड है जिसका विभाजन नहीं किया जा सकता है। इस सिद्धांत के अनुसार यदि व्यक्ति किसी एक विशेष क्षेत्र में निपुण है तो वह अन्य क्षेत्रों में भी निपुण रहेगा। इसी एक कारकीय सिद्धांत को ध्यान में रखते हुए बिने ने बुद्धि को व्याख्या-निर्णय की योग्यता माना है।

टर्मन ने इसे विचार करने की योग्यता माना है तथा स्टर्न ने इसे नवीन परिस्थितियों के साथ समायोजन करने की योग्यता के रूप में माना है।

(2) द्वि कारक सिद्धांत (two factor theory)

द्वितत्व या द्विकारक सिद्धांत इस सिद्धांत के प्रवर्तक ब्रिटेन के प्रसिद्ध मनोवैज्ञानिक स्पीयरमेन हैं। उन्होंने अपने प्रयोगात्मक अध्ययनों तथा अनुभवों के आधार पर बुद्धि के इस द्वि-तत्व सिद्धांत का प्रतिपादन किया। उनके मतानुसार बुद्धि दो व्यावहारिक शक्तियां के रूप में है या बुद्धि की संरचना में दो कारक हैं जिनमें एक को उन्होंने सामान्य बुद्धि तथा दूसरे कारक को विशिष्ट बुद्धि कहा है। सामान्य कारक या से उनका तात्पर्य यह है कि सभी व्यक्तियों में कार्य करने की एक सामान्य योग्यता होती है। अतः प्रत्येक व्यक्ति कुछ सीमा तक प्रत्येक कार्य कर सकता है। ये कार्य उसकी सामान्य बुद्धि के कारण ही होते हैं। सामान्य कारक व्यक्ति की सम्पूर्ण मानसिक एवं बौद्धिक क्रियाओं में पाया जाता है परन्तु यह विभिन्न मात्राओं में होता है।

बुद्धि का यह सामान्य कारक जन्मजात होता है तथा व्यक्तियों को सफलता की ओर इंगित करता है। व्यक्ति की विशेष क्रियाएं बुद्धि के एक विशेष कारक द्वारा होती है। यह कारक बुद्धि का विशिष्ट कारक कहलाता

है। एक प्रकार की विशिष्ट क्रिया में बुद्धि का एक विशिष्ट कारक कार्य करता है तो दूसरी क्रिया में दूसरा विशिष्ट कारक अतः भिन्न-भिन्न प्रकार की विशिष्ट क्रियाओं में भिन्न-भिन्न प्रकार के विशिष्ट कारकों की आवश्यकता होती है। ये विशिष्ट कारक भिन्न-भिन्न व्यक्तियों में भिन्न-भिन्न प्रकार के होते हैं। इसी कारण वैयक्तिक भिन्नताएं पाई जाती हैं। बुद्धि के सामान्य कारक जन्मजात होते हैं जबकि विशिष्ट कारक अधिकांशतः अर्जित होते हैं।

(3) त्रिकारक सिद्धांत (Trifactor Theory)

त्रिकारक बुद्धि सिद्धांत स्पीयरमेन ने 1911 में अपने पूर्व बुद्धि के द्विकारक सिद्धांत में संशोधन करते हुए एक कारक और जोड़कर बुद्धि के त्रिकारक या तीन कारक बुद्धि सिद्धांत का प्रतिपादन किया। बुद्धि के जिस तीसरे कारक को उन्होंने अपने सिद्धांत में जोड़ा उसे उन्होंने समूह कारक या ग्रुप फेक्टर कहा। अतः बुद्धि के इस सिद्धांत में तीन कारक हैं|

1. सामान्य कारक 2. विशिष्ट कारक 3. समूह कारक

स्पीयरमेन के विचार में सामान्य तथा विशिष्ट कारकों के अतिरिक्त समूह कारक भी समस्त मानसिक क्रियाओं में साथ रहता है। कुछ विशेष योग्यताएं जैसे यांत्रिक योग्यता, आंकिक योग्यता, शाब्दिक योग्यता, संगीत योग्यता, स्मृति योग्यता, तार्किक योग्यता तथा बौद्धिक योग्यता आदि के संचालन में समूह कारक भी विशेष भूमिका निभाते हैं। समूह कारक स्वयं अपने आप में कोई स्वतंत्र अस्तित्व नहीं रखता बल्कि विभिन्न विशिष्ट कारकों तथा सामान्य कारक के मिश्रण से यह अपना समूह बनाता है। इसीलिए इसे समूह कारक कहा गया है।

मनोवैज्ञानिकों के अनुसार इस सिद्धांत में किसी प्रकार की नवीनता नहीं है। थार्नडाइक जैसे मनोवैज्ञानिकों ने इस सिद्धांत की आलोचना करते हुए कहा है कि समूह कारक कोई नवीन कारक नहीं है अपितु यह सामान्य एवं विशिष्ट कारकों का मिश्रण मात्र है।

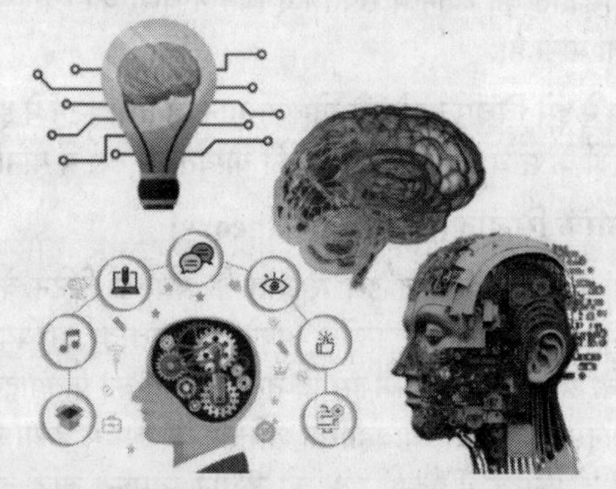

थार्नडाइक का बहुकारक बुद्धि सिद्धांत (Multifactor Theory)

अमेरिकी मनोवैज्ञानिक थॉर्नडाइक के अनुसार बुद्धि कई प्रकार की शक्तियों का समूह है जिसमें कई योग्यताएँ निहित रहती हैं। उन्होंने मानसिक योग्यताओं की व्याख्या में मूल कारकों (Primary) Factor) एवं सामान्य कारकों (Common Factor) का उल्लेख किया। अंकित योग्यता, शाब्दिक योग्यता, तार्किक योग्यता, स्मृति योग्यता तथा भाषा योग्यता आदि व्यक्ति की सभी मानसिक क्रियाओं को प्रभावित करती है।

व्यक्ति की एक विशेष योग्यता से दूसरे विषय में योग्यता का अनुमान नहीं लगाया जा सकता। संगीत में निपुण व्यक्ति कला में निपुण होगा यह अनिवार्य नहीं है। जब दो मानसिक क्रियाओं के प्रतिपादन में धनात्मक सम्बन्ध पाया जाता है। वह उनमें निहित सामान्य कारक (Common Factor) के कारण होता है। यह सामान्य कारक कुछ अंश में समस्त मानसिक क्रियाओं में निहित होता है। जैसे कि निम्नांकित चित्र से स्पष्ट है।

थर्स्टन का समूह कारक बुद्धि सिद्धांत (Group Factor Theory)

इस सिद्धांत के प्रतिपादक थर्स्टन है। थर्स्टन अपनी कारक विश्लेषण विधि के लिये प्रसिद्ध है। उन्होंने अपनी इसी विधि की सहायता से बुद्धि के कुछ समूह कारकों का पृथक्करण किया। थर्स्टन ने G और S कारकों की उपस्थिति को स्वीकार नहीं किया है। इन कारकों के स्थान पर मानसिक संगठन के समूह कारकों को स्वीकार किया है।

उनके अनुसार कुछ ऐसी निश्चित मानसिक क्रियाएँ होती है जो सामान्य रूप में मूल कारक (Primary Factor) में सम्मिलित होती है जो उन्हें मनोवैज्ञानिक व क्रियात्मक एकता प्रदान करने तथा अन्य क्रियाओं में विभेद स्पष्ट करने में सहायक होती है। ये मानसिक क्रियायें समूह का निर्माण करती हैं।

थर्स्टन ने अपने कारक विश्लेषण के आधार पर बुद्धि को निम्न मूल कारकों का समूह कहा है।

शाब्दिक योग्यता (Verbal Ability - V) : शब्द बोध, पाठन बोध, शाब्दिक तर्क आदि परीक्षणों द्वारा इसका मापन किया जाता है।

शब्द प्रवाह (Word Fluency - W) : जिस गति से प्रयोज्य शब्द प्रयोग करता है।

आंकिक योग्यता (Number Ability - N) : जोड़, गुणा करने व गणित के प्रश्नों को हल करने में गति व शुद्धता।

स्थान सम्बन्धी योग्यता (Spatial Ability - S) : दो या तीन परिमाणों में स्थान स्मरण करने की क्षमता।

स्मृति (Memory - M) : सम्बन्धित साहचर्यों को स्मरण

रखने की योग्यता।

प्रत्यक्ष सम्बन्धी योग्यता (Perceptual Ability - P) : दृष्टि सम्बन्धी विवरणों को शीघ्रता एवं यथार्थता से ग्रहण करना, समानताओं व अंतरों की शीघ्र पहचान करना।

तार्किक योग्यता (Reasoning Ability - R) : दो प्रकार की तर्क शक्ति होती है।

(I) आगमन तर्क (Inductive Reasoning),

(II) निगमन तर्क (Deductive Reasoning)

समस्या हल करने की योग्यता (Ability to Solve Problems): थर्स्टन का विश्वास है कि किसी एक व्यक्ति की मानसिक योग्यता का मापन रूढ़िवादी विधि से केवल एक अंक के आधार पर करना त्रुटिपूर्ण है। प्रत्येक मूल योग्यता के लिए अलग-अलग परीक्षण बनाकर उनके द्वारा किसी व्यक्ति के फलाकों को प्राप्त कर मापन करना अधिक उपयुक्त है।

बुद्धि विभिन्न समूहों में पायी जाती है। सभी मानसिक योग्यताओं का

क्रियात्मक रूप से स्वतंत्र अस्तित्व है, परन्तु एक ही समूह की योग्यताओं में परस्पर सह-सम्बन्ध पाया जाता है। जैसे संगीत के अन्तर्गत तबला, हारमोनियम, सितार आदि बजाने में सह-सम्बन्ध रहता है।

गिलफोर्ड का त्रिआयाम बुद्धि सिद्धान्त (Three Dimensional Theory)

इस सिद्धान्त के प्रतिपादक गिलफोर्ड ने तीन मौलिक मानसिक योग्यताओं के आधार पर बुद्धि की संरचना का वर्णन किया है

1. संक्रिया (Operations)

2. विषय-वस्तु (Content)

3. उत्पादन (Product Units)

1. **संक्रिया (Operations)** संक्रिया के आधार पर मानसिक योग्यताओं के पाँच मुख्य समूह है:
   1. **संज्ञान (Cognition):** सीखने की आधारभूत संक्रिया
   2. **स्मृति (Memory):** किसी सीखी हुई विषय-वस्तु को धारण करना
   3. **अपसारी चिंतन (Divergent Thinking):** से व्यक्ति विविध दिशाओं में सोचकर नवीनता (Novelty) का सृजन करने का प्रयास करता है। अतः यह सृजनात्मकता से सम्बन्धित है।
   4. **अभिसारी चिंतन (Convergent Thinking):** परंपरागत मान्य सूचनाओं को प्रदान करता है।
   5. **मूल्यांकन (Evaluation):** के आधार पर किसी निष्कर्ष पर पहुँचना
2. **विषय वस्तु (Content)** यह बुद्धि का दूसरा कारक है। इसमें चार प्रकार की विषय-वस्तु होती है -
   1. **आकृतिक (Figural) :** वस्तु को आँखों से देखते हैं। यह आकार, रूप और रंग निर्मित होती है।
   2. **सांकेतिक (Symbolic) :** सामग्री में बहुधा शब्द अंक तथा परंपरागत चिन्ह होते हैं जो अंकों के रूप में व्यवस्थित होते हैं।
   3. **शाब्दिक (Semantic) :** वस्तु में शाब्दिक अर्थ होते हैं।
   4. **व्यावहारिक (Behavioural) :** सामाजिक व्यवहार और संवाद से संबंधित जानकारी।
3. **उत्पादन (Products)** जब किसी विशेष प्रकार की विषय-वस्तु से निश्चित संक्रिया का प्रयोग किया जाता है, उस स्थिति में छः प्रकार के उत्पादन होते है:
   1. **इकाइयाँ (Units),**
   2. **वर्ग (Class),**
   3. **सम्बन्ध (Relations),**
   4. **पद्धतियाँ (Systems),**
   5. **स्थानान्तरण (Transformations)**
   6. **निहितार्थ (Implications)**

बहु बुद्धि सिद्धांत - हॉवर्ड गार्डनर (Multiple Intelligence - Gardner)

हॉवर्ड गार्डनर एक अमेरिकी मनोवैज्ञानिक हैं जिन्होंने 1983 में बहु बुद्धि सिद्धांत (Multiple Intelligences Theory) प्रस्तुत किया। इस सिद्धांत के अनुसार, बुद्धि एक अकेली, एकात्मक इकाई नहीं है, बल्कि यह विभिन्न प्रकार की बुद्धि का समूह है। गार्डनर ने शुरुआत में 8 प्रकार की बुद्धि की पहचान की थी, जिन्हें बाद में बढ़ाकर 9 कर दिया गया।

बहु बुद्धि सिद्धांत के प्रकार [Types of Multiple Intelligence Theory]:

हॉवर्ड गार्डनर द्वारा प्रस्तुत बहु बुद्धि सिद्धांत में 9 प्रकार की बुद्धि का वर्णन किया गया है।

1. भाषाई बुद्धि [Linguistic Intelligence]

भाषा को समझने, बोलने, लिखने और उपयोग करने की क्षमता।

इसमें पढ़ना, लिखना, कहानी सुनाना, कविता लिखना, भाषाओं का अध्ययन करना, और सार्वजनिक बोलना शामिल है।

भाषाई बुद्धि वाले लोग अक्सर लेखक, वक्ता, अनुवादक, शिक्षक, और पत्रकार बनते हैं।

2. तार्किक-गणितीय बुद्धि [Logical-Mathematical Intelligence]

तार्किक सोच, समस्या समाधान, और संख्याओं के साथ काम करने की क्षमता।

इसमें पैटर्न पहचानना, विश्लेषण करना, तर्क करना, और वैज्ञानिक सोच शामिल है।

तार्किक-गणितीय बुद्धि वाले लोग अक्सर वैज्ञानिक, गणितज्ञ, इंजीनियर, प्रोग्रामर, और अर्थशास्त्री बनते हैं।

3. स्थानिक बुद्धि [Spatial Intelligence]

दृश्य जानकारी को समझने और हेरफेर करने की क्षमता।

इसमें मानचित्र और चित्रों को समझना, दिशा-निर्देशों का पालन करना, और दृश्य कला बनाना शामिल है।

स्थानिक बुद्धि वाले लोग अक्सर कलाकार, वास्तुकार, इंजीनियर, नाविक, और पायलट बनते हैं।

4. शारीरिक-गतिज बुद्धि [Bodily-kinesthetic intelligence]

अपनी शारीरिक गतिविधियों को नियंत्रित करने और उपयोग करने की क्षमता।

इसमें समन्वय, संतुलन, गति, और शक्ति शामिल है।

शारीरिक-गतिज बुद्धि वाले लोग अक्सर एथलीट, नर्तक, अभिनेता, शल्य चिकित्सक, और कारीगर बनते हैं।

5. संगीतमय बुद्धि [Bodily-kinesthetic intelligence]

संगीत को समझने, बनाने और प्रदर्शन करने की क्षमता।

इसमें लय, ताल, और धुन को समझना और गाना, बजाना, और संगीत रचना शामिल है।

संगीतमय बुद्धि वाले लोग अक्सर संगीतकार, गायक, वादक, संगीत शिक्षक, और ध्वनि इंजीनियर बनते हैं।

6. अंतः वैयक्तिक बुद्धि [Intrapersonal intelligence]

अपनी भावनाओं और दूसरों की भावनाओं को समझने की क्षमता।

इसमें आत्म-जागरूकता, आत्म-नियमन, सहानुभूति, और सामाजिक कौशल शामिल हैं।

अंतःवैयक्तिक बुद्धि वाले लोग अक्सर मनोवैज्ञानिक, परामर्शदाता, शिक्षक, सामाजिक कार्यकर्ता, और नेता बनते हैं।

7. अंतर्वैयक्तिक बुद्धि (Interpersonal Intelligence)

दूसरों के साथ संबंध बनाने और बनाए रखने की क्षमता।

इसमें संचार, टीम वर्क, नेतृत्व, और संघर्ष समाधान शामिल हैं।

अंतर्वैयक्तिक बुद्धि वाले लोग अक्सर शिक्षक, नेता, मनोवैज्ञानिक और सामाजिक कार्यकर्ता बनते हैं।

8. प्राकृतिक बुद्धि [Interpersonal intelligence]

प्रकृति में विभिन्न स्वरूपों को पहचानने और समझने की क्षमता।

इसमें जानवरों, पौधों, और मौसम के बारे में ज्ञान शामिल है।

प्राकृतिक बुद्धि वाले लोग अक्सर जीवविज्ञानी, वनस्पति विज्ञानी, पारिस्थितिकीविद्, और किसान बनते हैं।

9. अस्तित्वगत बुद्धि [Naturalistic intelligence]

जीवन के अर्थ और उद्देश्य के बारे में सोचने की क्षमता।

इसमें दर्शन, धर्म, और आध्यात्मिकता शामिल हैं।

अस्तित्वगत बुद्धि वाले लोग अक्सर दार्शनिक, धार्मिक नेता और कलाकार बनते हैं।

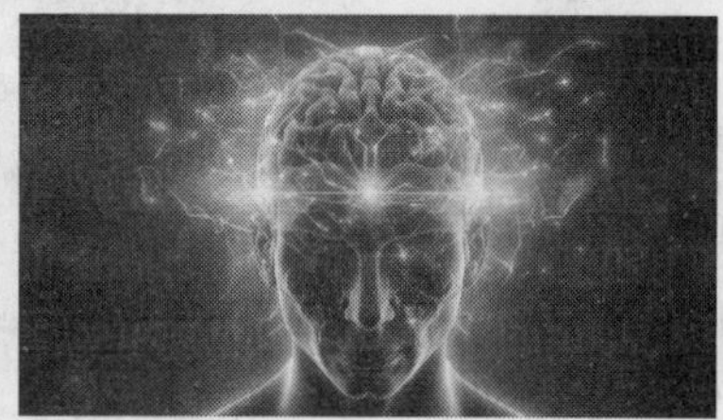

बहु बुद्धि सिद्धांत के मुख्य बिंदु [Main points of multiple intelligences theory]

बुद्धि एकाधिक होती है: विभिन्न प्रकार की बुद्धि होती हैं, जैसे कि भाषाई, तार्किक-गणितीय, स्थानिक, शारीरिक-गतिज, संगीतमय, अंतःवैयक्तिक, और पारस्परिक।

बुद्धि स्वतंत्र होती है: प्रत्येक बुद्धि एक दूसरे से स्वतंत्र रूप से विकसित होती है।

बुद्धि गतिशील होती है: बुद्धि समय के साथ बदल सकती है और विकसित हो सकती है।

बुद्धि संदर्भ-आधारित होती है: बुद्धि का प्रदर्शन विभिन्न संदर्भों में भिन्न हो सकता है।

बुद्धि का प्रतिदर्श सिद्धान्त [Sample theory of intelligence]

बुद्धि का प्रतिदर्श सिद्धान्त को थॉमसन ने दिया था। थॉमसन के बुद्धि का प्रतिदर्श सिद्धान्त के अनुसार बुद्धि कई स्वतन्त्र तत्त्वों से मिलकर बनी होती है।

व्यक्ति किसी कार्य को करने के लिए अपनी सम्पूर्ण बुद्धि का प्रयोग न करके केवल उसके एक प्रतिदर्श का प्रयोग करता है।

थॉमसन के बुद्धि का प्रतिदर्श सिद्धान्त के अनुसार प्रतिदर्शों में जो सम्बन्ध होता है वह सभी योग्यताओं के स्वतन्त्र मिश्रण के कारण से आता है।

बुद्धि का त्रितंत्र सिद्धांत॥स्टर्नबर्ग का बुद्धि सिद्धांत [Trisystem Theory of Intelligence|| Sternberg's Theory of Intelligence]

स्टर्नबर्ग त्रिबुद्धि सिद्धांत या बुद्धि का त्रितंत्र सिद्धांत बुद्धि का आधुनिक सिद्धांत माना जाता है। स्टर्नबर्ग का त्रिबुद्धि या बुद्धि का त्रितंत्र मानव बुद्धि को एक ही क्षमता के बजाय अलग-अलग घटकों में तोड़कर समझाने का प्रयास करता है।

- व्यावहारिक बुद्धि या संदर्भात्मक बुद्धि
- रचनात्मक बुद्धि या अनुभवात्मक बुद्धि
- विश्लेषणात्मक बुद्धि या घटकीय बुद्धि

व्यावहारिक बुद्धि या संदर्भात्मक बुद्धि [Practical Intelligence or Contextual Intelligence]

स्टर्नबर्ग के त्रिबुद्धि सिद्धान्त (बुद्धि का त्रितंत्र सिद्धांत) के अनुसार व्यवहारिक बुद्धि वह बुद्धि होती है जिसका उपयोग करके आप अपने आस-पास की चीजों से अपना काम कर लें। व्यवहारिक बुद्धि एक तरीके से आपके प्रैक्टिकल ज्ञान पर आधारित होती है।

व्यवहारिक बुद्धि को संदर्भात्मक बुद्धि भी कहते हैं। जैसा कि नाम से ही पता चलता है यह आपके व्यवहार में साफ तौर से देखी जा सकती है। व्यवहारिक बुद्धि का ही प्रयोग करके आप अपने आस-पास की चीजों से सामंजस्य स्थापित करते हैं।

रचनात्मक बुद्धि या अनुभवात्मक बुद्धि [Creative Intelligence or Experiential Intelligence]:-

स्टर्नबर्ग के बुद्धि का त्रितंत्र सिद्धांत के अनुसार यह बुद्धि का दूसरा घटक है। रचनात्मक या अनुभवात्मक बुद्धि में व्यक्ति अपनी पिछली जिंदगी के घटनाक्रम और अनुभव का इस्तेमाल करके कुछ क्रिएटिव या सृजनात्मक करने का प्रयास करता है।

रचनात्मक या अनुभवात्मक बुद्धि को सृजनात्मक बुद्धि भी कहा जाता है। रचनात्मक बुद्धि का ही प्रयोग करके व्यक्ति कुछ नया या इनोवेटिव करने का प्रयास करता है। रचनात्मक बुद्धि से ही जीवन के नए आयामों और सिद्धान्तों का निर्माण किया जाता है।

विश्लेषणात्मक बुद्धि या घटकीय बुद्धि [Analytical Intelligence or Componential Intelligence]:-

विश्लेषणात्मक बुद्धि या घटकीय बुद्धि स्टर्नबर्ग के बुद्धि का त्रितंत्र सिद्धांत का तीसरा घटक है। विश्लेषणात्मक बुद्धि या घटकीय बुद्धि का प्रयोग करके व्यक्ति किसी समस्या को छोटे-छोटे भागों में तोडकर उसको हल करने का प्रयास करता है।

विश्लेषणात्मक बुद्धि या घटकीय बुद्धि से व्यक्ति को तार्किक समस्याओं को सुलझाने में मदद मिलती है। इसी बुद्धि का प्रयोग करके व्यक्ति किसी सवाल का तुरंत जवाब दे पाने में सक्षम होता है, एक प्रकार से विश्लेषणात्मक बुद्धि को आप बुद्धि त्तपरता (प्रेजेंस आफ माइंड) भी कह सकते हैं क्योंकि घटकीय बुद्धि से ही व्यक्ति तार्किक प्रश्नों के जवाब, किसी डिबेट में अपना पछ रखने की छमता प्रदान करती है।

बुद्धि का तरल मोज़ेक मॉडल [Fluid Mosaic Model of Intelligence]

- तरल बुद्धि का सिद्धांत रेमंड बी कैटल द्वारा प्रस्तावित किया गया था।
- "तरल बुद्धि सोचने और तर्क करने और समस्याओं को हल करने की क्षमता है। इस क्षमता को सीखने, अनुभव और शिक्षा से स्वतंत्र माना जाता है। तरल बुद्धि के उपयोग के उदाहरणों में पहेली को हल करना और समस्या को सुलझाने की रणनीतियां शामिल है।
- तरल बुद्धि नई समस्याओं का कारण और समाधान करने की क्षमता है। पिछले अनुभवों से किसी भी ज्ञान का कोई प्रभाव नहीं है, बल्कि व्यक्ति समस्या को हल करने के लिए नए तार्किक तरीकों का आविष्कार करता है।
- किशोरावस्था में तरल बुद्धि में 30 या 40 की उम्र के आसपास उत्तरोत्तर शुरुआत में गिरावट शुरू होती है।

बुद्धि का मापन (Measurement of Intelligence)

बुद्धि को मापने के लिये सन् 1911 में बिने तथा साइमन ने मिलकर एक परीक्षण पत्रक तैयार किया। सन् 1915 एवं 1916 में क्रमशः बर्ट तथा टरमैन ने भी बिने प्रश्नावली में संशोधन किया तथा टरमैन ने बुद्धि-लब्धि का मान निकाला।

सन् 1957 में टरमैन तथा मैरिल द्वारा नवीन संशोधित स्केल तैयार किया गया इसमें 'M' तथा 'T'दो समान परीक्षण पत्रक हैं। बिने ने बुद्धि मापन का मनोवैज्ञानिक आधार प्रस्तुत किया। उन्होंने उच्च मानसिक प्रक्रियाओं की परीक्षा की अर्थात् व्यक्ति के समझाने की शक्ति, सारांश निकालने की शक्ति, परिस्थिति के अनुसार विचार करने की शक्ति तथा ध्यान एकाग्र करने की शक्ति आदि की परीक्षा लेकर बुद्धि का अनुमान लगाया।

बुद्धि मापांक के अवयव (Components Of Intelligence Quotient)

1. तैथिक या कालक्रमिक आयु (Chronological Age)-

किसी व्यक्ति के वास्तविक जन्मतिथि से वर्तमान समय के अवधि को तैथिक या कालक्रमिक आयु की संज्ञा दी जाती है । दूसरे शब्दों में, व्यक्ति की कालक्रमिक आयु (Chronological Age) जन्म लेने के बाद बीत चुकी अवधि होती है। इसकी जानकारी व्यक्ति (परीक्षार्थी) या उनके माता पिता से पूछकर अथवा जन्मकुंडली, विद्यालय के रिकार्ड (Record) को देखकर प्राप्त की जा सकती है।

2. मानसिक आयु (Mental Age) -

सर्वप्रथम 1905 में अल्फ्रेड बिने तथा थियोडोर साइमन (Theodore Simon) ने औपचारिक रूप में बुद्धि के मापन का सफल किया। 1908 में अपनी मापनी का संशोधन करते समय उन्होंने मानसिक आयु (Mental Age) का संप्रत्यय दिया। मानसिक आयु के माप का अभिप्राय है, किसी व्यक्ति के मानसिक परिपक्वता का सूचकांक अर्थात किसी व्यक्ति का बौद्धिक विकास अपनी आयु वर्ग के अन्य व्यक्तियों की तुलना में कितना हुआ है। यदि किसी बच्चे की मानसिक आयु 5 वर्ष है तो इसका अर्थ है कि किसी बुद्धि परीक्षण पर उस बच्चे का निष्पादन 5 वर्ष वाले बच्चे के औसत निष्पादन के बराबर है।

बुद्धि लब्धि (Intelligence Quotient,IQ)-

1912 में विलियम स्टर्न ने बुद्धि को मापने के लिए मानसिक लब्धि के संप्रत्यय का विकास किया जिसका सूत्र निम्न प्रकार से है।

$$I.Q. = \frac{M.A.}{C.A.} \times 100$$

बुद्धि लब्धि	I.Q.
मानसिक आयु	M.A.
वास्तविक आयु	C.A.

उदाहरण- यदि बालक की मानसिक आयु 20 वर्ष तथा वास्तविक आयु 16 वर्ष है तो उसकी बुद्धि-लब्धि 125 होगी, जैसे-

$$\text{बुद्धि-लब्धि} = \frac{20}{16} \times 100 = 125$$

टर्मन ने बुद्धि-लब्धि का वर्गीकरण निम्नलिखित प्रकार से किया है :

बुद्धि-लब्धि	बुद्धि का प्रकार
140 से अधिक	प्रतिभाशाली
120 से 140	अति श्रेष्ठ बुद्धि
110-120	श्रेष्ठ बुद्धि
90-110	सामान्य बुद्धि
80-90	मंद बुद्धि

70-80	क्षीण-बुद्धि
70 से कम	निश्चित क्षीण बुद्धि
50-70	अल्प बुद्धि
20 या 25 से 50	मूर्ख बुद्धि
20 या 25 से कम	महामूर्ख

बुद्धि परीक्षण के प्रकार

(क) वैयक्तिक परीक्षण (ख) सामूहिक परीक्षण

1. व्यक्तिगत बुद्धि परीक्षण (Individual intelligence test)

एक निश्चित समय में एक व्यक्ति का बुद्धि परीक्षण करना, वैयक्तिक परीक्षा कहलाती है। बिने-साइमन बुद्धि परीक्षा के अतिरिक्त बैरल पामर की परीक्षा भी उपयोगी सिद्ध हुई है। इसमें 38 प्रश्न होते हैं, यह डेढ़ से साढ़े पांच वर्ष तक के बच्चों के लिये है। दो भिन्ने सोटा प्रिस्कूल स्केल भी इसी आयु वर्ग के लिये है। अमेरिका के डिटरमैन का प्रयास तथा बर्ट का प्रयास भी प्रशंसनीय है। 'वैशलट-बैलेबिन इन्टेलीजेन्स टेस्ट' तथा 'ड्रायन्स एमेन टेस्ट' आदि 10 वर्ष और इससे बड़े बालकों के लिये है।

2. सामूहिक बुद्धि परीक्षण (Group intelligence test)

सामूहिक बुद्धि परीक्षण (Group Intelligence Test) का विकास मुख्य रूप से प्रथम विश्व युद्ध (1914-1918) के दौरान सैनिकों और अधिकारियों के त्वरित चयन के लिए किया गया, जिसमें साक्षरों के लिए आर्मी अल्फा (शाब्दिक) और निरक्षरों के लिए आर्मी बीटा (अशाब्दिक/क्रियात्मक) परीक्षण विकसित किए गए। यह एक साथ कई लोगों पर लागू किया जा सकता है।

सामूहिक बुद्धि परीक्षण के प्रकार:

१.शाब्दिक या भाषायी परीक्षा (Verbal Test):

यह साक्षर व्यक्तियों के लिए होती है, जिसमें प्रश्नों को हल करने के लिए भाषा या पठन-लेखन का ज्ञान आवश्यक होता है, जैसे आर्मी अल्फा टेस्ट।

२.क्रियात्मक या अशाब्दिक परीक्षा (Non-Verbal/Performance Test):

यह अशिक्षित या गैर-अंग्रेजी भाषी सैनिकों के लिए थी, जिसमें भाषा के बजाय कार्यों, चित्रों या पहेलियों को हल करना होता है, जैसे आर्मी बीटा टेस्ट।

बुद्धि पर अनुवांशिकता और वातावरण का प्रभाव [Influence of Genetics and Environment on Intelligence]

मनुष्य की बुद्धि पर आनुवंशिकता (वंशानुक्रम) और वातावरण दोनों का महत्वपूर्ण प्रभाव पड़ता है, और यह कोई एक कारक नहीं है जो पूरी तरह से बुद्धि का निर्धारण करता है. आनुवंशिकता मस्तिष्क की संरचना और बुद्ध्यात्मक क्षमता की नींव प्रदान करती है, जबकि वातावरण यह तय करता है कि व्यक्ति अपनी क्षमता का कितना उपयोग कर पाता है और किस हद तक विकास करता है. वैज्ञानिकों का मानना है कि बुद्धि का विकास इन दोनों कारकों के संयुक्त और परस्पर क्रिया के कारण होता है.

- गोडार्ड का मत है कि मन्दबुद्धि माता-पिता की सन्तान मन्दबुद्धि और तीव्रबुद्धि माता-पिता की सन्तान तीव्रबुद्धि वाली होती है।
- मानसिक क्षमता के अनुकूल ही बालक में संवेगात्मक क्षमता का विकास होता हैं
- बालक में जिस प्रकार के संवेगों का जिस रूप में विकास होगा वह उसके सामाजिक, मानसिक नैतिक, शारीरिक तथा भाषा सम्बन्धी विकास को पूरी तरह प्रभावित करने की क्षमता रखता है। यदि बालक अत्याधिक क्रोधित या भयभीय रहता है अथवा यदि उसमें ईर्ष्या एवं वैमनस्यता की भावना अधिक होती है, तो उसके विकास की प्रक्रिया पर इन सबका प्रतिकूल प्रभाव पडना स्वाभाविक ही है।
- संवेगात्मक रूप से असन्तुलित बालक पढ़ाई में या किसी अन्य गम्भीर कार्यों में ध्यान नहीं दे पाते, फलस्वरुप उनका मानसिक विकास भी प्रभावित होता है।

बुद्धि से संबंधित परीक्षापयोगी महत्वपूर्ण तथ्य:

- भारत में प्रथम बुद्धि परीक्षण 1922 में सी.एच. राइस (C.H. Rice) ने 'बिन्ने परफॉरमेंस टेस्ट' के नाम से किया था।
- बुद्धि पर सबसे अधिक प्रभाव वंशानुक्रम और वातावरण की अंतःक्रिया का पड़ता है।
- **विश्व का प्रथम बुद्धि परीक्षण:** 1905 में अल्फ्रेड बिने और थियोडोर साइमन द्वारा (बिने-साइमन स्केल)।
- **मानसिक आयु (Mental Age):** इस शब्द का सर्वप्रथम प्रयोग अल्फ्रेड बिने ने 1908 में किया था।IQ (Intelligence Quotient): इसका सूत्र सबसे पहले विलियम स्टर्न (1912) ने दिया था (तब इसमें $\times 100$ नहीं था)।
- **स्पीयरमैन का 'G' कारक:** इसे 'राजसी कारक' (Monarchic Factor) भी कहा जाता है क्योंकि यह हर मानसिक कार्य में अनिवार्य होता है।
- **थार्नडाइक का परमाणुवादी सिद्धांत:** बहु-कारक सिद्धांत को 'बालू का ढेर' (Sand Theory) या 'परमाणुवादी सिद्धांत' भी कहते हैं।
- **थर्स्टन का समूह कारक:** इन्होंने 7 प्राथमिक मानसिक योग्यताएं (PMA) बताई थीं। इनकी प्रसिद्ध पुस्तक का नाम 'Primary Mental Abilities' है।
- **गिलफोर्ड का डिब्बा मॉडल:** इसे 'SI Model' (Structure of Intelligence) कहते हैं। प्रारंभ में इसमें 120 कारक थे, जो बाद में बढ़कर 180 हो गए।
- **भाटिया बैटरी (Bhatia Battery):** भारत में चंद्र मोहन भाटिया द्वारा निर्मित, इसमें 5 उप-परीक्षण होते हैं (यह एक अशाब्दिक/क्रियात्मक परीक्षण है)।

- **एस.एस. जलोटा:** इनका 'साधारण मानसिक योग्यता परीक्षण' (Group General Mental Ability Test) हिंदी भाषी क्षेत्रों में बहुत प्रसिद्ध है।
- **बुद्धि का लंबवत विकास (Vertical Growth):** यह किशोरावस्था के अंत (लगभग 16-18 वर्ष) तक रुक जाता है।
- **बुद्धि का क्षैतिज विकास (Horizontal Growth):** यह जीवन भर चलता रहता है (अनुभव और ज्ञान बढ़ना)।
- **वेक्स्लर बुद्धि मापनी (WISC/WAIS):** यह बच्चों और वयस्कों के लिए अलग-अलग होती है और आधुनिक समय में बहुत मान्य है।
- **रेवेन का प्रोग्रेसिव मैट्रिसेस:** यह एक 'संस्कृति मुक्त' (Culture-Free) परीक्षण है, यानी इसे किसी भी देश या भाषा का व्यक्ति दे सकता है।
- "बुद्धि पर लिंग का कोई प्रभाव नहीं पड़ता। व्यक्तिगत भिन्नताओं का कारण वंशानुक्रम और वातावरण है, लिंग नहीं।"

अभ्यास प्रश्न

1. निम्न में से कौन-सा बुद्धि का सिद्धांत नहीं है? [UPTET 2017]

(a) एक-तत्व सिद्धांत (b) द्वि-तत्व सिद्धांत
(c) प्रत्यागमन सिद्धांत (d) बहुतत्व सिद्धांत

2. बुद्धि के द्वि-कारक सिद्धांत का प्रतिपादन किसने किया ? [UPTET 2017]

(a) थार्नडाइक (b) स्पीयरमैन (c) वर्नन (d) स्टर्न

3. बुद्धि है- [CTET 2016]

(a) एक अकेला और जातीय विचार
(b) दूसरों के अनुकरण करने की योग्यता
(c) एक विशिष्ट योग्यता (d) सामर्थ्यो का एक समुच्चय

4. मानसिक आयु का प्रत्यय दिया था- [UPTET 2016], CTET (Primary), फरवरी, 2016

(a) बिने-साइमन ने (b) स्टर्न ने
(c) टर्मन ने (d) सिरिल बर्ट ने

5. मानसिक आयु के प्रत्यय का सर्वप्रथम प्रयोग किया- [UPTET 2014]

(a) थार्नडाइक (b) गिलफोर्ड
(c) स्पीयरमैन (d) बिने-साइमन

6. किसने सबसे पहले बुद्धि परीक्षण का निर्माण किया? [CTET 2014]

(a) डेविड वैश्लर (b) एल्फ्रेड बिने
(c) चार्ल्स एडवर्ड स्पीयरमैन (d) रॉबर्ट स्टर्नबर्ग

7. आधार आयु निम्न में से किसके मापन से संबंधित है? [UPTET 2016]

(a) रुचि (b) व्यक्तित्व (c) बुद्धि (d) अवधान

8. सामान्य तथा विशिष्ट कारक सिद्धांत का प्रतिपादन किया था- [REET 2017]

(a) अल्फ्रेड बिने ने (b) स्पीयरमैन ने
(c) गिलफोर्ड ने (d) थर्स्टन ने

9. बुद्धि की स्पीयरमैन परिभाषा में कारक 'g' है-[CTET 2014]

(a) आनुवंशिक बुद्धि (b) उत्पादक बुद्धि
(c) सामान्य बुद्धि (d) वैश्विक बुद्धि

10. स्पीयरमैन (1904) के अनुसार, तर्क करने की क्षमता और समस्या समाधान करने की क्षमता कहलाती है? [UPTET 2016]

(a) एस. कारक (b) जी. कारक
(c) विशिष्ट बुद्धि (d) सांस्कृतिक बुद्धि

11. निम्न में से कौन-सा स्टर्नबर्ग का बुद्धि का त्रिस्तरीय सिद्धांत का एक रूप है? [CTET 2014]

(a) व्यावहारिक बुद्धि (b) प्रायोगिक बुद्धि
(c) संसाधनपूर्ण बुद्धि (d) गणितीय बुद्धि

12. एक बालक की वास्तविक आयु 12 वर्ष तक मानसिक आयु 15 वर्ष है, तो उसकी बुद्धि-लब्धि होगी- [BTET 2013]

(a) 125 (b) 120 (c) 80 (d) 100

13. पांच वर्ष के मोहन की मानसिक आयु आठ वर्ष है। उसकी बुद्धि-लब्धि कितनी है? [UPTET 2017]

(a) 150 (b) 160 (c) 140 (d) 135

14. बुद्धि का तरल मोजेक मॉडल किसने दिया था? [UPTET 2013]

(a) कैटल (b) मिल्फर्ड (c) थर्स्टन (d) स्पीयरमैन

15. बुद्धि के तरल क्रिस्टलीय प्रतिमान के प्रतिपादक कौन थे? [UPTET 2017]

(a) कैटल (b) थार्नडाइक (c) वर्नन (d) स्किनर

16. थार्नडाइक ने बुद्धि का कौन-सा सिद्धांत प्रतिपादित किया? [JHTET 2012]

(a) एक-कारक सिद्धांत (b) द्वि-कारक सिद्धांत
(c) बहु-कारक सिद्धांत (d) ग्रुप तत्व सिद्धांत

17. गार्डनर ने सात अभियोग्यताओं का अधिमान निर्धारित किया, इनमें से कौन-सा नहीं है? [HTET 2013]

(a) स्थान संबंधी अभियोग्यता (b) भावनात्मक अभियोग्यता
(c) अंतर्वैयक्तिक अभियोग्यता (d) भाषात्मक अभियोग्यता

18. बुद्धि-लब्धि- [JHTET 2012], HTET (Primary), 2013

(a) मानसिक आयु (b) संवेगात्मक आयु

(c) वास्तविक आयु (d) सामाजिक आयु

19. बुद्धि-लब्धि निकालने का सूत्र है- [UPTET 2017]

(a) मानसिक आयु × वास्तविक आयु

(b) वास्तविक आयु /मानसिक आयु

(c) मानसिक आयु /वास्तविक आयु × 100

(d) वास्तविक आयु + मानसिक आयु

20. बुद्धिलब्धि के संबंध में क्या सत्य है? [UPTET 2013]

(a) बौद्धिक आयु में व्युत्क्रमी संबंधित

(b) कालानुक्रमिक आयु से प्रत्यक्षतः संबंधित

(c) कालानुक्रमिक आयु से व्युत्क्रमी संबंधित

(d) बौद्धिक तथा कालानुक्रमिक आयु दोनों से प्रत्यक्षतः संबंधित

21. टरमैन के अनुसार, 90-100 बुद्धि-लब्धि का बालक माना जाता है- [UPTET 2016]

(a) मंद बुद्धि (b) सामान्य बुद्धि

(c) श्रेष्ठ बुद्धि (d) क्षीण बुद्धि

22. पिछड़े बच्चों के लिए शैक्षिक लब्धि की अवधारणा किसने दी है? [UPTET 2017]

(a) गॉर्डन (b) शोनेल (c) बर्टन हॉल (d) सिरिल बर्ट

23. एक बालक की मानसिक आयु 12 वर्ष और शारीरिक आयु 10 वर्ष है। उसका बुद्धिलब्धांक होगा- [UTET 2015]

(a) 120 (b) 100 (c) 22 (d) 83

24. टर्मन के अनुसार, सामान्य बुद्धि-लब्धि कितनी है?

(a) 80-90 (b) 90-110

(c) 110-120 (d) 120-140

25. बुद्धि का द्वि-तत्व सिद्धांत किसने दिया ?

(a) गिलफोर्ड (b) स्टर्न (c) स्पीयरमैन (d) विने

26. सामूहिक बुद्धि परीक्षण का विकास 1972 में किस नाम से हुआ?

(a) आर्मी बीटा (b) आर्मी गामा

(c) आर्मी एल्फा (d) आर्मी ओमेगा

27. बुद्धि मॉडल की संरचना किसके द्वारा प्रस्तुत की गयी है?

(a) स्पीयरमैन (b) गिलफोर्ड

(c) पियाजे (d) थार्नडाइक

28. एक शिक्षक के लिए छात्र की बुद्धि-लब्धि की उपयोगिता निम्न में से किसमें है?

(a) छात्र की उन्नति करने में

(b) छात्र से शैक्षिक प्रत्याशा का मूल्यांकन करने में

(c) छात्रों की ग्रेड प्रतिस्थापन करने में

(d) पाठ्यक्रम के प्रकरणों को सुनिश्चित करने में

29. मानसिक आयु किसकी माप होती है?

(a) मानसिक परिपक्वता

(b) मानसिक वृद्धि दर

(c) जन्मजात मानसिक शक्ति

(d) उसकी आयु वर्ग के समकक्ष अन्य बालकों के बौद्धिक स्तर के समांन

30. निम्नलिखित में से कौन-सा सिद्धान्त बुद्धि में अनेक कारक मानता है?

(a) एक शक्ति सिद्धांत (b) बहु-शक्ति सिद्धांत

(c) विशिष्ट शक्ति सिद्धांत (d) द्वि-शक्ति सिद्धांत

31. वृद्धि के एक शक्ति सिद्धांत के अनुसार बुद्धि की योग्यता निम्नलिखित में से कैसी है?

(a) अकेली (b) अनेक (c) कई (d) दो

32. द्वि शक्ति (Two Factor) सिद्धांत के प्रतिपादक कौन थे?

(a) स्पीयरमैन (b) बिने (c) थार्नडाइक (d) केटल

33. परिवार के वातावरण में निम्नलिखित में से किसका बौद्धिक विकास पर सबसे अधिक प्रभाव पड़ता है?

(a) माता-पिता का चरित्र

(b) माता-पिता और बालकों का सम्बन्ध

(c) माता-पिता के परस्पर सम्बन्ध (d) परिवार का आर्थिक स्तर

34. बहुविध बुद्धि सिद्धांत के अनुसार, सभी प्रकार के पशुओं, खनिजों और पेड़-पौधों को पहचानने और वर्गीकृत करने की योग्यता..........कहलाती है। [CTET 2012]

(a) तार्किक-गणितीय बुद्धि (b) प्राकृतिक बुद्धि

(c) भाषिक बुद्धि (d) स्थानिक बुद्धि

35. कक्षा-अध्यापक ने राघव को अपनी कक्षा में अपने की-बोर्ड पर स्वयं द्वारा तैयार किया गया मधुर संगीत बजाते हुए देखा। कक्षा-अध्यापक ने विचार किया कि राघव में .... बुद्धि उच्चस्तरीय थी। [CTET 2015]

(a) स्थानिक (b) शारीरिक गतिबोधक

(c) संगीतमय (d) भाषायी

36. हॉवर्ड गार्डनर के बहु-बुद्धि सिद्धांत के अनुसार, निम्नलिखित में से कौन-सा जोड़ा बुद्धि के प्रकार और अंत-स्थिति अनुपालन संभावना के अनुसार सही है? [CTET 2020]

बुद्धि का प्रकार अंत-स्थिति अनुपालन संभावना

(a) स्थानिक - मनोवैज्ञानिक (b) अंतरावैयक्तिक - विक्रेता

(c) भाषिक - मूर्तिकार

(d) शारीरिक गति-संवेदना - खिलाड़ी

37. शारीरिक-गतिक बुद्धि रखने वाले बच्चे की अंतिम अवस्था निम्नलिखित में से कौन-सी हो सकती है? [CTET 2012]

(a) शल्य चिकित्सक (b) कवि
(c) वाचक (d) राजनैतिक नेता

38. किसने बहुविमात्मक प्रज्ञा का प्रत्यय दिया? [UPTET 2019]

(a) स्पीयरमैन (b) गोलमैन
(c) गार्डनर (d) जॉन मेयर

39. हॉवर्ड गार्डनर का बुद्धि का सिद्धांत ..... पर बल देता है। [CTET 2013]

(a) सामान्य बुद्धि
(b) विद्यालय में आवश्यक समान योग्यताओं
(c) प्रत्येक व्यक्ति की विलक्षण योग्यताओं
(d) शिक्षार्थियों में अनुबंधित कौशलों

40. गार्डनर के बहु-बुद्धि के सिद्धांत के अनुसार, वह कारक जो व्यक्ति के 'आत्म-बोध' हेतु सर्वाधिक योगदान देगा, वह हो सकता है- [CTET 2015]

(a) संगीतमय (b) आध्यात्मिक
(c) भाषा-विषयक (d) अंतः वैयक्तिक

41. बुद्धि-लब्धि (IQ) का संबंध है :

(a) ज्ञान से (b) विवेक से (c) तर्क से (d) बुद्धि से

42. बुद्धि-लब्धि (IQ) को ज्ञात करने का सूत्र किस मनोवैज्ञानिक ने दिया है?

(a) थर्स्टन (b) स्टर्न (c) स्पीयरमैन (d) बिने

43. किसने सबसे पहले बुद्धि परीक्षण का निर्माण किया? [(c)TET 2015]

(a) डेविड वैश्लर (b) एल्फ्रेड बिने
(c) चार्ल्स एडवर्ड स्पीयरमैन (d) रॉबर्ट स्टर्नबर्ग

44. आधार आयु निम्न में से किसके मापन से संबंधित है? [UPTET 2016]

(a) रुचि (b) बुद्धि (c) व्यक्तित्व (d) अवधान

45. बुद्धि-लब्धि संप्रत्यय विकसित किया - [REET 2017]

(a) बिने ने (b) टर्मन ने (c) रीड ने (d) कैटल ने

46. बच्चों की वृद्धि के अनुरूप, उनकी रुचियाँ-

(a) बहुमुखी हो जाती हैं
(b) सुदृढ़ व सीमित हो जाती हैं
(c) अपेक्षाकृत अनियमित दिशा में अग्रसर होती है
(d) प्रकृति व संख्या में पहले के समान रहती है

47. क्षीण बुद्धि बच्चों की बुद्धिलब्धि (IQ) होती है-

(a) 70-80 के मध्य (b) 70 से कम
(c) 50 से कम (d) 80-90 के मध्य

48. एक बालक की बुद्धि-लब्धि 150 है तो वह बालक कहलायेगा:

(a) मन्दबुद्धि (b) पिछड़ा
(c) प्रतिभाशाली (d) असंतुलित

49. किसके अनुसार "बुद्धि, ज्ञान अर्जन करने की क्षमता है"?

(a) वुडवर्थ (b) टर्मन
(c) वुडरो विल्सन (d) रॉस

50. मानसिक आयु का प्रत्यय किसने दिया था?

(a) बिने साइमन (b) स्टर्न
(c) टर्मन (d) सिरिल बर्ट

51. निम्न में से कौन बुद्धि का प्रकार नहीं है?

(a) मानसिक बुद्धि (b) मूर्त बुद्धि
(c) अमूर्त बुद्धि (d) सामाजिक बुद्धि

52. टर्मन के अनुसार, सामान्य बुद्धि-लब्धि कितनी है?

(a) 80-90 (b) 90-110 (c) 110-120 (d) 120-140

53. बुद्धि का द्वि-तत्व सिद्धांत किसने दिया ?

(a) गिलफोर्ड (b) स्टर्न (c) स्पीयरमैन (d) बिने

54. सामूहिक बुद्धि परीक्षण का विकास 1972 में किस नाम से हुआ?

(a) आर्मी बीटा (b) आर्मी गामा
(c) आर्मी एल्फा (d) आर्मी ओमेगा

55. IQ का पूर्ण रूप क्या है?

(a) इंडेक्स ऑफ क्वालिटी (b) इंटेलिजेंस क्वोशंट
(c) इंटेलेक्चुअल क्वालिटी (d) इंटेलिजेंट क्वोटिएंट

ANSWER KEY

1. (c) 2. (b) 3. (d) 4. (a) 5. (d) 6. (b) 7. (c) 8. (b) 9. (c) 10. (b) 11. (a) 12. (a) 13. (b)
14. (a) 15. (a) 16. (c) 17. (b) 18. (a) 19. (c) 20. (c) 21. (b) 22. (d) 23. (a) 24. (b) 25. (c) 26. (c)
27. (c) 28. (b) 29. (d) 30. (b) 31. (a) 32. (a) 33. (b) 34. (b) 35. (c) 36. (d) 37. (a) 38. (c) 39. (c)
40. (d) 41. (d) 42. (b) 43. (b) 44. (b) 45. (b) 46. (a) 47. (c) 48. (c) 49. (c) 50. (a) 51. (a) 52. (b)
53. (c) 54. (c) 55. (b)

9 समावेशी शिक्षा

समावेशी शिक्षा (inclusive education)

समावेशी शिक्षा को अंग्रेजी में inclusive education कहा जाता है जिसका अर्थ होता है सामान्य तथा विशिष्ट बालक बिना किसी भेदभाव के एक ही विद्यालय में शिक्षा ग्रहण करना।

दूसरे शब्दों में,

समावेशी शिक्षा में समाज के सभी वर्ग से आने वाले और विभिन्न क्षमताओं के विद्यार्थियों को सम्मिलित कर के शिक्षा प्रदान की जाती है, समावेशी शिक्षा कहलाती है!

समावेशी शिक्षा का परिभाषा विद्वानों द्वारा [Definition of Inclusive Education by Scholars]-

यरशेल ने कहा है:- "समावेशी शिक्षा के कुछ कारण योग्यता लिंग, प्रजाति, जाति, भाषा, चिंता का स्तर, सामाजिक और आर्थिक स्तर विकलांगता व्यवहार या धर्म से संबंधित होते हैं।

स्टेनबैक तथा स्टेनबैक के अनुसार, "समावेशी विद्यालय से तात्पर्य ऐसे स्थान से है जहाँ प्रत्येक बालक को उसके साथियों तथा विद्यालय समुदाय के अन्य सदस्यों द्वारा स्वीकार किया जाता है व सहारा दिया जाता है जिससे कि वह अपनी शैक्षिक आवश्यकताओं की पूर्ति कर सके।"

शिक्षा शास्त्रियों ने बताया है :-"समावेशी शिक्षा अधिगम के ही नहीं बल्कि विशिष्ट अधिगम के नए आयाम खुलती है।"

स्टीफन एवं ब्लैकहर्ट के द्वारा :- "शिक्षा के मुख्य धारा का अर्थ बालकों की सामान्य कक्षाओं में शिक्षण व्यवस्था करना है या समान अवसर मनोवैज्ञानिक सोच पर आधारित है जो व्यक्तिगत योजना के द्वारा उपयुक्त सामाजिक मानवीकरण और अधिगम को बढ़ावा देती है।"

माइकल एफ. फिनग्रेस के द्वारा, "समावेशी शिक्षा मूल्यों, सिद्धान्तों तथा अभ्यासों का एक समूह है जो सभी बालकों के लिए, चाहे वह विशिष्टता रखते हों या नहीं रखते हों, प्रभावशाली तथा अर्थपूर्ण शिक्षा की खोज करता है।

अन्य शिक्षा शास्त्रियों के द्वारा: -"समावेशी शिक्षा वह शिक्षा होती हैं जिसमें सामान्य बालक बालिकाएं तथा विशिष्ट बालक बालिकाएं एक ही विद्यालय में बिना किसी भेदभाव के एक साथ शिक्षा ग्रहण करते हैं।"

R.K. शर्मा के अनुसार समावेशी शिक्षा की परिभाषा:- "समावेशी शिक्षा एक ऐसी शिक्षा प्रणाली है जिसका उपयोग करके प्रतिभाशाली और शारीरिक रूप से अक्षम छात्रों को एक साथ शिक्षा दी जाती है।"

उमातुलि के अनुसार समावेशी शिक्षा का अर्थ और परिभाषा:- "समावेशी शिक्षा के अंतर्गत दैहिक, संवेगात्मक, और सीखने की आवश्यकता को पूरा करने के लिए संसाधनों का विस्तार करना होता है।"

समावेशी शिक्षा की विशेषताएँ [Features of Inclusive Education]

- समावेशी शिक्षा के ढांचे के भीतर, सामान्य और विशेष दोनों प्रकार के बच्चे शिक्षा प्राप्त करते हैं। इस शिक्षा में विशेष या विकलांग बच्चों पर विशेष ध्यान दिया जाता है।
- इस संबंध में दिव्यांग बच्चों की स्थिति को ध्यान में रखते हुए उनके विकास के लिए विशेष प्रयास किये जाते हैं।
- इस शिक्षा के अंतर्गत संज्ञानात्मक, रचनात्मक और भावनात्मक विकास के अवसर प्रदान किये जाते हैं।
- इस शिक्षा के अंतर्गत सामान्य एवं विशेष दोनों प्रकार के बच्चों के लिए प्राकृतिक वातावरण का निर्माण किया जाता है।
- दोनों प्रकार के बच्चों को शिक्षित करने की लागत आम बजट में फिट बैठती है।
- इस प्रकार की शिक्षा में, दृष्टिबाधित बच्चों के लिए ब्रेल लेखन का उपयोग किया जाता है।
- यह शिक्षा संयुक्त राज्य अमेरिका में मुख्यधारा के आंदोलन से प्रेरित है। इस शिक्षा के अंतर्गत छात्रों की आवश्यकता के अनुसार प्रक्रिया को आगे बढ़ाया जाता है।
- इस प्रकार की शिक्षा के माध्यम से विशेष बच्चों की शिक्षा पर विशेष ध्यान दिया जाता है।

समावेशी शिक्षा के सिद्धांत [Principles of Inclusive Education]

व्यक्तिगत रूप से भिन्नता: इसमें व्यक्तिगत भिन्नताओं के अनुसार छात्रों को समावेशी शिक्षा प्रदान की जाती है।

माता पिता द्वारा सहयोग प्रदान करना: समावेशी शिक्षा में माता-पिता का सहयोग होना अति आवश्यक होता है।

भेदभाव रहित शिक्षा: समावेशी शिक्षा का मुख्य सिद्धांत भेदभाव रहित शिक्षा ही है।

विशिष्ट कार्यक्रमों द्वारा शिक्षा: इसके माध्यम से विशिष्ट शिक्षा हेतु विशिष्ट कार्यक्रमों का आयोजन किया जाता है।

वातावरण नियंत्रणपूर्ण होना: इसके तहत सामान्य तथा विशिष्ट बालकों के बीच समन्वयपूर्ण वातावरण स्थापित होता है।

समावेशी शिक्षा का महत्व [Importance of Inclusive Education]-

- समावेशी शिक्षा के माध्यम से बच्चों में एकता या समानता का विकास होता है।
- जैसा कि ऊपर बताया गया है, इसमें सामान्य और विशेष दोनों बच्चे एक साथ पढ़ते हैं, इसलिए शिक्षा भी कम खर्चीली है।
- जब सभी बच्चे एक साथ शिक्षित होंगे तो प्राकृतिक पर्यावरण का विकास होना निश्चित है।
- शैक्षिक अनुकूलन समस्याओं को दूर करने के लिए यह महत्वपूर्ण है।
- समावेशी शिक्षा के माध्यम से बच्चों का मानसिक विकास, नैतिक विकास, सामाजिक विकास और उनमें आत्म-सम्मान की भावना का पर्याप्त विकास होता है।

समावेशी शिक्षा की आवश्यकता [Need for Inclusive Education]

1. समावेशी शिक्षा व्यवस्था के माध्यम से समावेशी शिक्षा बालकों के लिए एक ऐसा अवसर प्रदान करता है जिसमें अपंग बालकों को सामान्य बालकों के साथ मानसिक रूप से प्रगति प्राप्त करने का अवसर मिलता है।
2. समावेशी शिक्षा एक ऐसा शिक्षा है जिसमें शिक्षा के समानता के सिद्धांत का अनुपालन किया जाता है साथ ही इस शिक्षा के माध्यम से शैक्षिक एकीकरण भी संभव होता है।
3. जैसे कि ऊपर बताया गया है कि इसमें सामान्य तथा अपंग बालक दोनों ही एक साथ सामान्य रूप से शिक्षा ग्रहण करते हैं जिससे उन दोनों के बीच प्राकृतिक वातावरण का निर्माण होता है जिससे बालकों में एकता, भाईचारा और समानता का भावना उत्पन्न होता है।
4. जहां सामान्य बालक और विशिष्ट बालक एक साथ शिक्षा ग्रहण करते हैं वहां शिक्षा में भी कम खर्च होता है क्योंकि जहां अलग-अलग शिक्षा के लिए जितना खर्च किया जाता है वह केवल समावेशी शिक्षा कम खर्च या लागत में कर लेता है।
5. समावेशी शिक्षा वह शिक्षा होती है जहां लघु समाज का निर्माण होता है क्योंकि यहां हर तरह के बालक एक ही साथ शिक्षा ग्रहण करते हैं जिसके कारण उनमें नैतिकता की भावना, प्रेम, सहानुभूति, आपसी सहयोग जैसे गुण आसानी से बढ़ाया जा सकता है।
6. समावेशी शिक्षा के द्वारा बच्चों में शिक्षण तथा सामाजिक स्पर्धा जैसे भावनाओं का भी विकास किया जाता है।

7. आज के युग में समावेशी शिक्षा का विशेष महत्व है क्योंकि यह शिक्षा ही आज के समाज में बदलाव ला सकता है इसलिए समावेशी शिक्षा को ज्यादा से ज्यादा प्रोत्साहन देना चाहिए।
8. विशेष विद्यालयों में पढ़ने वाले बच्चे एक सीमित और अलग वातावरण में ढल जाते हैं। जब वे समाज में वापस लौटते हैं, तो उन्हें सामान्य परिस्थितियों और लोगों के साथ सामंजस्य बैठाने में कठिनाई होती है। दूसरी ओर, सामान्य बच्चे भी विशेष आवश्यकता वाले बच्चों से अनभिज्ञ रहते हैं, जिससे वे उनके साथ संवेदनशीलता और सहयोग का व्यवहार नहीं सीख पाते।
9. सामान्य विद्यालय प्रायः हर क्षेत्र में उपलब्ध होते हैं, जबकि विशेष विद्यालय केवल कुछ ही बड़े शहरों में स्थित होते हैं। इससे विशेष आवश्यकता वाले बच्चों को शिक्षा प्राप्त करने के लिए लंबी दूरी तय करनी पड़ती है और उन्हें परिवार से दूर रहना पड़ता है, जो उनके मौलिक अधिकारों का उल्लंघन है।
10. जब विभिन्न क्षमताओं वाले बच्चे एक ही कक्षा में पढ़ते हैं, तो कक्षा का वातावरण अधिक समावेशी और विविधतापूर्ण बनता है। यह विविधता सभी विद्यार्थियों को एक-दूसरे से सीखने, सहिष्णु बनने और सहयोग की भावना विकसित करने में मदद करती है।
11. यह धारणा गलत है कि केवल विशेष आवश्यकता वाले बच्चे ही सीखते हैं। दरअसल, सामान्य बच्चे भी दिव्यांग बच्चों से कई जीवनोपयोगी गुण जैसे सहनशीलता, संघर्षशीलता, और करुणा सीखते हैं। हर बच्चा किसी-न-किसी विशेषता का धनी होता है, जो कक्षा के समग्र विकास में योगदान देता है।

समावेशी बच्चों हेतु निर्देशन एवं परामर्श [Guidance and Counseling for Inclusive Children]:-

समावेशी शिक्षा में निर्देशन [Guidance in Inclusive Education]

शिक्षा एवं निर्देशन का गहरा संबंध है। शिक्षा के उद्देश्यों की प्राप्ति में निर्देशन विशेष सहायक होता है । बालक अपनी शिक्षा व्यवहार और जीवन के लक्ष्यों को निश्चित करने में असमर्थ होता है और निर्देशन की आवश्यकता का अनुभव करने लगता है।

कुप्पू स्वामी के अनुसार [According to Kuppu Swami]-

"निर्देशन की आवश्यकता सभी युगों में रही है पर आज इस देश (भारत) में जो दशाएं उत्पन्न हो रही हैं उन्होंने इस आवश्यकता को पर्याप्त रूप से बलवती बना दिया है"

निर्देशन का अर्थ [Meaning of Guidance]

निर्देशन एक ऐसी प्रक्रिया है जिसमें किसी बालक को सलाह या सहायता दी जाती है। निर्देशन का उद्देश्य बालक की समस्याओं का समाधान करना ही नहीं बल्कि उसके आधार पर किसी व्यक्ति को योग्य बनाना है कि वह अपनी समस्याओं का समाधान करने में स्वयं ही सक्षम हो जाए। व्यक्तिगत भिन्नता की अवधारणा को यदि हम माने तो यह स्पष्ट होता है कि बालक के विकास के लिए निर्देशन का होना अति आवश्यक है। यह निर्देशन व्यक्तिगत भिन्नताओं के आधार पर ही दिया जाता है।

हॉनरिस के अनुसार :- "निर्देशन का अर्थ व्यक्ति को उसकी शक्तियों का ज्ञान इस प्रकार कराने से है कि वह अपनी क्षमताओं को पहचाने और उनके द्वारा समस्या का हल करे"

विद्यालयीन बालकों के मस्तिष्क अपरिपक्व होते हैं, साथ ही उनके पास जीवन के अनुभव का अभाव रहता है ,वह उचित -अनुचित को समझ नहीं पाते हैं, ऐसे समय पर निर्देशन द्वारा उनकी सहायता की जाती है।

स्किनर ने लिखा है -"आधुनिक शिक्षा में निर्देशन का विशिष्ट उद्देश्य है, प्रत्येक व्यक्ति को उसकी योग्यता रुचियां और अवसरों के अनुकूल चुनाव करने में सहायता देना है"

बालक स्वयं की व्यक्तिगत दैनिक समस्याओं को समझने और सुलझाने, समाधान ढूंढने में असमर्थ होते हैं, ऐसी स्थिति में निर्देशन उनको सहायता प्रदान करता है।

रिस्क के शब्दों में - निर्देशन का उद्देश्य बालकों को उनकी व्यक्तिगत समस्याओं का समाधान करने में सहायता देना है। उचित प्रकार के निर्देशन से छात्रों में अपनी स्वयं की समस्याओं को सुलझाने की क्षमता का विकास होता है। निर्देशन का आधारभूत उद्देश्य आत्म निर्देशन है।

परिकल्पनाएं [Vision]:-

- इसके माध्यम से निःशक्त बच्चे जो मुख्य धारा में नहीं थे अथवा मुख्य धारा से हट गये हैं उन्हें शिक्षा द्वारा मुख्य धारा में लाना।
- इसके माध्यम से व्यक्तिगत शैक्षिक सहायता प्रदान कराना है, ताकि विकलांग बच्चे भी अपनी पूरी क्षमता प्राप्त कर सकें।
- एक स्वागतयोग्य और सुरक्षित स्कूल वातावरण बनाना।

उद्देश्य [Objective]:-

सभी छात्रों को समान अवसर प्रदान करना। अनेकता में एकता को बढ़ावा देना। जाति, लिंग, अक्षमता, चिकित्सा या अन्य आवश्यकताओं के बावजूद सभी छात्रों को शामिल करना। छात्रों को उनकी प्रतिभा, प्रदर्शन आदि के आधार पर वर्गीकृत नहीं करना।

विशिष्ट बालकों के लिए निर्देशन [Guidance for Special Children]

विशिष्ट बालकों का निर्देशन उनकी शिक्षा के लिए अत्यंत आवश्यक है , क्योंकि निर्देशन वह व्यवस्था है जिसके द्वारा शारीरिक व मानसिक रूप से विकलांग बच्चों की शिक्षा व प्रशिक्षण सही तरीके से हो सके क्योंकि सभी विशिष्ट बालकों की मानसिक योग्यता व क्षमता तथा शारीरिक क्रियाएं एक दूसरे से भिन्न होती हैं। विशिष्ट बालक असामान्य क्रियाएं करते हैं और औसत बालक से भिन्न होते हैं । निर्देशन की सहायता से बाधित बालकों की समस्याओं की पहचान कर उन्हें सही तरीके से प्रशिक्षित किया जाता है।

विशिष्ट बालकों के निर्देशन का अर्थ- बालकों के लिए विशेष रूप से दिशा निर्देशन होता है जिससे वे सामान्य बालक के समान ही समाज का एक अंग बन सके और समाज की मुख्य धारा में सम्मिलित हो सके। भारत में लगभग 5 करोड़ अक्षम बालक हैं जो किसी न किसी रूप से विकलांग है इसलिए ऐसे बालकों के लिए व्यापक निर्देशन और परामर्श की आवश्यकता होती है।

समावेशी शिक्षा में परामर्श का अर्थ [The Meaning of Counseling in Inclusive Education]

परामर्श एक जटिल प्रकार का निर्देशन है जिसका प्रयोग किसी व्यक्ति की गंभीर समस्याओं से निपटने के लिए विशेष परिस्थितियों में किया जाता है,

जिसमें एक विशेषज्ञ दूसरे व्यक्ति की व्यक्तिगत कठिनाइयों को हल करने में उचित सहायता देता है ,इससे व्यक्ति स्वयं निर्णय में सक्षम हो जाता है और अपनी समस्या और असंतोष को समझने का प्रयास करने लगता है।

शार्ट रोम एवम ब्रेमर के अनुसार -"परामर्श स्व-समायोजन प्रक्रिया है, जिसके अंतर्गत उपबोध्य को स्वनिर्देशित स्वानुशासित तथा स्वयं के प्रति जिम्मेदारी वहन करने में मदद मिलती है"

परामर्श वैयक्तिक विभिन्नता के सिद्धांत पर कार्य करता है। बाधित बालकों की समावेशी शिक्षा में परामर्श एक महत्वपूर्ण भूमिका निभाता है जो किसी निश्चित लक्ष्य एवं उद्देश्य से प्रारंभ होती है और उनके पुनर्स्थापित एवं पुनर्वासित होने पर समाप्त हो जाती है।

कार्ल रोजर के अनुसार - परामर्श का मुख्य उद्देश्य व्यक्ति के व्यवहारों एवं अभिवृत्तियों में वांछित परिवर्तन लाना है।

निर्देशन के कार्य में परामर्श का स्थान महत्वपूर्ण है बिना परामर्श के निर्देशन संबंधी किसी कार्य का होना असंभव है। परामर्श कार्य व्यक्ति में ऐसी अंतर्दृष्टि पैदा करना है कि वह स्वयं को पहचान कर अपनी समस्या का समाधान स्वयं करने में सक्षम हो जाए।

विशिष्ट बालकों के लिए परामर्श [Counseling for Special Children]:-

विशिष्ट बालक सामान्य बालकों से भिन्न होते हैं। विशिष्ट बालक मानसिक, शारीरिक एवं संवेगात्मक गुणों में सामान्य बालों से इतने भिन्न होते हैं कि उनको सामान्य बालकों के साथ समायोजन में करने में कठिनाई होती है। विशिष्ट बालकों को उनकी विशिष्ट विशेषताओं के आधार पर परामर्श दिया जाता है जिससे वे अपनी समस्या के समाधान के लिए स्व विवेक से कोई हल निकल सके।

रूथ स्ट्रेंग ने लिखा है -"परामर्श प्रक्रिया एक सम्मिलित प्रयास है , इसमें छात्र का उत्तरदायित्व आत्मबोध करने, आगे बढ़ने की दिशा निश्चित करने तथा समस्या उत्पन्न होते ही उनके समाधान हेतु आत्मविश्वास पैदा करने का प्रयास करना है। इस प्रक्रिया में परामर्शदाता की भूमिका छात्र को आवश्यकता अनुसार सहायता करने की है।

विशिष्ट बालकों की सबसे बड़ी समस्या समायोजन की है। वह परंपरागत शिक्षण विधियां से लाभान्वित नहीं हो पाते हैं अतः ऐसे बालकों के लिए मनोवैज्ञानिक विधियां ही कारगर साबित होती है। परामर्श अधिक वैज्ञानिक सलाह है जो प्रशिक्षित अनुभवी तथा विशेषज्ञ परामर्शदाता द्वारा अनेक उपकरण(बुद्धि परीक्षण रुचि परीक्षण बुद्धि लब्धि परीक्षण संचित अभिलेख आदि) का प्रयोग कर दी जाती है।

निर्देशन एवं परामर्श का प्रमुख उद्देश्य शैक्षिक कार्यक्रमों पर जोर देना एवं मजबूती प्रदान करना है।

1. बालक को उसकी स्व-क्षमताओं से परिचित कराना:-

बालक को उसकी क्षमताओं का एहसास करा कर उसके समग्र विकास के लिए निर्देशन एवं परामर्श बहुत जरूरी होता है। निर्देशन एवं परामर्श के माध्यम से बालक को पाठ्यक्रम के अतिरिक्त अन्य क्रियाओं को चुनने का अवसर मिलता है। इसके माध्यम से बालक को अपनी क्षमताओं को पहचानने और उसके विकास के लिए भी मदद मिलती है। परामर्श बालक को उसकी अधिगम परिस्थितियों में क्षमता का उपयोग करने के योग्य बनता है।

2. बालक की समस्याओं के समाधान के लिए:-

विशिष्ट बालकों की शिक्षा समस्याएं भिन्न-भिन्न होती है, जिनके समाधान के लिए बालक को सहायता की जरूरत होती है और यह सहायता निर्देशन एवं परामर्श के माध्यम से शिक्षक द्वारा दी जाती है। परामर्शदाता विशिष्ट बालकों को उनकी शैक्षणिक सामाजिक एवं व्यवसायिक समस्याओं के समाधान के लिए उचित निर्देशन एवं परामर्श प्रदान करता है।

3. बालकों का मार्गदर्शन:-

शिक्षा के दौरान बालकों को मार्गदर्शन की बहुत आवश्यकता होती है। विशेष कर विशेष आवश्यकता वाले बालकों को , क्योंकि वह बिना समुचित परामर्श एवं निर्देशन के ना तो स्वयं निर्णय ले पाते हैं और ना ही कोई कार्य कर सकते हैं ,ऐसी स्थिति में परामर्शदाता बालकों की क्षमता और क्रियाओं का विश्लेषण कर मार्गदर्शन देते हैं ,जिससे बालक वातावरण से सामंजस्य स्थापित करने में समर्थ हो पाते हैं।

4. बालकों में परस्पर सहयोग की क्षमता का विकास:-

शैक्षणिक गतिविधियों के दौरान निर्देशन एवं मार्गदर्शन का सबसे प्रमुख उद्देश्य बालको के मध्य सहयोग की भावनाओं को विकसित करना एवं उसे बनाए रखना होता है, जिसके लिए जरूरी है कि परामर्शदाता को बालकों की आवश्यकताओं का पूरी तरह से ज्ञान हो। बालकों को विद्यालयीन समायोजन के लिए निर्देशन व परामर्श जरूरी होता है।

5. बालकों का सर्वांगीण विकास :- शिक्षा के दौरान बालकों को अनेक शारीरिक मानसिक सामाजिक एवं शैक्षिक समस्याओं का सामना करना पड़ता है, इसके लिए जरूरी है कि उनके लिए समुचित निर्देशन और परामर्श मिले। उचित निर्देशन एवं परामर्श से ही बालक का सर्वांगीण विकास संभव होता है।

परामर्श में सहयोग देने वाली संस्थाएं / विभाग:-

- मनोविज्ञानशाला उ०प्र०, प्रयागराज
- मण्डलीय मनोविज्ञान केन्द्र (मण्डल स्तर पर)
- जिला चिकित्सालय
- जिला शिक्षा एवं प्रशिक्षण संस्थान में प्रशिक्षत डायट मेण्टर
- पर्यवेक्षण एवं निरीक्षण तन्त्र
- समुदाय एवं विद्यालय की सहयोगी समितियाँ
- सरकारी एवं गैर सरकारी संगठन
- बाल-अधिगम में निर्देशन एवं परामर्श का महत्व

मनोविज्ञानशाला उत्तर प्रदेश, इलाहाबाद (प्रयागराज) [Psychology School, Allahabad (Prayagraj), Uttar Pradesh]-

मनोविज्ञानशाला उत्तर प्रदेश, इलाहाबाद (प्रयागराज) में स्थित एक महत्वपूर्ण संस्था है, जो व्यक्तियों को मनोवैज्ञानिक सेवाएं प्रदान करने के लिए समर्पित है। इसकी स्थापना 1947 में आचार्य नरेंद्र देव समिति की सिफारिशों पर उत्तर प्रदेश सरकार द्वारा की गई थी। यह संस्था राज्य शैक्षिक अनुसंधान और प्रशिक्षण परिषद, उत्तर प्रदेश लखनऊ की अधीनस्थ इकाई के रूप में कार्य करती है।

मनोविज्ञानशाला के उद्देश्य [Objectives of Psychology School]:

- 5-20 वर्ष के छात्रों के लिए शैक्षिक, व्यावसायिक और व्यक्तिगत निर्देशन प्रदान करना
- शारीरिक और मानसिक योग्यताओं के आकलन के लिए परीक्षण करना
- प्राथमिक और माध्यमिक स्तर के शिक्षकों को प्रशिक्षण प्रदान करना
- निर्देशन और परामर्श प्रदान करना
- मनोविज्ञान रूप से सक्षम बनाने हेतु प्रशिक्षण देना

मनोविज्ञानशाला के कार्य [Functions of Psychology School]:

- शैक्षिक निर्देशन देना
- वैयक्तिक निर्देशन करना
- बाल निर्देशन करना
- व्यावसायिक निर्देशन करना
- केंद्र सरकार और राज्य सरकार के विभिन्न विभागों के चयन में सहायता प्रदान करना

उत्तर प्रदेश में मंडलीय मनोविज्ञान केंद्र मंडल स्तर [Divisional Psychology Centers in Uttar Pradesh] -

उत्तर प्रदेश में मंडलीय मनोविज्ञान केंद्र मंडल स्तर पर स्थापित किए गए हैं जो व्यक्तियों को मनोवैज्ञानिक सेवाएं प्रदान करते हैं। इन केंद्रों का उद्देश्य छात्रों और व्यक्तियों को शैक्षिक, व्यावसायिक और व्यक्तिगत निर्देशन प्रदान करना है, जिससे वे अपने व्यक्तित्व का समुचित विकास कर सकें।

उत्तर प्रदेश में 10 मंडलीय मनोविज्ञान केंद्र हैं जो निम्नलिखित हैं :

- लखनऊ मंडलीय मनोविज्ञान केंद्र:
- कानपुर मंडलीय मनोविज्ञान केंद्र:
- झांसी मंडलीय मनोविज्ञान केंद्र:
- आगरा मंडलीय मनोविज्ञान केंद्र:
- मेरठ मंडलीय मनोविज्ञान केंद्र:
- मुरादाबाद मंडलीय मनोविज्ञान केंद्र:
- वाराणसी मंडलीय मनोविज्ञान केंद्र:
- बरेली मंडलीय मनोविज्ञान केंद्र:
- अयोध्या मंडलीय मनोविज्ञान केंद्र:
- गोरखपुर मंडलीय मनोविज्ञान केंद्र:
- शैक्षिक निर्देशन: छात्रों को उनके शैक्षिक लक्ष्यों को प्राप्त करने में मदद करना।
- व्यावसायिक निर्देशन: व्यक्तियों को उनके करियर के लक्ष्यों को प्राप्त करने में मदद करना।
- वैयक्तिक निर्देशन: व्यक्तियों को उनके व्यक्तिगत समस्याओं का समाधान करने में मदद करना।
- मनोवैज्ञानिक परीक्षण: व्यक्तियों की मानसिक योग्यताओं और क्षमताओं का आकलन करना।

जिला चिकित्सालय परामर्श के रूप में [District Hospital Counseling]-

जिला चिकित्सालय में मनोविज्ञान सेवाएं एक महत्वपूर्ण पहलू हैं जो व्यक्तियों को मानसिक स्वास्थ्य संबंधी समस्याओं का समाधान करने में मदद करती हैं। इन सेवाओं में शामिल हो सकती हैं:

1. **व्यक्तिगत परामर्श:** मनोविज्ञानी द्वारा व्यक्तियों को उनके मानसिक स्वास्थ्य समस्याओं का समाधान करने में मदद करने के लिए व्यक्तिगत परामर्श प्रदान किया जाता है।
2. **समूह परामर्श:** समूह में व्यक्तियों को उनके मानसिक स्वास्थ्य समस्याओं का समाधान करने में मदद करने के लिए समूह परामर्श प्रदान किया जाता है।
3. **मानसिक स्वास्थ्य मूल्यांकन:** व्यक्तियों की मानसिक स्वास्थ्य स्थिति का मूल्यांकन करने के लिए मनोविज्ञानी द्वारा विभिन्न परीक्षणों और जांचों का उपयोग किया जाता है।
4. **चिकित्सा:** व्यक्तियों को उनके मानसिक स्वास्थ्य समस्याओं के लिए चिकित्सा प्रदान की जाती है, जिसमें दवाएं, थेरेपी और अन्य उपचार शामिल हो सकते हैं।

जिला शिक्षा एवं प्रशिक्षण संस्थान (डाइट) में प्रशिक्षित डायट मेंटर - [DIET Mentors Trained at the District Institute of Education and Training (DIET)]

जिला शिक्षा एवं प्रशिक्षण संस्थान (डाइट) में प्रशिक्षित डायट मेंटर की भूमिका बहुत महत्वपूर्ण है। डाइट का मुख्य उद्देश्य प्रारंभिक शिक्षा में सुधार करना और शिक्षकों को प्रशिक्षित करना है।

डाइट के कार्य [Functions of DIET]:

- **शिक्षक प्रशिक्षण:** डाइट में शिक्षकों को प्रशिक्षित किया जाता है ताकि वे अपने शिक्षण कौशल में सुधार कर सकें।
- **शैक्षिक सामग्री निर्माण:** डाइट में शैक्षिक सामग्री का निर्माण किया जाता है जो शिक्षकों को अपने शिक्षण में मदद करती है।
- **क्रियात्मक अनुसंधान:** डाइट में क्रियात्मक अनुसंधान किया जाता है जिससे शैक्षिक समस्याओं का समाधान किया जा सके।
- **शिक्षकों का क्षमता संवर्द्धन:** डाइट में शिक्षकों का क्षमता संवर्द्धन किया जाता है ताकि वे अपने शिक्षण में नवीनता ला सकें।

डाइट मेंटर की भूमिका [Role of DIET Mentors]:

- **शिक्षकों को मार्गदर्शन:** डाइट मेंटर शिक्षकों को मार्गदर्शन प्रदान करते हैं और उन्हें अपने शिक्षण कौशल में सुधार करने में मदद करते हैं।
- **शैक्षिक नवाचार:** डाइट मेंटर शिक्षकों को शैक्षिक नवाचारों से जोड़ते हैं और उन्हें अपने शिक्षण में नवीनता लाने में मदद करते हैं।
- **शिक्षकों का समर्थन:** डाइट मेंटर शिक्षकों का समर्थन करते हैं और उन्हें अपने शिक्षण में आने वाली समस्याओं का समाधान करने में मदद करते हैं।

डाइट में प्रशिक्षित डायट मेंटर शिक्षकों को अपने शिक्षण कौशल में सुधार करने और शैक्षिक नवाचारों को अपनाने में मदद करते हैं, जिससे शिक्षा की गुणवत्ता में सुधार होता है।

पर्यवेक्षण एवं निरीक्षण तंत्र [Supervision and Inspection Mechanism]-

पर्यवेक्षण एवं निरीक्षण तंत्र एक महत्वपूर्ण प्रक्रिया है जिसका उद्देश्य किसी संगठन या संस्था के कार्यों और गतिविधियों की निगरानी और मूल्यांकन करना होता है। यह तंत्र सुनिश्चित करता है कि संगठन अपने उद्देश्यों को प्राप्त करने के लिए प्रभावी ढंग से कार्य कर रहा है और आवश्यक सुधार किए जा रहे हैं।

पर्यवेक्षण एवं निरीक्षण तंत्र के उद्देश्य [Objectives of the Supervision and Inspection Mechanism]:

1. **कार्यों की निगरानी:** पर्यवेक्षण एवं निरीक्षण तंत्र के माध्यम से संगठन के कार्यों की निगरानी की जाती है और सुनिश्चित किया जाता है कि वे निर्धारित मानकों और उद्देश्यों के अनुसार हो रहे हैं।
2. **मूल्यांकन और सुधार:** इस तंत्र के माध्यम से संगठन के कार्यों का मूल्यांकन किया जाता है और आवश्यक सुधार किए जाते हैं ताकि संगठन अपने उद्देश्यों को प्राप्त कर सके।
3. **जवाबदेही सुनिश्चित करना:** पर्यवेक्षण एवं निरीक्षण तंत्र सुनिश्चित करता है कि संगठन के अधिकारी और कर्मचारी अपनी जिम्मेदारियों का निर्वहन कर रहे हैं और जवाबदेह हैं।

समुदाय और विद्यालय की सहयोगी समितियां [Community and School Support Committees] -

समुदाय और विद्यालय की सहयोगी समितियां एक महत्वपूर्ण पहलू हैं जो विद्यालयों को समुदाय के साथ जोड़ने और शिक्षा की गुणवत्ता में सुधार करने में मदद करती हैं। इन समितियों का उद्देश्य विद्यालय और समुदाय के बीच सहयोग और संवाद को बढ़ावा देना है, जिससे छात्रों को बेहतर शिक्षा और समर्थन मिल सके।

समुदाय और विद्यालय की सहयोगी समितियों के कार्य:

[Functions of Community & School Support Committees]

1. **विद्यालय और समुदाय के बीच संवाद:** समितियां विद्यालय और समुदाय के बीच संवाद को बढ़ावा देती हैं और दोनों के बीच सहयोग को मजबूत करती हैं।
2. **छात्रों के समर्थन:** समितियां छात्रों को समर्थन प्रदान करती हैं और उनकी शैक्षिक और व्यक्तिगत जरूरतों को पूरा करने में मदद करती हैं।
3. **विद्यालय के विकास में योगदान:** समितियां विद्यालय के विकास में योगदान करती हैं और विद्यालय की गतिविधियों में भाग लेती हैं।
4. **समुदाय की भागीदारी:** समितियां समुदाय की भागीदारी को बढ़ावा देती हैं और समुदाय के सदस्यों को विद्यालय की गतिविधियों में शामिल होने के लिए प्रोत्साहित करती हैं।

सरकारी एवं गैर-सरकारी संगठन की परामर्श में भूमिका [Role of Government and Non-Governmental Organizations in Counseling]

परामर्श में सहयोग सरकारी एवं गैर-सरकारी संगठनों के बीच एक महत्वपूर्ण पहलू है जो व्यक्तियों, समूहों और समुदायों को समर्थन और मार्गदर्शन प्रदान करने में मदद करता है। सरकारी और गैर-सरकारी संगठन दोनों ही परामर्श सेवाएं प्रदान करने में महत्वपूर्ण भूमिका निभाते हैं।

सरकारी संगठनों की भूमिका [Role of Government Organizations]:

1. **नीतियों और कार्यक्रमों का विकास:** सरकारी संगठन परामर्श सेवाओं के लिए नीतियों और कार्यक्रमों का विकास करते हैं।
2. **वित्तीय समर्थन:** सरकारी संगठन परामर्श सेवाओं के लिए वित्तीय समर्थन प्रदान करते हैं।
3. **प्रशिक्षण और क्षमता निर्माण:** सरकारी संगठन परामर्शदाताओं के लिए प्रशिक्षण और क्षमता निर्माण कार्यक्रम प्रदान करते हैं।

गैर-सरकारी संगठनों की भूमिका:

[Role of Non-Governmental Organizations]

1. **समुदाय आधारित परामर्श सेवाएं:** गैर-सरकारी संगठन समुदाय आधारित परामर्श सेवाएं प्रदान करते हैं।
2. **विशेषज्ञता और समर्थन:** गैर-सरकारी संगठन विशेषज्ञता और समर्थन प्रदान करते हैं जो व्यक्तियों और समूहों को उनकी विशिष्ट जरूरतों के अनुसार मदद करता है।
3. **नवाचार और लचीलापन:** गैर-सरकारी संगठन नवाचार और लचीलेपन को बढ़ावा देते हैं जो परामर्श सेवाओं को अधिक प्रभावी बनाता है।

अभ्यास प्रश्न

1. **समावेशी कक्षा में किस प्रकार का/के छात्र शामिल होता/होते है/हैं ?** **[UPTET 2018]**

(A) केवल विशिष्ट छात्र

(B) सामान्य और विशिष्ट छात्र

(C) केवल सामान्य छात्र

(D) बहुभाषी और प्रतिभाशाली छात्र

2. **विशेष रूप से जरूरतमन्द बच्चों की शिक्षा का प्रबन्ध होना चाहिए-** **[UPTET 2011]**

(a) दूसरे सामान्य बच्चों के साथ

(b) विशेष विद्यालयों में विशेष शिक्षकों द्वारा

(c) विशेष विद्यालयों में विशेष बच्चों के लिए विकसित विधियों द्वारा

(d) विशेष विद्यालयों में

3. **निम्नलिखित संरचनाओं में से शिक्षा का अधिकार अधिनियम, 2009 किसकी वकालत करता है?** **[CTET 2019]**

(a) पृथक्करण (b) मुख्यधारा शिक्षण

(c) एकीकृत शिक्षा (d) समावेशी शिक्षा

4. समावेशी शिक्षा' के पीछे अंतर्हित विचार है- [CTET 2020]

(a) बच्चों को उनकी योग्यता के आधार पर पृथक करना और व्यावसायिक प्रशिक्षण का प्रबंध करना।

(b) बच्चों की अक्षमताओं के आधार पर उनकी सीमाओं की पहचान करने के लिए, उन्हें नामांकित करना।

(c) अलग-अलग अक्षमताओं वाले बच्चों के लिए विशिष्ट शैक्षिक संस्थानों का प्रावधान करना।

(d) दार्शनिकता कि सभी बच्चों को नियमित विद्यालय में समान शिक्षा पाने का अधिकार है।

5. समावेशी शिक्षा.......... के सिद्धांत पर आधारित है। [CTET 2018]

(a) सामाजिक संतुलन (b) समता एवं समान अवसर

(c) सामाजिक अस्तित्व एवं वैश्वीकरण

(d) विश्व बंधुता

6. समावेशी कक्षा में किस प्रकार का/के छात्र शामिल होता/होते है/हैं? [UPTET 2018]

(a) सामान्य और विशिष्ट छात्र (b) केवल सामान्य छात्र

(c) केवल विशिष्ट छात्र

(d) बहुभाषी और प्रतिभाशाली छात्र

7. नि:शक्त बच्चों के लिए समेकित शिक्षा की केंद्रीय प्रायोजित योजना का उद्देश्य है......... में नि:शक्त बच्चों को शैक्षिक अवसर उपलब्ध कराना। [CTET 2011]

(a) मुक्त विद्यालयों

(b) 'ब्लाइंड रिलीफ एसोसिएशन' के विद्यालयों

(c) नियमित विद्यालयों (d) विशेष विद्यालयों

8. समावेशीकरण की सफलता के लिए आवश्यक है- [UPTET 2018]

(a) अभिभावकों की भागीदारी का न होना

(b) अलगाव (c) क्षमता निर्माण का अभाव

(d) संवेदनशीलता

9. .... विचारधारा है कि सभी बच्चों को एक नियमित विद्यालय व्यवस्था में समान शिक्षा प्राप्त करने का अधिकार हो।

(a) विशेष शिक्षा (b) बहुल-सांस्कृतिक शिक्षा

(c) समावेशी शिक्षा (d) मुख्यधारा शिक्षा

10. समावेशी शिक्षा मानती है कि हमें .... को .... के अनुरूप बदलना है। [CTET 2015]

(a) बच्चे/व्यवस्था (b) व्यवस्था/बच्चे

(c) परिवेश/परिवार (d) बच्चे/परिवेश

11. 'सभी के लिए विद्यालयों में सभी की शिक्षा' निम्नलिखित में से किसके लिए प्रचार वाक्य हो सकता है? [CTET 2014]

(a) संसक्तिशील शिक्षा (b) समावेशी शिक्षा

(c) सहयोगात्मक शिक्षा (d) पृथक शिक्षा

12. निम्नलिखित में से कौन-सा समावेशी कक्षा में सबसे अधिक महत्वपूर्ण है? [CTET 2019]

(a) मानकीकृत परीक्षण

(b) प्रतियोगी अधिगम को बढ़ावा देना

(c) विशिष्ट शिक्षा योजना (d) एकरूप निर्देश

13. नि:शक्त बच्चों के लिए समेकित शिक्षा की केन्द्रीय प्रायोजित योजना का उद्देश्य है .... में नि:शक्त बच्चों को शैक्षिक अवसर उपलब्ध कराना।

(a) विशेष विद्यालयों (b) मुक्त विद्यालयों

(c) नियमित विद्यालयों

(d) 'ब्लाइंड रिलीफ एसोसिएशन' के विद्यालयों

14. शिक्षार्थियों को ....के लिए प्रोत्साहित नहीं करना चाहिए। [CTET 2011]

(a) समूह कार्य में दूसरे शिक्षार्थियों के साथ सक्रिय रूप से अन्तःक्रिया करने

(b) शिक्षक जो पूछ सकते हैं उन सभी प्रश्नों के उत्तर याद करने

(c) कक्षा के अन्दर और बाहर अधिक-से-अधिक प्रश्न पूछने

(d) अधिक-से-अधिक पाठ्य-सहगामी क्रियाओं में हिस्सा लेने

15. एकीकृत छात्र-केन्द्रित अधिगम के लिए पाठ्यक्रम में निम्नलिखित में से क्या लाभकारी नहीं है ? [UPTET 2011]

(a) सहकर्मी संचार का विकास

(b) छात्र-शिक्षक सम्बन्ध का निर्माण

(c) छात्र का अभिप्रेरण विकास

(d) खोज/सक्रिय अधिगम का ह्रास

16. अध्यापक को यह सुनिश्चित करना चाहिए कि उसकी कक्षा के सभी शिक्षार्थी अपने आपको स्वीकृत और सम्मानित समझे। इसके लिए शिक्षक को चाहिए कि वह [CTET 2015]

(a) उन शिक्षार्थियों का पता लगाए जो अच्छी अंग्रेजी बोल सकते हों और सम्पन्न घरों से हो तथा उन्हें आदर्श के रूप में प्रस्तुत करें

(b) कड़े नियम बनाये और जो बच्चे उनका पालन न करें उन्हें दण्ड दे

(c) वंचित पृष्ठभूमि से आने वाले बच्चो का तिरस्कार करें ताकि वे अनुभव करें कि उन्हें अधिक कठोर परिश्रम करना है

(d) अपने शिक्षार्थियों की सामाजिक और सांस्कृतिक पृष्ठभूमि की जानकारी प्राप्त करे और कक्षा में विविध मतों को प्रोत्साहित करें

17. समावेशी शिक्षा मानती है कि हमे........ को ....के अनुरूप बदलता है। [CTET 2019]

(a) व्यवस्था/बच्चे (b) बच्चे/व्यवस्था

(c) परिवार/बच्चे (d) परिवेश/परिवार

18. वचित समूहों के विद्यार्थियों को सामान्य विद्यार्थियों के साथ-साथ पढ़ाना चाहिए। इसका अभिप्राय है [UPTET 2015]

(a) समावेशी शिक्षा (b) एकीकृत शिक्षा

(c) विशेष शिक्षा (d) अपवर्जन शिक्षा

19. निम्नलिखित में से किस क्षेत्र में एन. सी. ई. आर. टी. मनोविज्ञान का प्रयोग कर रहा है ? [HTET 2015]

(a) पाठ्य-पुस्तकों का निर्माण (b) वित्तीय सहायता

(c) विद्यालय संगठन (d) विषय निर्धारण

20. समावेशी शिक्षा के पीछे मूलाधार यह है कि- [CTET 2015]

(a) समाज में विभिन्नता है और विद्यालयों को इस विभिन्नता के प्रति संवेदनशीलता होने के लिए समावेशी होने की आवश्यकता है

(b) विशेष आवश्यकता वाले बच्चों के लिए अलग विद्यालयों की व्यवस्था करना लागत प्रभावी नहीं है

(c) प्रत्येक बच्चे के निष्पादन के लिए मानक एक समान तथा मानकीकृत होने चाहिए

(d) हमें विशेष आवश्यका है और सुविधाओं तक उनकी पहुँच होनी चाहिए

21. विविध अधिगमकर्ताओं के लिए सुगम्य स्वरूपों शिक्षण अधिगम सामग्रियाँ प्रदान करने का तात्पर्य से है। [CTET 2018]

(a) सार्वभौमिक समावेशी शिक्षा के नैतिक विषय

(b) शिक्षण व्यावसायिकता की सार्वभौमिक संहिता

(c) शिक्षण के सार्वभौमिक मानववादी दृष्टिकोण

(d) अधिगम की सार्वभौमिक संरचना

22. समावेशी शिक्षा .... के सिद्धान्त पर आधारित है। [CTET 2019]

(a) सामाजिक संतुलन (b) समता एवं समान अवसर

(c) सामाजिक अस्तित्व एवं वैश्वीकरण (d) विश्व बन्धुता

23. समावेशीकरण की सफलता के लिए आवश्यक है- [UPTET 2011]

(a) अभिभावकों की भागीदारी का न होना

(b) अलगाव (c) क्षमता निर्माण का अभाव

(d) संवेदनशीलता

24. समावेशी शिक्षा में अंतर्निहित विचार है-

(a) अलग अलग अक्षमताओं वाले बच्चों के लिए विशिष्ट शैक्षिक संस्थानों का प्रावधान करना

(b) दार्शनिकता कि सभी बच्चों को नियमित विद्यालय में समान शिक्षा पाने का अधिकार है।

(c) बच्चों को उनकी योग्यता के आधार पर पृथक करना और व्यावसायिक प्रशिक्षण का प्रबन्ध करना

(d) बच्चां की अक्षमताओं के आधार पर उनकी सीमाओं की पहचान करने के लिए उन्हें नामांकित करना

25. निम्नलिखित में से कौन सा समावेशी कक्षा में सबसे अधिक महत्वपूर्ण है?

(a) मानकीकृत परीक्षण (b) प्रतियोगी अधिगम को बढावा देना

(c) विशिष्ट शिक्षा योजना (d) एकरूप निर्देश

26. समावेशित विद्यालय योजना के सन्दर्भ में कौन सा कथन गलत है?

(a) समानता की भावना का विकास

(b) धनात्मक आत्मसम्मान का विकास

(c) विशेष आवश्यकता वाले विद्यार्थियों में आत्म-हीनता की भावना का विकास

(d) विशेष बालकों के नैतिक आचरण को उठाना

27. समावेशी शिक्षा स्वागत करता है-

(a) केवल अक्षमतायुक्त सीखने वाले का

(b) केवल अक्षमता रहित सीखने वाले का

(c) दोनों तरह के सीखने वाले का

(d) केवल प्रतिभाशाली सीखने वाले का

28. निम्नलिखित में से क्या समावेशी शिक्षा की चुनौती नहीं है?

(a) परिवर्तन का विरोध (b) पर्याप्त बजट

(c) अधिगम सामग्री की कमी

(d) लचीला अधिगम वातावरण

29. समावेशी शिक्षा का महत्व है-

(a) छात्रों में सहनशीलता के गुणों का विकास

(b) दूसरे के व्यक्तित्व के सम्मान की भावना का विकास

(c) मानव संसाधन का सही निर्माण

(d) उपरोक्त सभी

30. समावेशी शिक्षा की व्यवस्था की जाती है-

(a) सामान्य बालकों हेतु (b) विशिष्ट बालकों हेतु

(c) दोनों प्रकार के लिए (d) किसी के लिए नहीं

ANSWER KEY

1. (b) 2. (a) 3. (d) 4. (d) 5. (b) 6. (a) 7. (c) 8. (d) 9. (c) 10. (b) 11. (b) 12. (c) 13. (c)
14. (b) 15. (d) 16. (d) 17. (a) 18. (a) 19. (a) 20. (a) 21. (d) 22. (b) 23. (d) 24. (b) 25. (c) 26. (c)
27. (c) 28. (d) 29. (d) 30. (c)

10 विशिष्ट आवश्यकता वाले बच्चे

विशिष्ट आवश्यकता वाले बच्चे (Children With Special Need CWSN)

विशिष्ट आवश्यकता वाले बच्चे (Children With Special Needs - CWSN) वे बच्चे होते हैं जिन्हें शारीरिक, बौद्धिक, संवेदी, सीखने संबंधी या भावनात्मक अक्षमताओं के कारण नियमित बच्चों की तुलना में अतिरिक्त सहायता, समायोजन और देखभाल की आवश्यकता होती है, इन बच्चों को सीखने, गतिशीलता, स्वास्थ्य या व्यवहार जैसे क्षेत्रों में विशेष ध्यान और समर्थन की ज़रूरत होती है|

विशिष्ट बालक का अर्थ

मनौवैज्ञानिकों के अनुसार विशिष्ट बालकों में सोचने, समझने, सीखने, समायोजन करने आदि की योग्यतायें सामान्य बालकों से अलग पाई जाती हैं। विशिष्ट बालकों में किसी कार्य को सामान्य बालकों की अपेक्षा ज्यादा तेजी से बहुत देर से करते हैं ।

CWSN (Children with Special Needs)

CWSN उन बच्चों को कहते हैं, जिनकी शारीरिक, मानसिक, या व्यवहारिक विकास में किसी प्रकार की कमी होती है, जिससे उन्हें सामान्य बच्चों की तरह सीखने और जीवन की गतिविधियों में भाग लेने में बाधा आती है, इन बाधाओं को दूर करने और उनकी पूरी क्षमता तक पहुँचने में मदद करने के लिए उन्हें विशेष शैक्षणिक तरीकों, सहायक उपकरणों, और विशेष शिक्षा की आवश्यकता होती है|

प्रमुख परिभाषाएं [Key Definitions] -

क्रिक के अनुसार विशिष्ट बालक की परिभाषा - क्रिक के अनुसार विशिष्ट बालक वह है जो सामान्य अथवा औसत बालक से मानसिक, शारीरिक तथा सामाजिक विशेषताओं से इतना अधिक भिन्न है कि वह विद्यालय व्यवस्थाओं में संशोधन अथवा विशेष सेवायें चाहता है जिससे वह अपनी अधिकतम क्षमता का विकास कर सके।

हैरी बाकर के अनुसार विशिष्ट बालक की परिभाषा- हैरी बाकर के अनुसार असाधारण / विशिष्ट बालक वे हैं - जो शारीरिक, मानसिक, संवेगात्मक और सामाजिक दृष्टि से सामान्य गुणों से इस सीमा तक विचलित होते हैं कि उन्हें अपनी अधिकतम क्षमता के अनुसार स्वयं का विकास करने के लिए विशिष्ट शिक्षा की आवश्यकता पड़ती है।

हीबर्ड (1996) के अनुसार,विशिष्ट बालक की परिभाषा - "विशिष्ट बच्चों की श्रेणी में वे बच्चे आते हैं, जिन्हें सीखने में कठिनाई का अनुभव होता है या जिनमें मानसिक या शैक्षिक निष्पादन या सृजन अत्यंत उच्चकोटि का होता है या जिनको व्यावहारिक, सांवेगिक एवं सामाजिक समस्याएं घेर लेती हैं या वे विभिन्न शारीरिक अपंगताओं या निर्बलताओं से पीड़ित रहते हैं, जिनके कारण ही उनके लिए अलग से विशिष्ट शिक्षा की व्यवस्था करनी पड़ती है।"

क्रो एवं क्रो के अनुसार विशिष्ट बालक की परिभाषा , - "विशिष्ट प्रकार या विशिष्ट पद किसी गुण या उन गुणों से युक्त व्यक्ति पर लागू होता है, जिसके कारण वह व्यक्ति, साथियों का ध्यान अपनी ओर विशिष्ट रूप

से आकर्षित करता है तथा इससे उसके व्यवहार की अनुक्रिया भी प्रभावित होती है।"

विशिष्ट बालकों के प्रकार-

(A) बौद्धिक दृष्टि से विशिष्ट बालक

1. प्रतिभाशाली बालक
2. सृजनात्मक बालक
3. मंदबुद्धि बालक

(B) शैक्षिक दृष्टि से विशिष्ट बालक

1. तीव्र बालक
2. पिछड़ा बालक

(C) शारीरिक दृष्टि से विशिष्ट बालक

1. श्रवण बाधित बालक
2. कम सुनने वाले बालक
3. अंधे बालक / दृष्टिबाधित बालक
4. दृष्टि दोष से युक्त बालक
5. वाणी दोष से युक्त बालक
6. दिव्यांग बालक

(D) समाजिक रूप से विचलित बालक

1. समस्यात्मक बालक
2. बाल अपराधी
3. माता पिता द्वारा तिरस्कृत बालक
4. वंचित बालक

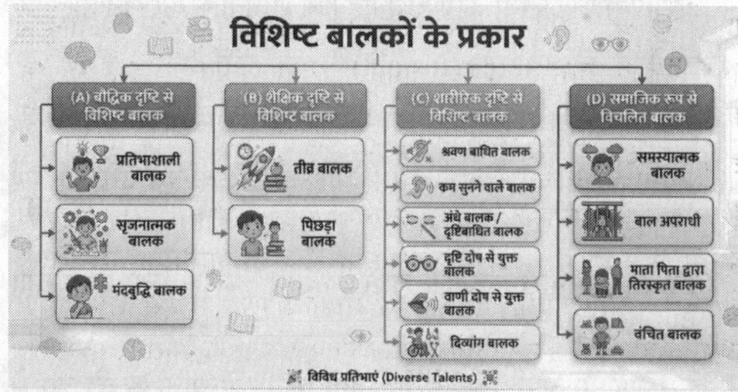

प्रतिभाशाली बालक (Gifted Children)

जिन बालकों की बुद्धि या मानसिक क्षमता सामान्य बालकों से अधिक होती है, उन्हें प्रतिभाशाली बालक कहा जाता है।

"प्रतिभाशाली छात्रों" की परिभाषा को स्पष्ट करना कभी-कभी मुश्किल हो सकता है। नेशनल एसोसिएशन फॉर गिफ्टेड चिल्ड्रन के अनुसार, प्रतिभाशाली छात्र वे होते हैं जिनमें प्रतिभा और प्रतिभा होती है और जो एक या एक से ज़्यादा क्षेत्रों में समान आयु, अनुभव और परिवेश के अन्य छात्रों की तुलना में उच्च स्तर पर प्रदर्शन करते हैं- या प्रदर्शन करने की क्षमता रखते हैं।

प्रतिभाशाली बालकों में विकास की संभावनायें अधिक होती हैं। उच्च मानसिक योग्यता वाले बालकों को इंगित करने के लिए अनेक शब्दों जैसे - प्रतिभाशाली बालक (Gifted Children), श्रेष्ठ बालक (Superior Children), निपुण बालक (Talented Children), तीव्र सीखने वाले (Rapid Learners), होशियार छात्र (Brilliant Students) तथा तीव्र छात्र (Bright Students) आदि का भी प्रयोग किया जाता है। ये सभी शब्द लगभग एक दूसरे के पर्यायवाची के रूप में योग्यता, उपलब्धि, क्षमता आदि में सामान्य बालकों से सार्थक रूप से अधिक योग्यता वाले बालकों के लिए प्रयुक्त किये जाते हैं।

सामान्य तौर पर 130 से अधिक बुद्धि लब्धि वाले बालक बालिकाओं को प्रतिभाशाली बालक माना जा सकता है।

कुछ विद्वान विभिन्न क्षेत्रों में उनके द्वारा किये जाने वाले असाधारण प्रदर्शन (Unusual Performance) को प्रतिभा की कसौटी मानते हैं। उनके अनुसार संगीत, कला, अभिनय, लेखन, नृत्य, गायन आदि क्षेत्रों में असाधारण योग्यता वाले बालकों को प्रतिभाशाली बालक माना जा सकता है।

सामान्य तौर पर प्रतिभाशाली बालकों को उच्च बुद्धि (Higher Intelligence) के आधार पर परिभाषित किया जाता है। प्रतिभा को सामान्य बौद्धिक योग्यता अथवा विभिन्न क्षेत्रों जैसे कला, संगीत, नेतृत्व आदि में विशिष्ट योग्यता के आधार पर भी परिभाषित किया जा सकता है। बौद्धिक दृष्टि (Intellectual Viewpoint) से प्रतिभाशाली बालकों से तात्पर्य उच्च बुद्धिलब्धि (High I.Q) वाले बालकों से होता है।

परिभाषाएं [Definitions]

टरमन व ओडन- "प्रतिभाशाली बालक शारीरिक गठन, सामाजिक समायोजन, व्यक्तित्व के लक्षणों, विद्यालय उपलब्धि, खेल की सूचनाओं और रुचियों की बहुरूपता में सामान्य बातकों से बहुत श्रेष्ठ होते हैं।"

स्किनर / हैरीमैन - "प्रतिभाशाली शब्द का प्रयोग उन एक प्रतिशत बालकों के लिए किया जाता है जो सबसे अधिक बुद्धिमान होते हैं।

कॉलसनिक के अनुसार, 'वह प्रत्येक बालक जो अपनी आयु स्तर के बालकों में किसी योग्यता में अधिक हो और जो हमारे समाज के लिए कुछ महत्त्वपूर्ण नई देन हो।"

पॉल विट्टी- प्रखर बुद्धि बालक वह है जो किसी कार्य को करने के प्रयास में निरन्तर उच्च स्तर बनाये रखता है।"

यूएस ऑफिस फॉर एजुकेशनल रिसर्च एंड इम्प्रूवमेंट (OERI) (1993) -

प्रतिभाशाली का संबंध असामान्य प्रतिभा (Outstanding Talent) से है तथा यह सभी आर्थिक वर्गों, और मानव प्रयास के सभी क्षेत्रों में तथा सभी सांस्कृतिक समूहों के बच्चों और युवाओं में पाया जा सकता है।

प्रतिभावान बालकों की पहचान [Identification of gifted children]

प्रत्येक कक्षा में प्रतिभावान बालक होते हैं। अतः यह आवश्यक है कि ऐसे बालकों का पता लगाकर उनका अधिकतम विकास किया जाये। प्रतिभावान बालक राष्ट्र व समाज की अमूल्य निधि व सम्पत्ति होते हैं। इनका पता लगाने के लिए अध्यापक को विभिन्न प्रविधियों का प्रयोग करना पड़ता है।

प्रतिभावान बालकों की पहचान व चयन करने के लिए निम्नलिखित प्रविधियों का प्रयोग किया जा सकता है-

1. **बुद्धि परीक्षण-** प्रतिभावान बालकों की पहचान के लिए व्यक्तिगत बुद्धि- परीक्षण उत्तम साधन है। इन परीक्षाओं के द्वारा व्यक्तिगत रूप से बालक की बुद्धि का पता लगाया जाता है। इन बुद्धि परीक्षाओं को अध्यापक व्यक्तिगत तौर पर या समूहों में कर सकता है।
2. **उपलब्धि परीक्षण-** बुद्धि परीक्षा के अतिरिक्त परीक्षण द्वारा भी प्रतिभावान बालकों की पहचान की जा सकती है। उच्च स्तर की उपलब्धि बालकों के प्रतिभावान होने की आशा जाग्रत करती है। परन्तु उपलब्धि अंक जितने उच्च होंगे, बालक उतना ही प्रतिभाशाली होगा यह आवश्यक नहीं है।
3. **शिक्षक अवलोकन-** बालक शिक्षक के सम्पर्क में रहते हैं। वह उनका दैनिक अवलोकन करता है। वह छात्रों में दैनिक क्रियाकलापों परीक्षा परिणामों आदि के आधार पर प्रतिभावान बालकों का पता लगा लेते हैं।
4. **सम्बन्धित व्यक्तियों से सूचनायें-** प्रतिभावान बालकों के व्यक्तित्व के बारे में अन्य व्यक्तियों से भी सूचनायें एकत्रित कर सकता है। सम्बन्धित व्यक्तियों से अध्यापक छात्रों की रुचियों आदि का ज्ञान भी प्राप्त कर सकता है। वह उनकी रुचियों के अनुसार अपने शिक्षण कार्य में आवश्यक परिवर्तन एवं सुधार ला सकता है।

इसके अतिरिक्त विद्यालयी प्रगति रिकॉर्ड, साक्षात्कार कक्षा व्यवहार व कार्य प्रणाली द्वारा भी प्रतिभावान बालकों की पहचान की जा सकती है।

प्रतिभाशाली बालकों की विशेषतायें (Characteristics of the Gifted Children) -

प्रतिभाशाली बालकों को पहचानने के लिए यह अत्यन्त आवश्यक है कि पहले उनकी विशेषताओं को जाना जाये।

प्रतिभाशाली बालकों की कुछ सामान्य विशेषतायें निम्नवत् हैं-

1. इनमें पढ़ने लिखने के प्रति अधिक रुचि होती है।
2. इनका शब्द भण्डार अधिक व्यापक होता है।
3. ये कठिन विषयों में अधिक रुचि लेते हैं।
4. इनकी ज्ञानेन्द्रियों का विकास अधिक तीव्र गति से होता है।
5. इनमें संज्ञानात्मक क्रियाओं की योग्यता अधिक तीव्र होती है।
6. इनका सामान्य ज्ञान अधिक अच्छा होता है।
7. ये अमूर्त विषयों में अधिक रुचि लेते हैं।
8. ये समस्याओं का समाधान शीघ्र कर लेते हैं।
9. इनमें बौद्धिक नेतृत्व के गुण होते हैं।
10. ये विद्यालयी परीक्षाओं में अधिक अंक पाते हैं।
11. इनके बुद्धि परीक्षणों पर अंक अधिक होते हैं।
12. इनके क्रियाकलापों में विविधतायें पायी जाती हैं।
13. ये अपना विद्यालयी कार्य तथा गृहकार्य शीघ्रता से कर लेते हैं।
14. इनमें अन्तर्दृष्टि या सूझ (Insight) अधिक होती है।
15. ऐसे बालक दूसरे के भाव एवं अधिकार के प्रति संवेदनशील होते हैं।
16. किसी भी विचार विमर्श में ऐसे बालक मौलिक एवं उत्तेजना पूर्ण योगदान करते हैं।
17. ऐसे बालक सीखने के लिए तथा अन्वेषण करने के लिए प्रेरित रहते हैं।
18. ऐसे बालक अपने विचारों एवं भाव की अभिव्यक्ति अच्छे ढंग से करते हैं।
19. ऐसे बालक अपनी जिंदगी की खुशी या दूसरे व्यक्तियों की खुशी को बढ़ाने में भरपूर योगदान करते हैं।
20. ऐसे बालक को किसी विषय या पाठ को सीखने में कम त्रुटियों एवं अभ्यास की जरूरत होती है।
21. ऐसे बालक प्रायः किसी विचार गोष्ठी में अपना प्रभुत्व दिखाते हैं।
22. पुनरावृति से ऐसे बालक जल्दी उब जाते हैं।
23. ऐसे बालकों में नियम सिद्धांत आदि के खिलाफ आवाज बुलंद करने की प्रवृत्ति अधिक होती है।

24. प्रतिभाशाली बालक प्राय सहनशील धैर्यवान अधिक स्वस्थ एवं अनुशासन प्रिय होते हैं।
25. ऐसे बालकों के दैनिक कार्यों में विभिन्नता पाई जाती है और सामान अध्ययन में अधिक रूचि देखी जाती है।
26. प्रतिभाशाली बालक सदैव एकाग्र चित्त रहते हैं इन बालकों में और अवधान की शक्ति (Attention) एवं मनन करने की शक्ति अधिक पाई जाती है।
27. ऐसे बालक स्व प्रेरित होते हैं और नवीन कार्य को सदैव एक चुनौती के रूप में स्वीकार करते हैं ऐसे बालकों को किसी प्रकार के मार्गदर्शन की आवश्यकता नहीं होती है।

प्रतिभावान बालकों की समस्यायें-

प्रतिभावान बालक की अपनी अलग समस्यायें होती हैं। उनकी तरफ भी ध्यान देना आवश्यक है-

1. सर्वप्रथम यह आवश्यक है कि प्रतिभावान बालक को पहचान लिया जाये। कभी- कभी ऐसे बालकों को शिक्षक नहीं पहचानता है और उन्हें पिछड़े बालक मान लेता है जिससे उनका उचित विकास नहीं हो पाता।
2. साधारण कक्षाओं में पढ़ने पर प्रतिभावान बालक को अपनी क्षमता का पूर्ण विकास करने का अवसर नहीं मिल पाता है। इस कारण उसकी प्रतिभा कुण्ठित हो जाती है।
3. ऐसे बालक की मानसिक क्षमता अधिक होने के कारण वह वर्ष भर के कार्य को कम समय में ही समाप्त कर लेता है। परन्तु उसे साधारण बच्चों की गति से ही चलना पड़ता है. इसलिए उसकी सीखने की गति उसकी योग्यताओं के अनुपात में नहीं हो पाती। इस कारण उसका समायोजन उचित प्रकार से नहीं हो पाता है।
4. सामान्य कक्षा में पढ़ने पर प्रतिभावान बालकों को अपनी विशेष योग्यता का शीघ्र पता चल जाता है। इस कारण उसमें अहम् भाव विकसित हो जाता है तथा अन्य बालकों को हेय दृष्टि से देखता है। इस कारण उनका सामाजिक एवं संवेगात्मक समायोजन समाप्त होने लगता है।
5. सामान्य कक्षा में प्रतिभाशाली बालकों के रटने से सामान्य बालक उनसे सदैव पीछे रहते हैं तथा उन्हें अपनी सम्प्राप्ति पर दुख एवं निराशा होती है। इस कारण उनका मानसिक समायोजन नहीं हो पाता है।
6. कभी-कभी ऐसे बालक अध्यापक का निरादर झगड़ा तथा दोषारोपण करते रहते हैं। इस कारण इनकी तरफ विशेष ध्यान देने की आवश्यकता है क्योंकि उनकी संख्या कम होती है। इसलिए अध्यापक इनकी तरफ आसानी से ध्यान दे सकता है। ये बालक समाज के विकास में उचित योगदान कर सकते हैं।
7. प्रतिभावान बालकों का घर में भी उचित समायोजन नहीं हो पाता क्योंकि वे यह चाहते हैं कि उनको साधारण बच्चों से अधिक प्रतिष्ठा मिले। इस कारण माता- पिता तथा इन बच्चों में लड़ाई झगड़े होते रहते हैं।

प्रतिभाशाली छात्रों के लक्षण [Characteristics of Gifted Students]

- प्रतिभाशाली छात्र अक्सर अनमने भाव से चिंतन करते हैं और जटिल तरीकों से जानकारी को संसाधित कर सकते हैं।
- वे स्वतंत्र विचारक हैं।
- महान बौद्धिक जिज्ञासा और जिज्ञासा प्रदर्शित करता है।
- उनकी उम्र के लिए शब्दावली का एक उन्नत स्तर होता है।
- एक या अधिक क्षेत्रों में असाधारण प्रतिभा प्रदर्शित करते हैं।
- नई जानकारी को आसानी से सीखने में सक्षम होते हैं।
- वे किसी समस्या के लिए विभिन्न समाधानों के साथ आ सकते हैं।

प्रतिभाशाली बालकों की शिक्षा व्यवस्था के मुख्य तरीके त्वरण (Acceleration): प्रतिभाशाली बच्चों को उनकी गति से सीखने और तेजी से आगे बढ़ने के अवसर दिए जाते हैं। इसमें शामिल हैं:

जल्दी प्रवेश: नर्सरी या केजी में जल्दी प्रवेश।

ग्रेड से तेज़ी से आगे बढ़ना: कुछ विषयों में ग्रेड से तेज़ी से आगे बढ़ना।

त्वरित पदोन्नति: बच्चों को सीधे अगले ग्रेड में प्रमोट करना।

संवर्धन (Enrichment): इसमें बच्चों को उनके रुचि के विषयों में अधिक गहराई और विस्तार से सिखाया जाता है। इसमें शामिल हैं,

उन्नत पाठ्यक्रम: ऐसे पाठ्यक्रम बनाना जो सामान्य पाठ्यक्रम से अधिक चुनौतीपूर्ण हों।

अतिरिक्त सामग्री: विषय से संबंधित अधिक और गहन सामग्री प्रदान करना।

विशेष कार्यक्रम: विशेष रुचि वाले क्षेत्रों के लिए विशेष कार्यक्रम और गतिविधियाँ।

अन्य महत्वपूर्ण पहलू

विशेष स्कूल या कक्षाएँ: कुछ बच्चे विशेष प्रतिभाशाली स्कूलों में अध्ययन करते हैं या अपनी सामान्य कक्षाओं में प्रतिभाशाली बच्चों के लिए बने समूहों में शामिल होते हैं, जहाँ उन्हें उच्च बौद्धिक चुनौतियों और अवसरों का सामना करना पड़ता है।

शिक्षण विधियाँ: शिक्षकों को उच्च बुद्धि वाला, अच्छी जानकारी रखने वाला और प्रतिभाशाली बच्चों के मनोविज्ञान से परिचित होना चाहिए।

सामाजिक-भावनात्मक समर्थन: प्रतिभाशाली बच्चों को समान रुचियों वाले साथियों के साथ जुड़ने और भावनात्मक रूप से समर्थन प्राप्त करने के अवसर प्रदान करना महत्वपूर्ण है, जिससे वे मानसिक रूप से व्यस्त रहें और समाज में महत्वपूर्ण योगदान कर सकें।

सृजनात्मक बालक [Creative Child]

सृजनात्मक बालक वह होता है जो नए और मौलिक विचारों को उत्पन्न करने, मौजूदा तत्वों को नए तरीके से जोड़कर कुछ नया बनाने और समस्याओं को हल करने के लिए अपसारी (भिन्न) सोच का उपयोग करने की क्षमता रखता है। इन बच्चों में जिज्ञासु स्वभाव, खुले विचार और कुछ

नया करने की लगन होती है, जिससे वे विभिन्न क्षेत्रों में अपनी अनूठी क्षमताओं का प्रदर्शन करते हैं।

सृजनात्मक बालक वे हैं जो कई क्षेत्रों में उच्च प्रदर्शन क्षमता दिखाते हैं जैसे कि कलात्मक और रचनात्मक कार्य, नेतृत्व की गुणवत्ता, अवलोकन की उत्सुकता आदि।

इन बच्चों में विवेकी सोच होती है और ये स्वभाव से बहुत जिज्ञासु होते हैं, इसीलिए कभी-कभी कक्षा इन्हें नीरस लगती है क्योंकि ये अपनी उम्र के साथियों की तुलना में चीजों को

एक सृजनात्मक बालक में निम्नलिखित गुण मौजूद होगें:

- प्रवाह और लचीलापन
- मौलिकता और नवीनता
- अपसारी चिंतन
- विचारों में स्वतंत्रता
- अमूर्त चिंतन की योग्यता
- नवीन आमुख उत्पादन की योग्यता

सृजनात्मक बालकों की प्रमुख विशेषताएं:

जिज्ञासा और उत्सुकता: वे नई चीजें सीखने और खोजने के लिए बहुत उत्सुक रहते हैं, जिससे वे अक्सर अपनी वर्तमान शिक्षा से आगे बढ़कर कुछ नया तलाशते हैं।

अपसारी चिंतन: ये बच्चे समस्याओं को एक ही नहीं, बल्कि कई अलग-अलग तरीकों से हल करने के बारे में सोचते हैं। उनके पास अलग-अलग विचारों को जोड़ने की क्षमता होती है।

कल्पनाशीलता: उनकी कल्पना शक्ति तीव्र होती है और वे अपने मूल विचारों को वास्तविकता में बदलने की क्षमता रखते हैं।

मौलिकता: सृजनात्मक बालकों के विचार और दृष्टिकोण अक्सर सामान्य से भिन्न होते हैं, क्योंकि वे नई चीजों का निर्माण करते हैं और कुछ नया सोचते हैं।

स्वतंत्र सोच और निर्णय: वे स्वतंत्र रूप से निर्णय लेने में सक्षम होते हैं और किसी भी विचार की आलोचना से डरते नहीं हैं, बल्कि उसे अपनी बात कहने का मौका देते हैं।

जोखिम उठाने की क्षमता: नए विचारों को क्रियान्वित करने के लिए वे जोखिम उठाने से नहीं घबराते और असफलता से भी डरते नहीं हैं।

लचीलापन: उनके विचारों में लचीलापन पाया जाता है, जिससे वे विभिन्न परिस्थितियों में आसानी से ढल पाते हैं।

सक्रियता और ऊर्जा: वे हमेशा सक्रिय रहते हैं और जल्दी नहीं थकते, साथ ही उनमें चिंतन और मनन करने की उच्च क्षमता भी होती है।

संवेदनशीलता: सृजनात्मक बच्चों में संवेदनशीलता अधिक पाई जाती है, जो उन्हें अपने आसपास की दुनिया के प्रति अधिक जागरूक बनाती है।

असामान्य जुड़ाव: वे असंबंधित या दूरस्थ प्रतीत होने वाले विचारों के बीच असामान्य संबंध और जुड़ाव बनाने में सक्षम होते हैं।

सृजनात्मकता के तत्व [Elements of Creativity] :

सृजनात्मकता का विकास करने वाले निम्न तत्व हैं-

1. **सृजनात्मकता स्तर :-** यह चिंतन सरल तथा यांत्रिक होता है। जिस चिंतन में प्रत्यक्षता रहती है उसे अभिसारी चिंतन कहते हैं। अभिसारी चिंतन मूल्यांकन के साथ-साथ सृजनात्मक शक्तियों का तीसरा पक्ष है। व्यक्ति में परिस्थिति की पुनर्व्यवस्था होना जरूरी है। इसे कार्यात्मक स्थिरता भी कहते हैं। सृजनात्मकता के अध्ययन के लिए दोनों ही तरह के चिंतनों का परीक्षण किया जाता है।
2. **बौद्धिक स्तर :-** सृजनात्मक शक्ति के लिए उच्च बुद्धि लब्धि (I.O.) आवश्यक है नवीन मौलिक एवं परंपरागत ढंग से हर कार्य करने का साहस सिर्फ उच्च लब्धि के छात्रों में ही. होता है लेकिन इसके अतिरिक्त निम्न बुद्धि लब्धि के व्यक्ति भी सृजनशील हो सकते हैं।
3. **मौलिकता एवं नवीनता :-** सृजनात्मकता के लिए मौलिकता एवं नवीन ढंग से कार्य करने की योग्यता नितांत आवश्यक है। अगर परंपरागत ढंग से हटकर नवीन कार्य करने का साहस बालक में विद्यमान है तो वह सृजनात्मकता की सीमा में आयेगा।

सृजनात्मक बालक की पहचान [Characteristics of a Creative Child]-

1. मौलिकता के दर्शन होते है
2. स्वतंत्र निर्णय की क्षमता
3. परिहास प्रिय
4. उत्सुकता
5. संवेदनशीलता
6. स्वायत्ता

मंदबुद्धि बालक [Mentally Retarded Children]

मंदबुद्धि बालक ऐसे बच्चे होते हैं जिनकी बौद्धिक क्रियाशीलता का स्तर

औसत से काफी कम होता है और वे दो या अधिक अनुकूली कौशल क्षेत्रों में महत्वपूर्ण कमी प्रदर्शित करते हैं, जैसे कि स्वयं की देखभाल, सामाजिक संपर्क और क्रियात्मक शैक्षणिक कौशल। ऐसे बच्चों में सामान्य से देर से विकासात्मक मील के पत्थर तक पहुँचना, सीखने, याद रखने और समस्याओं को हल करने में कठिनाई, और सामाजिक परिस्थितियों में बातचीत करने में संघर्ष जैसे लक्षण दिख सकते हैं।

परिभाषा (Definition)

एक व्यक्ति को मानसिक रूप से मंदित (mentally retarded) तब माना जाता है जब उसकी **बुद्धिलब्धि (IQ) 70 - 75 से कम** होती है और रोजमर्रा के जीवन के दो या अधिक क्षेत्रों में महत्वपूर्ण बाधाएं होती हैं।

यह विकार 18 वर्ष की आयु से पहले विकसित हो जाता है।

ब्रिटिश मेंटल डेफिशियेंसी एक्ट (British Mental Deficiency Act) के अनुसार, "मानसिक मंदन 18 वर्ष से पूर्व की आयु में आंतरिक कारणों बीमारी या चोट के कारण पैदा होती है, जिससे व्यक्ति के मस्तिष्क का विकास या तो रुक जाता है या उसमें पूर्णता नहीं आ पाती। "

Crow और crow के शब्दों में, जिन बालकों की बुद्धि लब्धि (IQ) 70 से कम होती है, उन्हें मानसिक मंदित बालक कहते हैं।

मन्द – बुद्धि बालक की विशेषताएँ – मानसिक रूप से अक्षम बालकों की निम्न प्रमुख विशेषताएँ होती हैं

1. इन बालकों में ध्यान केन्द्रण की क्षमता बहुत कम होती है।
2. किसी चीज को सीखने में ये अत्यधिक त्रुटियाँ करते हैं।
3. ये किसी भी सीखी गई बात का नवीन परिस्थितियों में उपयोग नहीं कर पाते हैं।
4. इन बालकों की स्मरण शक्ति तथा निरीक्षण शक्ति बहुत कमजोर होती है।
5. इनकी रुचि बौद्धिक कार्यों की अपेक्षा शारीरिक कार्यों में अधिक होती है।
6. ये बालक विद्यालय की परीक्षाओं में बार – बार असफल व अनुत्तीर्ण हो जाते हैं।
7. विद्यालयी असफलता से इन्हें अति शीघ्र निराशा होती है।
8. ये बालक अत्यधिक संवेदनशील होते हैं तथा इनका अपने संवेगों पर नियंत्रण नहीं होता है।
9. किसी भी प्रकार की छोटी से छोटी बात भी इन्हें चुभ जाती है।
10. किसी से बात करते समय ये कहने की अपेक्षा सुनते अधिक हैं।
11. इन्हें दूसरे व्यक्तियों की अपेक्षा अपनी चिंता अधिक रहती है।
12. सूक्ष्म विषयों पर विचार कर पाना इन बालकों के लिए संभव नहीं होता है। अतः गणित, विज्ञान तथा व्याकरण जैसे विषयों में इन बालकों की रुचि नहीं होती है।
13. इन बालकों में संकल्प शक्ति (Determination power) बहुत ही कम होती है, जिसके फलस्वरूप ये दृढ़ निश्चय नहीं कर पाते हैं।

सामाजिक और व्यावहारिक विशेषताएँ [Social and Behavioral Characteristics]

सामाजिक समायोजन में समस्या: वे समाज में आसानी से घुल-मिल नहीं पाते और सामाजिक नियमों को समझने में भी उन्हें कठिनाई होती है.

स्वयं की देखभाल में कठिनाई: उन्हें कपड़े पहनने, खाना खाने और अन्य दैनिक कार्यों के लिए अक्सर दूसरों की सहायता की आवश्यकता होती है.

अभिव्यक्ति में समस्या: वे अपनी समस्याओं या विचारों को शब्दों या इशारों के माध्यम से ठीक से व्यक्त नहीं कर पाते.

शारीरिक विशेषताएँ [Physical Characteristics]

शारीरिक विकास में देरी: कुछ मंदबुद्धि बालकों में शारीरिक रूप से भी निर्बलता देखी जा सकती है, जैसे कि वे बैठना, चलना या बोलना ठीक समय पर नहीं सीख पाते.

कुछ शारीरिक बदलाव: डाउन सिंड्रोम जैसे आनुवंशिक विकारों के कारण मंदबुद्धि बालक की आँखों का झुकाव, चपटी नाक, चौड़ी उंगलियाँ और छोटा कद जैसी विशिष्ट शारीरिक विशेषताएँ हो सकती हैं.

पिछड़ा बालक [A backward child]

पिछड़ा बालक वह होता है जो अपनी उम्र के बच्चों की तुलना में शैक्षिक रूप से पीछे रह जाता है, यानी उसकी शैक्षणिक उपलब्धि उसकी वास्तविक क्षमता से कम होती है। ऐसे बच्चे सामान्य शिक्षण विधियों से सीखने में कठिनाई का अनुभव करते हैं और उन्हें धीमी गति से सीखने वाला या विशेष बच्चा भी कहा जा सकता है।

परिभाषा [Definition]

बर्टन के अनुसार: एक पिछड़ा बालक वह है जिसकी शैक्षिक उपलब्धि उसकी क्षमता से कम हो।

सोनेल के अनुसार: पिछड़ा बालक वह है जो अपनी उम्र के अन्य बच्चों की तुलना में अत्यधिक शैक्षणिक दुर्बलता प्रदर्शित करता है।

टी. के. ए. मेनन के अनुसार (भारतीय संदर्भ में): एक पिछड़ा बालक वह है जो अपनी कक्षा की औसत आयु से एक वर्ष या उससे अधिक बड़ा हो।

बालक के पिछड़ेपन का कारण [Causes of Child Backwardness]

किसी बालक का सामान्य वातावरण में ठीक ढंग से न रह पाना और ठीक तरह से अधिगम न करने के कई कारण हो सकते हैं जिनमें किसी बालक के पिछड़ेपन के प्रमुख कारक निम्नलिखित हैं।

1. **शारीरिक या मानसिक कारक [Physical or Mental Factors]** - किसी बालक में शारीरिक या मानसिक विकार उसकी निम्न शैक्षिक उपलब्धि का कारण हो सकता है और वह सामान्य शिक्षण अधिगम परिस्थितियों में नहीं रह पाता और पिछड़ जाता है।
2. **अशिक्षित परिवार या कलहपूर्ण परिवार [Uneducated family or a family full of conflict]** - किसी बालक के पिछड़ने का यह प्रमुख कारक है कि यदि किसी बालक को निम्न शिक्षा स्तर के लोगों की संगत मिलती है और उसका यदि बालक पर नकारात्मक प्रभाव पड़ता है तो वह बालक पिछड़ जाता है।कभी कभी परिवार में लडाई झगड़े या कलह का वातावरण होने पर भी उस वातावरण का प्रभाव बालक के मानसिक स्तर पर पड़ता है।
3. **अयोग्य अध्यापक और कुशल निर्देशन का अभाव [Unqualified teachers and lack of effective guidance.]** - बालक अक्सर तब भी पिछड़ जाते हैं जब बालक को अयोग्य अध्यापकों का संरक्षण मिलता है और उसे वांछित शैक्षिक वातावरण उपलब्ध नहीं हो पाता एवं उसे सही मार्गदर्शक नहीं मिल पाता तो ऐसे बालक भी सामान्य रूप से पिछड़ जाते हैं।

पिछड़े बालकों की निम्नलिखित विशेषताएँ होती है:-

1) पिछड़े बालक जीवन में निराशा का अनुभव करते है।
2) पिछड़े बालक की ध्यान केंद्रित करने की क्षमता कम होती है और वे एक विषय पर ज्यादा देर तक केंद्रित नहीं रख पाते।
3) पिछड़े बालक का व्यवहार असमायोजित है। वह समाज से पृथक रहना चाहता है।
4) पिछड़े बालक सामान्य शिक्षण विधियों द्वारा शिक्षा ग्रहण करने में विफल रहते है।
5) पिछड़े बालक अपनी और अपने से नीचे की कक्षा का कार्य करने में असमर्थ होते हैं।
6) पिछड़े बालक की मानसिक आयु अपने समकक्ष छात्रों से कम होती है।
7) उनमें प्राय: मौलिकता का अभाव होता है और वे नवीन समस्या पर विचार नहीं कर सकते है।
8) पिछड़े बालक की सीखने की गति धीमी होती है। वे सीख कर जल्दी भूल जाते हैं।
9) पिछड़े बालक की शैक्षिक उपलबिध् सामान्य या औसत से कम होती है।

समस्यात्मक बालक [Problem children]

समस्यात्मक बालक वे बच्चे होते हैं जो अपने व्यवहार और व्यक्तित्व के कारण घर, विद्यालय या समाज में समस्याएं पैदा करते हैं, सामान्य बच्चों से अलग व्यवहार करते हैं, और खुद को पर्यावरण के साथ समायोजित करने में कठिनाई महसूस करते हैं। वे अक्सर आत्म-नियंत्रित नहीं होते, अनुशासनहीनता करते हैं, कक्षा को बाधित करते हैं और असामाजिक व्यवहार के लिए जाने जाते हैं।

बर्ट (V. W. Burt) के अनुसार समस्यात्मक बालक वे होते हैं जो समायोजन में कठिनाई का अनुभव करते हैं और अपने व्यवहार या व्यक्तित्व के कारण समाज या परिवार के लिए समस्याएँ उत्पन्न करते हैं।

समस्यात्मक बालक वे बच्चे हैं जिन्हें पालना या शिक्षित करना कठिन होता है। उनमें कक्षा को बाधित करने की प्रवृत्ति होती है क्योंकि वे आत्म-नियंत्रित नहीं होते हैं। साथ ही वे अपने असामाजिक व्यवहार के लिए भी बदनाम होते हैं।

- **स्कूल में उन बच्चों को समस्याग्रस्त बच्चा कहा जाता है जो:**
- आक्रामकता का प्रदर्शन करते हैं।
- चर्चा पर हावी रहते हैं और ध्यान देने की मांग करते हैं।
- असावधान और अप्रस्तुत रहते हैं।
- ऐसा व्यवहार करते हैं जो एक शिक्षक के लिए एक समस्या बन जाता है।
- बहाने बनाते हैं।

इस प्रकार, यह निष्कर्ष निकाला जाता है कि स्कूल में एक बच्चे को एक समस्यात्मक बच्चा तब कहा जाता है जब वह इस तरह से व्यवहार करता है कि शिक्षक को उसे समझने में समस्या होती है।

समस्यात्मक बालक की विशेषताएँ [Characteristics of a Problem Child]

- **कक्षा में बाधा:** वे आत्म-नियंत्रण की कमी के कारण कक्षा में व्यवधान उत्पन्न करते हैं।
- **असामाजिक व्यवहार:** वे अक्सर असामाजिक व्यवहार प्रदर्शित करते हैं, जैसे कि आक्रामकता या दूसरों के साथ असभ्य तरीके से पेश आना।
- **झूठ बोलना और चोरी करना:** कुछ समस्यात्मक बालक झूठ बोलने या चोरी करने की आदत विकसित कर लेते हैं, जो उनके असामाजिक व्यवहार का हिस्सा हो सकता है।
- **बुरी संगत का प्रभाव:** बुरी संगत और गंदे वातावरण का प्रभाव भी बच्चों में समस्यात्मक व्यवहार विकसित करने में भूमिका निभाता है।
- **समायोजन में कठिनाई:** वे सामाजिक नियमों और अपेक्षाओं के अनुसार समायोजन करने में कठिनाई महसूस करते हैं।

समस्यात्मक बालकों की विशेषताएँ [Characteristics of problem children]:-

1) ध्यान केन्द्रित न होना,

2) डरपोक,

3) आज्ञा का उल्लंघन,

4) झूठ बोलना,

5) कम बोलना,

6) चोरी करना,

7) आलसी स्वभाव,

8) निर्दयी स्वभाव,

9) दूसरों का मजाक उड़ाना,

10) हठवादी,

11) अप्राकृतिक मैथुन की आदत,

12) यौन अपराध करना,

13) बुरे विचार रखना तथा

14) दूसरों को सलाह देना आदि।

समस्यात्मक बालक की पहचान [Identifying a Problem Child]

समस्यात्मक बालकों की पहचान के लिए कई विधियाँ अपनाई जाती हैं:

अवलोकन: शिक्षक और अन्य वयस्क उनके व्यवहार को देखकर उनकी समस्याओं को समझ सकते हैं।

साक्षात्कार: छात्र के परिवार, शिक्षकों और अन्य परिचितों से जानकारी एकत्र करने के लिए साक्षात्कार का उपयोग किया जाता है।

प्रश्नावली और रेटिंग स्केल: अवलोकनकर्ता बच्चे के व्यवहार को मापने के लिए प्रश्नावली और रेटिंग स्केल का उपयोग करते हैं, जिसमें यह नोट किया जाता है कि कोई विशेष व्यवहार कितनी बार या किस हद तक मौजूद है।

कथात्मक अभिलेख: शिक्षक बच्चों के व्यवहार से संबंधित घटनाओं का वर्णन करके अभिलेख तैयार कर सकते हैं।

बौद्धिक और भावनात्मक मूल्यांकन: बच्चों की बौद्धिक क्षमता और भावनात्मक विकास की गति का मूल्यांकन करके भी उन्हें समस्यात्मक बालक के रूप में वर्गीकृत किया जा सकता है।

समस्याग्रस्त छात्रों से व्यवहार की विधियाँ [Methods for Dealing with Problem Students] :-

- शिक्षक इस क्षेत्र के लिए लिए गए विशेष प्रशिक्षण के आधार पर समस्याग्रस्त छात्रों की समस्याओं का समाधान कर सकते हैं।
- विशेष प्रकार के बच्चों के लिए शिक्षकों को विभिन्न प्रकार के प्रशिक्षण दिए जाते हैं।
- शिक्षकों को प्रशिक्षण के ज्ञान का उपयोग करना चाहिए।

- समस्याग्रस्त छात्र के व्यवहार को समझने का प्रयास करना चाहिए।
- ऐसे छात्रों के साथ व्यवहार करते समय सकारात्मक रणनीतियों का प्रयोग करना चाहिए।

समस्यात्मक बालक की शिक्षा व व्यवहार में सुधार के उपाय [Measures to Improve the Education and Behavior of a Problem Child]

बालक के साथ व्यवहार [Treatment of the Child]:

कठोर शारीरिक दंड न दें और कठोर अनुशासन से बचें।

बालक की बात सुनने का अवसर दें और उसकी स्वतंत्रता को सीमित न करें, बल्कि उसे नियमों के दायरे में अधिकतम स्वतंत्रता दें।

कक्षा में बालक पर विशेष ध्यान दें और उसे प्यार से समझाएं।

बालक की अक्षमताओं या असफलताओं का मजाक न बनने दें।

शिक्षण और वातावरण [Teaching and Environment]:

शिक्षण की शैली और विधि को रोचक और प्रेरणादायक बनाएं, ताकि बच्चों में सीखने के प्रति झुकाव बढ़े।

खेल, ड्रामा, संगीत और चलचित्रों का उपयोग करके बच्चों को व्यस्त रखें।

पुस्तकालय और कार्यशाला की उचित व्यवस्था करें।

निर्देशन और परामर्श [Guidance and Counseling]:

विद्यालय में व्यक्तिगत, शैक्षिक और व्यावसायिक निर्देशन की व्यवस्था करें।

समस्यात्मक बालकों के लिए विशेषज्ञ की सलाह से उपचार योजनाएँ बनाएं।

परिवार का सहयोग [Family support]:

बच्चों के साथ ज्यादा समय बिताएं, जिससे उन्हें अकेलापन महसूस न हो और वे सुरक्षित महसूस करें।

बच्चों के साथ सकारात्मक संबंध स्थापित करें और उनकी बात सुनें।

समस्या समाधान कौशल का विकास [Develop problem-solving skills]:

समस्यात्मक बालक को अपनी समस्याओं के हल स्वयं खोजने के अवसर दें।

समस्या-समाधान कौशल सिखाएं ताकि वे अपने निर्णयों के लिए तैयार हो सकें।

अधिगम अक्षम बालक [Learning Disabilities]

अधिगम असमर्थ बालक ऐसे बालक होते हैं जिसमें सीखने की बहुत ज्यादा कमी या उनमें इतनी योग्यता नहीं होती कि वे शीघ्र ही सीख पाए उनमें इतनी क्षमता नहीं होती।

"अधिगम अक्षमता" या "लर्निंग डिसेबिलिटी" शब्द का पहला प्रयोग डॉ. सैमुअल ए. किर्क ने 1963 में शिकागो में किया था।

अधिगम असमर्थ बालक ऐसे बालक होते हैं जिन्हें सुनने में, बोलने में, समझने में, व पढ़ने-लिखने संबंधी अपूर्ण और अयोग्यता वाले बालक होते हैं।

ये अयोग्यताएं प्राथमिक ग्रुप से दृष्टि बाधित, श्रवण बाधिता और मानसिक मंदता आदि दोषों के कारण नहीं होती बल्कि ये दोष भाषा के प्रयोग करने व समझने में मनोवैज्ञानिक प्रक्रिया के कारण होते हैं।

इस प्रकार से अधिगम की दृष्टि से अक्षमता बालकों द्वारा अधिगम के क्षेत्र में उसी प्रकार की कमियों और सुविधाओं का सामना करना पड़ता है। जैसे कि एक शारीरिक रूप से विकलांग शारीरिक व मानसिक क्रियाओं के संचालन में होता है।

कावेल और फौरनेंस के अनुसार [According to Cowell and Fornance]:-

अधिगम असमर्थता सहित लोग उसी तरीके से या अपनी दक्षता से नहीं सीखते जितना अधिगम समर्थी लोग सीख लेते हैं। चाहे उनके पास सामान्य बुद्धि क्यों ना हो फिर भी उनका शैक्षिक निष्पादन अपने अन्य कक्षा साथियों से बहुत पीछे होता है। कुछ गणित सीखने में बहुत कठिनाई का सामना करते हैं तथा लिखने और पढ़ने में मास्टरी करना उनके लिए कठिन चुनौती होती हैं।

अधिगम अक्षमता के प्रकार [Types of Learning Disabilities]-

अधिगम अक्षमता के प्रकार निम्नलिखित हैं-

1. अफेज्या (Aphasia)
2. डिक्सलैक्सिया (Dyslexia)
3. डिसग्राफिया (Dysgraphia)
4. डिस्केलकुलिया (Dyscalculia)
5. अप्रेक्सिया/डिस्प्रेक्सिया- (Apraxia/Dyspraxia)
6. डिसार्थोग्राफिया (Disarthography)

1. अफेज्या (Aphasia) –

यह अधिगम अक्षमता भाषा एवं संप्रेषण से संबंधित होता है। इस अधिगम अक्षमता से पीड़ित बालक मौखिक रूप से सीखने एवं विचारों को अभिव्यक्त प्रदान करने में कठिनाई का अनुभव करता है। ऐसा माना जाता है कि-यह अक्षमता बालक के मस्तिष्क में किसी प्रकार की क्षति से विकार उत्पन्न होता है।

अफेज्या से संबंधित लक्षण [Symptoms associated with aphasia]-

1. सही उच्चारण के साथ मौखिक संवाद ना कर पाना
2. अटक-अटक कर शब्दों का उच्चारण करना
3. अपने विचारों को बोलना पाना
4. भाषा संप्रेषण में कमी होना
5. भाषा संप्रेषण के समय उचित शब्दों का प्रयोग ना कर पाना

डिक्सलैक्सिया (Dyslexia) –

यह अधिगम अक्षमता पठन विकार से संबंधित है। इसमें बच्चों को लिखने-पढ़ने, शब्दों को पहचानने व समझने, याद करने, अक्षरों के क्रम को पढ़ने में कठिनाई महसूस होती है।

डिस्लेक्सिया से संबंधित लक्षण [Symptoms of dyslexia]-

1. शब्दकोश की कमी
2. शुद्ध उच्चारण ना कर पाना
3. शब्दों को पहचानने में त्रुटि
4. शब्दों की क्रम व्यवस्था को इधर-उधर करके पढ़ना और लिखना
5. वाक्यों के भाव को ना समझ पाना
6. पढ़ते समय शब्दों को छोड़-छोड़ कर पढ़ना
7. पढ़ते समय एकाग्रता में कमी

डिस्ग्राफिया (Dysgraphia)

डिसग्राफिया लेखन संबंधित अशक्तता है। इससे ग्रसित बालक ठीक से नहीं लिख पाता अर्थात उसकी लिखावट ठीक नहीं हो पाती है। डिसग्राफिया, हाथ-हथेलियां व उंगलियों से संबंधित गड़बड़ी के कारण होता है। इसके अतिरिक्त मस्तिष्क संबंधी कुछ गड़बड़ियों के कारण भी यह अधिगम अक्षमता संभवतः होता है। शारीरिक रूप से अक्षम बालक में यह अधिगम अक्षमता पाया जाता है।

डिसग्राफिया से संबंधित लक्षण-

1. बालक के द्वारा लिखे गए लेख में अशुद्ध वर्तनी का होना
2. अक्षरों को छोटे-बड़े लिखना
3. पेन और पेंसिल को बहुत नजदीक अर्थात नीचे से पकड़ कर लिखना
4. ख़राब हैंडराइटिंग
5. लिखे गए वाक्य लाइन सीधी ना होकर टेढ़ी-मेढ़ी होना
6. यह अधिगम अक्षमता स्थाई नहीं होता है, इस अधिगम अक्षमता में अभ्यास के माध्यम से सुधार लाया जा सकता है।

डिस्केलकुलिया (Dyscalculia) –

यह एक ऐसी अधिगम अक्षमता है, जिसमें बच्चे गणित को समझने में कठिनाई का अनुभव करते हैं। इस अधिगम अक्षमता को न्यूमलेक्सिया भी कहा जाता है। इसके अंतर्गत बालक गणितीय सिद्धांतों सूत्रों को समझने में कठिनाई महसूस करता है और गलती सवालों को हल करने में उसे समस्या होती है। डिस्केलकुलिया कई प्रकार का होता है- ग्राफिकल डिस्केलकुलिया, लैक्सिकल डिस्केलकुलिया, प्रैक्टोनोस्टिक डिस्केलकुलिया आदि।

डिस्केलकुलिया ग्रसित बालकों के लक्षण-

1. गणितीय संक्रियाओं से संबंधित चिन्हों को पहचानने में समस्या
2. गिनते समय बार-बार उंगलियों का प्रयोग करना
3. बार-बार समझाने पर भी गलत कैलकुलेशन करना

कारण- जब बालक में तार्किक क्षमता में कमी होती है जिसके अभाव के कारण बालक गणितीय समस्याओं को हल करने में कठिनाई का सामना करना पड़ता है। यह मस्तिष्क में उपस्थित कॉर्टेक्स की गतिविधि पर आधारित होता है।

अप्रेक्सिया/डिस्प्रेक्सिया (Apraxia/Dyspraxia) –

अप्रेक्सिया मानसिक विकार है, जबकि डिस्प्रेक्सियातंत्रिका तंत्र से संबंधित विकार है। अप्रेक्सिया कारण किसी व्यक्ति में मांसपेशियों के संचालन, गति कौशल जैसे लिखने कुशलता नहीं आ पाती है। वह हाथों के बीच भी संतुलन स्थापित नहीं कर पाता है।

दिव्यांग बालक [Children with Disabilities]

दिव्यांग बालक ऐसे बच्चे होते हैं जो जन्मजात या अन्य कारणों से शारीरिक, मानसिक या बौद्धिक क्षमताओं में कमी के कारण अपनी सामान्य व्यक्तिगत या सामाजिक जीवन की आवश्यकताओं को पूरी तरह या आंशिक रूप से पूरा करने में असमर्थ होते हैं.

पाठ्यक्रम की आवश्यकता अनुसार, हम निम्न प्रकार के शारीरिक दृष्टि से अक्षम बालकों के बारे में विस्तार से जानेंगे -

अस्थि विकलांग (Orthopaedically Disabled)

- **दृष्टिबाधित (Visually Impaired)**
- **श्रवण बाधित (Hearing Impaired)**
- **अस्थि बाधित बालक [Orthopedically Disabled Children]**

अस्थि बाधित बालक से आशय ऐसे बालक से है जिनकी अस्थि, माँसपेशियाँ एवं जोड़ ठीक से कार्य नहीं करते हैं। ऐसे बालकों को सामान्यतः शारीरिक विकलांग (Physically Handicapped), अपंग (Disabled) अथवा चलन निःशक्त (Locomotor Disabled) बालक भी कहा जाता है। ऐसे बालकों को चलने-फिरने के लिए कृत्रिम हाथ-पैर अथवा बैसाखी, कैलीपर्स, विशेष जूते, ह्वील चेयर सरीखे अन्य सहायक उपकरणों की जरूरत पड़ती है। बाधारहित माहौल (Barrier Free Environment) के वगैर उन्हें शिक्षण अधिगम में भी काफी मुश्किल होती है। कुछ बालक ज्ञानात्मक (Sensory), क्रियात्मक (Motor) अथवा अन्य शारीरिक दोषों से पीड़ित होते हैं, उन्हें कम शारीरिक विकलांग कहते हैं।

क्रो और क्रो (Crow & Crow) ने भी इस विचार का समर्थन किया है। शारीरिक रूप से अक्षम बच्चों से अभिप्राय वैसे बच्चों से हैं, जिनकी मांसपेशियों में इतनी विकृति आ जाये, जिसके कारण उसके अंगों का घूमना कठिन हो जाये। एक स्थान से दूसरे स्थान पर जाने में बाधा पेश आये। साथ ही शारीरिक कार्य क्षमताएँ सीमित हो जाएँ। यह निःशक्तता स्पष्ट दृष्टिगोचर होती है। शारीरिक अंगों में असामान्यता या गामक क्रिया मुद्रा जिसमें गति की अवस्था हो, उनमें किसी प्रकार की कमी या उन्हें करने में किसी प्रकार की बाधा हो, तो उसे 'अस्थि अक्षमता' कहते हैं।

समाज कल्याण मंत्रालय के अनुसार-

"अपंग बालकों को अस्थि बाधित बालक तब कहते हैं, जब जन्म से बीमारी, दुर्घटना तथा जन्म से उनकी अस्थियों, मांसपेशियों तथा जोड़ों में दोष वक्रता आती है और सामान्य कार्य करने तथा चलने-फिरने में असमर्थ हैं।"

निःशक्त व्यक्ति अधिनियम (1995) में इसे चलन निःशक्तता (Locomotor Disability) के रूप में वर्णन किया गया है। उनके अनुसार-

"चलन निःशक्तता" से हड्डियों, जोड़ों या मांसपेशियों की कोई ऐसी निःशक्तता अभिप्रेत है, जिससे अंगों की गति में पर्याप्त निबन्धन या किसी प्रकार का प्रमस्तिष्क घात हो।"

अस्थिबाधित बालकों की पहचान (Identification Of Orthopaedically Handicapped Children)-

चूँकि शारीरिक दोष प्रगट होते है अतः उनकी विषमताओं को पहचानना सरल होता है। नीचे दी गई लक्षणों की सहायता से अंग दोष वाले बच्चों की पृथक पहचान की जा सकती है-

1. विद्यार्थियों के शारीरिक अंगों जैसे गर्दन, हाथ, उंगलियां, कमर, टांगे आदि में विकृतियां हो सकती है।
2. ऐसे बालकों को उठने में, बैठने मे तथा चलने में कठिनाई हो सकती है।
3. ऐसे बालक किसी वस्तु को पकड़ने में, किसी वस्तु को उठाने में तथा पुनः उसे उचित स्थान पर रखने में कठिनाई का अनुभव करते हैं।
4. प्रायः जोड़ों में दर्द की शिकायत रहती है।
5. लिखने में या कलम को पकड़ने में कठिनाई हो सकती है।
6. मांसपेशियों में आपसी सामंजस्य की कमी |
7. झटका देकर चलना |

अस्थि बाधित बच्चों की विशेषताएँ [Characteristics of Orthopaedically Handicapped Children]-

अस्थि विकलांगता की मुख्य विशेषताएँ निम्न प्रकार हैं-

1. अस्थि बाधित बालकों के लक्षण, गुण, स्वरूप सामान्य बालकों से भिन्न होते हैं।
2. यह उन बालकों पर लागू होता है जो सामान्य बालकों से अलग हों, स्मरणशक्ति अधिक हो।
3. एक अस्थि बाधित बालक शारीरिक, मानसिक, भावानात्मक, सामाजिक आधार पर सामान्य बालक से बिल्कुल अलग होते हैं। सामान्य बालक की अपेक्षा विकास तीव्र गति से होता है।
4. एक अस्थि बाधित बालक वह है जो सामान्य शिक्षा कक्ष तथा सामान्य शिक्षा कार्यक्रमों से पूर्णतया लाभान्वित नहीं हो सकता, क्योंकि उसकी विकास की सामर्थ्य अधिक होती है।
5. अस्थि बाधित बालक की अधिकतम सामर्थ्य के विकास के लिये उसे की कार्यप्रणाली तथा उसके साथ किये जाने वाले व्यवहार में परिवर्तन की आवश्यकता होती है।
6. एक अस्थि बाधित बालक शारीरिक, मानसिक, सामाजिक, भावनात्मक तथा शैक्षणिक उपलब्धियों की सभी धाराओं में सम्मिलित होता है।

दृष्टिबाधित बालक [Children with Visual Impairment]

दृष्टिबाधित बच्चे वे होते हैं जिनकी देखने की क्षमता सामान्य से कम होती है और उन्हें जानकारी प्राप्त करने के लिए ब्रेल लिपि, श्रवण या स्पर्श जैसे अन्य तरीकों पर निर्भर रहना पड़ता है. इन बच्चों को सीखने और समझने में मदद के लिए विशेष शिक्षण सामग्री और विधियों की आवश्यकता होती है, जैसे कि ब्रेल, स्पर्शनीय अनुभव, ऑडियो-टेप, बड़े प्रिंट और मौखिक निर्देश|

दृष्टि बाधित का वर्गीकरण एवं परिभाषा [Classification and Definition of Visual Impairment] -

दृष्टिबाधिता दो प्रकार की होती है-

1. आंशिक /अल्पदृष्टि दोष अर्थात कम दिखायी पड़ना

2. पूर्णतः दृष्टि अभाव/दृष्टिहीन

व्यक्ति दृष्टिहीन है या अल्पदृष्टिहीन वाला यह व्यक्ति की अवशिष्ट या शेष दृष्टि पर निर्भर करता है। जब व्यक्ति में अवशिष्ट दृष्टि एक स्तर से अधिक होती है तो वह अल्पदृष्टि की श्रेणी में आता है। एक निर्धारित स्तर से कम अवशिष्ट होने पर या दृष्टि का पूर्णतः अभाव होने पर व्यक्ति दृष्टिहीनता की श्रेणी में आता है।

1. आंशिक या अल्प दृष्टि दोष -

कानूनी परिभाषा के अनुसार सुधारात्मक उपायों के बावजूद अल्प दृष्टि व्यक्ति की दृष्टि तीक्ष्णता 20/70 (फीट) से कम या दृष्टि क्षेत्र 20 डिग्री से कम होता है अर्थात सामान्य दृष्टि वाला जिस वस्तु को 70 फीट की दूरी से देख सकता है, उसे अल्पदृष्टि दोष वाला व्यक्ति 20 फीट की दूरी से देख पायेगा तथा दृष्टि के बिल्कुल सीध में रखने पर व्यक्ति मात्र 20 डिग्री या कम की परिधि में आने वाली वस्तुओं को देख सकने में सक्षम होगा।

निःशक्त व्यक्ति (समान अवसर, अधिकारों का संरक्षण तथा पूर्ण भागीदारी) अधिनियम 1995 के अनुसार -

अल्पदृष्टि वाले व्यक्ति से अभिप्राय उन व्यक्तियों से है जिनकी दृष्टि क्रियाशीलता (Visual Functioning) में, उपचार या सर्वोत्तम सुधार के बाद भी दोष होता है किन्तु वे उपयुक्त सहायक उपकरणों के साथ कार्यों को करने या उसकी योजना बनाने के लिए दृष्टि का प्रयोग करते हों या इसकी सम्भावना हो कि वे दृष्टि का प्रयोग कर सकेंगे।

2. दृष्टिहीनता या पूर्णता या दृष्टि अंधता –

वैधानिक रूप से दृष्टिहीनता वह स्थिति है जब किसी व्यक्ति की दृष्टितीक्ष्णता, स्वस्थ/अच्छे नेत्र में, चश्मे या कॉन्टेक्ट लेंस के साथ सर्वोत्तम सम्भव सुधार करने के बाद 20/200 या उससे कम हो अथवा वे व्यक्ति जिनका दृष्टिक्षेत्र 20 डिग्री से कम होता है।

निःशक्त व्यक्ति (सामान्य अवसर, अधिकारों का संरक्षण तथा पूर्ण भागीदारी) अधिनियम 1995 के अनुसार -

दृष्टिहीनता अथवा पूर्णतः दृष्टि अभाव उस स्थिति को कहते हैं जब व्यक्ति निम्नलिखित में से किसी भी एक स्थिति से ग्रस्त होता है।

दृष्टि का पूर्ण अभाव-

अच्छी आँख में, चश्में या कॉन्टेक्ट लेंस से सर्वोत्तम सुधार के बाद भी दृष्टि तीक्ष्णता 6/60 (मीटर) या 20/200 (फीट) (स्नेलेन) से अधिक न होना

20 डिग्री से अधिक का दृष्टिक्षेत्र न होना।

ब्रेल लिपि क्या है?

ब्रेल एक स्पर्शनीय लेखन प्रणाली है जिसका उपयोग दृष्टिबाधित या दृष्टिबाधित व्यक्ति करते हैं, जिससे वे स्पर्श के माध्यम से पढ़ और लिख सकते हैं। इसका आविष्कार लुई ब्रेल ने 1824 में किया था, जब वह मात्र 15 वर्ष के थे, और आज भी यह दुनिया भर के लाखों लोगों के लिए एक आवश्यक उपकरण है, जो यह सुनिश्चित करता है कि दृष्टिबाधित व्यक्तियों को सूचना, शिक्षा और संचार तक समान पहुँच प्राप्त हो।

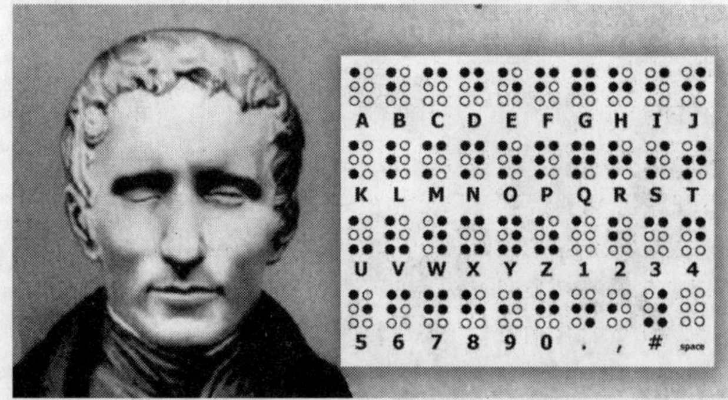

यह कैसे काम करता है :-

उभरे हुए बिंदु: ब्रेल लिपि कागज या अन्य सतहों पर उभरे हुए बिंदुओं का उपयोग करती है।

6-बिंदु कक्ष: प्रत्येक ब्रेल सेल में तीन-तीन के दो स्तंभों में कुल छह बिंदुओं का उपयोग होता है।

पैटर्न पहचान: इन छह बिंदुओं की संख्या और स्थिति बदलकर, अलग-अलग अक्षर, संख्याएँ और प्रतीक बनते हैं, जिन्हें उंगलियों से छूकर पहचाना जाता है।

ब्रेल लिपि का महत्व [Importance of Braille]:-

साक्षरता: ब्रेल लिपि अंधापन और कम दृष्टि वाले लोगों को पढ़ने और लिखने के माध्यम से साक्षरता प्राप्त करने में सक्षम बनाती है।

समान पहुंच: यह दृष्टिबाधित व्यक्तियों को लिखित जानकारी तक समान पहुंच प्रदान करती है, जिससे उन्हें दृष्टिहीनों की तरह पढ़ने और दुनिया को समझने में मदद मिलती है।

सार्वभौमिकता: ब्रेल एक भाषा नहीं है, बल्कि एक कोड है जो अंग्रेजी, हिंदी, चीनी और दर्जनों अन्य भाषाओं में लिखा जा सकता है, जिससे इसका उपयोग दुनिया भर में होता है।

महत्वपूर्ण ऐतिहासिक बिंदु [Important Historical Points]:-

ब्रेल लिपि का आविष्कार फ्रांसीसी नेत्रहीन व्यक्ति लुई ब्रेल ने 1824 में किया था।

वह 19वीं सदी की शुरुआत में सेना के लिए विकसित एक प्रणाली से

प्रेरित थे, लेकिन उन्होंने उसे दृष्टिहीनों के लिए अधिक सुलभ और प्रभावी बनाया।

श्रवण बाधित बालक [Hearing Impaired Children]

श्रवण बाधित बच्चे वे होते हैं जिन्हें आवाजों को सुनने या समझने में कठिनाई होती है, जो जन्मजात या बाद में विकसित हो सकती है. यह हानि हल्के श्रवण हानि से लेकर गंभीर बहरेपन तक हो सकती है, और इसके परिणामस्वरूप बोलने और भाषा के विकास में देरी, सीखने में समस्या, और सामाजिक और भावनात्मक कठिनाइयाँ हो सकती हैं. इन बच्चों की सहायता के लिए श्रवण यंत्र, कर्णावर्त प्रत्यारोपण (कोक्लियर इम्प्लांट), व्यक्तिगत एफएम सिस्टम जैसे उपकरण, और विशेष शैक्षिक सहायता की आवश्यकता होती है|

श्रवण बाधित बच्चों की मुख्य बातें [Key Points for Hearing Impaired Children]

परिभाषा: श्रवण बाधित बच्चे वे होते हैं जिन्हें ध्वनि सुनने या समझने में समस्या होती है, चाहे वह एक कान में हो या दोनों कानों में|

कारण: श्रवण हानि कान के किसी भाग की खराबी, जन्मजात कारणों, या बाहरी वातावरण के कारण हो सकती है|

बच्चों में श्रवण हानि के प्रभाव [Effects of Hearing Loss in Children]

सीखने में कठिनाई: यह बच्चों को स्कूल में सीखने और जानकारी समझने में बाधा डाल सकती है|

सामाजिक और भावनात्मक समस्याएँ: बच्चे सामाजिक रूप से अलग-थलग महसूस कर सकते हैं और चिढ़ाए जाने का शिकार हो सकते हैं|

भाषा और बोलने में देरी: बोलने और भाषा को समझने की क्षमता गंभीर रूप से प्रभावित हो सकती है|

सहायता और उपकरण [Aids and devices]

श्रवण यंत्र: हवा-संचालित श्रवण यंत्र सबसे आम हैं|

कर्णावर्त प्रत्यारोपण (Cochlear Implants): गंभीर श्रवण हानि के मामलों में, जहाँ श्रवण यंत्र अप्रभावी होते हैं, ये सर्जरी की जाती है|

व्यक्तिगत एफएम सिस्टम: स्कूलों में शिक्षकों की आवाज़ को सीधे बच्चे के श्रवण यंत्र तक पहुँचाने में मदद करता है|

विशेष शिक्षा: बच्चों को मुख्यधारा की शिक्षा व्यवस्था में पढ़ाने के लिए विशेष सहायता और पाठ्यक्रम तक पहुँच सुनिश्चित की जाती है|

दिव्यांगजन अधिकार अधिनियम, 2016 [The Rights of Persons with Disabilities Act, 2016]

यह अधिनियम दिव्यांगजनों के अधिकारों पर संयुक्त राष्ट्र कन्वेंशन (UNCRPD) को प्रभावी बनाने के लिये भारत की संसद द्वारा पारित किया गया था, जिसे भारत ने वर्ष 2007 में अनुमोदित किया था।

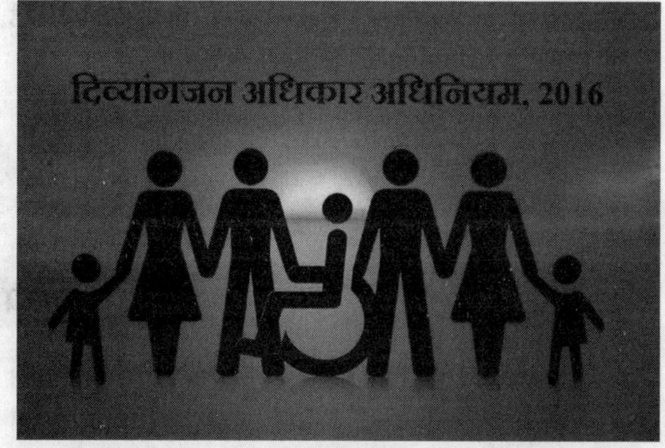

इस अधिनियम के मुख्य प्रावधानों में दिव्यांगता की श्रेणी में वृद्धि, सरकारी रोज़गार में आरक्षण को बढ़ाना, सुगम्यता (Accessibility) की सुविधाएँ सुनिश्चित करना, और दिव्यांगजनों के साथ भेदभाव व उत्पीड़न के लिए दंड का प्रावधान शामिल हैं|

- अधिनियम द्वारा शुरू किये गए प्रमुख परिवर्तनों में से एक दिव्यांगता की परिभाषा और वर्गीकरण का विस्तार है।
- अधिनियम 21 प्रकार की दिव्यांगताओं को मान्यता देता है, जबकि पिछले कानून के तहत यह 7 प्रकार की थी। ये हैं:
- अधिनियम 21 प्रकार की दिव्यांगताओं को मान्यता देता है, जबकि पिछले कानून के तहत यह 7 प्रकार की थी। ये हैं: अंध और दृष्टि-बाधित, कुष्ठ रोग से मुक्त व्यक्ति, श्रवणविकार/दोष, चलन-संबंधी दिव्यांगता, बौनापन
- बौद्धिक दिव्यांगता, मानसिक रुग्णता, ऑटिज़्म स्पेक्ट्रम विकार,
- सेरेब्रल पाल्सी, मस्कुलर डिस्ट्रॉफी, क्रोनिक न्यूरोलॉजिकल स्थितियाँ,
- स्पेसिफिक लर्निंग डिसेबिलिटी, मल्टीपल स्केलेरोसिस, वाक् एवं भाषा दिव्यांगता,
- थैलेसीमिया, हीमोफीलिया, सिकल सेल रोग,
- श्रवण विकार/दोष, तेजाब हमले से प्रभावित और पार्किन्संस रोग सहित कई दिव्यांगताएँ।

मुख्य विशेषताएँ [Key Features]:

दिव्यांगता की परिभाषा: इस अधिनियम ने दिव्यांगताओं की सूची को 7 से बढ़ाकर 21 कर दिया है, और दिव्यांगता के प्रकारों को एक गतिशील अवधारणा के रूप में परिभाषित किया है|

समान अवसर और अधिकार: यह शिक्षा, रोजगार, सार्वजनिक स्थानों तक पहुंच, स्वास्थ्य सेवा और सामाजिक सुरक्षा जैसे क्षेत्रों में दिव्यांग व्यक्तियों के लिए समानता और गैर-भेदभाव सुनिश्चित करता है|

सरकारी रोजगार में आरक्षण: केंद्र सरकार की नौकरियों में बेंचमार्क दिव्यांग व्यक्तियों (40% या अधिक दिव्यांगता वाले व्यक्ति) के लिए आरक्षण को 3% से बढ़ाकर 4% किया गया है|

कार्यान्वयन तंत्र: इस अधिनियम के प्रभावी कार्यान्वयन के लिए केंद्र और राज्य स्तर पर दिव्यांगजन आयुक्त कार्यालय, जिला समितियाँ, बोर्ड और विशेष न्यायालय जैसे कई तंत्र स्थापित किए गए हैं|

दंड का प्रावधान: अधिनियम के प्रावधानों के किसी भी उल्लंघन पर दंड का भी प्रावधान है|

सुगम्यता (Accessibility): सार्वजनिक भवनों और सेवाओं में दिव्यांग व्यक्तियों के लिए सुगम्यता सुनिश्चित करने के लिए दिशानिर्देश स्थापित किए गए हैं|

अभ्यास प्रश्न

1. समावेशी कक्षा में किस प्रकार का/के छात्र शामिल होता/होते है/हैं? [UPTET 2018]

(a) केवल विशिष्ट छात्र (b) सामान्य और विशिष्ट छात्र
(c) केवल सामान्य छात्र (d) बहुभाषी और प्रतिभाशाली छात्र

2. डिस्लेक्सिया सम्बन्धित है? [UPTET 2011]

(a) मानसिक विकार से (b) गणितीय विकार से
(c) पठन विकार से (d) व्यावहारिक विकार से

3. विशेष शिक्षा संबंधित है- [HTET 2013]

(a) मेधावी छात्र के लिए शिक्षा से।
(b) कम योग्य छात्रों के लिए शैक्षिक कार्यक्रम से।
(c) शिक्षकों के लिए प्रशिक्षण कार्यक्रम से।
(d) पिछड़ी बुद्धि के छात्रों के लिए प्रशिक्षण कार्यक्रम से।

4. सी.डब्ल्यू.एस.एन. का अर्थ है- [UPTET 2018]

(a) मजबूत आवश्यकता वाले बच्चे
(b) एकांगी आवश्यकता वाले बच्चे
(c) विशिष्ट आवश्यकता वाले बच्चे
(d) मृदु आवश्यकता वाले व्यक्ति

5. शारीरिक रूप से विकलांग बालकों का प्रकार नहीं है- [JHTET 2012] UPTET (Upper Primary), दिसंबर, 2018

(a) मूढ़ बालक (b) प्रत्यक्षीकरण योग्यता संबंधी दोष
(c) बधिर बालक (d) अंधा बालक

6. दिव्यांगजन अधिकार अधिनियम वर्ष. .... में लागू किया गया है। [CTET 2018]

(a) 1992 (b) 1995 (c) 1999 (d) 2016

7. समस्या बालक है- [BTET 2013]

(a) चोरी करने वाला
(b) झूठ बोलने वाला
(c) माता-पिता का कहना न मानने वाला
(d) इनमें से सभी

8. मानसिक रूप से विकलांग में निम्न में कौन संबंधित नहीं है? [JHTET 2012]

(a) जड़ बुद्धि (b) मूढ़
(c) असामाजिक कार्य (d) अल्प बुद्धि

9. पिछड़े बालक ऐसे बच्चे हैं- [CGTET 2011]

(a) सीखने की गति धीमी है।
(b) बुद्धि-लब्धि स्तर-80-90
(c) मानसिक रूप से अवस्था और असमायोजित व्यवहार
(d) उपरोक्त सभी

10. यदि एक बच्चा 16 को 61 लिखता है तथा 6 और d के मध्य अंतर नहीं कर पाता, तो यह है- [HTET 2013]

(a) दृष्टि दोष (b) सीखने में अक्षम
(c) मानसिक दोष (d) मानसिक क्षय

11. अधोलिखित में गणित-संबंधी अधिगम अक्षमता को कौन-सा पद परिभाषित करता है? [UPTET 2018]

(a) पठन दोष (b) गणना दोष
(c) नीरसता संबंधी दोष (d) उपर्युक्त में से कोई नहीं

12. बच्चों की गणित सीखने संबंधी अक्षमता है- [JHTET 2012]

(a) अग्रेफिया (b) डिस्ग्राफिया
(c) डिस्कैल्कुलिया (d) डिस्लैक्सिया

13. एक शिक्षक विद्यार्थियों में सामाजिक मूल्यों को विकसित कर सकता है [UPTET 2011]

(a) महान व्यक्तियों के बारे में बोलकर
(b) अनुशासन की अनुमति को विकसित कर
(c) आदर्श रूप से बर्ताव कर
(d) उन्हें अच्छी कहानियाँ सुनाकर

14. एक शिक्षक के लिए सबसे महत्त्वपूर्ण क्या है? [UPTET 2011]

(a) कक्षा में अनुशासन बनाए रखना

(b) कक्षा में समयानुवर्ती होना

(c) विद्यार्थियों की कठिनाइयों को दूर करना

(d) एक सुवक्ता होना

15. 'प्रतिभाशाली होने' का संकेत निम्न में से क्या नहीं है? [UPTET 2011]

(a) विचारों में सृजनात्मकता (b) दूसरों के साथ लड़ना

(c) अभिव्यक्ति में अनूठापन (d) कौतूहल

16. विद्यार्थी में अवांछित व्यवहार को किंचित परिवर्तित करने में सबसे प्रभावी पद्धति है [UPTET 2011]

(a) विद्यार्थी को दण्ड देना

(b) अभिभावकों के ध्यान में इसे लाना

(c) अवांछित व्यवहार के कारणों को ढूँढना एवं उपचार का प्रबन्धन करना

(d) इसकी उपेक्षा करना

17. सृजनात्मक बालक में निम्न में से कौन-सा गुण नहीं पाया जाता है?

(a) खोजपूर्ण प्रवृत्ति (b) अच्छी अन्तर्दृष्टि व मौलिकता

(c) क्रियाशीलता व उत्पादकता

(d) सीमित रुचियाँ व अपरिवर्तनशीलता

18. एक बच्चा जो........ से ग्रस्त है, वह 'saw' और 'was', 'nuclear' और 'unclear' में अंतर नहीं कर सकता। [UTET 2015]

(a) शब्द जंबलिंग विकार (b) डिस्लैक्सिमिया

(c) डिस्लैक्सिया (d) डिस्मोरफीमिया

19. यदि आपकी कक्षा का बच्चा 'C' को 'D' तथा 'D' को 'C' लिखे/पढ़े, तो वह कौन-से रोग से पीड़ित है? [CGTET 2011]

(a) मलेरिया (b) डिस्लैक्सिया

(c) फाइलेरिया (d) टायफॉइड

20. भाषा-अवबोधन से संबद्ध विकार है- [CTET 2014]

(a) चलाघात (apraxia) (b) पठन-वैकल्य (dyslexia)

(c) वाक्-संबद्ध रोग (aspeechxia) (d) भाषाघात (aphasia)

21. गतिक कौशलों में अधिगम निर्योग्यता............. कहलाती है। [CTET 2013]

(a) डिस्प्रेक्सिया (b) डिस्कैल्कुलिया

(c) डिस्लैक्सिया (d) डिस्फेजिया

22. बच्चों में संवेगात्मक समायोजन प्रभावी होता है [UPTET 2011]

(a) व्यक्तित्व निर्माण में (b) कक्षा शिक्षण में

(c) अनुशासन में (d) ये सभी

23. निम्नलिखित में से किस समूह के बच्चों को समायोजन की समस्या होती है [UPTET 2013]

(a) औसत बुद्धि के बच्चे (b) ग्रामीण बच्चे

(c) अध्ययनशील बच्चे (d) कुशाग्र बुद्धि के बच्चे

24. बिने-साइमन परीक्षण द्वारा मापन किया जाता है [UPTET 2014]

(a) सामान्य बुद्धि का (b) विशिष्ट बुद्धि का

(c) अभिवृत्ति का (d) अभिक्षमता का

25. 12 वर्ष से 16 वर्ष के बच्चों के लिए हिन्दी में डॉ. एस जलोटा ने कौन-सा परीक्षण प्रतिपादित किया है? [UPTET 2017]

(a) अशाब्दिक बुद्धि परीक्षण

(b) साधारण मानसिक योग्यता परीक्षण

(c) आर्मी अल्फा परीक्षण

(d) चित्रांकन परीक्षण

26. ब्रेल लिपि का प्रयोग निम्न में से किनके लिए किया जाता है? [BTET 2013]

(a) शारीरिक निःशक्त (b) दृष्टिबाधित

(c) वाचनबाधित (d) इनमें से कोई नहीं

27. 'ब्रेल लिपि' के जनक हैं-

(a) चार्ल्स ब्रेल (b) लुई ब्रेल

(c) बारबियर ब्रेल (d) इनमें से कोई नहीं

28. ब्रेल लिपि एवं टेप-रिकॉर्डिंग किसके लिए शैक्षिक प्रावधान के रूप में प्रयुक्त किए जा सकते हैं? [UPTET 2018]

(a) दृष्टिबाधित विद्यार्थी (b) अस्थिबाधित विद्यार्थी

(c) श्रवणबाधित विद्यार्थी (d) शारीरिक रूप से विकलांग विद्यार्थी

29. यदि शिक्षक कक्षा में एक छात्र को समस्यात्मक बालक के रूप में पाता है, तो उसे- [UPTET 2019]

(a) बच्चे को नजर अंदाज कर देना चाहिए।

(b) बच्चे को दंड देना चाहिए।

(c) तत्काल घर वापस भेज देना चाहिए।

(d) बच्चे को परामर्श देना चाहिए।

30. आपको अपनी कक्षा में दो मंदबुद्धि बच्चों को बैठाने के लिए बोला गया है। आप- [UPTET 2011]

(a) उन्हें अपने विद्यार्थी के रूप में ग्रहण करने से इंकार करेंगे।

(b) प्रधानाध्यापक को उन्हें किसी और कक्षा, जो कि मंद बुद्धि बालकों के लिए विशेष रूप से चिह्नित है, में बैठाने के लिए बोलेंगे।

(c) ऐसे विद्यार्थियों को सिखाने की तकनीक सीखेंगे।

(d) इनमें से कोई नहीं।

31. अलेक्सिया है

(a) पढ़ने की अक्षमता (b) लिखने की अक्षमता

(c) सीखने की अक्षमता (d) सुनने की अक्षमता

32. आंशिक दृष्टि दोषयुक्त बालक का कक्षा में व्यवहार कैसा होता है?

(a) वह पुस्तक को आँखों के निकट लाकर पढ़ता है

(b) वह शिक्षक से अक्षर स्पष्ट न दिखने की शिकायत करता है

(c) श्यामपट्ट पर लिखे हुए को नोट बुक में नहीं उतार पाता है

(d) उपरोक्त सभी

33. दृष्टि दोष से युक्त बच्चों को आकृतियों का ज्ञान देना चाहिए

(a) मौखिक व्याख्यान द्वारा

(b) त्रि-आयामी आकृतियों के स्पर्श द्वारा

(c) क्षेत्र भ्रमण द्वारा (d) उपरोक्त में से कोई नहीं

34. अफेज्या किससे सम्बन्धित विकार है?

(a) भाषा एवं सम्प्रेषण अधिगम अशक्तता

(b) गम्भीर तनाव की अवस्था (c) लिखने सम्बन्धी अशक्तता

(d) पठन विकार से सम्बन्धित

35. विशिष्ट शिक्षा की व्यवस्था की जाती है-

(a) प्रतिभाशाली बालकों हेतु (b) बाधितों के लिए

(c) असमर्थी बालकों हेतु (d) इन सभी के लिए

ANSWER KEY

1. (*b*) 2. (*c*) 3. (*d*) 4. (*c*) 5. (*a*) 6. (*d*) 7. (*d*) 8. (*c*) 9. (*d*) 10. (*b*) 11. (*b*) 12. (*c*) 13. (*c*)
14. (*c*) 15. (*b*) 16. (*c*) 17. (*d*) 18. (*c*) 19. (*b*) 20. (*d*) 21. (*a*) 22. (*d*) 23. (*d*) 24. (*b*) 25. (*b*) 26. (*b*)
27. (*b*) 28. (*a*) 29. (*d*) 30. (*c*) 31. (*a*) 32. (*d*) 33. (*b*) 34. (*a*) 35. (*d*)

11 बच्चे कैसे सोचते और सीखते हैं

बच्चे विभिन्न माध्यमों से सोचते और सीखते हैं, जिसमें करके सीखना, देखकर सीखना, सुनकर सीखना और दूसरों के व्यवहार का अवलोकन करना शामिल है। उनके सीखने की प्रक्रिया जन्म से ही शुरू होती है और परिवार, दोस्तों व परिवेश जैसे विभिन्न सामाजिक और सांस्कृतिक वातावरण के साथ अंतःक्रिया से प्रभावित होती है।

बच्चों के सीखने की प्रक्रिया जन्म से ही शुरू होती है और परिवार, दोस्तों व परिवेश जैसे विभिन्न सामाजिक और सांस्कृतिक वातावरण के साथ अंतःक्रिया से प्रभावित होती है। प्रभावी शिक्षण में बच्चों को स्वतंत्र रूप से सोचने और आलोचनात्मक सोच कौशल विकसित करने में मदद करना शामिल है, जिसके लिए शिक्षक को एक स्वतंत्र और सक्रिय वातावरण प्रदान करना चाहिए।

सोचने और सीखने के तरीके [Ways of Thinking and Learning]

1. **करके सीखना [Learning by doing]:** बच्चे अनुभवों और गतिविधियों के माध्यम से सीखते हैं, जिससे अधिगम सार्थक बनता है।
2. **देखकर और सुनकर सीखना [Learning by seeing and hearing]:** बच्चे चित्रों, प्रतीकों, कहानियों और शब्दों को देखकर और सुनकर सीखते हैं।
3. **अवलोकन से सीखना [Observational learning]:** बच्चे दूसरों को देखकर उनके व्यवहारों की नकल करके सीखते हैं।

   सामाजिक अंतः क्रिया: बच्चे अपने आसपास के लोगों से बातचीत और अंतःक्रिया के माध्यम से सीखते हैं।
4. **इंद्रियों का उपयोग (Using Senses):** शिशु अपनी इंद्रियों - दृष्टि, ध्वनि, स्पर्श, स्वाद और गंध - का उपयोग करके सीखते हैं, वस्तुओं को पकड़ते हैं, चखते हैं और फेंकते हैं, जिससे तंत्रिका मार्ग बनते हैं।

महत्वपूर्ण तथ्य [Important Facts]-

अधिगम जीवन पर्यंत चलने वाली एक सतत प्रक्रिया है जो विरासत में नहीं मिली है लेकिन भौतिक, सामाजिक और सांस्कृतिक वातावरण से प्राप्त निरंतर अंतःक्रिया और उद्दीपन प्रदान करके जन्म से ही शुरू हो जाती है और यह अंत तक नहीं रुकती है।

चिंतन सभी संज्ञानात्मक गतिविधियों या प्रक्रियाओं का आधार है और मानव के लिए अद्वितीय है। इसमें पर्यावरण से प्राप्त सूचनाओं का हेरफेर और विश्लेषण शामिल है। विभिन्न प्रकार की चिंतन शैलियाँ हैं जिनमें रचनात्मक, तार्किक, मूर्त चिंतन आदि शामिल हैं।

सीखने के प्रमुख नियम [Key Principles of Learning]-

1. **व्यवहारवादी अधिगम सिद्धांत (Behavioral Learning Theory):** यह सिद्धांत इस बात पर जोर देता है कि सीखना व्यवहार में एक बदलाव है जो अनुभव या पर्यावरण से होता है। इसमें शास्त्रीय

अनुबंधन (दो उत्तेजनाओं के बीच संबंध) और क्रियाप्रसूत अनुबंधन (व्यवहार और उसके परिणामों के बीच संबंध) शामिल हैं।

2. **संज्ञानात्मक अधिगम सिद्धांत (Cognitive Learning Theory):** यह सिद्धांत सीखने को एक मानसिक प्रक्रिया के रूप में देखता है, जिसमें जानकारी को ग्रहण करना, संसाधित करना, संग्रहीत करना और याद रखना शामिल है।

3. **रचनावादी अधिगम सिद्धांत (Constructivist Learning Theory):** इस सिद्धांत के अनुसार, सीखने वाले अपने ज्ञान और समझ का निर्माण करते हैं। वे अपनी पहले की जानकारी और अनुभवों के आधार पर नए ज्ञान की रचना करते हैं।

4. **सामाजिक अधिगम सिद्धांत (Social Learning Theory):** यह सिद्धांत बताता है कि व्यक्ति दूसरों को देखकर, उनकी नकल करके (अवलोकनात्मक अधिगम) सीखते हैं। इसमें अवलोकन, अनुकरण और दूसरों के व्यवहार के परिणामों को देखना शामिल है।

सोचने की प्रक्रिया का विकास [Development of the Thinking Process]:-

शुरुआती चरण (शिशु-जन्म से 2 साल): बच्चे इंद्रियों के माध्यम से दुनिया को समझते हैं, जैसे छूना, देखना, और सुनना।

पूर्व-संक्रियात्मक अवस्था (लगभग 2-7 वर्ष) [Pre-operational Stage (Approximately 2-7 Years)]: इस दौरान बच्चे तार्किक रूप से सोचना शुरू करते हैं, लेकिन वे अभी भी आत्म-केंद्रित होते हैं और प्रत्यक्ष अनुभवों के माध्यम से सीखते हैं।

मूर्त-संक्रियात्मक अवस्था (लगभग 7 वर्ष के बाद) [Concrete-Operational Stage (After about 7 Years)]: इस चरण में बच्चे अधिक तार्किक बन जाते हैं, चीज़ों के बीच संबंध बनाना सीखते हैं, और दूसरों के दृष्टिकोण को समझने लगते हैं।

अमूर्त सोच (12 वर्ष तक) [Abstract thinking (up to 12 years)]: ज्यादातर बच्चे इस उम्र तक तर्क कर सकते हैं और दुनिया के बारे में अपने विचारों को परख सकते हैं, जिससे वे अमूर्त चीज़ों के बारे में सोच पाते हैं।

रॉबर्ट गैग्ने का अधिगम सिद्धान्त (Robert Gagne's Theory of Learning)

रॉबर्ट गैग्ने का अधिगम पदानुक्रम सिद्धांत बताता है कि सीखना एक जटिल प्रक्रिया है जो सरल से जटिल स्तरों तक होती है, और उच्च स्तर के सीखने के लिए निम्न स्तरों में निपुणता आवश्यक है।

गैग्ने ने अपनी पुस्तक 'कंडीशन ऑफ लर्निंग' (Condition of Learning) में अधिगम के आठ प्रकार (eight types) बताए हैं जिन्हें सरल से जटिल के क्रम में देखा जा सकता है।

गैग्ने ने अधिगम की निम्नलिखित 8 परिस्थितियों की व्याख्या की है। इनके अधिगम के स्तर की व्यवस्था इस प्रकार है-

1. संकेत अधिगम
2. उद्दीपन अनुक्रिया अधिगम
3. श्रृंखला अधिगम
4. शाब्दिक साहचर्य अधिगम
5. विभेदात्मक अधिगम
6. संप्रत्यय अधिगम
7. सिद्धान्त अधिगम
8. समस्या समाधान अधिगम

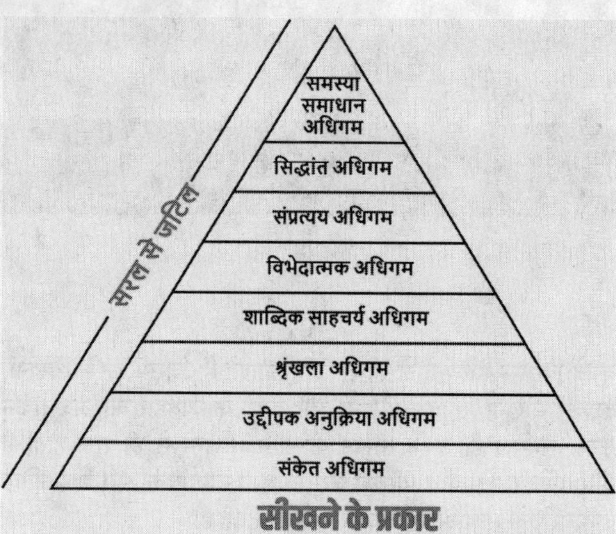

सीखने के प्रकार

गैग्ने के सीखने के आठ प्रकार (पदानुक्रम) [Gagné's Eight Types of Learning (Hierarchy)]

1. **संकेत अधिगम (Signal Learning):** सबसे सरल स्तर, जहाँ शिक्षार्थी किसी सामान्य संकेत के प्रति सामान्य प्रतिक्रिया करता है।

2. **उद्दीपक-अनुक्रिया अधिगम (Stimulus-Response Learning):** शिक्षार्थी एक विशिष्ट संकेत के प्रति सटीक प्रतिक्रिया करता है, जो एक विशिष्ट क्रिया से जुड़ता है।

3. **श्रृंखला अधिगम (Chain Learning):** व्यक्तिगत उत्तेजनाओं और अनुक्रियाओं के समूह को एक क्रम में जोड़ना। उदाहरण के लिए, एक पेंसिल से लिखने का एक क्रम सीखना।

4. **शाब्दिक साहचर्य अधिगम (Verbal Association Learning):** मौखिक रूप से शब्दों और अवधारणाओं के बीच संबंध स्थापित करना। जैसे किसी चीज़ को पहचानना और उसका सही नाम बताना।

5. **विभेदात्मक अधिगम (Discrimination Learning):** शिक्षार्थी विभिन्न उद्दीपकों के बीच अंतर करना सीखता है, भले ही वे कुछ हद तक समान हों। उदाहरण के लिए, विभिन्न प्रकार की गेंदों में अंतर करना।

6. **संप्रत्यय अधिगम (Concept Learning):** उद्दीपकों के वर्ग के आधार पर एक सामान्य प्रतिक्रिया करने की क्षमता विकसित करना। उदाहरण के लिए, किसी भी गोल वस्तु को 'गेंद' कहना।

7. **सिद्धांत अधिगम (Principal Learning):** एक नियम सीखना जिसमें दो या दो से अधिक अवधारणाएँ शामिल होती हैं। उदाहरण के लिए, "100°C पर पानी उबल जाएगा"।

8. **समस्या-समाधान अधिगम (Problem-Solving Learning):** पहले से सीखे गए नियमों और अवधारणाओं का उपयोग करके एक नई और आदर्श स्थिति को हल करना।

बालक के सीखने में परिवेश/वातावरण एवं उनकी सीखने की गति पर प्रभाव [The impact of the environment on a child's learning and their learning speed]:-

विद्यालय का परिवेश[School Environment]:-

बच्चों के सीखने में विद्यालय का वातावरण एक महत्वपूर्ण कारक है, जो उनकी अकादमिक सफलता, सामाजिक-भावनात्मक विकास और समग्र कल्याण को प्रभावित करता है। एक सकारात्मक वातावरण सुरक्षित, सहायक और समावेशी होता है, जहाँ बच्चे शिक्षकों, सहपाठियों और ज्ञान से जुड़ते हैं। इसमें भौतिक सुरक्षा, मजबूत रिश्ते, स्पष्ट नियम और छात्रों को अन्वेषण के लिए स्वतंत्रता शामिल है, जो एक प्रभावी सीखने और विकास के लिए आवश्यक है।

पारिवारिक वातावरण [Family Environment]:-

बच्चों के सीखने में पारिवारिक वातावरण की बहुत अहमियत होती है; एक सुरक्षित, प्यार भरा, और सहायक पारिवारिक माहौल बच्चों के सामाजिक, भावनात्मक और संज्ञानात्मक विकास को बढ़ावा देता है, जबकि कलहपूर्ण और तनावपूर्ण वातावरण नुकसानदेह साबित हो सकता है। परिवार एक अनौपचारिक पाठशाला है जो बच्चों को मूल्य, व्यवहार और जीवन के महत्वपूर्ण सबक सिखाता है, जिससे उनके शैक्षिक प्रदर्शन और सामाजिक-भावनात्मक कल्याण पर सीधा असर पड़ता है।

सीखने में स्वास्थ्य की भूमिका [The role of health in learning]:-

सीखने में स्वास्थ्य की भूमिका महत्वपूर्ण है, क्योंकि शारीरिक, मानसिक और भावनात्मक रूप से स्वस्थ छात्र बेहतर एकाग्रता, याददाश्त और समस्या-समाधान कौशल प्रदर्शित करते हैं, जिससे शैक्षणिक प्रदर्शन में सुधार होता है। खराब स्वास्थ्य से स्कूल में उपस्थिति, एकाग्रता, और समग्र शैक्षणिक प्रदर्शन में बाधा आ सकती है, जिससे सीखना मुश्किल हो जाता है

अभ्यास प्रश्न

1. **बालकों का अधिगम सर्वाधिक प्रभावशाली होगा, जब- [UPTET (2019)]**
   (a) बालकों का संज्ञानात्मक, भावात्मक तथा मनोचालक पक्षों का विकास होगा।
   (b) पढ़ने-लिखने एवं गणितीय कुशलताओं पर ही बल होगा।
   (c) शिक्षक अधिगम प्रक्रिया में आगे होकर बालकों को निष्क्रिय रखेगा।
   (d) शिक्षण व्यवस्था एकाधिकारवादी होगी।

2. **सीखना एक प्रक्रिया है, जो**
   (a) जीवनपर्यन्त चलती रहती है
   (b) एक सीमा के बाद रुक जाती है
   (c) एक निश्चित आयु तक चलती है
   (d) इनमें से कोई नहीं

3. **सीखना कोई .... और सीधी .... होती है, बल्कि यह जटिल, बहुआयामी और गतिशील प्रक्रिया है।**
   (a) आसान; प्रक्रिया (b) आसान; प्रक्रिया नहीं
   (c) कठोर; प्रक्रिया नहीं (d) कठोर; प्रक्रिया

4. **स्कूल के भीतर और बाहर, दोनों जगहों पर .... की .... चलती रहती है।**
   (a) विकास; प्रक्रिया (b) बालक ; शरारतें
   (c) सीखने; प्रक्रिया (d) शिक्षकों; प्रगति

5. **बच्चे [CTET 2015]**
   (a) जिज्ञासु प्राणी होते हैं, जो अपने चारों ओर के जगत को खोजने के लिए अपने ही तर्कों और क्षमताओं का उपयोग करते हैं।
   (b) चिंतन में वयस्कों की भांति ही होते हैं और ज्यों-ज्यों वे बड़े होते हैं, उनके चिंतन में गुणात्मक वृद्धि होती है।
   (c) रीते बरतन के समान होते हैं, जिसमें बड़ों के द्वारा दिया गया ज्ञान भरा जाता है।
   (d) निष्क्रिय जीव होते हैं, जो प्रदत्त सूचना को ज्यों-की-त्यों प्रतिलिपि के रूप में प्रस्तुत कर देते हैं।

6. **बच्चे के सीखने की प्रक्रिया में सर्वाधिक महत्वपूर्ण भूमिका होगी- [JHTET 2012]**
   (a) बच्चे द्वारा भाषाई प्रयोग के नियम पकड़ना
   (b) बच्चे का उच्चारण (c) व्याकरण का ज्ञान
   (d) पाठ्य पुस्तकों की सामग्री

7. जब शिक्षक को विद्यार्थियों एवं उनकी योग्यताओं के बारे में सकारात्मक विश्वास होता है, तब विद्यार्थी- [CTET 2019]

(a) का उत्साह भंग हो जाता है तथा वे दबाव में आ जाते हैं।

(b) किसी भी रूप में प्रभावित नहीं होते हैं।

(c) सीखने के लिए उत्सुक एवं प्रेरित रहते हैं।

(d) निश्चिंत हो जाते हैं तथा सीखने के लिए किसी भी तरह का प्रयास करना बंद कर देते हैं।

8. इरफान खिलौनों को तोड़ता है और उसके पुर्जों को देखने के लिए उन्हें अलग-अलग कर देता है। आप क्या करेंगे? [CTET 2011]

(a) उसके जिज्ञासु स्वभाव को प्रोत्साहित करेंगे और उसकी ऊर्जा को सही दिशा में संचारित करेंगे

(b) उसे समझाएंगे कि खिलौनों को कभी तोड़ना नहीं चाहिए

(c) इरफान को खिलौनों से कभी भी नहीं खेलने देंगे

(d) उस पर हमेशा नजर रखेंगे

9. गैग्ने निम्न में किससे संबंधित हैं? [UPTET 2013]

(a) अधिगम का श्रेणीक्रम (b) अधिगम के सिद्धांत

(c) अधिगम का मूल्यांकन (d) अधिगम का प्रबंधन

10. कोई बालक अपने चारों ओर के भौतिक और मनोवैज्ञानिक परिवेश को देखकर सीखता है। यह प्रक्रिया कहलाएगी

(a) प्रत्यक्षीकरण (देखकर) के आधार पर

(b) कल्पना के आधार पर

(c) तर्क के आधार पर

(d) अनुकरण के आधार पर

11. बच्चे के सोचने की प्रक्रिया में किस आधार पर सोचने को सबसे उच्च माना गया है?

(a) रुचि के आधार पर सोचना

(b) अनुभव के आधार पर सोचना

(c) तर्क के आधार पर सोचना

(d) अनुकरण के आधार पर सोचना

12. किसी बालक में तर्क के आधार पर सोचने की क्षमता के विकास के लिए आवश्यक तत्त्व है

(a) भाषा सम्प्रेषण में निपुणता

(b) असीमित कल्पना शक्ति

(c) बालक के समक्ष अनेक समस्याएँ

(d) उसकी बोलने की गति

13. सीखने के वे कौन-से कारक हैं, जो सीखने को प्रमावित करते हैं- [HTET (2013]

(a) शिक्षणार्थी का शारीरिक व मानसिक स्वास्थ्य

(b) प्रेरणा और उपलब्धि का अभिप्रेरण स्तर

(c) उत्सुकता और इच्छाशक्ति

(d) सभी

14. कौशल सीखने की पहली अवस्था है- [UPTET 2014]

(a) यथार्थता (b) कल्पनाशीलता

(c) समन्वय (d) अनुकरण

15. व्यवहार का 'करना' पक्ष...... में आता है। [UPTET 2015]

(a) सीखने के गतिक क्षेत्र (b) सीखने के भावनात्मक क्षेत्र

(c) सीखने के मनोवैज्ञानिक क्षेत्र

(d) सीखने के संज्ञानात्मक क्षेत्र

16. निम्नलिखित में से कौन-सी शिक्षण-अधिगम के लिए एक प्रभावशाली शिक्षण प्रणाली नहीं है? [CTET 2019]

(a) प्रयोग एवं पर्यवेक्षण

(b) संवाद एवं परिचर्चा

(c) दिए गए ज्ञान को दोहराने पर ध्यान केंद्रित करना

(d) बच्चों को अंतर्दृष्टि के द्वारा अनुमान लगाने के लिए प्रोत्साहित करना

17. बच्चे किस तरह सीखते हैं?

(i) पढ़कर (ii) सुनकर

(iii) देखकर (iv) क्रिया करके

(a) (i) (ii) (b) (i) (ii) (iii)

(c) (ii) (iii) (iv) (d) (i) (ii) (iii) (iv)

18. अधिगम का सबसे उपयुक्त अर्थ........ है।

(a) कौशल अर्जन (b) व्यवहार में परिवर्तन

(c) वैयक्तिक समायोजन (d) ज्ञानार्जन

19. बालकों के सोचने के सन्दर्भ में निम्नलिखित कथन दिये गये हैं। उसके बारे में विचार कीजिए। इनमें से कौन सत्य है?

1. बच्चे जैसा देखते हैं उसी आधार पर सोचते हैं।
2. कल्पनाशीलता बालकों के अन्दर अधिक होती है।
3. बालक स्वभाव से जिज्ञासु प्राणी होते हैं।
4. बालक अपने पूर्व अनुभव के आधार पर सोचते हैं।

(a) केवल 1 (b) 1, 2 और 4

(c) केवल 1, 2 (d) ये सभी

20. अधिगमः

(a) शिक्षार्थी के संवेगों के द्वारा प्रभावित नहीं होता है।

(b) संवेगों के साथ बहुत कम संबंध रखता है।

(c) शिक्षार्थी के संवेगों द्वारा प्रभावित होता है।

(d) शिक्षार्थी के संवेगों से स्वतंत्र होता है।

21. प्रकाश कक्षा दो का विद्यार्थी है। वह अपनी सोच की प्रक्रिया को अभिरुचि एवं उत्सुकता के आधार पर बढ़ा रहा है। वह सोच की किस प्रक्रिया की तरफ अग्रसर है?

(a) रुचि एवं जिज्ञासा की प्रक्रिया

(b) अनुकरण की प्रक्रिया (c) तर्क की प्रक्रिया

(d) कोई प्रक्रिया नहीं

22. निम्न में से कौन बालकों में सोचने की प्रक्रिया का अंग नहीं है?

(a) प्रत्यक्षीकरण की प्रक्रिया (b) कल्पना की प्रक्रिया

(c) तर्क की प्रक्रिया (d) समावेशन की प्रक्रिया

23. नीचे पाँच प्रकार के अधिगम की प्रकारताओं की सूची दी गई है, जो कि रॉबर्ट एम. गेगने द्वारा उल्लिखित एक श्रेणीबद्ध व्यवस्था में इंगित किया गया है। दिए गए कोड से सही पदानुक्रम का चयन करते हुए अपना उत्तर दीजिये।

सूची

(i) संकेत अधिगम (ii) श्रृंखला अधिगम

(iii) नियम अधिगम (iv) सम्प्रत्यय अधिगम

(v) उद्दीपक अनुक्रिया अधिगम

(a) (i), (v), (ii), (iv) और (iii)

(b) (i), (ii), (iv), (v) और (iii)

(c) (iii), (ii), (i), (v) और (iv)

(d) (iii), (iv), (v), (i) और (ii)

24. गैग्ने के अधिगम के पदानुक्रमित सिद्धांत में........ अधिगम का पहला चरण है।

(a) श्रृंखला अधिगम (b) संकेत अधिगम

(c) अवधारणा अधिगम (d) शाब्दिक साहचर्य अधिगम

25. निम्नलिखित में से कौन सा कथन समर्थन से जुड़ी परिकल्पना के सम्बन्ध में सत्य है?

(a) शिक्षार्थी पाठ्यवस्तु के निवेश, अपने पूर्वज्ञान, अपनी दक्षता तथा लेखन के साथ व्यक्तिगत रूप से सीख सकते हैं

(b) विषय प्रकरण तथा अन्तः क्रियाओं को आपस में मिला देना

(c) शिक्षार्थी उपलब्धि के उस स्तर पर पहुँच सकते हैं (दूसरों कि सहायता से) जहाँ वे व्यक्तिगत रूप से नहीं पहुँच सकते थे

(d) प्रत्येक शिक्षार्थी स्वतंत्र है तथा व्यक्तिगत रूप से सीखने की आवश्यकता है

ANSWER KEY

1. (*a*) 2. (*a*) 3. (*b*) 4. (*c*) 5. (*a*) 6. (*a*) 7. (*c*) 8. (*a*) 9. (*a*) 10. (*a*) 11. (*c*) 12. (*a*) 13. (*d*)
14. (*d*) 15. (*a*) 16. (*c*) 17. (*d*) 18. (*b*) 19. (*d*) 20. (*c*) 21. (*a*) 22. (*d*) 23. (*a*) 24. (*b*) 25. (*c*)

12 शिक्षण विधि

शिक्षण विधियां (Teaching Method)

शिक्षण विधि से तात्पर्य उन रणनीतियों, तकनीकों और दृष्टिकोणों से है जिनका उपयोग शिक्षक छात्रों को सीखने में मदद करने के लिए करते हैं, जिसमें विषय-वस्तु प्रदान करना, समझ को बढ़ावा देना और कक्षा सहभागिता को बढ़ाना शामिल है।

डी.वी (Dewey) के अनुसार "पद्धति वह तरीका है जिसके द्वारा हम पठन सामग्री का व्यवस्थित करके, निष्कर्षों की प्राप्ति करते हैं।"

बाईनिंग (Bining) मानते हैं कि "शिक्षण विधि शिक्षा प्रक्रिया का गतिशील कार्य है।"

आगमन विधि (Inductive Method)

आगमन विधि कक्षा शिक्षण की महत्वपूर्ण विधि है। इस विधि में विषयवस्तु के प्रस्तुतीकरण के दौरान सबसे पहले उदाहरण दिए जाते हैं तत्पश्चात सामान्य सिध्दांत का प्रस्तुतीकरण किया जाता है।

आगमन विधि की प्रमुख विशेषताएं निम्नलिखित हैं-

- उदाहरण से नियम की ओर
- स्थूल से सूक्ष्म की ओर
- विशिष्ट से सामान्य की ओर
- ज्ञात से अज्ञात की ओर
- मूर्त से अमूर्त की ओर
- प्रत्यक्ष से प्रमाण की ओर

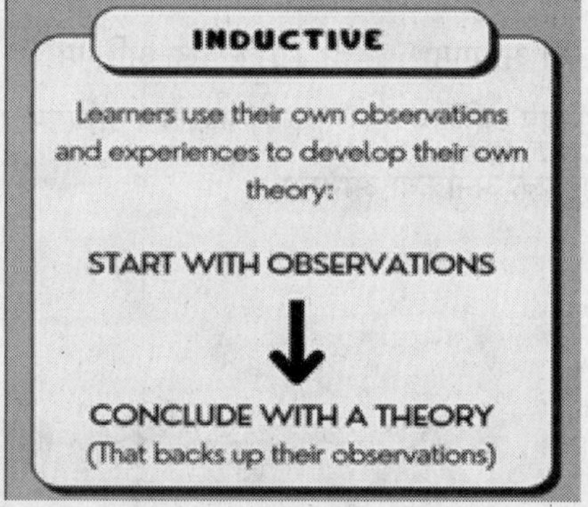

विशेष तथ्य [Special Facts]:-

आगमन विधि को प्राय: थकान वाली शिक्षण विधि माना जाता है क्योंकि इसमें शिक्षण प्रक्रिया काफी लम्बी होती है। आगमन विधि के जनक अरस्तु हैं।

निगमन विधि। Deductive Method।:-

यह विधि आगमन विधि के विपरीत है। इस विधि में अध्यापक छात्रो के सामने सबसे पहले किसी सामान्य नियम को प्रस्तुत करता है इसके पश्चात उस नियम की सत्यता को प्रमाणित करने के लिए विभिन्न उदाहरणों का प्रयोग करता है। सरल शब्दों में कहे तो कहे तो इस विधि में पहले बच्चों को नियमो को अच्छी तरह से बता दिया जाता हे इसके पश्चात उन्हें उदाहरण दिया जाता हे। बच्चों को इससे समझने में काफी आसानी होती हे और बच्चे अच्छी तरह से सीखते हैं।

निगमन विधि की शिक्षण के दौरान प्रस्तुत विषयवस्तु प्रमुख विशेषताएं निम्न प्रकार हैं

- सूक्ष्म से स्थूल की ओर
- सामान्य से विशिष्ट की ओर
- अज्ञात से ज्ञात की ओर
- प्रमाण से प्रत्यक्ष की ओर
- अमूर्त से मूर्त की ओर

शिक्षण की निगमन विधि में शिक्षण प्रक्रिया सामान्य से विशिष्ट की ओर उन्मुख होती है।।

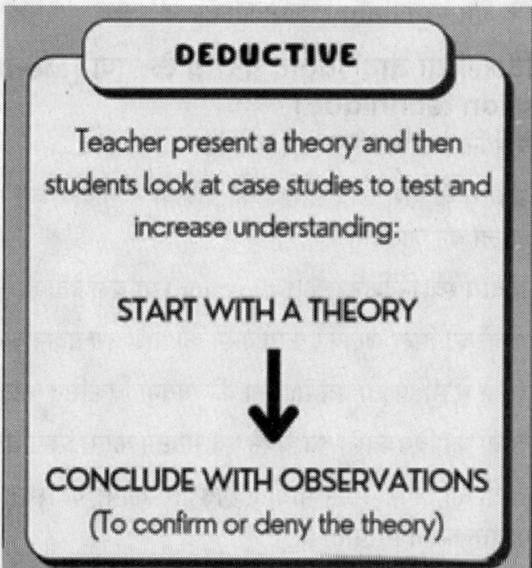

विशेष तथ्य [Special Fact]:-

कुछ विद्वान मानते हैं इस शिक्षण की इस विधि में विद्यार्थी रटने की प्रवृत्ति को ओर बढने लगते हैं जो शिक्षण अधिगम की गति को धीमी करता है।

निगमन विधि के जनक/ प्रतिपादक अरस्तु हैं।

प्रयोगशाला विधि(Laboratory Method)

प्रयोगशाला विधि एक शिक्षण पद्धति है जो "करके सीखने" के सिद्धांत पर आधारित है, जहाँ छात्र सीधे प्रयोग करके ज्ञान प्राप्त करते हैं. इस विधि में, छात्र वैज्ञानिक उपकरणों और सामग्रियों का उपयोग करके सक्रिय रूप से प्रयोग करते हैं और प्रत्यक्ष अनुभवों से सीखते हैं. यह विधि विज्ञान और गणित जैसे विषयों के लिए विशेष रूप से उपयोगी है, क्योंकि यह छात्रों के कौशल को विकसित करती है और सैद्धांतिक ज्ञान को व्यावहारिक रूप से सत्यापित करने में मदद करती है.

विशेष तथ्य

- प्रयोगशाला विधि एक आधुनिक शिक्षण पद्धति है जिसका उपयोग मुख्य रूप से गणित और विज्ञान में किया जाता है।
- प्रयोगशाला विधि में, छात्र छोटे समूहों में अपने हाथों से प्रयोगशाला अभ्यास करते हैं।
- यह विधि छात्रों को प्रत्यक्ष अनुभवों के माध्यम से तथ्यों से परिचित होने की अनुमति देती है।
- छात्र स्वयं सैद्धांतिक ज्ञान को प्रयोगों के माध्यम से मान्य करते हैं, जो उनके सीखने के लिए एक ठोस आधार प्रदान करते हैं।
- यह विधि करके सीखने के मनोवैज्ञानिक सिद्धांत पर आधारित है, जिसमें छात्रों को प्रत्यक्ष और ठोस अनुभव प्रदान करने वाली गतिविधियों पर जोर दिया जाता है।

समस्या समाधान विधि (Problem-Solving Method)

समस्या समाधान एक ऐसी शैक्षिक प्रणाली है जिसके द्वारा शिक्षक तथा छात्र किसी महत्त्वपूर्ण शैक्षिक कठिनाई के समाधान अथवा निवारण हेतु प्रयत्न करते हैं तथा छात्र स्वयं सीखने के लिए प्रेरित होते हैं।

समस्या समाधान विधि में वैज्ञानिक विधि को सात सोपानों में विभाजित किया गया है, जो निम्नवत हैं -

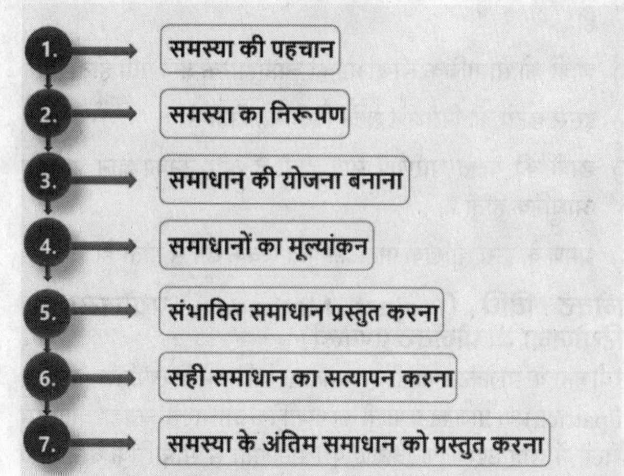

समस्या-समाधान के उद्देश्य [Objectives of Problem-Solving]

1. समस्या-समाधान के दृष्टिकोण की पहचान समस्या कथन में निहित संकेत है।
2. समस्याओं को हल करने की इच्छा और समस्याओं को हल करते समय उनकी दृढ़ता में सुधार करना।
3. समस्याओं को हल करने की क्षमता से संबंधित विद्यार्थियों की आत्म-अवधारणाओं में सुधार करना।
4. विद्यार्थियों को समस्या-समाधान रणनीतियों के बारे में जागरूक करना।
5. विद्यार्थियों को जागरूक करना कि कई समस्याओं को एक से अधिक विधियों से हल किया जा सकता है।
6. उपयुक्त समाधान रणनीतियों का चयन करने के लिए विद्यार्थियों की क्षमताओं में सुधार करना।
7. समाधान रणनीतियों को सटीक रूप से लागू करने के लिए विद्यार्थियों की क्षमताओं में सुधार करना।

भ्रमण विधि(Excursion Method)

भ्रमण विधि एक शैक्षिक दृष्टिकोण है जहाँ छात्र अपने सामान्य कक्षा के माहौल से बाहर निकलकर किसी संग्रहालय, ऐतिहासिक स्थल, या अन्य स्थान पर जाकर वास्तविक दुनिया का अनुभव करते हैं। इसका मुख्य उद्देश्य छात्रों को प्रत्यक्ष अनुभव और व्यावहारिक ज्ञान प्रदान करना है, जो कक्षा की सैद्धांतिक शिक्षा से परे होता है। इस विधि से छात्र अनुभवात्मक शिक्षा प्राप्त करते हैं, जिससे उनकी विषय की समझ गहरी होती है और उनके सर्वांगीण विकास को बढ़ावा मिलता है।

भ्रमण-विधि से लाभ (Advantage of Field Trip Device) –

इस प्रविधि के निम्नलिखित लाभ है-

(1) यह विधि पर्यावरणीय अध्ययन की नीरसता को दूर कर उसे सरस और आकर्षण बनाती है।

(2) भ्रमण के द्वारा बालकों की सामान्य बुद्धि का विकास होता है।

(3) यह विधि पाठ्यक्रम के अनुभवों को समृद्ध बनाती है।

(4) इस विधि से बालक सामाजिक वातावरण का प्रत्यक्ष ज्ञान प्राप्त करते हैं।

(5) छात्रों को सामाजिक संस्थाओं का व्यावहारिक ज्ञान प्राप्त होता है।

(6) इससे छात्रों की निरीक्षण शक्ति विकसित होती है।

(7) छात्रों की गलत धारणाएँ स्पष्ट होती हैं और उनका ज्ञान पूर्णतया आधुनिक होता है।

(8) भ्रमण के द्वारा मौखिक पाठों की पूर्ति रोचक ढंग से होती है।

प्रोजेक्ट विधि (Project Method - प्रयोजना या परियोजना या प्रोजेक्ट प्रणाली)

परियोजना या प्रोजेक्ट प्रणाली के जन्मदाता विलियम किलपैट्रिक (W. H. Kilpatrick) थे। प्रोजेक्ट प्रणाली का दार्शनिक आधार है व्यवहारवाद। इस प्रणाली में छात्र उद्देश्यपूर्ण क्रियाएँ पूर्ण संलग्नता से सामाजिक वातावरण में करते हैं। छात्र जो कुछ भी सीखता है वह क्रियाशील होकर सीखता है तथा वह जो क्रियाएँ सीखता है, वे सामाजिक जीवन से सम्बन्धित होती हैं।

किलपैट्रिक के अनुसार-"हम चाहते हैं कि शिक्षा वास्तविक जीवन की गहराई में प्रवेश करे, केवल सामाजिक जीवन में ही नहीं वरन् उस उत्तम जीवन में जिसकी हम आशा करते हैं।"

प्रोजेक्ट प्रणाली की कार्य विधि (Procedure of project method)

प्रोजेक्ट प्रणाली को पूर्ण करने के लिए निम्न पदों का प्रयोग किया जाता है-

1. परिस्थिति उत्पन्न करना।
2. योजना चुनना।
3. कार्यक्रम बनाना।
4. कार्यक्रम क्रियान्वित करना।
5. कार्य का निर्णय या मूल्यांकन
6. कार्य का लेखा।

विशेष तथ्य [Special points]

1. प्रत्येक प्रोजेक्ट का कुछ न कुछ प्रयोजन अवश्य होता है।
2. प्रोजेक्ट रुचिपूर्ण होता है।
3. प्रोजेक्ट क्रिया सामाजिक वातावरण में की जाती है।
4. प्रत्येक प्रोजेक्ट को आरम्भ करने के पश्चात् उसे पूर्ण करना भी आवश्यक माना जाता है।

विचार विमर्श विधि (The Debate Method)

विचार विमर्श विधि किसी विषय पर विचारों और ज्ञान के तार्किक और रचनात्मक आदान-प्रदान की एक विधि है, जिसमें भाग लेने वाले तथ्यों, तर्कों और विभिन्न दृष्टिकोणों पर विचार-विमर्श करते हैं। इस विधि का उद्देश्य समस्या समाधान, निर्णय लेना और छात्रों में तार्किक सोच, वैज्ञानिक दृष्टिकोण तथा आपसी सम्मान जैसे गुणों का विकास करना है। यह विधि लोकतांत्रिक सिद्धांतों पर आधारित है और व्यक्तियों के मस्तिष्क के बौद्धिक उपयोग पर ज़ोर देती है, जिससे वे किसी भी मुद्दे पर सक्रिय रूप से भाग ले सकें और स्वतंत्र सोच विकसित कर सकें।

विचार विमर्श या वाद-विवाद प्रविधि के गुण [Merits of discussion technique]

इस प्रविधि में निम्नलिखित गुण पाए जाते हैं:-

1. इस प्रविधि के द्वारा छात्र सीखने की प्रक्रिया में सक्रिय रूप से भाग लेने वाला बन जाता है।
2. यह प्रविधि स्व-निर्देशन (Self-direction) पर बल देती है।
3. यह छात्रों को मिल-जुलकर कार्य करने का प्रशिक्षण प्रदान करती है।
4. यह छात्रों में सहिष्णुता एवं सहयोग की भावना विकसित करती है।
5. यह छात्रों को विषयवस्तु का चयन एवं संगठन करना सिखाती है।
6. यह छात्रों को अपने-अपने भावों एवं विचारों को सुव्यवस्थित रूप में अभिव्यक्त करना सिखाती है।
7. यह छात्रों में स्वतन्त्र अध्ययन करने की आदत का विकास करती है।
8. इसके द्वारा छात्रों की तर्क एवं निर्णय शक्तियों का विकास किया जाता है।

प्रदर्शन विधि (Demonstration Method)

शिक्षण विधियों में प्रदर्शन विधि एक ऐसी शिक्षण तकनीक है जिसमें शिक्षक छात्रों को कुछ करने का तरीका सिखाने या किसी अवधारणा को समझाने के लिए स्वयं कोई कार्य करके दिखाता है। इसका मुख्य उद्देश्य जटिल प्रक्रियाओं या कौशलों को स्पष्ट और चरणबद्ध तरीके से प्रस्तुत करना है, ताकि छात्र उन्हें देखकर समझ सकें और सीख सकें।

प्रदर्शन विधि की विशेषताएं [Characteristics of the demonstration method] -

(1) यह विधि छोटी कक्षाओं के लिए अधिक उपयुक्त है।

(2) प्रयोग प्रदर्शन शिक्षक द्वारा किए जाने से उपकरणों की टूट-फूट कम होती है।

(3) समय कम लगता है।

(4) छात्र स्वयं देखकर सीखते हैं।

(5) बालकों की दृष्टि एवं श्रवण इन्द्रियाँ अधिक सक्रिय रहती हैं।

(6) छात्रों की निरीक्षण, तर्क एवं विचार-शक्ति का विकास होता है।

अनुकरण विधि (Imitation Method)

अनुकरण विधि एक सीखने की प्रक्रिया है जिसमें व्यक्ति किसी दूसरे व्यक्ति के व्यवहार को देखकर और उसकी नकल करके सीखता है। यह विधि खासकर छोटे बच्चों के लिए उपयोगी है और लेखन, उच्चारण व भाषा सीखने में सहायक है। इसमें शिक्षक या आदर्श व्यक्ति कुछ प्रस्तुत करता है, और शिक्षार्थी उसका दोहराव करके कौशल हासिल करता है।

विद्यालय में यह प्रक्रिया व्यापक रूप से सम्पन्न होती है। जब शिक्षक छात्रों को गणित, हिन्दी एवं विज्ञान सम्बन्धी तथ्यों को करके बताता है तो अनुकरण के द्वारा वह उन क्रियाओं को सम्पन्न करता है। बालक में अनुकरण का गुण स्वाभाविक रूप से पाया जाता है।

घर-परिवार एवं परिवेश में विविध प्रकार की सामाजिक, सांस्कृतिक एवं शैक्षिक प्रक्रियाओं को बालक अनुकरण द्वारा ही सीखता है। अनुकरण द्वारा सीखने को एक प्रभावशाली अधिगम विधि माना जाता है।

मस्तिष्क उद्वेलन विधि (Brainstorming Method)

एलेक्स एफ. ओसबोर्न द्वारा विकसित, मस्तिष्क उद्वेलन सृजनात्मक सोच को उत्तेजित करने की सबसे पुरानी और सबसे प्रसिद्ध तकनीक है।

इसमें एक समूह का उपयोग किया जाता है जिसके सदस्यों के सामने एक समस्या प्रस्तुत की जाती है और उन्हें यथासंभव अधिक से अधिक संभावित समाधान विकसित करने के लिए कहा जाता है।

विशेष तथ्य [Special Facts]-

- मस्तिष्क उद्वेलन एक ऐसी तकनीक है जो मनुष्य को विचारों के निर्माण के लिए अपनी रचनात्मक शक्तियों को जुटाने में मदद करती है।
- मस्तिष्क उद्वेलन का उद्देश्य किसी भी समस्या के लिए विकल्पों का संचय करना है।
- मस्तिष्क उद्वेलन एक रणनीति है जिसके साथ एक समस्या को हल किया जा सकता है, जो बहुत सारे संभावित परिणामों को सामने रखती है।
- स्कूलों में शिक्षक इस तकनीक का उपयोग छात्रों में रचनात्मक सोच को बढ़ावा देने के लिए कर सकते हैं।
- यह एक समूह-केंद्रित तकनीक है जिसका उपयोग शिक्षण-अधिगम प्रक्रिया में किया जाता है।

अभिक्रमित अनुदेशन विधि (Programmed Instruction Method)

अभिक्रमित अनुदेशन विधि या शाखीय अनुदेशन विधि का आविर्भाव मनोविज्ञान की प्रयोगशाला से हुआ जबकि रेखीय अनुदेशन का विकास मानवीय प्रशिक्षण की समस्याओं से हुआ। नार्मन ए, क्राउडर ने 1954 में संयुक्त राज्य अमेरिका में इसका विकास किया।

यह विधि बी.एफ. स्किनर के क्रिया प्रसूत अनुबंधन के सिद्धांतों पर आधारित है। इसमें प्रत्येक चरण के बाद छात्र को प्रतिक्रिया देने का अवसर मिलता है और उसे तुरंत ही अपनी प्रतिक्रिया की सही या गलत होने की जानकारी (पुनर्बलन) मिल जाती है, जिससे वह लगातार सीखता रहता है और आगे बढ़ता है।

अभिक्रमित अनुदेशन के भेद:- [Types of Programmed Instruction]

1. रेखीय अभिक्रमित अनुदेशन (Linear Programmed Instruction)
2. शाखीय अभिक्रमित अनुदेशन (Branching Programmed Instruction)
3. मैथेटिक्स अभिक्रमित अनुदेशन (Mathematics Programmed Instruction)

1. रेखीय अभिक्रमित अनुदेशन (Linear Programmed Instruction)

इसे स्किनर की शैली भी कहते हैं।

इसमें फ्रेम एक सीधी, रैखिक पंक्ति में व्यवस्थित होते हैं, जिसे एक ही मार्ग का पालन करते हुए सभी छात्र सीखते हैं।

यह विधि गलतियों को कम करने के लिए डिज़ाइन की गई है।

2. शाखीय अभिक्रमित अनुदेशन (Branching Programmed Instruction)

इसके जनक नॉर्मन ए. क्राउडर हैं और इसे क्राउडरियन मॉडल भी कहते हैं।

इसमें एक ही विषयवस्तु के लिए कई मार्ग हो सकते हैं। यदि कोई छात्र किसी प्रश्न का उत्तर गलत देता है, तो उसे उस गलत उत्तर को सुधारने या समझने के लिए वैकल्पिक शिक्षण सामग्री या अतिरिक्त फ्रेम दिखाए जाते हैं।

3. मैथेटिक्स अभिक्रमित अनुदेशन (Mathematics Programmed Instruction)

टी. एफ. गिल्बर्ट द्वारा विकसित मैथेटिक्स प्रणाली जटिल गणितीय प्रदर्शनों को सुदृढ़ीकरण सिद्धांत के अनुसार व्यवस्थित करती है।

दल शिक्षण विधि (Team Teaching Method)

- दल शिक्षण- यह एक नवाचार विधि है। 'दल' शब्द का अर्थ होता है समूह अर्थात् जब किसी कक्षा-कक्ष में विशेषज्ञ शिक्षक समूह द्वारा अध्यापन कार्य किया जाता है, तब वह दल शिक्षण विधि के नाम से जाना जाता है।
- दल शिक्षण विधि का विकास सर्वप्रथम 1955 में हार्वर्ड विश्वविद्यालय, अमेरिका के शोध छात्र मिसीगन व हार्वे द्वारा किया गया।
- जे.पी. पुरोहित के अनुसार, "दल शिक्षण विधि अध्यापक की आधुनिक तकनीक है। इस विधि में दो या दो से अधिक अध्यापक मिलकर नियमित रूप से किसी कक्षा की अध्ययन सम्बन्धी योजना बनाते हैं, उसे क्रियान्वित करते हैं तथा उसका मूल्यांकन करते हैं।"

दल या टोली शिक्षण के महत्वपूर्ण तथ्य [Important facts about team teaching]-

- दल शिक्षण सहकारिता की भावना पर आधारित है।
- दल शिक्षण का मुख्य उद्देश्य शिक्षण अधिगम प्रक्रिया को प्रभावशाली बनाना है।
- दल शिक्षण में दो या दो से अधिक शिक्षक कार्य करते है।
- दल शिक्षण से छात्रों को विभिन्न क्षेत्रो से अधिक ज्ञान मिलता है।
- दल शिक्षण में पूरी कक्षा पर नियंत्रण स्थापित रहता है।

अभ्यास प्रश्न

1. उदाहरण, निरीक्षण, विश्लेषण, वर्गीकरण, नियमीकरण निम्नलिखित में से किस विधि के सोपान हैं? [UPTET 2015]

(a) निगमन विधि (b) आगमन विधि

(c) अंतर्दर्शन विधि (d) बहिर्दर्शन विधि

2. निम्नलिखित शिक्षण विधियों के लिए सही मिलान चुनिए-

शिक्षण विधि आधारित सिद्धान्त

(P)विश्लेषण विधि (1) आगमनात्मक तर्क

(Q) संश्लेषण विधि (2) देखो, सुनो और समझो

(R) प्रदर्शन विधि (3) करके सीखना

(S) प्रयोगशाला विधि (4) निगमनात्मक तर्क

(a) P-1, Q-2, - R - 4, S - 3

(b) P-4, Q-1, - R - 2, S - 3

(c) P-1, Q-4, - R - 2, S - 3

(d) P-4, Q-1, - R - 3, S - 2

3. दूसरे व्यक्ति के बाह्य व्यवहार की नकल है- [UPTET 2016]

(a) सीखना (b) अनुकरण (c) कल्पना (d) चिंतन

4. शिक्षार्थी फैशन शो को देखकर मॉडल्स का अनुकरण करने की कोशिश करते हैं। इस प्रकार के अनुकरण को....... कहा जा सकता है। [CTET 2013]

(a) गौण अनुकरण (b) सामाजिक अधिगम

(c) सामान्यीकरण (d) प्राथमिक अनुकरण

5. निम्न में से कौन-सी विधि प्राथमिक स्तर पर शिक्षण के लिए उपयुक्त नहीं है? [HTET 2015]

(a) समस्या समाधान विधि (b) गतिविधि उपागम

(c) व्याख्यान विधि (d) प्रोजेक्ट विधि

6. समूह में सहयोग के माध्यम से सीखने वाली विधि को क्या कहते हैं?

(a) व्याख्यान विधि (b) परियोजना आधारित विधि

(c) समूह या सहकारी विधि (d) प्रश्नोत्तरी विधि

7. खोजपूर्ण (Discovery) विधि का मुख्य उद्देश्य क्या है?

(a) छात्रों को तैयार उत्तर देना

(b) छात्रों को अपने अनुभव और अवलोकन से सिद्धांत खोजने देना

(c) केवल बोर्ड नोट्स पढ़ाना (d) केवल प्रश्नोत्तरी लेना

8. निम्न में से कौन-सी शिक्षण विधि प्रजातांत्रिक नहीं है? [UPTET 2020]

(a) प्रोजेक्ट विधि (b) सहभागी विधि

(c) व्याख्यान विधि (d) सामूहिक परिचर्चा

9. निम्न में से कौन-सी कक्षा शिक्षण में जनतांत्रिक शिक्षण-नीति नहीं है? [UPTET 2018]

(a) व्याख्यान (b) योजना

(c) अन्वेषण (d) मस्तिष्क उद्वेलन

10. कक्षा में विद्यार्थियों की रुचि बनाए रखने के लिए एक शिक्षक को उचित है- [UPTET 2011]

(a) श्यामपट्ट का प्रयोग करना

(b) चर्चा करना (c) कहानी कहना

(d) प्रश्न पूछना

11. ज्ञान तक पहुंचने की किस विधि में संयुक्त रूप से विशिष्ट से सामान्य की ओर और सामान्य से विशिष्ट की ओर बढ़ने पर बल दिया जाता है

(a) आगमनात्मक विधि (b) निगमनात्मक विधि

(c) वैज्ञानिक विधि (d) सादृश्यात्मक विधि

12. खोजपूर्ण विधि में छात्र कैसे सीखते हैं?

(a) शिक्षक के उत्तर सुनकर

(b) प्रयोग और अवलोकन के माध्यम से स्वतंत्र रूप से

(c) नोट्स देखकर

(d) प्रश्नोत्तरी में उत्तर देकर

13. समूह चर्चा विधि का उद्देश्य क्या है?

(a) शिक्षक की सुविधा

(b) विचार साझा करना और आलोचनात्मक सोच विकसित करना

(c) केवल अंक देना

(d) व्याख्यान देना

14. शिक्षण विधि का चयन करते समय निम्न में से किसको ध्यान में रखने की आवश्यकता नहीं है? [UPTET 2018]

(a) व्यक्तिगत भेद (b) अभिभावक की पृष्ठभूमि

(c) विद्यार्थियों का मानसिक स्तर

(d) विषय की विशिष्ट प्रकृति

15. 'विशिष्ट से सामान्य' का सिद्धांत निम्न में से किसमें प्रयोग होता है? [REET 2015]

(a) विश्लेषण विधि (b) स्वत:शोध विधि

(c) संश्लेषण विधि (d) आगमन विधि

16. .... आगमन विधि का एक शिक्षण सूत्र है।

(a) सामान्य से विशिष्ट की ओर

(b) सूक्ष्म से स्थूल की ओर (c) नियम से उदहारण की ओर

(d) ज्ञात से अज्ञात की ओर

17. निगमन विधि का सिद्धांत है -

(a) विशेष से विशेष (b) सामान्य से विशेष

(c) विशेष से सामान्य (d) सामान्य से सामान्य

18. शाखीय अभिक्रमित अनुदेशन की अवधारणा दिया था-

(a) स्किनर ने (b) पावलॉव ने

(c) क्राउडर ने (d) ब्लूम ने

19. नॉर्मन ए. क्राउडर ....के लिए जाना जाता है।

UPSESSB (P.G.T.) परीक्षा, 2016

(a) व्यवहार तकनीकी (b) रेखीय अभिक्रम

(c) सूक्ष्म शिक्षण (d) शाखीय अभिक्रम

20. परियोजना पद्धति का प्रतिपादन किसने किया?

(a) फ्रोबेल (b) किलपैट्रिक (c) आर्मस्ट्रांग (d) मारिया मोंटेसरी

21. उदाहरण से सामान्यीकरण की यात्रा है-

(a) आगमन (b) निगमन (c) उपदेशात्मक (d) प्रत्यक्ष

ANSWER KEY

1. (*b*) 2. (*c*) 3. (*b*) 4. (*b*) 5. (*c*) 6. (*c*) 7. (*b*) 8. (*c*) 9. (*a*) 10. (*d*) 11. (*c*) 12. (*b*) 13. (*b*)
14. (*b*) 15. (*d*) 16. (*d*) 17. (*b*) 18. (*c*) 19. (*d*) 20. (*b*) 21. (*a*)

13 वैयक्तिक भिन्नता

"वैयक्तिक भिन्नता" या व्यक्तिगत विभिन्नता का अर्थ है वह अंतर जो मनोवैज्ञानिक विशेषताओं के आधार पर एक व्यक्ति को दूसरे व्यक्ति से अलग करता है, जिसमें शारीरिक, भावनात्मक, मानसिक और सामाजिक क्षेत्र शामिल हैं। ये भिन्नताएँ आनुवंशिकता और पर्यावरण जैसे कारकों के जटिल प्रभाव से निर्धारित होती हैं।

वैयक्तिक भिन्नता का अर्थ- जब दो बालक विभिन्न समानताएँ रखते हुए भी आपस में भिन्न व्यवहार करते हैं तो इसे 'वैयक्तिक भिन्नता' कहा जाता है। वैयक्तिक भिन्नता से अभिप्राय है कि प्रत्येक व्यक्ति में जैविक, मानसिक, सांस्कृतिक, संवेगात्मक अन्तर पाया जाना। इसी अन्तर के कारण एक व्यक्ति, दूसरे से भिन्न माना जाता है। अतः कोई भी दो व्यक्ति समान नहीं होते। यहाँ तक कि जुड़वाँ बच्चों में भी असमानता पाई जाती है। इस दृष्टि से वैयक्तिक भिन्नता प्रकृति द्वारा प्रदत्त स्वाभाविक गुण है।

वैयक्तिक भिन्नता का आधार:

- **शारीरिक अंतर**: रूप, रंग, लंबाई, और शारीरिक गठन में भिन्नता।
- **मानसिक/बौद्धिक भिन्नता**: सीखने की गति, बुद्धि, और सोचने की क्षमता में अंतर।
- **संवेगात्मक और सामाजिक भिन्नता**: स्वभाव, रुचियों, और व्यवहार में विशिष्टता।
- **कारण**: आनुवंशिक कारक, सामाजिक-आर्थिक वातावरण, शिक्षा, और आयु का प्रभाव।

विभिन्न मनोवैज्ञानिकों ने वैयक्तिक भिन्नता को निम्नलिखित प्रकार से परिभाषित किया है-

1. **स्किनर के अनुसार** – "व्यक्तिगत विभिन्नता में सम्पूर्ण व्यक्तित्व का कोई भी ऐसा पहलू सम्मिलित हो सकता है, जिसका माप किया जा सकता है।"
2. **टायलर के अनुसार-** "शरीर के आकार और स्वरूप, शारीरिक गति सम्बन्धी क्षमताओं, बुद्धि, उपलब्धि, ज्ञान, रूचियों, अभिवृत्तियों और व्यक्तित्व के लक्षणों में माप की जा सकने वाली विभिन्नताओं की उपस्थिति सिद्ध की जा चुकी है।"

वैयक्तिक विभिन्नताओं के प्रकार [Types of Individual Differences]

वैयक्तिक विभिन्नताओं को विभिन्न आधारों पर वर्गीकृत किया गया है।

भाषा के आधार पर वैयक्तिक विभिन्नताएँ [Individual Differences Based on Language]

अन्य कौशलों की तरह ही भाषा भी एक कौशल है। प्रत्येक व्यक्ति में भाषा के विकास की भिन्न-भिन्न अवस्थाएँ पाई जाती हैं। यह विकास बालक के जन्म के बाद ही प्रारम्भ हो जाता है। अनुकरण, वातावरण के साथ अनुक्रिया तथा शारीरिक, सामाजिक एवं मनोवैज्ञानिक आवश्यकताओं की पूर्ति की माँग इसके विकास में महत्वपूर्ण भूमिका निभाती है। इसका

विकास धीरे-धीरे परन्तु एक निश्चित क्रम में होता है। कोई बालक भाषा के माध्यम से अपने विचारों को अभिव्यक्त करने में अधिक कुशल होता है, जबकि कुछ बालक इस मामले में उतने कुशल नहीं होते।

लिंग के आधार पर वैयक्तिक विभिन्नता [Individual Differences Based on Gender]

सामान्यतः स्त्रियाँ कोमलांगी होती हैं, किन्तु अधिगम के क्षेत्रों में बालकों एवं बालिकाओं में भिन्नता नहीं होती।

स्त्रियों का शारीरिक गठन पुरुषों से अलग होता है।

सामान्यतः पुरुष स्त्रियों से अधिक लम्बे होते हैं।

बुद्धि के आधार पर वैयक्तिक विभिन्नता [Individual Differences Based on Intelligence]

(1) परीक्षणों के आधार पर ज्ञात हुआ है कि सभी व्यक्तियों की बुद्धि एकसमान नहीं होती।

(2) बालकों में भी बुद्धि के आधार पर वैयक्तिक विभिन्नता दिखाई पड़ती है।

(3) कुछ बालक अपनी आयु की अपेक्षा अधिक बुद्धि को प्रदर्शित करते हैं, इसके विपरीत कुछ बच्चों में सामान्य बुद्धि पाई जाती है।

(4) बुद्धि-परीक्षण के आधार पर यह ज्ञात किया जा सकता है कि कोई बालक किसी अन्य बालक से कितना अधिक बुद्धिमान है?

परिवार एवं समुदाय के आधार पर वैयक्तिक विभिन्नता [Individual Differences Based on Family and Community]

मानव के व्यक्तित्व के विकास पर उसके परिवार एवं समुदाय का स्पष्ट प्रभाव पड़ता है। इसलिए समुदाय के प्रभाव को वैयक्तिक विभिन्नता में भी देखा जा सकता है। अच्छे परिवार एवं समुदाय से सम्बन्ध रखने वाले बच्चों का व्यवहार सामान्यतः अच्छा होता है। यदि किसी समुदाय में किसी प्रकार के अपराध करने की प्रवृत्ति हो, तो इसका कुप्रभाव उस समुदाय के बच्चों पर भी पड़ता है। यद्यपि आर्थिक-सामाजिक स्तर तथा बुद्धि-लब्धि का सम्बन्ध तो है, किन्तु यह बहुत उच्च स्तर का नहीं है। इन दोनों में सह-सम्बन्ध अवश्य पाया गया है, किन्तु यह नहीं कहा जा सकता कि निम्न सामाजिक-आर्थिक समूह से आने वाले बच्चे कम बुद्धिमान एवं उच्च सामाजिक-आर्थिक समूह के बच्चे अधिक बुद्धिमान होते हैं। इसके विपरीत निम्न स्तर के आर्थिक एवं सामाजिक समूह में अनेक उच्च बुद्धि-लब्धि वाले बालक पाए जाते हैं और उच्च स्तर के आर्थिक-सामाजिक समूह में निम्न बुद्धि-लब्धि वाले बालक पाए जाते हैं।

संवेग के आधार पर वैयक्तिक विभिन्नता [Individual Differences in Emotion]

संवेगात्मक विकास विभिन्न बालकों में विभिन्नता लिए हुए होता है, जबकि यह भी सत्य है कि मोटे तौर पर संवेगात्मक विशेषताएँ बालकों में समान रूप से पाई जाती हैं।

कुछ बालक शान्त स्वभाव के होते हैं, जबकि कुछ बालक चिड़चिड़े स्वभाव के होते हैं।

कुछ बालक सामान्यतः प्रसन्न रहते हैं, जबकि कुछ बालकों में उदास रहने की प्रवृत्ति होती है। शारीरिक विकास के आधार पर वैयक्तिक विभिन्नता शारीरिक दृष्टि से व्यक्तियों में अनेक प्रकार की विभिन्नताएँ देखने को मिलती हैं।

शारीरिक भिन्नता रंग, रूप, आकार, भार, कद, शारीरिक गठन, यौन-भेद, शारीरिक परिपक्वता आदि के कारण होती है।

अभिवृत्ति के आधार पर वैयक्तिक विभिन्नता [Individual Differences Based on Attitude]

सभी बालकों की अभिवृति में भी समानता नहीं होती।

कुछ बालक किसी विशेष प्रकार के कार्य में रुचि लेते हैं,

जबकि अन्य बालक किसी और कार्य में रुचि लेते हैं। कुछ बालकों में पढ़ाई में मन लगाने की प्रवृत्ति होती है, जबकि कुछ अन्य बालक किन्हीं कारणों से इससे दूर भागते हैं।

व्यक्तित्व के आधार पर वैयक्तिक विभिन्नता [Individual Differences Based on Personality]

प्रत्येक व्यक्ति में व्यक्तित्व के आधार पर वैयक्तिक विभिन्नता देखने को मिलती है।

कुछ बालक अन्तर्मुखी होते हैं और कुछ बहिर्मुखी। एक व्यक्ति दूसरे व्यक्ति से मिलने पर उसकी योग्यता से प्रभावित हो या न हो परन्तु उसके व्यक्तित्व से प्रभावित हुए बिना नहीं रहता है।

अभ्यास प्रश्न

1. वैयक्तिक विभिन्नता का अर्थ होता है कि दो व्यक्ति

(a) केवल शारीरिक रूप से अलग हों

(b) केवल मानसिक रूप से अलग हों

(c) शारीरिक एवं मानसिक दोनों रूप से अलग हों

(d) उपरोक्त में से कोई नहीं

2. "वैयक्तिक विभिन्नताओं से हमारा तात्पर्य व्यक्तित्व के उन सभी पहलुओं से है, जिनका मापन व मूल्यांकन किया जा सकता है।" वैयक्तिक विभिन्नता के सन्दर्भ में निम्नलिखित मनोवैज्ञानिकों में से यह कथन किसका है?

(a) टॉयलर का (b) कोहलर का

(c) स्किनर का (b) मॉस्लो का

3. आप अपनी कक्षा के छात्रों में परिपक्वता का अवलोकन करने पर पाते हैं कि कुछ छात्र आयु के पहले परिपक्वता प्राप्त कर चुके हैं, जबकि कुछ छात्र परिपक्वता प्राप्त करने की आयु में तो हैं, लेकिन उनमें परिपक्वता नहीं है। इसका कारण क्या हो सकता है?

(a) कक्षा में उनके बैठने का क्रम (b) वैयक्तिक विभिन्नता

(c) विद्यालय आने व जाने के उनके भिन्न साधन

(d) उपरोक्त में से कोई नहीं

4. सीमा हर पाठ को बहुत जल्दी सीख लेती है, जबकि लीना उसे सीखने में ज्यादा समय लेती है। यह विकास के .... सिद्धान्त को दर्शाता है।

(a) वैयक्तिक भिन्नता (b) अन्तर्सम्बन्ध

(c) निरन्तरता (d) सामान्य से विशिष्ट की ओर

5. आपकी कक्षा का एक छात्र पढ़ने में बहुत तेज है। वह सातवीं कक्षा में होते हुए भी दसवीं कक्षा के विषयों को आसानी से समझ लेता है। उसकी इस वैयक्तिक विभिन्नता का कारण है

(a) उसका विशिष्ट शारीरिक विकास

(b) उसका विशिष्ट संज्ञानात्मक विकास

(c) उसका विशिष्ट संवेगात्मक विकास

(d) उसका विशिष्ट सामाजिक विकास

6. वैयक्तिक भिन्नता का प्राथमिक कारण क्या है?

(a) आनुवंशिकता और पर्यावरण के बीच जटिल परस्पर क्रिया

(b) केवल माता-पिता से प्राप्त आनुवंशिक कोड

(c) जन्मजात विशेषताएँ

(d) पर्यावरणीय प्रभाव

7. मानव के व्यक्तित्व पर निम्न में से किसका प्रभाव पड़ता है?

(a) केवल परिवार का (b) केवल समुदाय का

(c) परिवार एवं समुदाय दोनों का

(d) उपरोक्त में से किसी का नहीं

8. वैयक्तिक विभिन्नता का प्रमुख कारण है?

A. वातावरण B. वंशानुक्रम C. आयु

कूटः

(a) A और B (b) केवल B

(c) A और C (d) A, B और C

9. वैयक्तिक विभिन्नता को प्रभावित करता है?

(a) केवल वंशानुक्रम कारक

(b) केवल वातावरणीय कारक

(c) वंशानुक्रम एवं वातावरणीय दोनों कारक

(d) उपरोक्त में से कोई नहीं

10. मनोवैज्ञानिकों का ऐसा मानना है कि बालकों में अन्तर होता है

(a) उनकी रुचि के आधार पर

(b) उनकी योग्यता के आधार पर

(c) उनकी क्षमता के आधार पर

(d) उपरोक्त सभी के आधार पर

11. जाति से सम्बन्धित व्यक्तिगत अन्तर को दूर करने के लिए व्यक्ति को करना चाहिए

A. केवल पूर्वाग्रह से स्वयं को दूर रखना

B. पूर्वधारणा तथा सोच में बदलाव लाना

C. नकारात्मक मनोवृत्तियों से हट कर सोचना

D. रूढ़िवादी दृष्टिकोण में सकारात्मक बदलाव लाना

कूटः

(a) A और B (b) B और C

(c) D और A (d) A, B, C और D

12. शिक्षार्थी वैयक्तिक भिन्नता प्रदर्शित करते हैं। अतः शिक्षक को

(a) अधिगम की एकसमान गति पर बल देना चाहिए।

(b) सीखने के विविध अनुभवों को उपलब्ध कराना चाहिए।

(c) कठोर अनुशासन सुनिश्चित करना चाहिए।

(d) परीक्षाओं की संख्या बढ़ा देनी चाहिए।

13. सह-शैक्षणिक क्षेत्रों में निष्पादन के आधार पर शैक्षणिक क्षेत्रों में निष्पादन के स्तर को बढ़ाने का औचित्य स्थापन किस आधार पर किया जा सकता है?

(a) यह वैयक्तिक भिन्नताओं को सन्तुष्ट करता है।

(b) यह हाशियाकृत विद्यार्थियों के लिए प्रतिपूरक भेदभाव की नीति का अनुगमन करता है।

(c) यह सार्वभौमिक धारणा (retention) को सुनिश्चित करता है।

(d) यह हाथ से किए जाने वाले श्रम के प्रति सम्मान विकसित करता है।

14. शिक्षार्थियों में वैयक्तिक भिन्नताओं को सम्बोधित करने के लिए एक विद्यालय किस प्रकार का सहयोग उपलब्ध करवा सकता है?

(a) सभी शिक्षार्थियों के लिए समान स्तर की पाठ्यचर्या का अनुगमन करना।

(b) बाल केन्द्रित पाठ्यचर्या का पालन करना और शिक्षार्थियों को सीखने के अनेक अवसर उपलब्ध कराना।

(c) शिक्षार्थियों में वैयक्तिक भिन्नताओं को समाप्त करने के लिए हर सम्भव उपाय करना।

(d) धीमी गति से सीखने वाले शिक्षार्थियों को विशेष विद्यालयों में भेजना।

15. कक्षा में विद्यार्थियों के वैयक्तिक विभेद

(a) लाभकारी नहीं हैं, क्योंकि अध्यापकों को वैविध्यपूर्ण कक्षा को नियन्त्रित करने की आवश्यकता है।

(b) हानिकारक हैं, क्योंकि इनसे विद्यार्थियों में परस्पर द्वन्द्व उत्पन्न होते हैं।

(c) अनुपयुक्त हैं, क्योंकि ये सर्वाधिक मन्द विद्यार्थियों के स्तर तक पाठ्यचर्या के स्थानान्तरण की गति को कम करते हैं।

(d) लाभकारी हैं, क्योंकि ये विद्यार्थियों की संज्ञानात्मक संरचनाओं को खोजने में अध्यापकों को प्रवृत्त करते हैं।

16. हम सभी अपनी बुद्धि, प्रेरणा, अभिरुचि आदि के सन्दर्भ में भिन्न होते हैं। यह सिद्धान्त सम्बन्धित है?

(a) वैयक्तिक भिन्नता से (b) बुद्धि के सिद्धान्तों से

(c) वंशानुक्रम से (s) पर्यावरण से

17. शिक्षार्थियों (अधिगमकर्ता) की वैयक्तिक विभिन्नताओं के सन्दर्भ में शिक्षिका को चाहिए

(a) निगमनात्मक पद्धति के आधार पर समस्याओं का समाधान करना।

(b) कलनविधि (एल्गोरिथ्म) का अधिकतर प्रयोग करना।

(c) याद करने के लिए शिक्षार्थियों को तथ्य उपलब्ध कराना।

(d) विविध प्रकार की अधिगम परिस्थितियों को उपलब्ध कराना।

18. अपनी कक्षा की वैयक्तिक भिन्नताओं से निपटने के लिए शिक्षक को चाहिए कि

(a) बच्चों को उनके अंकों के आधार पर अलग कर उनको नामित करे

(b) बच्चों से बातचीत करे और उनके दृष्टिकोण को महत्त्व दे

(c) विद्यार्थियों के लिए कठोर नियमों को लागू करे

(d) शिक्षण और आकलन के समान और मानक तरीके हों

19. निम्नलिखित में से कौन-सा उदाहरण प्रभावशाली विद्यालय की प्रथा का है?

(a) शारीरिक दण्ड (b) व्यक्ति सापेक्ष अधिगम

(c) प्रतियोगितात्मकता कक्षा (d) निरन्तर तुलनात्मक मूल्यांकन

20. वैयक्तिक विभिन्नताओं का प्राथमिक कारण क्या है?

(a) लोगों के द्वारा माता-पिता से प्राप्त आनुवंशिक संकेत पद्धति (कोड)

(b) जन्मजात विशेषताएँ

(c) पर्यावरणीय प्रभाव

(d) आनुवंशिकता एवं पर्यावरण के बीच जटिल पारस्परिक क्रिया

ANSWER KEY

1. (*c*) 2. (*c*) 3. (*b*) 4. (*a*) 5. (*b*) 6. (*a*) 7. (*c*) 8. (*d*) 9. (*c*) 10. (*d*) 11. (*d*) 12. (*b*) 13. (*a*) 14. (*b*) 15. (*d*) 16. (*a*) 17. (*d*) 18. (*b*) 19. (*b*) 20. (*d*)

14 संवेग

संवेग शब्द अंग्रेजी के EMOTION (इमोशन) शब्द का हिंदी रूपांतर है। EMOTION शब्द की उत्पत्ति लैटिन

भाषा के शब्द EMOVERE (इमोवेयर) से मानी जाती है जिसका अर्थ उत्तेजित करने, हलचल मचाने,उथल पुथल, जैसे अर्थों में प्रयुक्त होता है।

उदाहरणार्थ, जब हम भयभीत होते हैं, तब हम भय के कारण से बचने का उपाय सोचते हैं, हमारी बुद्धि काम नहीं करती है, हम भय की वस्तु से दूर भाग जाना चाहते हैं, हमारे सारे शरीर में पसीना आ जाता है, हम काँपने लगते हैं, और हमारा हृदय जोर से धड़कने लगता है।

'संवेग' के अर्थ को पूर्ण रूप से स्पष्ट करने के लिए कुछ परिभाषाएँ –

वुडवर्थ - "संवेग, व्यक्ति की उत्तेजित दशा है।"

क्रो व क्रो - "संवेग, गतिशील आन्तरिक समायोजन है, जो व्यक्ति के संतोष, सुरक्षा और कल्याण के लिए कार्य करता है।"

ड्रेवर – "संवेग, प्राणी की एक जटिल दशा है, जिसमें शारीरिक परिवर्तन प्रबल भावना के कारण उत्तेजित दशा और एक निश्चित प्रकार का व्यवहार करने की प्रवृत्ति निहित रहती है।"

किम्बल बंग – "संवेग, प्राणी की उत्तेजित मनोवैज्ञानिक और शारीरिक दशा है, जिसमें शारीरिक क्रियाएँ और शक्तिशाली भावनाएँ किसी निश्चित उद्देश्य को प्राप्त करने के लिए स्पष्ट रूप से बढ़ जाती हैं।"

वैलेन्टीन – "रागात्मक प्रवृत्ति के वेग के बढ़ने को संवेग कहते हैं।"

जरसील्ड - " किसी भी प्रकार के आवेश आने, भड़क उठने तथा उत्तेजित हो जाने की अवस्था को संवेग कहते हैं।"

मैक्डूगल की 14 मूल प्रवृत्तियां और उनके 14 संवेग-

विलियम मैकडूगल ने 14 मूल प्रवृत्तियों की पहचान की, जो मनुष्य के जन्मजात और सहज व्यवहार का आधार हैं। प्रत्येक प्रवृत्ति एक विशिष्ट संवेग से जुड़ी होती है, जैसे कि पलायन प्रवृत्ति भय से जुड़ी है, और ये प्रवृत्तियाँ जीवन को संचालित करने और सामाजिक सामंजस्य बनाए रखने में मदद करती हैं।

मैक्डूगल की 14 मूल प्रवृत्तियां-

मूल प्रवृत्तियां	सम्बन्धित संवेग
पलायन (Escape)	भय (fear)
युयुत्सा (Combat)	क्रोध (Anger)
निवृत्ति (Repulsion)	घृणा (Disgust)
जिज्ञासा (Curiosity)	आश्चर्य (Wonder)
शिशुरक्षा (Parental)	वात्सल्य (Love)
शरणागति (Apeal)	विषाद (Distress)
रचनात्मक (Construction)	संरचनात्मक भावना (feeling of creativeness)
संचय प्रवृत्ति (Acquistion)	स्वामित्व की भावना (feeling of ownership)
सामूहिकता (Gregariousness)	एकाकीपन (feeling of loneliness)

मूल प्रवृत्तियां	सम्बन्धित संवेग
काम (Sex)	कामुकता (Lust)
आत्म-गौरव (Self-assertion)	श्रेष्ठता की भावना (positive self-feeling)
दैन्य (Submission)	आत्महीनता (Negative self-feeling)
भोजन-अन्वेषण (food seeking)	भूख (Appetite)
हास (Laughter)	आमोद (Amusement)

जेम्स-लैंग का सिद्धांत [James-Lange theory]

यह विलियम जेम्स और कार्ल लैंग द्वारा प्रस्तावित किया गया है। विलियम जेम्स और कार्ल लैंग ने कहा कि शारीरिक परिवर्तन संवेगात्मक अनुभव को जन्म देते हैं। उनके अनुसार पहले आप रोते हैं फिर आप दुखी महसूस करते हैं, आप दौड़ते हैं फिर आप डर को महसूस करते हैं।

- जेम्स लैंग के "संवेग सिद्धांत" द्वारा प्रदत्त क्रम –
- परिस्थिति - शारीरिक अशांति - मानसिक स्थिति
- संवेग घटनाओं के लिए शारीरिक प्रतिक्रियाओं के परिणामस्वरूप उत्पन्न होते हैं।
- बाहरी उद्दीपन शारीरिक प्रतिक्रियाओं की ओर ले जाते हैं।
- एक उद्दीपन शारीरिक प्रतिक्रियाएं उत्पन्न करता है जो संवेगों का कारण बनती हैं।
- कोई संवेग शारीरिक प्रतिक्रियाओं के बिना नहीं होता है।
- कई संवेगों में समान शारीरिक परिवर्तन शामिल होते हैं।
- हमारी संवेगात्मक प्रतिक्रियाएं इस बात पर निर्भर करती हैं कि हम उन शारीरिक प्रतिक्रियाओं की व्याख्या कैसे करते हैं।

संवेगों की निम्नलिखित विशेषताएं होती है---

1. संवेगों में व्यापकता पाई जाती है। संवेग पशु-पक्षी, बालक वृद्ध, सभी में पाए जाते हैं।
2. मनुष्य की सभी दशाओं एवं अवस्थाओं में संवेग पाए जाते हैं।
3. संवेगात्मक अनुभूतियों के साथ-साथ कोई ना कोई मूल प्रवृत्ति अथवा मूलभूत आवश्यकता जुड़ी रहती है।
4. सामान्य रूप से संवेग की उत्पत्ति प्रत्यक्षीकरण के माध्यम से होती है।
5. किसी भी संवेग को जागृत करने के लिए भावनाओं का होना आवश्यक है।
6. प्रत्येक संवेगात्मक अनुभूति व्यक्ति में कई प्रकार के शारीरिक और शरीर संबंधी परिवर्तनों को जन्म देती है।

संवेगों का शिक्षा में महत्व [Importance of Emotions in Education]-

संवेगों का कक्षा शिक्षण में विद्यालय में क्या महत्व है चलिए इसको निम्न बिंदुओं से समझते हैं

(1) बालकों के संवेग को जागृत कर पाठ में उनकी रुचि उत्पन्न की जा सकती है।

(2) विद्यार्थियों के संवेगों का ज्ञान प्राप्त करके उपयुक्त पाठ्यक्रम का निर्माण करने में सफलता प्राप्त किया जा सकता है।

(3) बच्चों में उपयुक्त संवेगों को जागृत करके उनको महान कार्यों को करने की प्रेरणा दी जा सकती है।

(4) शिक्षक बालकों की मानसिक शक्तियों के मार्ग को प्रशस्त करके उन्हें अपने अध्ययन में अधिक क्रियाशील बनने की प्रेरणा प्रदान कर सकता है।

(5) शिक्षक बालकों के संवेगों को परिष्कृत करके उनको समाज के अनुकूल व्यवहार करने की क्षमता प्रदान कर सकता है।

अभ्यास प्रश्न

1. "संवेग व्यक्ति की उत्तेजित दशा है" यह कथन निम्नांकित में से किसका है? [UPTET 2013]

(a) पियाजे (b) वुडवर्थ (c) वैलेंटाइन (d) रॉस

2. मैक्डूगल के अनुसार, प्रत्येक मूल प्रवृत्ति से संबद्ध होता है- [UPTET 2017]

(a) संज्ञान (b) संवेग (c) संवेदना (d) चिंतन

3. बच्चों में संवेगात्मक समायोजन प्रभावी होता है- UPTET (Primary), 2011

(a) व्यक्तित्व निर्माण में (b) कक्षा शिक्षण में
(c) अनुशासन में (d) इनमें से सभी

4. जब बच्चे की दादी उसे उसकी मां की गोद से लेती है, तो बच्चा रोने लगता है। बच्चा.. .....के कारण रोता है। [CTET 2012]

(a) सामाजिक दुश्चिता (b) संवेगात्मक दुश्चिता
(c) अजनबी दुश्चिता (d) वियोग दुश्चिता

5. संवेग एवं संज्ञान एक-दूसरे से ...हैं। [CTET 2019]

(a) पूर्णतया अलग (b) स्वतंत्र
(c) सन्निहित (d) संबंधित नहीं

6. संवेग का कौन-सा सिद्धांत इस विचार को मानता है कि 'संवेगात्मक अनुभव, संवेगात्मक व्यवहार' पर आधारित है? [UPTET 2016]

(a) जेम्स लैंग सिद्धांत (b) हाइपोथैलमिक सिद्धांत
(c) सक्रियता सिद्धांत (d) अभिप्रेरण सिद्धांत

7. निम्नलिखित में से कौन-सा एक संवेग है? [CTET 2018]
(a) डर (b) ध्यान (c) उत्तेजना (d) स्मृति

8. क्रोध व भय प्रकार हैं- [UPTET 2016]
(a) अभिप्रेरणा (b) संवेग
(c) परिकल्पना (d) मूलप्रवृत्ति

9. मैक्डूगल के अनुसार, मूल प्रवृत्ति 'जिज्ञासा' से संबद्ध संवेग कौन-सा है? [CGTET 2011]
(a) भय (b) घृणा (c) आश्चर्य (d) भूख

10. निम्नलिखित में से कौन-सी एक जेम्स लान्जे "संवेग सिद्धान्त" द्वारा प्रदत्त सही शृंखला है ? [HTET 2021]
(a). परिस्थिति → शारीरिक अशांति → मानसिक स्थिति
(b) परिस्थिति → मानसिक स्थिति → शारीरिक अभिव्यक्ति
(c) परिस्थिति → शारीरिक अभिव्यक्ति → मानसिक स्थिति
(d) परिस्थिति → मानसिक स्थिति → शारीरिक अशांति

11. मूल प्रवृत्तियों को चौदह प्रकार से किसने वर्गीकृत किया है? [UPTET 2017]
(a) ड्रेवर (b) मैक्डूगल (c) थॉर्नडाइक (d) वुडवर्थ

12. बालकों के संवेग क्या होते है?
(a) अनुपस्थित (b) स्थाई
(c) असंतुलित (d) उपरोक्त में से कोई नहीं

13. मैक्डूगल के अनुसार वृत्ति की संख्या .... है।
(a) 15 (b) 10 (c) 12 (d) 14

14. एक शिक्षक, बच्चे द्वारा की गई छोटी-छोटी गलतियों पर क्रोध प्रकट करता है। यह इंगित करता है कि- [UPTET 2015]
(a) वह बच्चे का शुभचिंतक है।
(b) उसमें ज्ञान की कमी है।
(c) वह कुंठित है
(d) वह संवेदनात्मक रूप से संतुलित नहीं है।

15. शिशु का अधिकांश व्यवहार आधारित होता है- [UPTET 2015]
(a) मूल प्रवृत्ति पर (b) नैतिकता पर
(c) वास्तविकता पर (d) ध्यान

16. मूल प्रवृत्ति की एक प्रमुख विशेषता है, जो पायी जाती है
(a) केवल मनुष्यों में
(b) केवल बिल्लियों तथा चूहों में
(c) सभी प्रणियों में तथा यह जन्मजात व प्राकृतिक होती है
(d) केवल कलाकारों में

17. जिज्ञासु प्रवृति किस अवस्था में चरम सीमा पर रहती है?
(a) गर्भावस्था (b) किशोरावस्था
(c) बाल्यावस्था (d) प्रौढ़ावस्था

18. मूल प्रवृत्तियों की एक मुख्य विशेषता क्या है?
(a) ये पूरी तरह से अर्जित होती हैं।
(b) ये केवल मनुष्यों में पाई जाती हैं।
(c) ये जन्मजात और प्राकृतिक होती हैं।
(d) ये कभी भी बदल नहीं सकती हैं।

19. 'जिज्ञासा' को संतुष्ट करने के लिए कौन सी गतिविधि उपयुक्त है?
(a) विद्यार्थियों के प्रश्नों का उत्तर न देना
(b) प्रश्न पूछने और नई चीजों को जानने के लिए प्रोत्साहित करना
(c) केवल रटने पर जोर देना
(d) उन्हें स्वतंत्र रूप से कार्य करने से रोकना

20. "जिज्ञासा" मूल प्रवृत्ति से कौन-सा संवेग जुड़ा है?
(a) घृणा (b) वात्सल्य (c) आश्चर्य (d) करुणा

21. मूल प्रवृत्ति के सिद्धांत के प्रतिपादक कौन हैं?
(a) सिगमंड फ्रायड (b) विलियम मैक्डूगल
(c) बी.एफ. स्किनर (d) जॉन बी. वाटसन

22. शिशु के प्रति सहानुभूति एवं प्यार-दुलार से किस संवेग की उत्पत्ति होती है? [BTET (Primary), 2013]
(a) क्रोध (b) भय (c) अनुराग (d) आक्रामकता

ANSWER KEY

1. *(b)* 2. *(b)* 3. *(d)* 4. *(b)* 5. *(c)* 6. *(a)* 7. *(a)* 8. *(b)* 9. *(c)* 10. *(c)* 11. *(b)* 12. *(c)* 13. *(d)*
14. *(d)* 15. *(a)* 16. *(c)* 17. *(c)* 18. *(c)* 19. *(b)* 20. *(c)* 21. *(b)* 22. *(c)*

15 सूक्ष्म शिक्षण

सूक्ष्म शिक्षण (Micro-Teaching)

सूक्ष्म शिक्षण (Micro-Teaching) एक ऐसी तकनीक है जिसका उपयोग मुख्य रूप से शिक्षक-प्रशिक्षण (Teacher Training) के दौरान किया जाता है। यह "जटिल" शिक्षण प्रक्रिया को छोटे-छोटे हिस्सों में बाँट देता है, जिससे एक छात्र-अध्यापक (Pupil Teacher) अपनी शिक्षण कुशलता में सुधार कर सके। **प्रोफेसर एलन (Dwight W. Allen),** जिन्हें सूक्ष्म शिक्षण का जनक माना जाता है, के अनुसार: "सूक्ष्म शिक्षण वह विधि है जिसमें शिक्षण प्रक्रिया को सरल और संक्षिप्त रूप में प्रस्तुत किया जाता है।"

सूक्ष्म शिक्षण की परिभाषाएँ :

एलन के अनुसार: "सूक्ष्म शिक्षण कक्षा आकार, पाठ की विषयवस्तु, समय तथा शिक्षण की जटिलता को कम करने वाली संक्षिप्तीकृत कक्षा शिक्षण की तकनीक है ।"

वी. एम. शोर के मत में: "सूक्ष्म शिक्षण कम समय, कम छात्रों तथा कम क्रियाओं वाली तकनीक है।"

मेक्लीज एवं अनविन के शब्दों में: "सूक्ष्म शिक्षण कृत्रिम वातावरण में शिक्षण का एक रूप है, जो शिक्षण की जटिलताओं को कम करता है तथा पृष्ठपोषण प्रदान करता है।"

सूक्ष्म शिक्षण चक्र (The Micro-Teaching Cycle)

यह एक निरंतर चलने वाली प्रक्रिया है जो तब तक चलती है जब तक शिक्षक उस विशेष कौशल (Skill) में निपुण न हो जाए। भारतीय संदर्भ (NCERT के अनुसार) में इसकी कुल अवधि 36 मिनट निर्धारित की गई है।

इसके 6 चरणों और समय चक्र का विस्तृत विवरण दिया गया है:

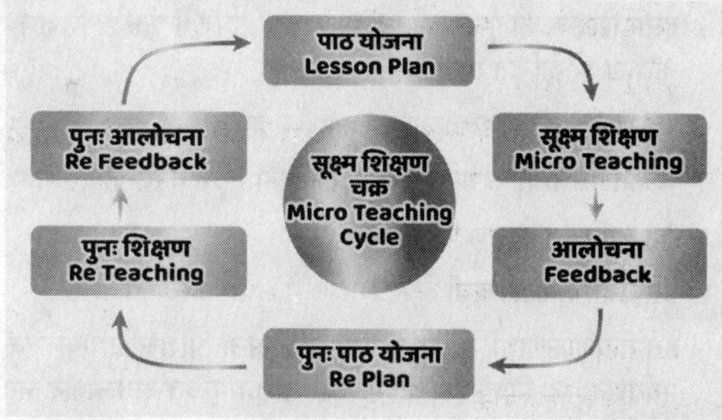

1. **योजना बनाना (Planning)** - यह चक्र का पहला कदम है, लेकिन इसे 36 मिनट के चक्र में नहीं गिना जाता क्योंकि यह कक्षा में जाने से पहले किया जाता है। इसमें शिक्षक एक छोटा सा पाठ (Micro-lesson) तैयार करता है और विशिष्ट शिक्षण कौशलों (जैसे- प्रस्तावना कौशल, व्याख्या कौशल) का चयन करता है।
2. **शिक्षण (Teaching) - 6 मिनट** - छात्र-अध्यापक 5 से 10 छात्रों के एक छोटे समूह को अपना पाठ पढ़ाता है। यहाँ पर्यवेक्षक (Supervisor) या सहपाठी आपके पढ़ाने के तरीके का बारीकी से निरीक्षण करते हैं।
3. **प्रतिपुष्टि/फीडबैक (Feedback) - 6 मिनट** - शिक्षण समाप्त होने के बाद, पर्यवेक्षक शिक्षक को उसकी कमियों और खूबियों के बारे में बताता है। यह चरण आत्म-सुधार के लिए सबसे महत्वपूर्ण है।
4. **पुनः योजना (Re-plan) - 12 मिनट** - फीडबैक के आधार पर,

शिक्षक अपने पाठ में बदलाव करता है। वह अपनी गलतियों को सुधारते हुए एक बेहतर योजना बनाता है। चूंकि इसमें सुधार करना होता है, इसलिए इसे सबसे अधिक समय (12 मिनट) दिया जाता है।

5. **पुनः शिक्षण (Re-teach) - 6 मिनट** - संशोधित योजना के साथ, शिक्षक फिर से उसी पाठ को या तो उसी समूह को या किसी दूसरे छोटे समूह को पढ़ाता है। लक्ष्य पिछली गलतियों को न दोहराना होता है।

6. **पुनः फीडबैक (Re-feedback) - 6 मिनट** - अंत में, पर्यवेक्षक फिर से मूल्यांकन करता है कि क्या सुधार हुआ है। यह प्रक्रिया तब तक दोहराई जा सकती है जब तक वांछित दक्षता प्राप्त न हो जाए।

क्रम, चरण, निर्धारित समय

1,शिक्षण (Teach)-6 मिनट
2,फीडबैक (Feedback)-6 मिनट
3,पुनः योजना (Re-plan)-12 मिनट
4,पुनः शिक्षण (Re-teach)-6 मिनट
5,पुनः फीडबैक (Re-feedback)-6 मिनट
कुल,सम्पूर्ण चक्र-36 मिनट

सूक्ष्म शिक्षण का महत्त्व Importance of Micro Teaching

सूक्ष्म शिक्षण का महत्त्व निम्नलिखित प्रकार है :

- सूक्ष्म शिक्षण विभिन्न शिक्षण-कौशलों का प्रशिक्षण एवं अभ्यास सुगम एवं सम्भव बनाता है।
- इसमें शिक्षक का पूर्ण ध्यान एवं प्रयास एक समय में एक ही शिक्षण-कौशल पर केन्द्रित रहता है।
- यह शिक्षण की जटिलताओं को कम कर देता है।
- यह प्रशिक्षणार्थी के श्रम एवं समय दोनों की बचत करता है।
- यह व्यक्तिगत शिक्षण पर बल देता है।
- इसके द्वारा प्रशिक्षणार्थी अपने शिक्षण में सुधार करता है।
- इसमें प्रशिक्षणार्थी के सूक्ष्म पाठ का अन्य प्रशिक्षणार्थियों एवं पर्यवेक्षक, जो विषय विशेषज्ञ होता है, द्वारा समुचित अवलोकन कर उसे प्रतिपुष्टि दी जाती है।
- सूक्ष्म शिक्षण यदि भली-भाँति प्रयोग में लाया जाय तो यह प्रशिक्षणार्थियों का प्रभावी रूप से प्रशिक्षण करता है।
- यह अध्यापकों के लिये पूर्व सेवाकालीन शिक्षण एवं सेवाकालीन शिक्षण में वांछित सुधार लाने की दृष्टि से लाभदायक है।

सूक्ष्म शिक्षण के आधारभूत कौशल / Basic skills of microteaching

(1) पाठ प्रस्तावना कौशल	(6) छात्र सहभागिता कौशल।
(2) उद्देश्य कथन कौशल।	(7) उद्दीपन परिवर्तन कौशल
(3) प्रश्न कोशल।	(8) पुनर्बलन कौशल।
(4) व्याख्यान कोशल।	(9) स्वामपट्ट लेखन कौशल।
(5) दृष्टान्त कौशल।	(10) पुनरावृत्ति कौशल।

सूक्ष्म शिक्षण के प्रमुख कौशल (Key Teaching Skills)

पाठ प्रस्तावना कौशल (Introduction Skill): यह पहला कौशल है जिसमें पूर्व ज्ञान को नवीन ज्ञान से जोड़ते हुए प्रकरण (Topic) निकलवाया जाता है।

उद्देश्य कथन कौशल (Statement of Aim Skill): प्रस्तावना के बाद शिक्षक द्वारा पाठ के विषय और उद्देश्य को स्पष्ट रूप से घोषित करना।

प्रश्न कौशल (Questioning Skill): छात्रों की समझ परखने के लिए तर्कपूर्ण छोटे और सटीक प्रश्न पूछना।

व्याख्यान कौशल (Explaining Skill): पाठ्यवस्तु को सरलस्पष्ट और रोचक ढंग से विस्तार से समझाना।

दृष्टान्त कौशल (Illustration Skill): जटिल विषयों को समझाने के लिए उदाहरणों चित्रों या मॉडलों का उपयोग करना।

छात्र सहभागिता कौशल (Student Participation Skill): कक्षा में छात्रों की सक्रिय भागीदारी सुनिश्चित करना।

उद्दीपन परिवर्तन कौशल (Stimulus Variation Skill): छात्रों का ध्यान बनाए रखने के लिए शारीरिक हाव-भाव आवाज में उतार-चढ़ाव और स्थान परिवर्तन का उपयोग करना।

पुनर्बलन कौशल (Reinforcement Skill): सही उत्तरों के लिए प्रशंसा प्रोत्साहन और सकारात्मक संकेतों द्वारा छात्रों को प्रेरित करना।

श्यामपट्ट लेखन कौशल (Blackboard Writing Skill): श्यामपट्ट का सुलेख स्पष्टता और प्रकरण को व्यवस्थित रूप से लिखने का कौशल।

पुनरावृत्ति कौशल (Recapitulation Skill): पाठ के अंत में मुख्य बिंदुओं को दोहराना।

शिक्षण कौशल की विशेषताएँ (Characteristics of Teaching Skills)

शिक्षण कौशल की निम्नलिखित विशेषताएँ होती हैं-

- शिक्षण कौशल कक्षा शिक्षण व्यवहार की एक इकाई से सम्बन्धित हैं।
- शिक्षण कौशल के माध्यम से शिक्षक शैक्षिक विशिष्ट उद्देश्यों को प्राप्त करने में सहायक होते हैं।
- शिक्षण कौशल छात्रों को सीखने में सहायता एवं सुगमता प्रदान करते हैं।
- शिक्षण कौशल द्वारा कक्षागत अन्तः प्रक्रिया की परिस्थिति पैदा की जाती है।
- शिक्षण कौशल शिक्षण क्रियाओं अथवा व्यवहारों से सम्बन्धित होते हैं।
- शिक्षण कौशल शिक्षण विधि को प्रभावी तथा सफल बनाते हैं।

हर्बर्ट की पंचपदीय प्रणाली (Herbert's iambic pentameter system)

जर्मन दार्शनिक और मनोवैज्ञानिक जे. फ्रेडरिक हर्बर्ट (J.F. Herbart) द्वारा विकसित 'पंचपदीय प्रणाली' (Five Steps System) पाठ योजना का एक संरचित और मनोवैज्ञानिक उपागम है। यह प्रणाली स्मृति स्तर के शिक्षण पर केंद्रित है और छात्रों को नए ज्ञान को पूर्व ज्ञान से जोड़कर (Apperceptive Mass) सीखने में मदद करती है।

हर्बर्ट की पांचपदीय प्रणाली के चरण (Stages of Herbart's Five-Step System):-

- **तैयारी/प्रस्तावना (Preparation):** छात्रों को नए ज्ञान के लिए मानसिक रूप से तैयार करना। इसमें पूर्व ज्ञान की जांच की जाती है और उद्देश्य कथन (Aim Statement) स्पष्ट किया जाता है।
- **प्रस्तुतीकरण (Presentation):** शिक्षक पाठ्यवस्तु को व्यवस्थित रूप से छात्रों के सामने रखता है। इसमें विभिन्न शिक्षण सामग्रियों का उपयोग किया जाता है।
- **तुलना/साहचर्य (Association/Comparison):** नवीन ज्ञान की तुलना पुराने अनुभवों से की जाती है और उनके बीच संबंध स्थापित किया जाता है।
- **सामान्यीकरण (Generalization):** छात्र सीखे गए तथ्यों के आधार पर निष्कर्ष निकालते हैं नियम या सिद्धांत स्वयं बनाते हैंन कि केवल याद करते हैं।
- **अनुप्रयोग (Application):** सीखे गए नियमों या ज्ञान का उपयोग नई स्थितियों में किया जाता है (अभ्यास) जिससे अधिगम स्थायी हो जाता है।

हर्बर्ट स्पेंसर और कमेनियस के अनुसार शिक्षण सूत्र:

हर्बर्ट स्पेंसर और कमेनियस ने इन सूत्रों को व्यवस्थित किया था। जो निम्नलिखित हैं:-

1. ज्ञात से अज्ञात की ओर (Known to Unknown)

यह सबसे महत्वपूर्ण सूत्र है। इसका आधार 'पूर्व ज्ञान' है।

विस्तार: बालक जो पहले से जानता है, उसे आधार बनाकर नई जानकारी देनी चाहिए। इससे बच्चा नए विषय से जुड़ाव महसूस करता है।

"प्रस्तावना प्रश्न" (Introductory Questions) किस सूत्र पर आधारित होते हैं?

उत्तर: ज्ञात से अज्ञात की ओर

2. सरल से कठिन की ओर (Simple to Complex)

यह सीखने की प्रक्रिया को बोझिल होने से बचाता है।

विस्तार: पहले विषय के सरल पहलुओं को पढ़ाएं ताकि बच्चे में आत्मविश्वास जगे। जब वह सरल अवधारणाएं समझ ले, तब जटिल (Complex) समस्याओं की ओर बढ़ें।

उदाहरण: गणित में पहले जोड़-घटाना (सरल) सिखाना, फिर भाग या बीजगणित (कठिन)।

3. मूर्त से अमूर्त की ओर (Concrete to Abstract)

इसे 'स्थूल से सूक्ष्म की ओर' भी कहा जाता है।

विस्तार: मूर्त वस्तुएं वे हैं जिन्हें बच्चा देख या छू सकता है। अमूर्त वे विचार हैं जो केवल कल्पना में होते हैं। छोटे बच्चे अमूर्त विचारों को जल्दी नहीं समझ पाते।

उदाहरण: भूगोल में 'पहाड़' पढ़ाने के लिए पहले पहाड़ का मॉडल या चित्र (मूर्त) दिखाएँ, फिर उसकी ऊँचाई या दबाव (अमूर्त) के बारे में समझाएं।

4. पूर्ण से अंश की ओर (Whole to Parts)

यह सूत्र गेस्टाल्टवाद (Gestaltism) पर आधारित है।

विस्तार: हमारा मस्तिष्क किसी चीज को पहले पूरे रूप में देखता है, फिर उसके अंगों पर ध्यान देता है। इसलिए पहले पूरा विषय संक्षेप में बताएं, फिर उसके बारीक हिस्सों को समझाएं।

उदाहरण: पहले पूरे 'कोशिका' (Cell) का परिचय देना, फिर उसके अंगों जैसे माइटोकॉन्ड्रिया या केंद्रक के बारे में बताना।

5. अनिश्चित से निश्चित की ओर (Indefinite to Definite)

विस्तार: शुरुआत में बच्चे का ज्ञान अस्पष्ट और अनिश्चित होता है। शिक्षक का काम है कि वह प्रयोगों, चित्रों और उदाहरणों के माध्यम से उस ज्ञान को स्पष्ट और निश्चित (Definite) करे।

6. प्रत्यक्ष से अप्रत्यक्ष की ओर (Direct to Indirect)

विस्तार: जो चीजें बच्चे के सामने मौजूद हैं (प्रत्यक्ष), पहले उनके बारे में बताएं। उसके बाद उन चीजों या घटनाओं का वर्णन करें जो उसके सामने नहीं हैं (अप्रत्यक्ष/भूतकाल/भविष्य)।

7. विशिष्ट से सामान्य की ओर (Specific to General)

इसे 'आगमन विधि' (Inductive Method) का आधार माना जाता है।

विस्तार: पहले बच्चों को बहुत सारे उदाहरण (विस्तृत/विशिष्ट) दें, फिर उन उदाहरणों के आधार पर एक नियम (सामान्य) निकलवाएं।

उदाहरण: पहले संज्ञा के कई उदाहरण (राम, कानपुर, मेज) देना, फिर संज्ञा की परिभाषा बताना।

8. विश्लेषण से संश्लेषण की ओर (Analysis to Synthesis)

विश्लेषण: किसी समस्या को समझने के लिए उसे छोटे-छोटे टुकड़ों में तोड़ना।

संश्लेषण: उन टुकड़ों को जोड़कर एक संपूर्ण निष्कर्ष निकालना।

सूत्र का प्रयोग: पहले विश्लेषण करना चाहिए ताकि बच्चा हर हिस्सा समझ सके, फिर संश्लेषण ताकि वह पूरा सारांश समझ सके।

9. मनोवैज्ञानिक से तर्कसंगत की ओर (Psychological to Logical)

विस्तार: पहले पढ़ाते समय बच्चे की रुचि, आयु और योग्यता का ध्यान रखें (मनोवैज्ञानिक क्रम)। जब बच्चा विषय में रुचि लेने लगे, तब उसे नियमों और तर्क (Logical) के साथ पढ़ाएं।

शिक्षण की अवस्थाएँ:

शिक्षाशास्त्री **फिलिप जैक्सन** (Philip Jackson) ने शिक्षण प्रक्रिया को वैज्ञानिक ढंग से समझने के लिए इसे तीन भागों में बांटा है।

1. पूर्व-क्रियात्मक अवस्था (Pre-Active Phase)

इसे 'नियोजन की अवस्था' (Planning Stage) भी कहा जाता है। यह वह समय है जब शिक्षक कक्षा में जाने से पहले तैयारी करता है।

मुख्य गतिविधियाँ:

लक्ष्यों का निर्धारण: शिक्षक तय करता है कि आज बच्चों को क्या सिखाना है।

पाठ्य-वस्तु का चयन: विषय वस्तु (Content) को चुनना और उसे क्रमबद्ध करना।

शिक्षण विधियों का चयन: यह तय करना कि 'लेक्चर विधि' अपनानी है या 'खेल विधि'।

सहायक सामग्री (TLM): चार्ट, मॉडल या पीपीटी तैयार करना।

TET टिप: परीक्षा में पूछा जाता है कि "पाठ योजना (Lesson Plan) बनाना किस अवस्था का हिस्सा है?"

उत्तर है: पूर्व-क्रियात्मक अवस्था।

2. अंत:क्रियात्मक अवस्था (Inter-Active Phase)

यह शिक्षण की 'क्रियान्वयन अवस्था' (Execution Stage) है। यह वह समय है जब शिक्षक और छात्र कक्षा में आमने-सामने होते हैं।

मुख्य गतिविधियाँ:

कक्षा का आकार (Sizing up of Class): शिक्षक कक्षा में प्रवेश करते ही छात्रों के मूड और अनुशासन को भांपता है।

प्रत्यक्षीकरण (Perception): छात्रों की क्षमताओं और पूर्व ज्ञान का अंदाजा लगाना।

निदान (Diagnosis): छात्रों की समस्याओं को समझना।

उपचार (Prescription/Action): शिक्षण के सूत्रों (सरल से कठिन आदि) का प्रयोग करते हुए पढ़ाना, सवाल पूछना और उत्तर देना।

पुनर्बलन (Reinforcement): छात्रों को प्रोत्साहित करना (जैसे-शाबाश, बहुत अच्छे)।

TET टिप: "शिक्षण की वास्तविक अंत:क्रिया" और "उद्दीपन-अनुक्रिया (Stimulus-Response)" इसी अवस्था में होती है।

3. पश्च-क्रियात्मक अवस्था (Post-Active Phase)

इसे 'मूल्यांकन की अवस्था' (Evaluation Stage) कहा जाता है। यह पढ़ाने के बाद की प्रक्रिया है।

मुख्य गतिविधियाँ:

मूल्यांकन: यह जांचना कि उद्देश्यों की प्राप्ति हुई या नहीं (टेस्ट या मौखिक सवाल पूछकर)।

व्यवहार परिवर्तन का मापन: छात्रों के व्यवहार में आए बदलावों को देखना।

शिक्षण विधियों में सुधार: यदि बच्चे नहीं समझ पाए, तो शिक्षक अपनी विधि बदलने का निर्णय लेता है।

फीडबैक (पृष्ठपोषण): शिक्षक को अपनी कमी और छात्रों की प्रगति का पता चलता है।

TET टिप: यह अवस्था भविष्य के 'पूर्व-क्रियात्मक चरण' के लिए आधार तैयार करती है।

"Quick Table"

अवस्था	मुख्य फोकस	मुख्य गतिविधि
पूर्व-क्रियात्मक	योजना (Planning)	पाठ योजना, लक्ष्य निर्धारण, सामग्री जुटाना।
अंतः क्रियात्मक	संवाद (Interaction)	कक्षा शिक्षण, प्रश्न पूछना, समझाना।
पश्च-क्रियात्मक	जाँच (Checking)	परीक्षा, मूल्यांकन, शिक्षण विधि में सुधार।

अभ्यास प्रश्न

1. सूक्ष्म शिक्षण (Micro-teaching) के जनक कौन माने जाते हैं?

(a) बी.के. पासी
(b) डी.डब्ल्यू. एलेन (Dwight W. Allen)
(c) एन.एल. गेज (d) बी.एफ. स्किनर

2. सूक्ष्म शिक्षण चक्र (Micro-teaching Cycle) की कुल अवधि कितनी होती है?

(a) 30 मिनट (b) 40 मिनट (c) 36 मिनट (d) 45 मिनट

3. सूक्ष्म शिक्षण का प्रथम पद (Step) कौन सा होता है?

(a) शिक्षण (Teaching) (b) प्रतिपुष्टि (Feedback)
(c) पाठ योजना (Lesson Planning)
(d) पुनः शिक्षण (Re-teaching)

4. सूक्ष्म शिक्षण में 'प्रतिपुष्टि' (Feedback) के लिए कितना समय निर्धारित है?

(a) 5 मिनट (b) 6 मिनट (c) 10 मिनट (d) 12 मिनट

5. सूक्ष्म शिक्षण किस प्रकार की तकनीक है?

(a) विषय वस्तु पर आधारित
(b) शिक्षण कौशल पर आधारित
(c) कक्षा नियंत्रण पर आधारित
(d) मनोरंजन पर आधारित

6. भारत में सूक्ष्म शिक्षण की शुरुआत किसने की थी?

(a) डी.डी. तिवारी (D.D. Tiwari)

(b) महात्मा गांधी (c) रवींद्रनाथ टैगोर

(d) डॉ. राधाकृष्णन

7. सूक्ष्म शिक्षण में छात्रों की संख्या सामान्यत: कितनी होती है?

(a) 20 से 30 (b) 10 से 15

(c) 5 से 10 (d) 1 से 2

8. NCERT के अनुसार, सूक्ष्म शिक्षण चक्र में 'पुन: पाठ योजना' (Re-plan) के लिए कितना समय दिया गया है?

(a) 6 मिनट (b) 10 मिनट

(c) 12 मिनट (d) 15 मिनट

9. सूक्ष्म शिक्षण का मुख्य उद्देश्य क्या है?

(a) शिक्षक के ज्ञान को बढ़ाना

(b) छात्रों का मूल्यांकन करना

(c) प्रशिक्षणार्थियों में शिक्षण कौशल विकसित करना

(d) पाठ्यक्रम पूरा करना

10. सूक्ष्म शिक्षण की प्रकृति कैसी होती है?

(a) वास्तविक शिक्षण (b) विश्लेषणात्मक शिक्षण

(c) कृत्रिम या अभ्यास शिक्षण

(d) सामूहिक शिक्षण

11. शिक्षण-कौशल के विकास के लिए कौन-सी विधि सबसे प्रभावी है?

(a) व्याख्यान विधि (b) आगमन विधि

(c) सूक्ष्म शिक्षण (d) निगमन विधि

12. सूक्ष्म शिक्षण चक्र का सही क्रम क्या है?

(a) शिक्षण → योजना → फीडबैक

(b) योजना → शिक्षण → फीडबैक → पुनः योजना → पुनः शिक्षण → पुनः फीडबैक

(c) फीडबैक → योजना → शिक्षण

(d) योजना → फीडबैक → शिक्षण

13. सूक्ष्म शिक्षण में 'प्रस्तावना कौशल' (Introduction Skill) का मुख्य घटक क्या है?

(a) लेखन स्पष्टता (b) पूर्व ज्ञान से संबंध

(c) कठिन शब्दों का प्रयोग (d) गृहकार्य देना

14. पुनर्बलन कौशल (Reinforcement Skill) का उपयोग किया जाता है:

(a) पाठ शुरू करने के लिए (b) छात्रों के उत्साहवर्धन के लिए

(c) पाठ समाप्त करने के लिए (d) अनुशासन बनाए रखने के लिए

15. सूक्ष्म शिक्षण को 'अवरोही शिक्षण' (Scaled-down teaching) किसने कहा है?

(a) बी.के. पासी (b) डी.डब्ल्यू. एलेन

(c) बुश (d) स्किनर

16. सूक्ष्म शिक्षण में एक समय में कितने कौशल का अभ्यास किया जाता है?

(a) दो (b) सभी कौशलों का एक साथ

(c) केवल एक (d) तीन

17. 'श्यामपट्ट लेखन कौशल' (Blackboard Writing Skill) की मुख्य विशेषता क्या है?

(a) रंगीन चॉक का प्रयोग

(b) अक्षरों की स्पष्टता और सीधी पंक्ति

(c) छोटा लिखना

(d) बहुत अधिक जानकारी लिखना

18. सूक्ष्म शिक्षण विधि के विकास में स्टैनफोर्ड विश्वविद्यालय का योगदान किस वर्ष रहा?

(a) 1950 (b) 1960 (c) 1963 (d) 1975

19. सूक्ष्म शिक्षण में फीडबैक किसके द्वारा दिया जाता है?

(a) केवल पर्यवेक्षक (Supervisor) द्वारा

(b) सहपाठियों द्वारा (c) वीडियो टेप रिकॉर्डिंग द्वारा

(d) उपर्युक्त सभी

20. व्याख्या कौशल (Explaining Skill) में 'अंत:क्रिया परिवर्तन' का अर्थ क्या है?

(a) शिक्षक की गतिविधियों और हाव-भाव में बदलाव

(b) कक्षा का स्थान बदलना (c) विषय बदलना

(d) चुप रहना

ANSWER KEY

1. (*b*) 2. (*c*) 3. (*c*) 4. (*b*) 5. (*b*) 6. (*a*) 7. (*c*) 8. (*c*) 9. (*c*) 10. (*c*) 11. (*c*) 12. (*b*) 13. (*b*)
14. (*b*) 15. (*b*) 16. (*c*) 17. (*b*) 18. (*c*) 19. (*d*) 20. (*a*)

16 मापन, आकलन और मूल्यांकन

मापन (Measurement)

मापन किसी वस्तु, व्यक्ति या घटना की विशेषताओं को निश्चित नियमों के अनुसार अंकों (Digits) या प्रतीकों में व्यक्त करने की प्रक्रिया है।

गिलफोर्ड के अनुसार: "मापन वस्तुओं या घटनाओं को तर्कसंगत रूप से संख्या प्रदान करने की प्रक्रिया है।"

मापन के प्रकार (Types of Measurement)

मनोविज्ञानी स्टीवंस (1946) ने मापन को शुद्धता के आधार पर चार स्तरों में विभाजित किया है। यह नीचे से ऊपर की ओर (कम शुद्ध से अधिक शुद्ध) जाते हैं:

1. नामित मापन (Nominal Measurement)

यह मापन का सबसे निम्न स्तर है। इसमें वस्तुओं या व्यक्तियों को केवल उनके नाम, गुणों या श्रेणियों के आधार पर अलग किया जाता है।

विशेषता: इसमें कोई क्रम या गणना नहीं होती।

उदाहरण:

- खिलाड़ियों की जर्सी का नंबर।
- लिंग के आधार पर वर्गीकरण (महिला/पुरुष)।
- पिन कोड या टेलीफोन नंबर।

2. क्रमित मापन (Ordinal Measurement)

इसमें गुणों की मात्रा के आधार पर वस्तुओं को एक विशेष क्रम (जैसे- बढ़ता या घटता क्रम) में रखा जाता है।

विशेषता: यह बताता है कि कौन 'श्रेष्ठ' है, लेकिन यह नहीं बताता कि कितना श्रेष्ठ है (अंतर समान नहीं होता)।

उदाहरण: किसी प्रतियोगिता में प्रथम, द्वितीय, तृतीय स्थान प्राप्त करना। या कक्षा में प्रदर्शन के आधार पर विद्यार्थियों की रैंकिंग करना।

अंतराल मापन (Interval Measurement)

यह अधिक वैज्ञानिक है। इसमें दो इकाइयों या अंकों के बीच का अंतर समान होता है।

विशेषता: इसमें 'आभासी शून्य' (Arbitrary Zero) होता है। यानी शून्य का मतलब यह नहीं है कि गुण पूरी तरह खत्म हो गया है।

उदाहरण: तापमान (सेल्सियस या फारेनहाइट) - 0°C का मतलब ठंड है, न कि 'तापमान की अनुपस्थिति'। शिक्षा में बुद्धिलब्धि (IQ) स्कोर भी इसी में आता है।

अनुपात मापन (Ratio Measurement)

यह मापन का सर्वश्रेष्ठ और सबसे शुद्ध स्तर है। इसमें अंतराल मापन की सभी विशेषताओं के साथ-साथ 'वास्तविक शून्य' (True Zero Point) भी होता है।

विशेषता: इसमें हम कह सकते हैं कि एक वस्तु दूसरी से दोगुनी भारी या लंबी है।

उदाहरण: मीटर, किलोमीटर, ग्राम, लीटर, मिलीमीटर अनुपात मापनी या स्तर को निरपेक्ष शून्य (Absolute Zero) बिंदुमापनी का प्रारंभिक बिंदु माना जाता है। इसी के द्वारा हम दो स्थानो या विशेषताओं के मध्य दूरी का अनुमान लगा पाते हैं

आकलन:- आकलन (Assessment) सीखने-सिखाने की प्रक्रिया के दौरान छात्रों की प्रगति, समझ और कठिनाइयों का निरंतर विश्लेषण करने की एक व्यवस्थित प्रक्रिया है। यह सिर्फ अंक नहीं देता, बल्कि शिक्षक को यह समझने में मदद करता है कि छात्र कहाँ सीख रहा है और कहाँ सुधार की आवश्यकता है, ताकि शिक्षण को और अधिक प्रभावी बनाया जा सके।

मूल उद्देश्य: अधिगम में सहायता करना और शिक्षण विधियों में सुधार करना है।

प्रक्रिया: इसमें बच्चों के कार्यों, प्रश्नों, और गतिविधियों का अवलोकन (observation) करना और साक्ष्य एकत्र करना शामिल है।

1. समय और प्रकृति के आधार पर (Broad Classification)

(A) रचनात्मक या संरचनात्मक आकलन (Formative Assessment - FA)

यह शिक्षण-अधिगम प्रक्रिया के दौरान (During teaching) लगातार चलता रहता है।

उद्देश्य: छात्रों की कमियों को पहचानकर उनमें तुरंत सुधार करना।

विशेषता: इसमें अंक या ग्रेड से ज्यादा फीडबैक (Feedback) पर जोर दिया जाता है।

उदाहरण: कक्षा में प्रश्न पूछना, यूनिट टेस्ट, क्विज़, चर्चा, गृहकार्य।

(B) योगात्मक या संकलनात्मक आकलन (Summative Assessment - SA)

यह एक निश्चित समय अवधि या कोर्स के अंत में (At the end) किया जाता है।

उद्देश्य: यह जानना कि छात्र ने पूरे सत्र में कुल कितना सीखा।

विशेषता: इसका उपयोग ग्रेडिंग, रैंकिंग और अगली कक्षा में प्रोन्नत (Promote) करने के लिए होता है।

उदाहरण: वार्षिक परीक्षा, बोर्ड परीक्षा, सेमेस्टर परीक्षा।

(C) निदानात्मक आकलन (Diagnostic Assessment)

जब छात्र किसी विशेष विषय में बार-बार असफल हो रहा हो, तब यह किया जाता है।

उद्देश्य: छात्र की सीखने की विशिष्ट कठिनाइयों और उनके कारणों का पता लगाना।

2. अधिगम के संबंध के आधार पर (Most Important for TET)

NCERT और CCE के अनुसार ये तीन प्रकार सबसे महत्वपूर्ण हैं:

(1) अधिगम के लिए आकलन (Assessment FOR Learning)

यह पढ़ाने के दौरान होता है (रचनात्मक)।

शिक्षक पढ़ाते समय जाँचता है कि बच्चों को समझ आ रहा है या नहीं।

लक्ष्य: शिक्षण विधि को बच्चों के अनुसार बदलना।

(2) अधिगम का आकलन (Assessment OF Learning)

यह पढ़ाने के बाद होता है (योगात्मक)।

इसमें केवल परिणाम देखा जाता है कि बच्चे ने क्या हासिल किया।

लक्ष्य: उपलब्धि का मापन और प्रमाणीकरण।

(3) अधिगम के रूप में आकलन (Assessment AS Learning)

इसमें बच्चा स्वयं का आकलन (Self-Assessment) करता है।

बच्चा खुद सोचता है कि उसने क्या सीखा और उसे कहाँ और मेहनत की जरूरत है।

लक्ष्य: छात्र को स्वावलंबी और जागरूक बनाना।

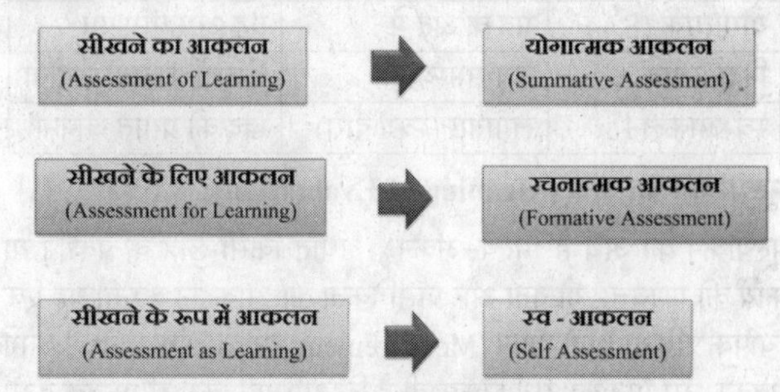

आकलन (Assessment) क्यों जरूरी होता है?

यह एक ऐसी प्रक्रिया है जिसके द्वारा बालकों के प्रगति स्तर का पता लगाया जाता है।

आकलन से यह पता लग जाता है कि बालक कहां पर समझता है तथा कोई ऐसा भी तथ्य होता है जो बालक समझने में असमर्थ होता है यह बात आकलन(Assessment) के द्वारा ही पता चल पाता है।

जिस टॉपिक को समझने में बालक को कठिनाई होती है शिक्षक उस टॉपिक को अन्य तरीकों से विद्यार्थियों को समझाने का कोशिश करते हैं।

आकलन के महत्वपूर्ण गुण :

आकलन (Assessment) में सबसे महत्वपूर्ण गुण वैधता (Validity), विश्वसनीयता (Reliability), निष्पक्षता (Fairness), व्यापकता (Comprehensiveness) और व्यावहारिकता (Practicality/ Feasibility) होते हैं।

एक प्रभावी आकलन को उस उद्देश्य को मापना चाहिए जिसके लिए उसे बनाया गया है, और परिणामों में निरंतरता व स्पष्टता होनी चाहिए।

आकलन के मुख्य गुण:

वैधता (Validity): यह सुनिश्चित करना कि परीक्षण वास्तव में उसी कौशल या ज्ञान को माप रहा है जिसे मापा जाना चाहिए

विश्वसनीयता (Reliability): परिणाम सुसंगत (consistent) और दोहराने योग्य होने चाहिए, यानी अलग-अलग समय या परीक्षकों द्वारा भी परिणाम समान आने चाहिए Imperial College Londonl

निष्पक्षता (Fairness): आकलन भेदभाव रहित हो और सभी छात्रों के लिए समान अवसर प्रदान करे।

व्यापकता (Comprehensiveness): यह छात्र के सीखने के ज्ञान, कौशल और समझ के सभी पहलुओं को कवर करे।

व्यावहारिकता (Practicality/Feasibility): समय, संसाधनों और लागत के मामले में आकलन करने योग्य और कुशल होना चाहिए।

प्रतिपुष्टि (Feedback): यह छात्रों के सुधार के लिए

स्पष्ट और रचनात्मक फीडबैक प्रदान करने वाला होना चाहिए।

Quick Summary' टेबल

प्रकार	कब होता है?	मुख्य लक्ष्य
रचनात्मक (FA)	पढ़ाते समय	सुधार और फीडबैक
योगात्मक (SA)	सत्र के अंत में	ग्रेड और परिणाम
निदानात्मक	जब समस्या हो	कारणों का पता लगाना
स्व-आकलन	लगातार (स्वयं द्वारा)	खुद की प्रगति जानना

मूल्यांकन का अर्थ (Meaning of Evaluation):

मूल्यांकन का अर्थ है 'मूल्य+अंकन', अर्थात किसी छात्र के प्रदर्शन या कार्य की गुणवत्ता, योग्यता और प्रासंगिकता का आकलन करना। यह एक व्यापक प्रक्रिया है जो मापन (Measurement - संख्यात्मक मान) से आगे बढ़कर, उस मान का अर्थ निकालती है कि अधिगम किस सीमा तक हुआ है।

मूल्यांकन की परिभाषाएं (Definitions of evaluation):

टायलर (Tyler) के अनुसार: "मूल्यांकन एक प्रक्रिया है, जिसके द्वारा यह ज्ञात किया जाता है कि शैक्षिक उद्देश्यों को किस सीमा तक प्राप्त किया गया है"।

रॉस (Ross) के अनुसार: "मूल्यांकन में वह सब कुछ सम्मिलित किया जा सकता है जो छात्र के कक्षा में, विद्यालय में या विद्यालय से बाहर किए गए कार्यों का मूल्यांकन करता है"।

मूल्यांकन का महत्व (Importance of Evaluation)

शिक्षण-अधिगम प्रक्रिया में मूल्यांकन का महत्व बहुआयामी है:

छात्रों के लिए: यह उन्हें अपनी खूबियों और कमियों को समझने में मदद करता है, जिससे वे भविष्य में सुधार कर सकें। यह उन्हें बेहतर करने के लिए अभिप्रेरित (Motivate) भी करता है।

शिक्षकों के लिए: शिक्षक को पता चलता है कि उसका शिक्षण कितना प्रभावी रहा। यह शिक्षक को अपनी शिक्षण विधियों (Teaching Methods) में बदलाव करने का आधार प्रदान करता है।

पाठ्यक्रम में सुधार: मूल्यांकन से यह पता चलता है कि वर्तमान पाठ्यक्रम छात्रों के स्तर के अनुरूप है या नहीं। यदि नहीं, तो उसमें संशोधन किया जाता है।

निदान और उपचार: यह सीखने में आने वाली बाधाओं को पहचानता है (निदानात्मक) और उन्हें दूर करने के उपाय सुझाता है (उपचारात्मक)।

मार्गदर्शन (Guidance): बच्चों को उनके कौशल के आधार पर भविष्य के विषयों या करियर के चुनाव में मदद मिलती है।

मूल्यांकन की प्रविधियां (Techniques of Evaluation)

मूल्यांकन की प्रविधियों को मुख्य रूप से दो श्रेणियों में बांटा जाता है: परिमाणात्मक (Quantitative) और गुणात्मक (Qualitative)।

a. परिमाणात्मक प्रविधियां (Quantitative Techniques)

ये प्रविधियां छात्र के ज्ञान का संख्यात्मक मापन करती हैं:

मौखिक परीक्षा: इसमें प्रश्न-उत्तर, चर्चा और साक्षात्कार के माध्यम से छात्र की अभिव्यक्ति और ज्ञान की जाँच की जाती है।

लिखित परीक्षा: यह सबसे प्रचलित विधि है। इसमें वस्तुनिष्ठ (MCQs), अति लघु उत्तरीय, लघु उत्तरीय और निबंधात्मक प्रश्न शामिल होते हैं।

प्रायोगिक परीक्षा (Practical): इसमें छात्र के क्रियात्मक कौशल (Skills) की जाँच की जाती है (जैसे विज्ञान या कला में)।

b. गुणात्मक प्रविधियां (Qualitative Techniques)

ये छात्र के व्यवहार, दृष्टिकोण और व्यक्तित्व के गुणों का मापन करती हैं:

अवलोकन (Observation): शिक्षक छात्र की गतिविधियों को देखकर उसके व्यवहार का आकलन करता है।

जाँच सूची (Checklist): किसी विशिष्ट व्यवहार या कौशल की उपस्थिति या अनुपस्थिति को 'हाँ/नहीं' में रिकॉर्ड करना।

रेटिंग स्केल (Rating Scale): इसमें किसी गुण की तीव्रता को मापा जाता है (जैसे: उत्तम, बहुत अच्छा, सामान्य)।

संचयी अभिलेख (Cumulative Records): छात्र के शैक्षणिक इतिहास, स्वास्थ्य, और अन्य गतिविधियों का पूरा रिकॉर्ड।

एनेक्डोटल रिकॉर्ड (Anecdotal Record): छात्र के जीवन की किसी विशेष घटना का संक्षिप्त वर्णन जो उसके व्यवहार को दर्शाता हो।

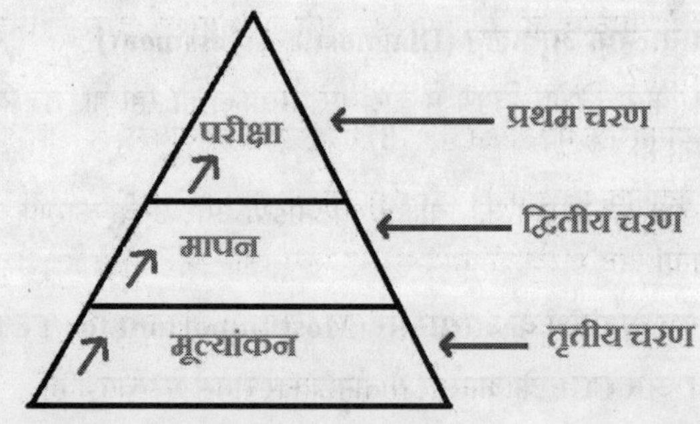

पोर्टफोलियो (Portfolio):-

एक निश्चित समय में छात्र के कार्यों, उपलब्धियों और प्रगति का एक क्रमबद्ध और व्यवस्थित संग्रह (File/Folder) है। यह बच्चे के भाषाई विकास, रचनात्मक कार्यों, कलाकृतियों और सीखने की प्रक्रिया को प्रदर्शित करने वाला एक रचनात्मक मूल्यांकन (Formative Assessment) उपकरण है, जो उनकी विकास दर को दर्शाता है।

पोर्टफोलियो की मुख्य विशेषताएँ

संग्रहित दस्तावेज़: इसमें छात्र के सर्वश्रेष्ठ काम, प्रोजेक्ट्स, कलाकृतियाँ, और रचनात्मक कार्य शामिल होते हैं।

सतत प्रक्रिया: यह एक बार की परीक्षा नहीं है, बल्कि समय के साथ विकास की क्रमिक प्रगति को दिखाता है।

उद्देश्यपूर्ण चयन: इसमें किसी विशेष शिक्षण उद्देश्य या क्षेत्र में प्रगति दिखाने वाले नमूनों को शामिल किया जाता है।

शिक्षक-छात्र सहभागिता: यह शिक्षक और छात्र दोनों को बच्चे की सीखने की प्रगति पर विचार करने (Reflection) में मदद करता है।

भाषा आकलन: यह भाषा विकास का आकलन करने के लिए प्राथमिक स्तर पर सबसे उपयुक्त उपकरण माना जाता है।

रूबरिक्स (Rubrics):

रूब्रिक्स (Rubrics) मूल्यांकन का एक ऐसा टूल (स्कोरिंग गाइड) है, जो छात्रों के काम (जैसे प्रोजेक्ट, असाइनमेंट, प्रस्तुति) को परखने के लिए स्पष्ट मानदंड, ग्रेडिंग स्तर और प्रदर्शन के संकेतकों को एक मैट्रिक्स या ग्रिड के रूप में परिभाषित करता है। यह छात्रों को उनकी अपेक्षाएं समझाकर स्व-मूल्यांकन में मदद करता है।

रुबरिक्स के संदर्भ में मुख्य बातें:

मूल्यांकन का टूल: यह शिक्षण और अधिगम के मूल्यांकन में विश्वसनीयता, वैधता और पारदर्शिता बढ़ाता है।

स्पष्टता: यह पहले से ही छात्रों को बता देता है कि उनके कार्य को किन मानकों पर ग्रेड किया जाएगा।

शिक्षक की भूमिका: यह शिक्षकों को गुणात्मक कार्यों (जैसे- लेखन, मौखिक प्रस्तुति) का मूल्यांकन करते समय सुसंगत मानकों को लागू करने में मदद करता है।

प्रकार: मुख्य रूप से विश्लेषणात्मक (Analytical) और समग्र (Holistic) रूब्रिक्स होते हैं।

उपयोग: रूब्रिक्स का उपयोग छात्र स्व-मूल्यांकन (self-assessment) के लिए करते हैं ताकि वे अपनी प्रगति को समझ सकें और अपने काम को बेहतर बना सकें।

अभ्यास प्रश्न

1. वह मूल्यांकन जो शिक्षण-अधिगम प्रक्रिया के दौरान किया जाता है?

(a) योगात्मक मूल्यांकन (b) रचनात्मक मूल्यांकन
(c) नैदानिक मूल्यांकन (d) वार्षिक मूल्यांकन

2. सत्र के अंत में किया जाने वाला मूल्यांकन कहलाता है?

(a) सतत मूल्यांकन (b) योगात्मक मूल्यांकन
(c) रचनात्मक मूल्यांकन (d) उपचारात्मक मूल्यांकन

3. किसी वस्तु के गुण को अंकों में व्यक्त करना क्या कहलाता है?

(a) मापन (b) मूल्यांकन (c) परीक्षण (d) आकलन

4. "मूल्यांकन, मापन के साथ-साथ मूल्यों का निर्धारण है।" यह किसका कथन है?

(a) स्किनर (b) टार्गसैन और एडम्स
(c) वुडवर्थ (d) कोहलर

5. उपचारात्मक शिक्षण (Remedial Teaching) किसके बाद किया जाता है?

(a) उपलब्धि परीक्षण (b) निदानात्मक मूल्यांकन
(c) वार्षिक परीक्षा (d) खेलकूद

6. सतत एवं व्यापक मूल्यांकन (CCE) में 'व्यापक' शब्द का अर्थ है?

(a) संज्ञानात्मक क्षेत्र (b) सह-संज्ञानात्मक क्षेत्र
(c) (a) और (b) दोनों (d) केवल शारीरिक विकास

7. नैदानिक परीक्षा का मुख्य उद्देश्य है?

(a) ग्रेड देना
(b) अकादमिक कठिनाइयों के कारणों का पता लगाना
(c) माता-पिता को रिपोर्ट देना
(d) कक्षा में स्थान निर्धारित करना

8. शिक्षण-अधिगम प्रक्रिया में मूल्यांकन का मुख्य लाभ है?

(a) फीडबैक प्राप्त होना (b) वेतन वृद्धि

(c) छात्रों में डर पैदा करना (d) केवल रिकॉर्ड रखना

9. निम्न में से कौन सा मूल्यांकन का उपकरण है?

(a) साक्षात्कार (b) प्रश्नावली

(c) निरीक्षण (d) उपरोक्त सभी

10. मूल्यांकन प्रक्रिया के तीन महत्वपूर्ण बिंदु हैं?

(a) छात्र, शिक्षक, अभिभावक

(b) उद्देश्य, अधिगम अनुभव, मूल्यांकन के उपकरण

(c) अंक, ग्रेड, रैंक

(d) स्कूल, कक्षा, समाज

11. आकलन का वह प्रकार जो छात्र के सीखने की प्रगति की निगरानी करता है?

(a) प्लेसमेंट आकलन (b) रचनात्मक आकलन

(c) योगात्मक आकलन (d) नैदानिक आकलन

12. पोर्टफोलियो (Portfolio) एक उपकरण है?

(a) केवल खेल का

(b) छात्र के काम के क्रमिक संग्रह का

(c) केवल शिक्षकों की हाजिरी का

(d) लैब का

13. 'मापन' मूल्यांकन का कौन सा भाग है?

(a) व्यापक (b) संकुचित/सीमित

(c) समान (d) कोई नहीं

14. ब्लूम के अनुसार शिक्षा के उद्देश्य कितने प्रकार के होते हैं?

(a) दो

(b) तीन (संज्ञानात्मक, भावात्मक, क्रियात्मक)

(c) चार (d) पांच

15. निबंधात्मक प्रश्नों का मुख्य दोष क्या है?

(a) लेखन कौशल की जाँच

(b) वस्तुनिष्ठता का अभाव (विश्वसनीयता कम)

(c) समय की बचत

(d) विचारों की अभिव्यक्ति

16. वस्तुनिष्ठ प्रश्नों (Objective Questions) की सबसे बड़ी विशेषता है?

(a) वह कठिन होते हैं

(b) वह विश्वसनीय और वैध होते हैं

(c) वह सुंदर होते हैं

(d) वह लंबे होते हैं

17. 'ब्लू प्रिंट' (Blue Print) का संबंध किससे है?

(a) स्कूल की बिल्डिंग से (b) प्रश्न पत्र निर्माण से

(c) खेल के मैदान से (d) शिक्षक की डायरी से

18. संचयी अभिलेख (Cumulative Record) में रखा जाता है?

(a) छात्र का क्रमिक विवरण (b) केवल छुट्टियों का विवरण

(c) केवल फीस का विवरण (d) केवल खेल का विवरण

19. ग्रेडिंग प्रणाली का मुख्य उद्देश्य है?

(a) छात्रों को डराना

(b) छात्रों की उपलब्धि को श्रेणियों में बांटना

(c) फेल करना

(d) कुछ नहीं

20. जब एक शिक्षक खाना पकाते समय खाना चखता है, तो वह किसके समान है?

(a) सीखने का आकलन (b) सीखने के रूप में आकलन

(c) सीखने के लिए आकलन (d) आकलन और सीखना

21. मूल्यांकन का मुख्य प्रयोजन है?

(a) अगली कक्षा में प्रोन्नत करना

(b) सीखने की प्रभावशीलता का निर्णय लेना

(c) अनुशासन बनाए रखना

(d) पाठ्यक्रम पूरा करना

22. अच्छे परीक्षण की कसौटी है?

(a) वैधता (b) विश्वसनीयता

(c) वस्तुनिष्ठता (d) उपरोक्त सभी

23. उपलब्धि परीक्षण (Achievement Test) क्या मापता है?

(a) छात्र ने क्या सीखा है (b) छात्र की भविष्य की क्षमता

(c) छात्र का व्यवहार (d) छात्र की बुद्धि

24. सी.सी.ई. (CCE) कब लागू किया गया?

(a) 2005 (b) 2009 (c) 2010 (d) 2012

25. क्रियात्मक पक्ष का मूल्यांकन किससे संबंधित है?

(a) ज्ञान से (b) भावनाओं से

(c) शारीरिक कौशल और गतिविधियों से

(d) रटने से

26. एक शिक्षक प्रश्न पत्र बनाने के बाद यह जाँचता है कि क्या प्रश्न विशिष्ट उद्देश्यों की पूर्ति कर रहे हैं। वह मुख्य रूप से चिंतित है?

(a) वैधता के बारे में (b) विश्वसनीयता के बारे में

(c) वस्तुनिष्ठता के बारे में (d) प्रश्नों के प्रकार के बारे में

27. खुली पुस्तक परीक्षा (Open Book Exam) का मुख्य लाभ है?

(a) छात्र चोरी नहीं करते

(b) यह रटने की प्रवृत्ति को कम करती है

(c) यह शिक्षकों का काम आसान करती है

(d) छात्र फेल नहीं होते

28. मापन के कितने स्तर एस.एस. स्टीवंस ने बताए हैं?

(a) 2 (b) 3

(c) 4 (नामित, क्रमित, अंतराल, अनुपात)

(d) 5

29. मापन का सबसे निम्न स्तर कौन सा है?

(a) अनुपात मापन (b) नामित मापन (Nominal)

(c) अंतराल मापन (d) क्रमित मापन

30. मापन का सबसे श्रेष्ठ/वैज्ञानिक स्तर कौन सा है?

(a) नामित (b) अनुपात मापन (Ratio)

(c) अंतराल (d) क्रमित

31. मूल्यांकन की 'प्रश्नावली' विधि है?

(a) अप्रत्यक्ष विधि (b) प्रत्यक्ष विधि

(c) उपचारात्मक विधि (d) कोई नहीं

32. व्यापक मूल्यांकन का अर्थ है?

(a) पूरे साल परीक्षा लेना

(b) शैक्षणिक और सह-शैक्षणिक दोनों क्षेत्रों का मूल्यांकन

(c) केवल बड़ी कक्षाओं का मूल्यांकन

(d) माता-पिता का मूल्यांकन

33. मूल्यांकन हमें यह बताता है कि बालक ने किस सीमा तक किन उद्देश्यों को प्राप्त किया है। यह किसका कथन है?

(a) रेमर्स एवं गेज (b) डांडेकर

(c) क्विलेन व हन्ना (d) स्किनर

34. बालक के व्यवहार के भावनात्मक पक्ष का मापन किसके द्वारा किया जाता है?

(a) लिखित परीक्षा (b) मौखिक परीक्षा

(c) साक्षात्कार व रेटिंग स्केल (d) प्रायोगिक परीक्षा

35. "सीखने के लिए आकलन" (Assessment for Learning) किस पर बल देता है?

(a) पृथक्करण पर (b) छात्रों के अंकों पर

(c) उपचारात्मक फीडबैक और सुधार पर

(d) केवल वार्षिक परीक्षा पर

36. रेटिंग स्केल में किस तकनीक का प्रयोग होता है?

(a) अवलोकन (b) जाँच सूची

(c) लिखित परीक्षा (d) समूह चर्चा

37. सतत मूल्यांकन का अर्थ है?

(a) रोज परीक्षा लेना

(b) नियमित रूप से अधिगम के साथ-साथ आकलन

(c) सप्ताह में एक बार परीक्षा

(d) महीने में एक बार परीक्षा

38. स्व-मूल्यांकन (Self-Evalution) छात्र को क्या सीखने में मदद करता है?

(a) दूसरों की कमियां निकालना

(b) अपने स्वयं के सीखने की निगरानी करना

(c) शिक्षक की नकल करना

(d) रटना

39. मानक संदर्भित मूल्यांकन (Norm-Referenced) में तुलना की जाती है?

(a) किसी निश्चित मानक से (b) दूसरे छात्रों के प्रदर्शन से

(c) शिक्षक से (d) स्वयं के पिछले प्रदर्शन से

40. शिक्षण की प्रभावशीलता की जाँच करने के लिए क्या आवश्यक है?

(a) कक्षा में अनुशासन (b) मूल्यांकन

(c) गृह कार्य(d) ब्लैकबोर्ड का प्रयोग

41. साक्षात्कार (Interview) किस प्रकार की प्रविधि है?

(a) परिमाणात्मक (b) गुणात्मक

(c) मापन की (d) कोई नहीं

ANSWER KEY

1. (*b*) 2. (*b*) 3. (*a*) 4. (*b*) 5. (*b*) 6. (*c*) 7. (*b*) 8. (*a*) 9. (*d*) 10. (*b*) 11. (*b*) 12. (*b*) 13. (*b*)
14. (*b*) 15. (*b*) 16. (*b*) 17. (*b*) 18. (*a*) 19. (*b*) 20. (*c*) 21. (*b*) 22. (*d*) 23. (*a*) 24. (*b*) 25. (*c*) 26. (*a*)
27. (*b*) 28. (*c*) 29. (*b*) 30. (*b*) 31. (*b*) 32. (*b*) 33. (*b*) 34. (*c*) 35. (*c*) 36. (*a*) 37. (*b*) 38. (*b*) 39. (*b*)
40. (*b*) 41. (*b*)

17 एक समस्या समाधानकर्ता और वैज्ञानिक अन्वेषक के रूप में बालक

समस्या समाधान का अर्थ (Meaning of Problem Solving)

जब बालक के सामने कोई ऐसी स्थिति आती है जिसका समाधान उसे तुरंत नहीं पता होता, तब वह अपने तर्क (Reasoning), चिन्तन (Thinking) और पूर्व अनुभवों का प्रयोग करके उस बाधा को दूर करता है। मनोविज्ञान में इसे ही 'समस्या समाधान' कहते हैं।

वुडवर्थ के अनुसार: "समस्या समाधान वह प्रक्रिया है, जिसमें बालक लक्ष्य प्राप्ति के लिए आने वाली बाधाओं पर विजय प्राप्त करता है।"

बालक में समस्या समाधान के सोपान (Steps in Problem Solving in a Child)

एक समस्या समाधानकर्ता के रूप में बालक वैज्ञानिक चरणों का पालन करता है। जॉन डीवी (John Dewey) ने इसके मुख्य चरण बताए हैं:

समस्या की उपस्थिति (Awareness of Problem): बालक को महसूस होता है कि उसके कार्य में कोई बाधा है।

समस्या को समझना (Defining the Problem): बालक समस्या के स्वरूप को पहचानता है (जैसे: "मेरा खिलौना क्यों नहीं चल रहा?")।

तथ्यों का संकलन (Data Collection): वह समस्या से जुड़ी जानकारी जुटाता है (जैसे: बैटरी चेक करना, पहिए देखना)।

संभावित समाधानों का निर्माण (Formulating Hypotheses): वह मन में कई विकल्प सोचता है—"शायद सेल खत्म हैं" या "शायद स्विच बंद है"।

परीक्षण (Testing): वह एक-एक करके विकल्पों को आज़माता है।

निष्कर्ष (Conclusion): सही समाधान मिलने पर वह उसे स्वीकार कर लेता है और भविष्य के लिए याद रखता है।

बालक को समस्या समाधानकर्त्ता बनाने वाले कारक (Factors that make a child a problem solver)

परीक्षा में पूछा जाता है कि बालक की इस क्षमता को कौन-सी चीजें प्रभावित करती हैं:

संज्ञानात्मक योग्यता (Cognitive Ability): बालक की बुद्धि और सोचने की क्षमता जितनी विकसित होगी, वह उतना ही अच्छा समस्या समाधानकर्ता होगा।

सृजनात्मकता (Creativity): एक समस्या समाधानकर्ता हमेशा 'अपसारी चिन्तन' (Divergent Thinking) का प्रयोग करता है, यानी एक समस्या के कई समाधान सोचना।

अभिप्रेरणा (Motivation): यदि बालक आंतरिक रूप से सीखने के लिए प्रेरित है, तो वह कठिन से कठिन समस्या का हल ढूंढ लेगा।

निडरता (Fearlessness): जो बालक गलतियाँ करने से नहीं डरते, वे बेहतर ढंग से समस्याओं को सुलझाना सीखते हैं।

'बालक एक वैज्ञानिक अन्वेषक के रूप में' ("The Child as a Scientific Inquirer")-

बच्चे केवल निष्क्रिय ज्ञान प्राप्तकर्ता नहीं, बल्कि सक्रिय खोजी, समस्या समाधानकर्ता और पर्यावरण के अन्वेषक होते हैं, जो तर्क, प्रयोग और विश्लेषण द्वारा स्वयं ज्ञान का निर्माण करते हैं।

सक्रिय अन्वेषक (Active Investigator): बच्चे अपने आस-पास के वातावरण, वस्तुओं और घटनाओं के बारे में सवाल पूछते हैं, अवलोकन करते हैं, प्रयोग करते हैं और परिकल्पना (Hypothesis) बनाते हैं।

समस्या समाधानकर्ता (Problem Solver): वे समस्याओं को छोटे भागों में तोड़कर, उन पर तार्किक रूप से विचार कर समाधान ढूंढते हैं।

रचनावादी दृष्टिकोण (Constructivist View): इस विचारधारा के अनुसार, बच्चे अनुभव के माध्यम से ज्ञान का निर्माण स्वयं करते हैं।

वैज्ञानिक सोच का विकास: बच्चे कौतूहल (Curiosity) के कारण "क्यों" और "कैसे" का प्रश्न पूछकर वैज्ञानिक दृष्टिकोण विकसित करते हैं।

समस्या समाधान की वैज्ञानिक विधियाँ (Scientific methods of problem solving)

वैज्ञानिक विधि के मुख्य चरण निम्नलिखित हैं:

1. **समस्या की पहचान (Problem Identification):** यह सबसे पहला और महत्वपूर्ण चरण है जहाँ बालक समस्या के प्रति जागरूक होता है और उसे स्पष्ट रूप से परिभाषित करता है।
2. **प्रासंगिक जानकारी एकत्र करना (Data Collection):** समस्या से संबंधित तथ्यों, पुराने अनुभवों और जानकारी को इकट्ठा करना।
3. **परिकल्पना का निर्माण (Hypothesis Formulation):** समस्या के संभावित समाधानों के बारे में एक अनुमान या 'परिकल्पना' तैयार करना।
4. **परिकल्पना का परीक्षण (Hypothesis Testing):** प्रयोगों या तर्क के माध्यम से यह जाँचना कि बनाई गई परिकल्पना सही है या नहीं।
5. **तथ्यों का विश्लेषण (Data Analysis):** एकत्रित डेटा और परीक्षण के परिणामों का गहराई से अध्ययन करना।
6. **निष्कर्ष निकालना (Drawing Conclusion):** विश्लेषण के आधार पर अंतिम समाधान तक पहुँचना और यह तय करना कि समस्या हल हुई या नहीं।
7. **परिणामों का मूल्यांकन (Evaluation):** समाधान कितना प्रभावी रहा, इसका पुनः परीक्षण और विचार करना।

स्मरण रखने योग्य तथ्य:

- वैज्ञानिक पद्धति का पहला चरण हमेशा 'समस्या के प्रति जागरूकता' या 'समस्या की पहचान' होता है।
- जीन पियाजे ने बच्चों को 'नन्हे वैज्ञानिक' (Little Scientists) कहा है क्योंकि वे इसी पद्धति से ज्ञान का निर्माण करते हैं।

शिक्षक की भूमिका (Teacher's Role):

बच्चों के प्रति शिक्षक की निम्न भूमिकाएं आवश्यक हैं ,

सुविधाप्रदाता (Facilitator): शिक्षक का मुख्य कार्य बच्चे के लिए ऐसा वातावरण तैयार करना है जहाँ वह स्वयं प्रयोग कर सके और सीख सके।

मार्गदर्शक (Guide): जब बच्चा किसी समस्या में फँसता है, तो शिक्षक उसे सीधे उत्तर देने के बजाय सही दिशा में सोचने के लिए प्रेरित करता है।

प्रोत्साहन (Encouragement): बच्चों की जिज्ञासा और "क्यों" व "कैसे" जैसे प्रश्नों को बढ़ावा देना ताकि उनकी तार्किक सोच विकसित हो।

मचान/पाड़ (Scaffolding): लेव वायगोत्स्की के सिद्धांत के अनुसार, शिक्षक बच्चे को तब सहायता प्रदान करता है जब उसे इसकी सबसे अधिक आवश्यकता होती है, ताकि वह अपने कठिन कार्यों को स्वयं पूरा कर सके।

अवलोकनकर्ता (Observer): शिक्षक बच्चों की गतिविधियों का सूक्ष्म निरीक्षण करता है ताकि वह उनकी सीखने की प्रक्रिया और त्रुटियों को समझकर उपचारात्मक शिक्षण (Remedial Teaching) कर सके।

संसाधन प्रदाता (Resource Provider): खोज और अन्वेषण के लिए आवश्यक सामग्री और उपकरण उपलब्ध कराना शिक्षक की जिम्मेदारी है।

समान अवसर देना: कक्षा में ऐसा समावेशी वातावरण बनाना जहाँ प्रत्येक बालक को अपनी वैज्ञानिक क्षमता दिखाने का समान अवसर मिले।

स्मरणीय तथ्य:

संक्षेप में, शिक्षक को 'अधिनायकवादी' होने के बजाय 'लोकतांत्रिक' होना चाहिए, जो बच्चों की स्वतंत्रता और सक्रिय भागीदारी का सम्मान करे।

अभ्यास प्रश्न

1. एक समस्या समाधानकर्ता के रूप में बालक की पहली अवस्था कौन सी है?

(a) परिकल्पना का निर्माण (b) समस्या की पहचान

(c) आंकड़ों का संग्रहण (d) समाधान का परीक्षण

2. बालक को एक 'वैज्ञानिक अन्वेषक' किसने कहा है?

(a) स्किनर (b) पावलव (c) जीन पियाजे (d) थार्नडाइक

3. समस्या समाधान की 'अंतर्दृष्टि विधि' (Insight Method) के प्रतिपादक कौन हैं?

(a) व्यवहारवादी (b) गेस्टाल्टवादी

(c) रचनावादी (d) मनोविश्लेषणवादी

4. वैज्ञानिक अन्वेषण में बालक किस तर्कणा (Reasoning) का प्रयोग करता है?

(a) केवल आगमनात्मक (Inductive)

(b) केवल निगमनात्मक (Deductive)

(c) आगमनात्मक और निगमनात्मक दोनों

(d) इनमें से कोई नहीं

5. एक बालक समस्या समाधान के दौरान 'ट्रायल एंड एरर' (प्रयास और त्रुटि) का प्रयोग करता है, यह सिद्धांत किसका है?

(a) कोहलर (b) थार्नडाइक (c) स्किनर (d) पियाजे

6. एक शिक्षक के रूप में आप बालक में समस्या समाधान की क्षमता कैसे विकसित करेंगे?

(a) उसे दंड देकर (b) उसे रटने के लिए कहकर

(c) उसे स्वतंत्र खोज के अवसर प्रदान करके

(d) उसके लिए स्वयं समस्या हल करके

7. बालक में वैज्ञानिक अन्वेषण की प्रवृत्ति जगाने के लिए सबसे आवश्यक तत्व क्या है?

(a) पुरस्कार (b) जिज्ञासा (Curiosity)

(c) डर (d) अनुशासन

8. समस्या समाधान की प्रक्रिया में 'परिकल्पना' (Hypothesis) का अर्थ क्या है?

(a) समस्या का अंतिम उत्तर

(b) समस्या का संभावित समाधान

(c) आंकड़ों का विश्लेषण (d) समस्या को छोड़ देना

9. वैज्ञानिक अन्वेषक के रूप में बालक पर्यावरण के प्रति कैसा होता है?

(a) निष्क्रिय (b) सक्रिय (Active)

(c) उदासीन (d) भयभीत

10. समस्या समाधान का प्रथम चरण 'समस्या की पहचान' है, तो अंतिम चरण क्या है?

(a) परिकल्पना बनाना (b) समस्या का चयन

(c) समाधान का मूल्यांकन/परीक्षण

(d) सूचना एकत्र करना

11. यदि एक बालक किसी खिलौने को खोलकर उसके पुर्जों को देखता है, तो वह प्रदर्शित कर रहा है:

(a) शरारत (b) वैज्ञानिक अन्वेषण

(c) समय की बर्बादी (d) अनुशासनहीनता

12. बालकों में तर्क करने की क्षमता विकसित करने के लिए कौन सी शिक्षण विधि सर्वोत्तम है?

(a) व्याख्यान विधि (b) पाठ्यपुस्तक विधि

(c) हियुरिस्टिक (खोज) विधि

(d) प्रदर्शन विधि

13. एक समस्या समाधानकर्ता बालक में निम्नलिखित में से कौन सी विशेषता नहीं होनी चाहिए?

(a) सृजनात्मकता (Creativity)

(b) भय और चिंता (c) धैर्य (d) वस्तुनिष्ठता

14. निम्न में से कौन सा कारक समस्या समाधान में बाधक है?

(a) मानसिक तत्परता (b) पूर्व ज्ञान

(c) मानसिक विन्यास (Mental Set/रूढ़िवादिता)

(d) बुद्धि

15. वैज्ञानिक विधि का वह चरण जिसमें बालक प्रयोग करता है:

(a) अवलोकन (b) परिकल्पना परीक्षण

(c) समस्या की व्याख्या (d) निष्कर्ष

16. समस्या समाधान में 'एल्गोरिथ्म' (Algorithm) का उपयोग करने से:

(a) उत्तर मिलने की गारंटी होती है

(b) समय की बचत होती है

(c) उत्तर कभी नहीं मिलता

(d) तर्कशक्ति कम होती है

17. सृजनात्मक बालक (Creative Child) समस्या समाधान के लिए किस प्रकार की सोच का प्रयोग करता है?

(a) अभिसारी (Convergent)

(b) अपसारी (Divergent)

(c) संकुचित

(d) स्मृति आधारित

18. बालकों के वैज्ञानिक अन्वेषण को बढ़ावा देने के लिए प्रयोगशाला में कैसा वातावरण होना चाहिए?

(a) अत्यंत कठोर (b) भयमुक्त और सहयोगी

(c) केवल शिक्षक केंद्रित (d) शांत और निष्क्रिय

19. शिक्षण की 'खोज विधि' के जनक कौन हैं?

(a) आर्मस्ट्रांग (b) किलपैट्रिक

(c) फ्रोबेल (d) मॉन्टेसरी

20. एक बच्चा कहता है "धूप में कपड़े जल्दी सूखते हैं"। वह किस प्रकार की समझ प्रदर्शित कर रहा है?

(a) प्रतीकात्मक विचार (b) अहं-केंद्रित चिंतन

(c) कार्य-कारण (Cause and Effect)

(d) विपर्यय चिंतन

21. समस्या समाधान में बालक का पूर्व अनुभव (Previous Experience):

(a) बाधा डालता है (b) कोई प्रभाव नहीं डालता

(c) सहायक होता है (d) भ्रम पैदा करता है

22. ब्रूनर के अनुसार बालक की खोज प्रक्रिया का सही क्रम क्या है?

(a) सक्रियता, दृश्यप्रतिमा, सांकेतिक

(b) सांकेतिक, दृश्यप्रतिमा, सक्रियता

(c) दृश्यप्रतिमा, सक्रियता, सांकेतिक

(d) इनमें से कोई नहीं

23. समस्या समाधान की क्षमता बढ़ाने के लिए बच्चों को देना चाहिए:

(a) चुनौतीपूर्ण कार्य (b) बहुत सरल कार्य

(c) कार्य न देना (d) रटने वाले कार्य

24. वैज्ञानिक अन्वेषण का आधार है:

(a) अंधविश्वास (b) तर्क और प्रमाण

(c) सुनी-सुनाई बातें (d) केवल कल्पना

25. बालक द्वारा अपनी गलतियों से सीखना समस्या समाधान की किस विधि के अंतर्गत आता है?

(a) वैज्ञानिक विधि (b) प्रयास एवं त्रुटि विधि

(c) अनुकरण विधि (d) व्याख्यान विधि

26. समस्या के अचानक समाधान मिलने को क्या कहते हैं?

(a) अनुकूलन

(b) आह! अनुभव (Aha! Experience) या सूझ

(c) सामान्यीकरण

(d) विलोपन

27. एक अन्वेषक के रूप में बालक सबसे पहले क्या करता है?

(a) निष्कर्ष निकालता है

(b) अवलोकन (Observation) करता है

(c) रिपोर्ट लिखता है

(d) प्रयोग बंद कर देता है

28. क्या बुद्धि और समस्या समाधान क्षमता में संबंध है?

(a) हाँ, धनात्मक संबंध है (b) नहीं, कोई संबंध नहीं है

(c) ऋणात्मक संबंध है (d) केवल कुछ मामलों में

29. कक्षा में वैज्ञानिक दृष्टिकोण विकसित करने का सबसे अच्छा तरीका है:

(a) विद्यार्थियों से प्रश्न पूछने को प्रोत्साहित करना

(b) कठिन होमवर्क देना

(c) चार्ट रटवाना

(d) शांत रहने को कहना

30. समस्या समाधान की वैज्ञानिक विधि में 'आंकड़ों का संग्रहण' क्यों आवश्यक है?

(a) समय बिताने के लिए

(b) परिकल्पना की पुष्टि या खंडन के लिए

(c) शिक्षक को दिखाने के लिए

(d) पुस्तक भरने के लिए

ANSWER KEY

1. (*b*) 2. (*c*) 3. (*b*) 4. (*c*) 5. (*b*) 6. (*c*) 7. (*b*) 8. (*b*) 9. (*b*) 10. (*c*) 11. (*b*) 12. (*c*) 13. (*b*)
14. (*c*) 15. (*b*) 16. (*a*) 17. (*b*) 18. (*b*) 19. (*a*) 20. (*c*) 21. (*c*) 22. (*a*) 23. (*a*) 24. (*b*) 25. (*b*) 26. (*b*)
27. (*b*) 28. (*a*) 29. (*a*) 30. (*b*)

18 समाज निर्माण में लैंगिक मुद्दे

समाज निर्माण में लैंगिक मुद्दे (Gender Issues in Social Construction) मुख्य रूप से लैंगिक रूढ़िवादिता (Gender Stereotypes), असमान भूमिकाओं और भेदभाव से संबंधित हैं। लैंगिकता एक सामाजिक संरचना है, जो स्त्री/पुरुष व्यवहार को निर्धारित करती है।

समाज को ध्यान पूर्वक देखने से पता चलता है कि सामाजिक और आर्थिक आधार पर लोगों की योग्यताओं में अनेक प्रकार के भेद पाए जाते हैं। संपन्न परिवारों में मंद बुद्धि बालक कम देखे गए हैं।वैसे इस प्रकार के बालक हर प्रकार के परिवार में पाए जाते हैं। आर्थिक स्तर को मापते समय इसे बौद्धिक सम्पन्नता से भी जोड़ा जा सकता है। इस विषय पर हमारे मन में अनेक प्रश्न उठते हैं जैसे कि क्या अमीर इसलिए आमीर हैं क्योंकि वे पहले से अमीर हैं और गरीब इसलिए गरीब हैं क्योंकि वे पहले से गरीब हैं। मनोवैज्ञानिक मानते हैं की निम्न आय वाले परिवार के बालकों को उच्च आय वाले परिवार के बालको की तुलना में हीन दृष्टि से देखा जाता है और उनके साथ भेदभाव किया जाता है।

शिक्षक को कक्षा में समान अवसर, समावेशी व्यवहार और रूढ़ियों को तोड़कर लैंगिक समानता को बढ़ावा देना चाहिए।

पूर्वाग्रह और रूढ़िबद्धता के कारण लैंगिक भेदभाव (Gender Discrimination Due to Prejudice and Stereotypes):

सामान्यतः पूर्वाग्रह एवं रूढ़िबद्धता के कारण लैंगिक भेदभाव दिखाई देता है। जब किसी व्यक्ति अथवा जाती के बारे में कोई काल्पनिक विचारधारा बन जाती है जिसका सत्यता से कोई सम्बन्ध नहीं होता तो उसे रूढ़िबद्धता कहते हैं। उदाहरण के लिए भारत की ज्यादातर लड़कियां घर का काम करती हैं तो की यह सोचे कि लड़कियां केवल घर का काम ही कर सकती हैं तो यह रूढ़िबद्धता है। अगर कोई शिक्षक विद्यालय में केवल लड़कियों से चाय बनवाए तो यह उसकी रूढ़िबद्धता है।

पूर्वाग्रह का अर्थ पक्षपात है इसमें अपने पहले से प्रचलित विचारों के आधार पर किसी से पक्षपात किया जाता है। जैसे लैंगिक भेदभाव का एक कारण पूर्वाग्रह भी है लैंगिक पूर्वाग्रह के कारण ही यह मान्यता पूर्व से प्रचलित है कि लड़के ही माता पिता की बुढ़ापे में सेवा करते हैं। विद्यालय में किसी कार्यक्रम में नृत्य में लड़कियों को वरीयता देना भी लैंगिक पूर्वाग्रह का उदाहरण है।

लैंगिक भेदभाव (Gender Discrimination):

मनोविज्ञानिक हमेशा इस अध्ययन में लगे रहते हैं की स्त्री पुरुष की मानसिक व शारीरिक योग्यताओं में इतना अंतर क्यों होता है। जीवन के शुरुवाती समय में लड़किया लड़कों से अधिक तीव्र विकास करती हैं, उनमे भाषा का गुण तथा स्मरण शक्ति भी अधिक हैं परन्तु विकास प्रक्रिया पूर्ण होने तक लड़के लड़कियों से आगे निकल जाते है इसका कारण जानने की मनोवैज्ञानिक समय समय पर कोशिश करते हैं। इसका जो एक सबसे महत्वपूर्ण कारण समझ आता है वह है भेदभाव। इससे यह निष्कर्ष निकलता है की शिक्षण के दौरान छात्र व छात्राओं में भेदभाव नहीं करना चाहिए उन्हें बराबर के अवसर देने चाहिए।

आसान भाषा में (In simple terms):

लैंगिक रूढ़िवादिता (Gender Stereotyping): समाज में लड़कों और लड़कियों के लिए पूर्व-निर्धारित भूमिकाएँ, जैसे - "लड़कियां संवेदनशील होती हैं" या "लड़के गणित में अच्छे होते हैं"।

लैंगिक पूर्वाग्रह (Gender Bias/Prejudice): कक्षा में, पाठ्यपुस्तकों में या घर पर लिंग के आधार पर असमान व्यवहार या भेदभाव करना।

लैंगिक समानता/समता (Gender Equality/Equity): सभी को समान अवसर देना, जो परीक्षा में सबसे अच्छा उत्तर होता है।

लिंग और जेंडर अर्थ व्याख्या (Sex and Gender Meaning Explanation)

1. लिंग (Sex): एक जैविक संरचना

जब हम 'लिंग' की बात करते हैं, तो हमारा मतलब शरीर की बनावट, क्रोमोसोम (XY और XX) और हार्मोन से होता है। यह पूरी दुनिया में एक समान रहता है। चाहे भारत हो या अमेरिका, पुरुष और महिला के जैविक लक्षण समान रहेंगे।

2. जेंडर (Gender): एक सामाजिक संरचना

"Gender is a ____social____ construct." (जेंडर एक ______ सामाजिक संरचना है)।

- समाज तय करता है कि लड़के नीले कपड़े पहनेंगे, लड़कियाँ गुलाबी।
- लड़के साहसी होंगे, लड़कियाँ कोमल।
- पुरुष बाहर कमाएंगे, महिलाएँ चूल्हा-चौका संभालेंगी।

लिंग और जेंडर चार्ट

लिंग (Sex)	जेंडर (Gender)
यह एक जैविक (Biological) शब्द है जो जननांगों और आनुवंशिकी पर आधारित होता है।	यह एक सामाजिक (Social) शब्द है जो समाज द्वारा निर्धारित भूमिकाओं पर आधारित है
यह प्रकृति या जन्म द्वारा निर्धारित होता है।	यह समाज, संस्कृति और पालन-पोषण द्वारा निर्धारित होता है।
यह अपरिवर्तनीय है (सामान्यतः प्राकृतिक रूप से नहीं बदलता)।	यह परिवर्तनशील है (समय और स्थान के साथ बदल सकता है)।
पुरुष (Male) और महिला (Female)।	पुरुषोचित (Masculine) और स्त्रियोचित (Feminine) I
केवल महिलाएँ बच्चे को जन्म दे सकती हैं (यह जैविक सत्य है)।	"घर के काम केवल महिलाओं को करने चाहिए" (यह सामाजिक सोच/जेंडर है)।

विद्यालय और शिक्षक की भूमिका (Exam Focus)

जेंडर न्यूट्रल भाषा का प्रयोग: 'Chairman' के बजाय 'Chairperson' या 'कैमरामैन' के बजाय 'कैमरा पर्सन' कहना।

गैर-पारंपरिक भूमिकाओं का प्रदर्शन: कक्षा में ऐसे उदाहरण देना जहाँ पुरुष घर का काम कर रहे हों और महिलाएँ फाइटर प्लेन उड़ा रही हों।

बैठने की व्यवस्था: लड़के और लड़कियों को अलग-अलग बिठाने के बजाय एक साथ बिठाना (Mixed Seating)।

समान अवसर: खेलकूद, नाटक और सांस्कृतिक कार्यक्रमों में दोनों की समान भागीदारी सुनिश्चित करना।

आलोचनात्मक सोच: यदि कोई बच्चा रूढ़िवादी बात कहे, तो उसे डांटने के बजाय तर्क के साथ समझाना।

अभ्यास प्रश्न

1. खिलौने, पहनावे की वस्तुएं, घरेलू सामग्रियां, व्यवसायों और रंगों को विशिष्ट लिंग के साथ जोड़ना क्या प्रदर्शित करता है?

(a) जेंडर सिद्धांत (b) जेंडर प्रासंगिकता

(c) जेंडर रूढ़िवादिता (Gender Stereotyping)

(d) विकसित जेंडर पहचान

2. कक्षा में परिचर्चा के दौरान, एक शिक्षक प्रायः लड़कियों की तुलना में लड़कों पर अधिक ध्यान देता है। यह किसका उदाहरण है?

(a) जेंडर पक्षपात (Gender Bias)

(b) जेंडर पहचान (c) जेंडर संबद्धता

(d) जेंडर समरूपता

3. समाज में पुरुषों और महिलाओं की भूमिकाओं का निर्धारण समाज करता है। यह कथन बताता है कि:

(a) लैंगिकता एक अंतर्निहित अवतरण है।

(b) लैंगिकता एक आनुवंशिक प्रतिभा है।

(c) लैंगिकता एक अंतर्ज्ञानी रचना है।

(d) लैंगिकता एक सामाजिक अवतरण (Social Construct) है।

4. एक अच्छी पाठ्य-पुस्तक वह है जो ______ से बचती है।

(a) लैंगिक संवेदनशीलता (b) लैंगिक समानता

(c) सामाजिक जिम्मेदारी (d) लैंगिक पूर्वाग्रह (Gender Bias)

5. 'जेंडर' (Gender) है—

(a) एक जैविक निर्धारक (b) एक मनोवैज्ञानिक सत्ता

(c) एक सामाजिक संरचना (d) एक आर्थिक अवधारणा

6. लड़कियों को घर के कामकाज में मदद करने और लड़कों को बाहर के काम करने के लिए कहना बढ़ावा देता है:

(a) जेंडर समानता को (b) जेंडर निष्पक्षता को

(c) जेंडर रूढ़िवादिता को (d) जेंडर संवेदनशीलता को

7. सफल समावेशन (Inclusion) के लिए निम्नलिखित में से क्या आवश्यक नहीं है?

(a) क्षमता संवर्धन (b) संवेदनशीलता बढ़ाना

(c) पृथक्करण (Segregation)

(d) अभिभावकों की भागीदारी

8. विद्यालयों में 'लैंगिक भेदभाव' का मुख्य कारण क्या है?

(a) सरकारी नीतियां (b) समाज की पितृसत्तात्मक सोच

(c) लड़कियों की कम संख्या (d) पाठ्यक्रम की कमी

9. 'जेंडर स्कीम थ्योरी' (Gender Schema Theory) किसने दी थी?

(a) जीन पियाजे (b) सैंड्रा बेम (Sandra Bem)

(c) कोहलबर्ग (d) वाइगोत्सकी

10. "लड़कियाँ खाना बनाने में निपुण होती हैं" - यह किस प्रकार का पूर्वाग्रह है?

(a) जेंडर समता (b) लैंगिक पूर्वाग्रह (Gender Bias)

(c) जेंडर तटस्थता (d) जेंडर विकास

11. शिक्षा के क्षेत्र में 'जेंडर गैप' का क्या अर्थ है?

(a) लड़कों का अधिक खेलना

(b) लड़कों और लड़कियों की साक्षरता दर में अंतर

(c) स्कूल की इमारतों का रंग (d) शिक्षकों का वेतन

12. "पितृसत्ता" (Patriarchy) से क्या तात्पर्य है?

(a) महिलाओं का शासन

(b) ऐसी व्यवस्था जहाँ पुरुषों का प्रभुत्व हो

(c) बच्चों का शासन (d) समानता की व्यवस्था

13. एनसीएफ (NCF) 2005 के अनुसार, शिक्षा व्यवस्था होनी चाहिए:

(a) जेंडर आधारित

(b) जेंडर समावेशी (Gender Inclusive)

(c) केवल लड़कों के लिए (d) केवल लड़कियों के लिए

14. लैंगिक भेदभाव को दूर करने के लिए स्कूल में क्या होना चाहिए?

(a) सह-शिक्षा (Co-education) का अभाव

(b) समान खेल और सांस्कृतिक अवसर

(c) अलग-अलग शौचालय (d) अलग पाठ्यक्रम

15. "महिलाएं कमजोर होती हैं" यह एक ______ है।

(a) वैज्ञानिक तथ्य (b) मिथक/रूढ़िवादिता

(c) जैविक सत्य (d) आर्थिक सत्य

16. कक्षा में शिक्षक द्वारा लड़कियों को 'सरस्वती' और लड़कों को 'हनुमान' कहना क्या दर्शाता है?

(a) सम्मान (b) सांस्कृतिक जेंडर रूढ़िवादिता

(c) धार्मिक शिक्षा (d) जेंडर समानता

17. जेंडर इक्विटी (Gender Equity) का अर्थ है:

(a) सबको एक जैसा व्यवहार देना

(b) जरूरत के अनुसार निष्पक्षता बरतना

(c) केवल महिलाओं को लाभ देना

(d) केवल पुरुषों को लाभ देना

18. "यत्र नार्यस्तु पूज्यंते रमंते तत्र देवता" - इस वाक्य का जेंडर परिप्रेक्ष्य में विश्लेषण है:

(a) यह पूर्ण समानता है।

(b) यह केवल आदर्शवाद है, व्यवहार में जेंडर समानता भिन्न हो सकती है।

(c) यह पुरुषों का अपमान है। (d) यह वैज्ञानिक सत्य है।

19. बालिकाओं की शिक्षा पर जोर देने के लिए शुरू की गई योजना है:

(a) उज्ज्वला योजना (b) बेटी बचाओ बेटी पढ़ाओ

(c) जन धन योजना (d) आयुष्मान भारत

20. कथन (A): विद्यालयों में अक्सर लड़कियों को घरेलू विज्ञान (Home Science) और लड़कों को शारीरिक शिक्षा या गणित जैसे विषयों को चुनने के लिए प्रोत्साहित किया जाता है।

कारण (R): यह माना जाता है कि लड़कियाँ स्वाभाविक रूप से देखभाल करने वाली होती हैं और लड़के तार्किक और शारीरिक रूप से मजबूत होते हैं।

उपरोक्त कथनों के आलोक में सही विकल्प चुनें:

(a) (A) और (R) दोनों सही हैं और (R), (A) की सही व्याख्या है।

(b) (A) और (R) दोनों सही हैं, लेकिन (R), (A) की सही व्याख्या नहीं है।

(c) (A) सही है, लेकिन (R) गलत है।

(d) (A) गलत है, लेकिन (R) सही है।

ANSWER KEY

1. *(c)* 2. *(a)* 3. *(d)* 4. *(d)* 5. *(c)* 6. *(c)* 7. *(c)* 8. *(b)* 9. *(b)* 10. *(b)* 11. *(b)* 12. *(b)* 13. *(b)*
14. *(b)* 15. *(b)* 16. *(b)* 17. *(b)* 18. *(b)* 19. *(b)* 20. *(a)*

19 उपलब्धि परीक्षण तथा प्रश्न-पत्र निर्माण

उपलब्धि परीक्षण (Achievement Test)

उपलब्धि परीक्षण (Achievement Test) छात्रों द्वारा अर्जित ज्ञान व कौशलों को मापने का एक शैक्षिक उपकरण है जो शिक्षण-अधिगम की प्रभावशीलता को दर्शाता है।

इसका मुख्य उद्देश्य यह जानना होता है कि छात्र ने किसी विशिष्ट विषय या कौशल में कितना सीखा है।

परिभाषा: रैमर्स के अनुसार"उपलब्धि परीक्षण किसी दिए गए कार्य क्षेत्र में छात्रों की सापेक्षिक उपलब्धि को मात्र प्राप्तांकों से व्यक्त करने के लिए बनाए गए परीक्षण के रूप में परिभाषित किया जा सकता है"।

गैरिसन व अन्य - "उपलब्धि परीक्षा, बालक की वर्तमान योग्यता या किसी विशिष्ट विषय के क्षेत्र में उसके ज्ञान की सीमा का मूल्यांकन करती है।

थॉर्नडाइक व हेगन - "जब हम उपलब्धि परीक्षा का प्रयोग करते हैं, तब हम इस बात का निश्चय करना चाहते हैं कि एक विशिष्ट प्रकार की शिक्षा प्राप्त करने के उपरान्त व्यक्ति ने क्या सीखा है।

उपलब्धि परीक्षण के उद्देश्य (Objectives of Achievement Test)

उपलब्धि परीक्षण का प्रमुख उद्देश्य किसी निश्चित ज्ञान या कौशल के क्षेत्र में प्राप्त क्षमता तथा योग्यता को मापना है।

उपलब्धि परीक्षण के उद्देश्य निम्नलिखित हैं-

1. विद्यार्थियों की विषयगत पाठ्यक्रम की उपलब्धि की जाँच करना।
2. अध्यापकों के शिक्षण कौशल की जाँच करना।
3. समस्या के निराकरण में सहायता प्रदान करना।
4. शिक्षण विधियों की सफलता का आकलन करना।
5. कक्षा में विद्यार्थियों को प्रगति प्रदान करना।
6. छात्रों का योग्यतानुसार विभाजन या वर्गीकरण करना।
7. छात्रों को परिणामों के आधार पर अध्ययन की प्रेरणा देना।
8. आंकड़ों के आधार पर पाठ्यक्रम में मनोवांछित बदलाव लाना।
9. परीक्षणों के आधार पर शैक्षिक लक्ष्यों को अर्जित करना।
10. वैयक्तिक भिन्नता के आधार पर शिक्षण की व्यवस्था करना।

उपलब्धि परीक्षण के प्रकार (Types of Achievement Tests)

* शिक्षार्थियों की उपलब्धि को जानने के लिए दो प्रकार के परीक्षण बनाये जाते हैं-

(1) प्रमाणीकृत परीक्षण (2) अप्रमाणीकृत परीक्षण

प्रमाणीकृत परीक्षण (Authenticated test)	अप्रमाणीकृत परीक्षण (Unauthenticated test)
कुछ विशेषज्ञों की समिति द्वारा किया जाता है।	प्रायः कक्षाध्यापक द्वारा किया जाता है।
यह औपचारिक है।	यह अनौपचारिक है।
यह एक समय साध्य कार्य है।	यह कुछ प्रश्नों की रचना करके बनाया जाता है।
अधिक विश्वसनीय एवं वैध है।	कम विश्वसनीय तथा वैध है।
अधिक समय तक तथा बड़े समूह की आवश्यकता की पूर्ति करता है।	तात्कालिक आवश्यकता की पूर्ति करता है।
प्राप्तांकों की व्याख्या बड़े समूह में की जा सकती है।	प्राप्तांकों की व्याख्या छोटे समूह में की जा सकती है

डगलस एवं हॉलेण्ड के अनुसार उपलब्धि परीक्षण के प्रकार

(1) प्रमापित परीक्षण, (2) शिक्षक निर्मित परीक्षण,

(3) मौखिक परीक्षण, (4) शिक्षक निर्मित परीक्षण,

(5) निबन्धात्मक परीक्षण

डगलस एवं हॉलेण्ड ने अपनी पुस्तक में परीक्षणों का वर्गीकरण किया हैजिसमें मुख्य रूप से प्रमापीकृत (Standardized) और शिक्षक निर्मित परीक्षण (Teacher-made Tests) शामिल हैं। इनके अनुसार ये परीक्षण निबन्धात्मक वस्तुनिष्ठ या मौखिक हो सकते हैं और इनका उद्देश्य छात्रों की शैक्षिक उपलब्धि का मापन करना है।

डगलस एवं हॉलेण्ड के अनुसार प्रमुख परीक्षणों का विवरण (Description of major tests according to Douglas and Holland):

प्रमापीकृत परीक्षण (Standardized Tests): ये विशेषज्ञता से निर्मित होते हैंजिनके मानक और नियम निश्चित होते हैंऔर ये व्यापक जनसंख्या के लिए उपयुक्त होते हैं।

शिक्षक निर्मित परीक्षण (Teacher-made Tests): ये कक्षा के शिक्षकों द्वारा विशेष उद्देश्यों के लिए तैयार किए जाते हैं जिन्हें अनौपचारिक या कक्षा परीक्षण भी कहा जाता है।

मौखिक परीक्षण (Oral Tests): छात्र के ज्ञान को सीधे प्रश्न पूछकर मौखिक रूप से जांचने की विधि।

निबन्धात्मक परीक्षण (Essay Tests): छात्रों की रचनात्मकता और गहराई से सोचने की क्षमता को जांचने के लिए विस्तृत उत्तर वाले प्रश्न।

निदानात्मक परीक्षण (Diagnostic test)

'निदान' शब्द का अर्थ है 'कारण जानना'। शिक्षा के क्षेत्र में, जब कोई छात्र किसी विशेष विषय या कौशल में बार-बार पिछड़ता है, तो उसकी इस असफलता के पीछे के विशिष्ट कारणों (Root Cause) को ढूँढना ही निदानात्मक परीक्षण कहलाता है।

"यह परीक्षण यह नहीं बताता कि छात्र ने कितना सीखा है, बल्कि यह बताता है कि छात्र क्यों और कहाँ नहीं सीख पा रहा है।"

निदानात्मक परीक्षण के उद्देश्य (bjectives of Diagnostic Testing:)

- छात्रों की अधिगम संबंधी कठिनाइयों (Learning difficulties) की पहचान करना।
- छात्रों की उन गलतियों का पता लगाना जो वे बार-बार दोहराते हैं।
- शिक्षण विधियों में आवश्यक बदलाव लाना ताकि वे छात्रों के अनुकूल हों।
- यह निर्धारित करना कि छात्र को किस प्रकार के उपचारात्मक शिक्षण (Remedial Teaching) की आवश्यकता है।

निदानात्मक परीक्षण की मुख्य विशेषताएं (Key features of diagnostic testing:)

प्रकृति: यह सुधारात्मक होता है, न कि अंक देने वाला।

क्षेत्र: यह बहुत विस्तृत होता है और छात्र की विशिष्ट त्रुटियों (errors) पर केंद्रित होता है।

पाठ्यक्रम: यह विषय के एक छोटे और विशिष्ट भाग पर गहराई से ध्यान देता है।

समय: इसकी कोई निश्चित समय सीमा नहीं होती, यह सीखने की प्रक्रिया के दौरान कभी भी किया जा सकता है।

निदानात्मक परीक्षण बनाम उपलब्धि परीक्षण (Diagnostic Tests vs. Achievement Tests)

अंतर का आधार	निदानात्मक परीक्षण (Diagnostic Test)	उपलब्धि परीक्षण (Achievement Test)
मुख्य उद्देश्य	छात्र की सीखने संबंधी कमियों, कठिनाइयों और कारणों का पता लगाना।	छात्र ने एक निश्चित समय में कितना सीखा और क्या हासिल किया, यह जानना।
क्षेत्र (Scope)	इसका क्षेत्र सीमित और गहरा होता है। यह किसी विशेष समस्या पर केंद्रित होता है।	इसका क्षेत्र विस्तृत होता है। यह पूरे पाठ्यक्रम या एक बड़ी इकाई को कवर करता है।
अंक और श्रेणी	इसमें छात्रों को अंक, ग्रेड या रैंक नहीं दी जाती है।	इसमें छात्रों को उनके प्रदर्शन के आधार पर अंक, प्रतिशत या ग्रेड दिए जाते हैं।
समय सीमा	इसकी कोई निश्चित समय सीमा नहीं होती। इसे समस्या सुलझने तक जारी रखा जा सकता है।	यह एक निश्चित समय (जैसे 3 घंटे) के भीतर पूरा करना होता है।
प्रश्न का स्वरूप	इसमें प्रश्न छात्र की विशिष्ट गलतियों को पहचानने के लिए बनाए जाते हैं।	इसमें प्रश्न विषय की सामान्य जानकारी और समझ को परखने के लिए होते हैं।
परिणाम का उपयोग	इसके परिणामों का उपयोग उपचारात्मक शिक्षण (Remedial Teaching) के लिए किया जाता है।	इसके परिणामों का उपयोग छात्र को अगली कक्षा में भेजने या प्रमाण पत्र देने के लिए किया जाता है।
शिक्षण प्रक्रिया में स्थान	यह शिक्षण के दौरान कभी भी किया जा सकता है जब बच्चा पिछड़ रहा हो।	यह आमतौर पर सत्र या इकाई के अंत में किया जाता है।
प्रकृति	यह सुधारात्मक (Corrective) प्रकृति का होता है।	यह मूल्यांकन (Evaluative) प्रकृति का होता है।

उपचारात्मक शिक्षण (Remedial Teaching)

उपचारात्मक शिक्षण (Remedial Teaching) वह शिक्षण प्रक्रिया है जिसके द्वारा छात्रों की सीखने संबंधी कठिनाइयों कमजोरियों और अशुद्धियों का निदान (पता लगाकर) कर उन्हें दूर किया जाता है। यह कमजोर शिक्षार्थियों के लिए एक विशेष व्यक्तिगत और सुधारात्मक मार्ग हैजो कक्षा के अन्य छात्रों के साथ सामंजस्य बिठाने में मदद करता है।

1. **योकम और सिम्पसन (Yoakam & Simpson) के अनुसार:** "उपचारात्मक शिक्षण वह शिक्षण है जो छात्र को अपनी दोषपूर्ण आदतों को सुधारने, सीखने के दोषों को दूर करने और अकुशलताओं को समाप्त करने में सहायता देता है।"
2. **ब्लेयर, जोन्स और सिम्पसन (Blair, Jones & Simpson) के अनुसार:** "उपचारात्मक शिक्षण मुख्य रूप से एक उत्तम शिक्षण है, जो छात्र को अपनी उपस्थिति (वर्तमान स्थिति) से उस स्तर तक ले जाने का प्रयत्न करता है, जहाँ तक वह पहुँचने की क्षमता रखता है।"

उपचारात्मक शिक्षण के प्रमुख उद्देश्य

- **कौशल विकास:** बुनियादी साक्षरता और साक्षरता संबंधी कौशलों को सुदृढ़ करना।
- **त्रुटियों का निराकरण:** सीखने की प्रक्रिया के दौरान गलतियों को सुधारना।
- **सर्वांगीण विकास:** विद्यार्थियों को निरंतर आगे बढ़ने और शैक्षणिक प्रगति के अवसर प्रदान करना।
- **आत्मविश्वास बढ़ाना:** छात्रों को असमायोजन से बचाना और उन्हें मानसिक रूप से स्वस्थ बनाना।

प्रश्न पत्र निर्माण (Question Paper Formulation)

प्रश्न पत्र निर्माण (Question Paper Formulation) एक व्यवस्थित और वैज्ञानिक प्रक्रिया है, जिसके माध्यम से छात्रों के अधिगम (Learning), ज्ञान और कौशल का सटीक मूल्यांकन करने के लिए एक विश्वसनीय परीक्षण उपकरण तैयार किया जाता है।

रेमाउंट के अनुसार, "अच्छी प्रश्न-कला की तकनीक को जानना एक नए युवा शिक्षक का सर्वाधिक आवश्यक उद्देश्य होना चाहिए।"

इसे निम्नलिखित रूप में परिभाषित किया जा सकता है:

- मूल्यांकन उपकरण के रूप में: यह एक ऐसी प्रक्रिया है जिसमें पाठ्यक्रम के उद्देश्यों के आधार पर प्रश्नों का चयन, उनकी कठिनाई का स्तर और अंक विभाजन इस प्रकार किया जाता है कि वह छात्र की वास्तविक योग्यता का मापन कर सके।
- नियोजित प्रक्रिया: यह केवल प्रश्नों को लिखने की क्रिया नहीं है, बल्कि इसमें उद्देश्यों का निर्धारण, ब्लूप्रिंट (नील-पत्र) तैयार करना, और उत्तर-कुंजी (Marking Scheme) बनाना शामिल है, ताकि परीक्षा में वस्तुनिष्ठता और विश्वसनीयता बनी रहे।

प्रश्न-पत्र निर्माण के मुख्य चरण (Steps of Question Paper Formulation)

एक आदर्श उपलब्धि परीक्षण के निर्माण में निम्नलिखित चरण शामिल होते हैं:

1. **योजना (Planning):** परीक्षण के उद्देश्यों (ज्ञानबोधअनुप्रयोग) और पाठ्यक्रम को निर्धारित करना।
2. **ब्लूप्रिंट (Blueprint) बनाना:** यह एक त्रि-आयामी तालिका है जो उद्देश्यों विषयों और प्रश्नों के प्रकार (वस्तुनिष्ठलघुनिबंधात्मक) को संतुलित करती है।
3. **प्रश्नों का निर्माण (Construction of Items):** ब्लूप्रिंट के अनुसार प्रश्न लिखना। प्रश्न स्पष्टसटीक और कठिनाई स्तर (आसानमध्यमकठिन) के अनुसार होने चाहिए।
4. **प्रश्न-पत्र का संपादन:** अनावश्यक प्रश्नों को हटाना और प्रश्नों को सही क्रम (कठिनाई के अनुसार) में व्यवस्थित करना।
5. **अंकन योजना (Scoring Key/Marking Scheme):** उत्तरों के मूल्यांकन के लिए नियम निर्धारित करना।

प्रश्न पत्र निर्माण के प्रमुख आधार:

1. **वैधता (Validity):** प्रश्न पत्र उसी क्षमता का परीक्षण करे जिसके लिए इसे बनाया गया है।
2. **विश्वसनीयता (Reliability):** समय या मूल्यांकनकर्ता बदलने पर भी परिणामों में स्थिरता होनी चाहिए।
3. **वस्तुनिष्ठता (Objectivity):** प्रश्नों के उत्तर स्पष्ट होने चाहिए ताकि मूल्यांकन में व्यक्तिगत पक्षपात की गुंजाइश न रहे।
4. **व्यापकता (Comprehensiveness):** यह संपूर्ण पाठ्यक्रम के महत्वपूर्ण हिस्सों को कवर करना चाहिए।

प्रश्नों के प्रकार (Types of questions)

1. **वस्तुनिष्ठ प्रश्न (Objective Type Questions):** इनमें उत्तर निश्चित और संक्षिप्त होते हैं। मूल्यांकनकर्ता की व्यक्तिगत राय का इस पर कोई प्रभाव नहीं पड़ता।
   (a) **बहुविकल्पीय (MCQs):** चार या पाँच विकल्पों में से एक सही चुनना।
   (b) **रिक्त स्थान की पूर्ति:** सही शब्द भरकर वाक्य पूरा करना।
   (c) **सत्य/असत्य:** कथन की सत्यता की जाँच करना।
   (d) **मिलान प्रश्न (Matching):** दो स्तंभों के बीच सही संबंध जोड़ना।
2. **अति-लघु और लघु उत्तरीय प्रश्न (Short Answer Questions)** ये प्रश्न छात्र की अभिव्यक्ति और विषय की समझ को परखते हैं।
   (a) **अति-लघु (Very Short):** उत्तर एक शब्द या एक वाक्य में (जैसे: परिभाषा या सूत्र)।
   (b) **लघु (Short):** उत्तर 30 से 60 शब्दों में (जैसे: कारण बताना, तुलना करना या संक्षेप में व्याख्या)।
3. **निबंधात्मक या दीर्घ उत्तरीय प्रश्न (Essay Type Questions)** इनका उपयोग छात्र की आलोचनात्मक सोच, तर्क शक्ति और रचनात्मकता को मापने के लिए किया जाता है।
   (a) इनमें उत्तर विस्तार से (150-300+ शब्दों में) देने होते हैं।

(b) ये छात्रों को अपने विचारों को संगठित करने और विषय की गहराई को स्पष्ट करने का अवसर देते हैं।

प्रश्नों का चयन (Selection of questions)

1. शैक्षिक उद्देश्यों के आधार पर (Based on Objectives) प्रश्नों का चुनाव इस आधार पर किया जाता है कि वे क्या माप रहे हैं:

* **ज्ञान (Knowledge):** क्या छात्र तथ्यों और परिभाषाओं को याद रख पाया है?
* **बोध (Understanding):** क्या छात्र अवधारणा को समझकर उसे अपने शब्दों में समझा सकता है?
* **अनुप्रयोग (Application):** क्या छात्र सीखे हुए ज्ञान का नई स्थितियों में प्रयोग कर सकता है?
* **कौशल (Skill):** क्या छात्र चित्र, चार्ट या गणना करने में सक्षम है?

2. ब्लूप्रिंट का अनुसरण (Following the Blueprint) प्रश्नों को चुनते समय नील-पत्र (Blueprint) को आधार बनाया जाता है ताकिः

* प्रत्येक इकाई (Unit) को उचित महत्व मिले।
* कठिनाई का स्तर संतुलित रहे (आमतौर पर: 20% आसान, 60% औसत, 20% कठिन)।
* प्रश्नों के प्रकार (वस्तुनिष्ठ, लघु, दीर्घ) का अनुपात सही रहे।

3. भाषा और स्पष्टता (Language and Clarity)

* प्रश्न की भाषा सरल, स्पष्ट और द्विअर्थी (Ambiguous) नहीं होनी चाहिए।
* प्रश्न संक्षिप्त होने चाहिए ताकि छात्र का समय पढ़ने के बजाय सोचने में लगे।

4. तकनीकी शुद्धता (Technical Accuracy)

* वस्तुनिष्ठ प्रश्नों के विकल्प (Options) एक-दूसरे से मिलते-जुलते लेकिन स्पष्ट होने चाहिए।
* प्रश्न ऐसे न हों जिनका उत्तर प्रश्न-पत्र के ही किसी दूसरे प्रश्न में छिपा हो।

5. भेदभाव क्षमता (Discrimination Power)

* अच्छे प्रश्न वे होते हैं जो प्रतिभाशाली और औसत छात्रों के बीच स्पष्ट अंतर कर सकें।
* क्या आप ब्लूप्रिंट बनाने का कोई उदाहरण या कठिनाई स्तर (Difficulty Level) के निर्धारण के बारे में अधिक जानना चाहेंगे?

अभ्यास प्रश्न

1. उपलब्धि परीक्षण (Achievement Test) का मुख्य उद्देश्य क्या है?

(a) छात्रों की बुद्धि मापना
(b) छात्रों द्वारा सीखे गए ज्ञान और कौशल का मापन करना
(c) छात्रों के व्यवहार में सुधार करना
(d) शिक्षक की योग्यता की जाँच करना

2. एक अच्छे प्रश्न-पत्र में 'विश्वसनीयता' (Reliability) से क्या तात्पर्य है?

(a) प्रश्न सरल होने चाहिए
(b) बार-बार परीक्षण करने पर भी परिणाम में स्थिरता हो
(c) प्रश्न पाठ्यक्रम के अनुसार हों
(d) मूल्यांकन निष्पक्ष हो

3. प्रश्न-पत्र निर्माण का प्रथम चरण क्या है?

(a) ब्लूप्रिंट तैयार करना
(b) प्रश्नों को लिखना
(c) शैक्षणिक उद्देश्यों का निर्धारण करना
(d) उत्तर कुंजी बनाना

4. 'ब्लूप्रिंट' (Blueprint) का संबंध किससे है?

(a) विद्यालय के भवन निर्माण से
(b) प्रश्न-पत्र के ढाँचे/नक्शे से
(c) पाठ योजना से
(d) क्रियात्मक अनुसंधान से

5. उपलब्धि परीक्षण कितने प्रकार के होते हैं?

(a) प्रमाणीकृत और अध्यापक निर्मित
(b) केवल मौखिक
(c) केवल लिखित
(d) केवल प्रयोगात्मक

6. निबंधात्मक प्रश्नों का सबसे बड़ा दोष क्या है?

(a) लेखन कौशल की जाँच नहीं हो पाती
(b) मूल्यांकन में वस्तुनिष्ठता का अभाव (व्यक्तिपरकता)
(c) समय कम लगता है
(d) ये बहुत कठिन होते हैं

7. वस्तुनिष्ठ प्रश्नों (Objective Questions) की सबसे बड़ी विशेषता क्या है?

(a) ये बहुत संक्षिप्त होते हैं
(b) इनका पाठ्यक्रम व्यापक होता है

(c) इनका उत्तर निश्चित और मूल्यांकन विश्वसनीय होता है

(d) ये आसानी से बनाए जा सकते हैं

8. ब्लूम के वर्गीकरण (Bloom's Taxonomy) के अनुसार 'संज्ञानात्मक पक्ष' का उच्चतम स्तर क्या है?

(a) ज्ञान (b) बोध

(c) मूल्यांकन (Evaluation) (d) विश्लेषण

9. प्रश्न-पत्र में 'कठिनाई स्तर' (Difficulty Level) का सामान्य वितरण कैसा होना चाहिए?

(a) 50% सरल, 50% कठिन

(b) सभी प्रश्न कठिन होने चाहिए

(c) सरल, औसत और कठिन प्रश्नों का संतुलित मिश्रण

(d) केवल औसत प्रश्न

10. नैदानिक परीक्षण (Diagnostic Test) क्यों किया जाता है?

(a) छात्र को ग्रेड देने के लिए

(b) अधिगम की कमियों और कठिनाइयों का पता लगाने के लिए

(c) छात्र की अगली कक्षा में प्रोन्नति के लिए

(d) छात्र की बुद्धि लब्धि जानने के लिए

11. उपचारात्मक शिक्षण (Remedial Teaching) कब किया जाता है?

(a) परीक्षा से पहले (b) नैदानिक परीक्षण के बाद

(c) सत्र के प्रारंभ में (d) गृहकार्य देते समय

12. प्रश्नों के प्रकारों में 'मिलान वाले प्रश्न' (Matching Items) किस श्रेणी में आते हैं?

(a) निबंधात्मक (b) वस्तुनिष्ठ

(c) लघु उत्तरीय (d) अति लघु उत्तरीय

13. वैधता (Validity) का अर्थ है कि परीक्षण:

(a) उसी गुण का मापन करे जिसके लिए वह बना है

(b) सरल हो (c) त्रुटिहीन हो (d) आकर्षक हो

14. प्रश्न-पत्र निर्माण में 'विभेदीकरण' (Discrimination) का क्या अर्थ है?

(a) छात्रों में भेदभाव करना

(b) प्रतिभाशाली और मंदबुद्धि छात्रों के बीच अंतर स्पष्ट कर सकना

(c) केवल कठिन प्रश्न पूछना (d) जातिगत भेदभाव करना

15. मूल्यांकन (Evaluation) एक प्रक्रिया है:

(a) केवल मात्रात्मक (b) केवल गुणात्मक

(c) सतत और व्यापक (d) केवल परीक्षा आधारित

16. सतत और व्यापक मूल्यांकन (CCE) में 'व्यापक' का अर्थ क्या है?

(a) पाठ्यपुस्तकों का ज्ञान

(b) शैक्षिक और सह-शैक्षिक दोनों क्षेत्रों का विकास

(c) केवल खेलकूद

(d) केवल लिखित परीक्षा

17. किसी परीक्षण की विश्वसनीयता बढ़ाने के लिए क्या करना चाहिए?

(a) प्रश्नों की संख्या बढ़ा देनी चाहिए

(b) प्रश्न कठिन बनाने चाहिए

(c) प्रश्न सरल होने चाहिए (d) समय कम कर देना चाहिए

18. निम्नलिखित में से कौन सा 'सप्लाई टाइप' (Supply Type) प्रश्न है?

(a) बहुविकल्पीय प्रश्न (b) रिक्त स्थान की पूर्ति

(c) सत्य/असत्य (d) मिलान प्रश्न

19. उपलब्धि परीक्षण छात्रों की किस योग्यता का मापन नहीं करता?

(a) भविष्य की सफलता की क्षमता

(b) वर्तमान ज्ञान (c) कौशल

(d) सूचनाओं का स्मरण

20. 'विषयगत' प्रश्नों को और किस नाम से जाना जाता है?

(a) वस्तुनिष्ठ प्रश्न (b) निबंधात्मक प्रश्न

(c) लघु उत्तरीय प्रश्न (d) मौखिक प्रश्न

21. प्रश्न-पत्र में 'अंक योजना' (Marking Scheme) बनाने से क्या लाभ है?

(a) प्रश्न जल्दी हल होते हैं

(b) मूल्यांकन में एकरूपता और वस्तुनिष्ठता आती है

(c) छात्र खुश रहते हैं (d) अंक अधिक मिलते हैं

22. यदि किसी परीक्षण को अलग-अलग परीक्षक जाँचें और परिणाम समान आए, तो वह परीक्षण है:

(a) वैध (b) विश्वसनीय

(c) वस्तुनिष्ठ (d) व्यापक

23. मौखिक परीक्षा (Oral Exam) का प्रयोग सबसे पहले किसने किया था?

(a) सुकरात (b) ग्लेडाइड्स

(c) स्किनर (d) थार्नडाइक

24. निबंधात्मक परीक्षा की तुलना में वस्तुनिष्ठ परीक्षा अधिक उपयोगी है क्योंकि:

(a) इसमें छात्र कम लिखते हैं

(b) यह अधिक विश्वसनीय और वैध है

(c) यह सरल होती है

(d) अध्यापक को कम काम करना पड़ता है

25. प्रश्नों की भाषा कैसी होनी चाहिए?

(a) साहित्यिक और अलंकारिक

(b) द्विअर्थी (Double Meaning)

(c) स्पष्ट, सरल और समझने योग्य

(d) बहुत कठिन

26. उपलब्धि परीक्षण के निर्माण में 'भार' (Weightage) दिया जाता है:

(a) उद्देश्यों को (b) विषय वस्तु को

(c) प्रश्नों के प्रकार को (d) उपरोक्त सभी को

27. 'बहुविकल्पीय प्रश्नों' में गलत विकल्पों को क्या कहा जाता है?

(a) त्रुटियां

(b) डिस्ट्रैक्टर्स (Distractors/विक्षेपक)

(c) बाधाएं (d) झूठे उत्तर

28. मानक संदर्भित परीक्षण (Norm-Referenced Test) का मुख्य आधार क्या है?

(a) छात्र का व्यक्तिगत सुधार

(b) अन्य छात्रों की तुलना में छात्र का स्थान

(c) केवल पास या फेल

(d) स्कूल का अनुशासन

29. निकष संदर्भित परीक्षण (Criterion-Referenced Test) का केंद्र क्या है?

(a) अन्य छात्रों से तुलना

(b) एक निश्चित मानक या उद्देश्य की प्राप्ति

(c) छात्र की आर्थिक स्थिति

(d) छात्र की उम्र

30. अच्छे प्रश्न पत्र की विशेषता नहीं है?

(a) वैधता (b) विश्वसनीयता

(c) अस्पष्टता (d) वस्तुनिष्ठता

31. संज्ञानात्मक पक्ष के 'अनुप्रयोग' (Application) स्तर के प्रश्न का उदाहरण है:

(a) परिभाषा देना

(b) सूत्र की व्याख्या करना

(c) सीखे हुए ज्ञान का नई स्थिति में प्रयोग करना

(d) चित्र को पहचानना

32. उपलब्धि परीक्षण का उपयोग शिक्षक किसलिए करता है?

(a) श्रेणी प्रदान करने के लिए

(b) शिक्षण पद्धति में सुधार के लिए

(c) छात्रों के वर्गीकरण के लिए

(d) उपरोक्त सभी

ANSWER KEY

1. (b) 2. (b) 3. (c) 4. (b) 5. (a) 6. (b) 7. (c) 8. (c) 9. (c) 10. (b) 11. (b) 12. (b) 13. (a) 14. (b) 15. (c) 16. (b) 17. (a) 18. (b) 19. (a) 20. (b) 21. (b) 22. (c) 23. (b) 24. (b) 25. (c) 26. (d) 27. (b) 28. (b) 29. (b) 30. (c) 31. (c) 32. (d)

20 बहुभाषावाद

बहुभाषावाद (Multilingualism)

बहुभाषावाद (Multilingualism) का अर्थ है—एक से अधिक भाषाओं को बोलने, समझने, पढ़ने और लिखने की क्षमता होना। यह किसी व्यक्ति (individual) की योग्यता हो सकती है या किसी समाज/समुदाय (society) की विशेषता।

सरल शब्दों में, जब कोई व्यक्ति या समुदाय दो या दो से अधिक भाषाओं (जैसे- हिंदी, अंग्रेजी, क्षेत्रीय भाषा आदि) का उपयोग कर सकता है, तो उसे बहुभाषी कहा जाता है।

1. **बहुभाषावाद:** एक 'संसाधन' के रूप में (Resource) सकारात्मक **दृष्टिकोण:** इसे कभी भी एक बाधा (Barrier) या समस्या नहीं मानना चाहिए।

   संसाधन (Asset): एक शिक्षक के लिए बहुभाषिक कक्षा एक संसाधन और रणनीति है, जिसका उपयोग सीखने-सिखाने की प्रक्रिया को समृद्ध करने के लिए किया जाता है।

2. **कक्षा में बहुभाषावाद के लाभ (Exam Points)**
   * परीक्षा में विकल्पों के रूप में ये बिंदु अक्सर दिखाई देते हैं:
   * **संज्ञानात्मक लचीलापन (Cognitive Flexibility):** बहुभाषी बच्चे किसी भी विषय को अलग-अलग दृष्टिकोण से देखने में सक्षम होते हैं।
   * **सामाजिक सहिष्णुता:** बच्चे दूसरे बच्चों की भाषा और संस्कृति का सम्मान करना सीखते हैं।
   * **अस्मिता का निर्माण:** जब बच्चा कक्षा में अपनी मातृभाषा का प्रयोग करता है, तो उसे स्वीकार्यता महसूस होती है, जिससे उसके व्यक्तित्व (Identity) का सकारात्मक विकास होता है।

3. **शिक्षण रणनीतियाँ (Pedagogical Strategies)** - TET के प्रश्नों को हल करते समय इन बातों को ध्यान में रखें:
   * **मातृभाषा को प्राथमिकता:** प्राथमिक स्तर पर बच्चे की मातृभाषा को कक्षा में स्थान देना अनिवार्य है।
   * **अनुवाद का सहारा:** शिक्षक को बच्चों की विभिन्न भाषाओं के शब्दों का प्रयोग करके कक्षा में एक साझा समझ विकसित करनी चाहिए।
   * **त्रुटियों के प्रति लचीलापन:** भाषा सीखने के दौरान होने वाली गलतियों को सीखने का एक हिस्सा माना जाना चाहिए।

4. **भारत में बहुभाषावाद (Multilingualism in India)** - भारत दुनिया के सबसे बड़े बहुभाषी देशों में से एक है। भारतीय संविधान की 8वीं अनुसूची में 22 भाषाओं को आधिकारिक दर्जा दिया गया है। भारत में "त्रि-भाषा सूत्र" (Three-Language Formula) को शिक्षा नीति में अपनाया गया है, ताकि बच्चे अपनी मातृभाषा के साथ-साथ हिंदी और अंग्रेजी (या अन्य भारतीय भाषा) भी सीख सकें।

5. चुनौतियाँ (Challenges)

* जहाँ इसके अनगिनत फ़ायदे हैं, वहीं कुछ चुनौतियाँ भी हैं:
* **भाषा का क्षरण:** कभी-कभी प्रभुत्व वाली भाषा (जैसे अंग्रेजी) के कारण स्थानीय बोलियाँ लुप्त होने लगती हैं।
* **शिक्षा का बोझ:** बच्चों पर एक साथ कई भाषाएँ सीखने का दबाव कभी-कभी उनकी समझ को प्रभावित कर सकता है यदि शिक्षण पद्धति सही न हो।

अभ्यास प्रश्न

1. **'बहुभाषावाद' शब्द का क्या अर्थ है?**
   (a) केवल एक भाषा बोलना
   (b) दो या दो से अधिक भाषाओं का प्रयोग करना
   (c) अपनी मातृभाषा को भूल जाना
   (d) केवल विदेशी भाषा सीखना
2. **भारतीय संविधान की किस अनुसूची में 22 प्रमुख भाषाओं को स्थान दिया गया है?**
   (a) सातवीं अनुसूची (b) आठवीं अनुसूची
   (c) नौवीं अनुसूची (d) दसवीं अनुसूची
3. **'त्रि-भाषा सूत्र' (Three-Language Formula) का मुख्य उद्देश्य क्या है?**
   (a) केवल अंग्रेजी को बढ़ावा देना
   (b) केवल हिंदी को थोपना
   (c) भाषाई सामंजस्य और बहुभाषावाद को बढ़ावा देना
   (d) विदेशी भाषाओं को हटाना
4. **कोठारी आयोग (1964-66) ने किस भाषाई नीति की सिफारिश की थी?**
   (a) द्वि-भाषा सूत्र (b) एक-भाषा नीति
   (c) त्रि-भाषा सूत्र (d) बहु-सांस्कृतिक नीति
5. **'कोड-मिक्सिंग' (Code-mixing) से क्या तात्पर्य है?**
   (a) दो भाषाओं के शब्दों को मिलाकर बोलना
   (b) पुरानी भाषा को भूल जाना
   (c) नई भाषा का आविष्कार करना
   (d) केवल इशारों में बात करना
6. **बहुभाषावाद बच्चों के किस विकास में सबसे अधिक सहायक है?**
   (a) केवल शारीरिक विकास
   (b) संज्ञानात्मक (Cognitive) और मानसिक विकास
   (c) केवल आर्थिक विकास
   (d) केवल खेलकूद में विकास
7. **'मातृभाषा आधारित बहुभाषावाद' शुरू होता है:**
   (a) अंग्रेजी सीखने से (b) मातृभाषा सीखने से
   (c) हिंदी सीखने से (d) व्याकरण रटने से
8. **गृह भाषा और स्कूल की भाषा में अंतर होने पर क्या प्रभाव पड़ता है?**
   (a) सीखने की गति बढ़ती है
   (b) सीखने में कठिनाई हो सकती है यदि सही पद्धति न हो
   (c) कोई प्रभाव नहीं पड़ता
   (d) बच्चा बोलना बंद कर देता है
9. **द्विभाषी बच्चे एकभाषी बच्चों की तुलना में क्या बेहतर कर सकते हैं?**
   (a) नकल करना
   (b) अमूर्त सोच (Abstract Thinking)
   (c) केवल दौड़ना (d) कुछ भी नहीं
10. **त्रि-भाषा सूत्र में तीसरी भाषा आमतौर पर कौन सी होती है?**
   (a) केवल लैटिन
   (b) कोई भी आधुनिक भारतीय भाषा या विदेशी भाषा
   (c) केवल संकेत भाषा (d) मृत भाषा
11. **बहुभाषावाद के बारे में कौन सा कथन सत्य है?**
   (a) यह केवल शहरों में पाया जाता है।
   (b) यह मनुष्य की एक सहज और विकसित क्षमता है।
   (c) यह बच्चों को मंदबुद्धि बनाता है।
   (d) यह देश की प्रगति रोकता है।

ANSWER KEY

1. (*b*) 2. (*b*) 3. (*c*) 4. (*c*) 5. (*a*) 6. (*b*) 7. (*b*) 8. (*b*) 9. (*b*) 10. (*b*) 11. (*b*)

21 NEP-2020

NEP-2020

राष्ट्रीय शिक्षा नीति 2020 का उद्देश्य शिक्षा के सभी स्तरों पर गुणवत्ता, समानता, पहुँच और वहनीयता से संबंधित चुनौतियों का समाधान करना है। यह 34 वर्षों पुरानी वर्ष 1986 की शिक्षा नीति का स्थान लेती है।

यह स्वतंत्रता के बाद देश की तीसरी शिक्षा नीति है। पहली दो नीतियाँ क्रमशः 1968 और 1986 में जारी की गई थीं। 1986 वाली नीति को 1992 में संशोधित किया गया था।

NEP, 2020 का मसौदा कस्तूरीरंगन समिति की सिफ़ारिशों के आधार पर तैयार किया गया था।

NEP के मूलभूत सिद्धांत [Basic Principles of NEP]

वैचारिक समझ पर ज़ोर: इसमें रटने की बजाय समझ विकसित करने पर ध्यान केंद्रित किया गया है।

तकनीक का उपयोग: शिक्षण और सीखने के तरीके में, भाषा संबंधी बाधाओं को दूर करने तथा दिव्यांग छात्रों तक पहुंच बनाने के लिए तकनीक को अपनाने पर बल दिया गया है।

विविधता का सम्मान (Respect for diversity):- सभी पाठ्यक्रमों, शिक्षण कार्य और नीति में स्थानीय संदर्भों को शामिल किया गया है।

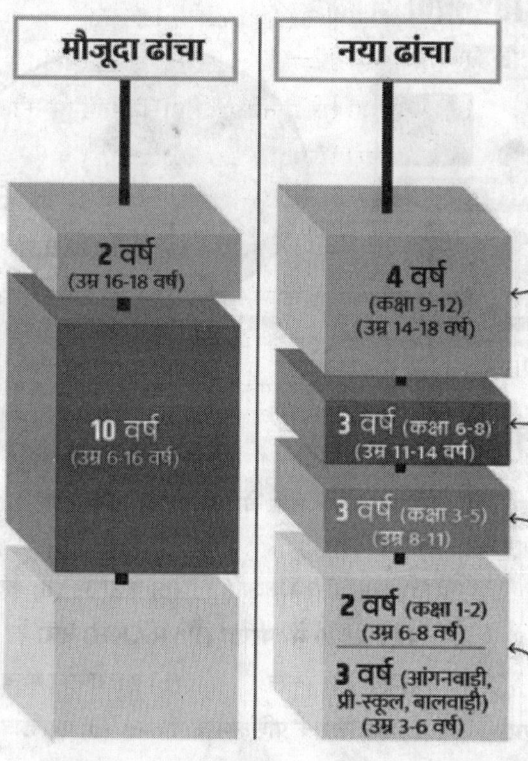

नए ढांचे (5+3+3+4) में आंगनवाड़ी/प्री-स्कूल में 3 वर्ष जाएंगे जबकि 12 साल स्कूल में। मौजूदा ढांचे में आंगनवाड़ी/ प्रीस्कूल में दो वर्ष और 12 साल स्कूल में जा रहे हैं।

सेकंडरी स्टेज (4): मल्टीडिसिप्लिनरी स्टडी, क्रिटिकल थिंकिंग पर जोर, विषयों के चयन में लचीलापन और बच्चों की रुचि को महत्व

मिडिल स्टेज (3): मैथ्स, साइंस, आर्ट, सोशल साइंस और ह्यूमैनिटीज में एक्सपेरिमेंट बेस्ड लर्निंग।

प्रिपरेटरी स्टेज (3): पढ़ाई खेलकूद से जुड़ी, खोजपरक एक्टिविडी-बेस्ड और इंटरेक्टिव लर्निंग।

फंडामेंटल स्टेज (5): मल्टीलेवल प्ले/ एक्टिविटी बेस्ड लर्निंग

स्टेज	कक्षा	विद्यार्थी की उम्र	समय
फाउंडेशन स्टेज	नर्सरी-एलकेजी, यूकेजी, पहली और दूसरी कक्षा	3-8 वर्ष तक के विद्यार्थी	5 साल
प्रीप्रेटरी स्टेज	तीसरी से पांचवी तक	8-11 वर्ष तक के विद्यार्थी	3 साल
मिडिल स्टेज	6ठी से आठवीं तक	11-14 वर्ष तक के विद्यार्थी	3 साल
सेकेंडरी स्टेज	9वीं से 12वीं तक	14-18 वर्ष तक के विद्यार्थी	4 साल

NEP 2020 के प्रमुख उद्देश्य निम्नलिखित हैं:

मूल्यांकन में सुधार: परीक्षा प्रणाली को रटने के बजाय कौशल और रचनात्मकता (critical thinking) के आधार पर बदलना, जिसके लिए 'परख' (PARAKH) नामक एक नया राष्ट्रीय मूल्यांकन केंद्र स्थापित किया गया है।

शिक्षा का सार्वभौमिकीकरण: वर्ष 2030 तक स्कूली शिक्षा (प्री-स्कूल से माध्यमिक स्तर) में 100% नामांकन प्राप्त करना और 2 करोड़ बच्चों को वापस स्कूल लाना।

पाठ्यक्रम में बदलाव (5+3+3+4 संरचना): शिक्षा को 5+3+3+4 ढांचे में पुनर्गठित करना, जो बच्चों के मनोवैज्ञानिक विकास के अनुसार 3 से 18 वर्ष तक की शिक्षा को कवर करता है।

मातृभाषा में शिक्षा: कक्षा 5 (और अधिमानतः कक्षा 8) तक की शिक्षा मातृभाषा या क्षेत्रीय भाषा में प्रदान करना।

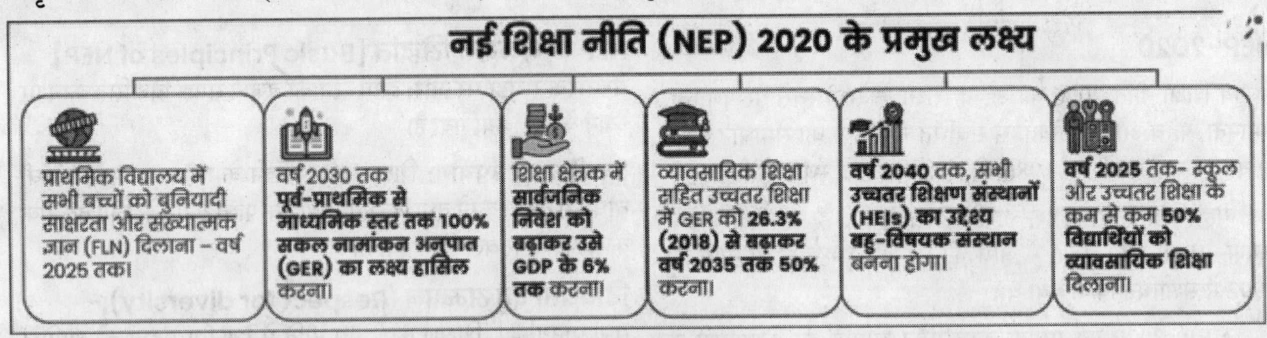

अभ्यास प्रश्न

1. **NEP 2020 के अनुसार '5+3+3+4' डिजाइन में 'फाउंडेशनल स्टेज' में कौन सी कक्षाएं शामिल हैं?**

(a) कक्षा 1 से 5

(b) आंगनवाड़ी/प्री-स्कूल और कक्षा 1-2

(c) कक्षा 3 से 5 (d) केवल आंगनवाड़ी

2. **निपुण भारत' (NIPUN Bharat) मिशन का मुख्य उद्देश्य किस कक्षा तक के बच्चों में बुनियादी साक्षरता सुनिश्चित करना है?**

(a) कक्षा 5 (b) कक्षा 8 (c) कक्षा 3 (d) कक्षा 1

3. **NEP 2020 में 'परख' (PARAKH) क्या है?**

(a) एक नया स्कूल (b) एक राष्ट्रीय मूल्यांकन केंद्र

(c) एक शिक्षक प्रशिक्षण कार्यक्रम (d) एक छात्र छात्रवृत्ति योजना

4. मातृभाषा या क्षेत्रीय भाषा में शिक्षण को किस कक्षा तक प्राथमिकता दी गई है?

(a) कक्षा 10 तक

(b) कम से कम कक्षा 5 तक (अधिमानतः 8 तक)

(c) कक्षा 12 तक

(d) स्नातक तक

5. 'प्रिपरेटरी स्टेज' (Preparatory Stage) में किस आयु वर्ग के बच्चे शामिल हैं?

(a) 3-6 वर्ष (b) 6-9 वर्ष

(c) 8-11 वर्ष (d) 11-14 वर्ष

6. शिक्षा मंत्रालय का पूर्व नाम क्या था जिसे NEP 2020 के तहत बदला गया है?

(a) मानव कल्याण मंत्रालय

(b) मानव संसाधन विकास मंत्रालय (MHR(d)

(c) बाल विकास मंत्रालय

(d) गृह मंत्रालय

7. NEP 2020 के तहत '360-डिग्री मल्टी-डायमेंशनल रिपोर्ट कार्ड' का क्या अर्थ है?

(a) केवल अंकों का विवरण

(b) केवल शिक्षक द्वारा मूल्यांकन

(c) स्व-मूल्यांकन, सहकर्मी मूल्यांकन और शिक्षक मूल्यांकन का समावेश

(d) खेलकूद में प्रदर्शन

8. NEP 2020 के अनुसार, सकल नामांकन अनुपात (GER) को उच्च शिक्षा में 50% तक ले जाने का लक्ष्य कब तक है?

(a) 2030 (b) 2035 (c) 2040 (d) 2025

9. मिडिल स्टेज (Middle Stage) की अवधि क्या है?

(a) 2 वर्ष (b) 3 वर्ष (c) 4 वर्ष (d) 5 वर्ष

10. NEP 2020 के अनुसार, विशेष आवश्यकता वाले बच्चों (CWSN) के लिए क्या शब्द प्रयोग किया गया है?

(a) दिव्यांग बालक (b) अक्षम बालक

(c) विशिष्ट बालक (d) इनमें से कोई नहीं

11. NEP 2020 किस पुरानी शिक्षा नीति की जगह लेगी?

(a) 1968 (b) 1986 (c) 1992 (d) 2005

12. 'फाउंडेशनल लिटरेसी एंड न्यूमेरेसी' (FLN) का मुख्य केंद्र क्या है?

(a) केवल गणित सीखना

(b) पढ़ना, लिखना और बुनियादी अंकगणित समझना

(c) अंग्रेजी बोलना (d) कोडिंग सीखना

13. NEP 2020 में विशेष आर्थिक क्षेत्रों (SEZ) की तर्ज पर शिक्षा के लिए किन क्षेत्रों के गठन की बात की गई है?

(a) विशेष शिक्षण क्षेत्र (Special Education Zones - SEZ)

(b) डिजिटल लर्निंग ज़ोन (c) आदर्श विद्यालय क्षेत्र

(d) जनजातीय शिक्षा केंद्र

14. शिक्षक छात्र अनुपात (PTR) के बारे में NEP 2020 का क्या सुझाव है?

(a) सामान्यतः 40:1 और सामाजिक रूप से वंचित क्षेत्रों में 35:1

(b) सामान्यतः 30:1 और सामाजिक रूप से वंचित क्षेत्रों में 25:1

(c) सभी जगह 35:1 (d) सभी जगह 20:1

15. NEP 2020 के अनुसार, बच्चों के सर्वांगीण विकास के लिए किस प्रकार के 'समग्र प्रगति कार्ड' (Holistic Progress Card) का सुझाव दिया गया है?

(a) केवल अंक आधारित

(b) योग्यता (Competency) आधारित 360 डिग्री रिपोर्ट

(c) केवल खेल आधारित

(d) अभिभावकों के फीडबैक पर आधारित

16. नई शिक्षा नीति 2020 को लागू करने वाला भारत का पहला राज्य कौन सा बना?

(a) उत्तर प्रदेश (b) कर्नाटक

(c) तेलंगाना (d) केरल

17. NEP 2020 में 10+2 संरचना को किस नई संरचना से बदलने का प्रस्ताव है?

(a) 3+4+4+5 (b) 5+3+3+4

(c) 4+3+3+5 (d) 5+4+3+3

18. NEP 2020 के अनुसार, कक्षा 5 तक शिक्षा का माध्यम क्या होना चाहिए?

(a) अंग्रेजी (b) हिंदी

(c) मातृभाषा/स्थानीय भाषा (d) संस्कृत

19. राष्ट्रीय शिक्षा नीति 2020 के अध्यक्ष कौन थे?

(a) डॉ. के. कस्तूरीरंगन (b) रमेश पोखरियाल

(c) नरेंद्र मोदी (d) डॉ. एस. राधाकृष्णन

20. NEP 2020 में सकल घरेलू उत्पाद (GDP) का कितना प्रतिशत शिक्षा में निवेश करने का लक्ष्य है?

(a) 3% (b) 4% (c) 5% (d) 6%

21. NEP 2020 के अनुसार, कौन सा '10+2' के स्थान पर नया शैक्षणिक ढांचा है?

(a) फाउंडेशनल, प्रिपेरेटरी, मिडिल, सेकेंडरी

(b) प्राइमरी, मिडिल, हाईस्कूल, इंटरमीडिएट

(c) फाउंडेशनल, मिडिल, सेकेंडरी, हायर

(d) प्री-स्कूल, प्राइमरी, सेकेंडरी, सीनियर सेकेंडरी

22. NEP 2020 के अनुसार, रटने की पद्धति को हटाकर किस पर जोर दिया गया है?

(a) केवल परीक्षा परिणाम

(b) कौशल विकास और वैचारिक समझ

(c) केवल तकनीकी शिक्षा

(d) केवल व्यावसायिक शिक्षा

23. NEP 2020 के अनुसार 'PARAKH' (परख) क्या है?

(a) शिक्षकों के लिए एक प्रशिक्षण मॉड्यूल

(b) एक राष्ट्रीय मूल्यांकन केंद्र (National Assessment Centre)

(c) विदेशी विश्वविद्यालयों के लिए एक नियामक ढांचा

(d) प्राथमिक स्कूलों के लिए एक डिजिटल लाइब्रेरी

24. नई शिक्षा नीति 2020 के तहत स्कूली शिक्षा को कितने स्तर पर बाँटा गया है -

(a) 3 स्तर (b) 5 स्तर (c) 4 स्तर (d) 2 स्तर

25. NEP-2020 के अनुसार, प्रौढ़ शिक्षा संरचना को विकसित करने की जिम्मेदारी निम्नलिखित में से किस संगठन को दी गई है?

(a) MHRD (b) NCERT

(c) NCTE (d) NIEPA

ANSWER KEY

1. *(b)* 2. *(c)* 3. *(b)* 4. *(b)* 5. *(c)* 6. *(b)* 7. *(c)* 8. *(b)* 9. *(b)* 10. *(a)* 11. *(b)* 12. *(b)* 13. *(a)*
14. *(b)* 15. *(b)* 16. *(b)* 17. *(b)* 18. *(c)* 19. *(a)* 20. *(d)* 21. *(a)* 22. *(b)* 23. *(b)* 24. *(c)* 25. *(b)*

22

RTE ACT 2009

RTE ACT 2009 शिक्षा का अधिकार (RTE Act 2009 Right to Education)

- शिक्षा का अधिकार अधिनियम (आरटीई अधिनियम) इसकी उत्पत्ति, संवैधानिक आधार, प्रमुख प्रावधानों, संशोधनों, कार्यान्वयन की स्थिति, चुनौतियों और भारत में 6-14 वर्ष की आयु के बच्चों के लिए मुफ्त शिक्षा पर इसके प्रभाव की व्याख्या करता है।

- 12 दिसंबर, 2002 को संविधान में 86वाँ संशोधन के जरिये शिक्षा को अनुच्छेद 21A के तहत मौलिक अधिकार बनाया गया। भारत शिक्षा के अधिकार को लागू करने वाला विश्व का 135 वां देश है।
- इस मूल अधिकार के क्रियान्वयन हेतु वर्ष 2009 में निःशुल्क एवं अनिवार्य बाल शिक्षा का अधिकार अधिनियम (Right of Children to Free and Compulsory Education-RTE Act) बनाया गया।
- कब पारित हुआ - 26 अगस्त 2009 (26 अगस्त 2009 को राष्ट्रपति द्वारा हस्ताक्षर करने के पश्चात् यह एक्ट 'अधिनियम' बन गया।)
- 1976 को संविधान में 42वाँ संशोधन के जरिये शिक्षा को समवर्ती सूची में शामिल किया गया।
- कब लागू हुआ। - 1 अप्रैल 2010 (जम्मू कश्मीर को छोड़कर)

RTE Act 2009 के उद्देश्य [Objectives of the RTE Act 2009]-

1. शिक्षा का सार्वभौमिकरण करना।
2. 6 से 14 वर्ष के बच्चों को निःशुल्क एवं अनिवार्य शिक्षा प्रदान करना।
3. गुणवत्तापूर्ण शिक्षा को सुनिश्चित करना।

नोट – दिव्यांग बालकों के लिए 6 से 18 की आयु निश्चित की गई है।

RTE Act 2009 के महत्वपूर्ण बिंदु (Important points of the RTE Act 2009)

1. शिक्षा का अधिकार अधिनियम 2009 समावेशी शिक्षा की वकालत करता है।
2. शिक्षा का अधिकार अधिनियम, 2009 में उल्लेख की गई समावेशी शिक्षा की अवधारणा अधिकार - आधारित मानवतावादी परिप्रेक्ष्य पर आधारित है।
3. इस अधिनियम के द्वारा समावेशी शिक्षा के अंतर्गत वे सभी बालक जो छः से चौदह वर्ष तक की आयु पूरा करते हों सभी को अनिवार्य व निःशुल्क शिक्षा प्राप्त करने का अधिकार दिया गया है।
4. दिव्यांगजन अधिकार अधिनियम-2016 में दिव्यांग बच्चों के लिए 6-18 वर्ष की आयु तक मुफ्त शिक्षा के अधिकार की व्यवस्था की गयी है।

स्कूल और शिक्षकों के लिए मानक [Standards for Schools and Teachers]

- **शिक्षक-छात्र अनुपातः** प्राथमिक स्तर पर यह अनुपात 1:30 (30 छात्रों पर 1 शिक्षक) और उच्च प्राथमिक स्तर पर 1:35 होना चाहिए।
- **कार्य दिवस:** * कक्षा 1 से 5 के लिए: साल में कम से कम 200 दिन।
- कक्षा 6 से 8 के लिए: साल में कम से कम 220 दिन।
- **निजी ट्यूशन पर रोक:** सरकारी शिक्षकों को निजी ट्यूशन या निजी शिक्षण गतिविधियाँ चलाने की अनुमति नहीं है।
- **25% आरक्षण:** निजी स्कूलों (Private Schools) को अपनी 25% सीटें आर्थिक रूप से कमजोर और वंचित वर्ग के बच्चों के लिए आरक्षित करनी होंगी।
- **प्रवेश के नियम:** किसी भी बच्चे को प्रवेश के समय 'कैपिटेशन फीस' (डोनेशन) या किसी भी प्रकार के 'स्क्रीनिंग टेस्ट' (इंटरव्यू) से नहीं गुजरना होगा।

अभ्यास प्रश्न

1. **भारत में शिक्षा का अधिकार (RTE) अधिनियम कब लागू हुआ?**
(a) 1 अप्रैल 2009 (b) 1 अप्रैल 2010
(c) 15 अगस्त 2009 (d) 26 जनवरी 2010

2. **RTE एक्ट 2009 के अनुसार, कितने वर्ष के बच्चों को 'नि:शुल्क एवं अनिवार्य शिक्षा' का अधिकार है?**
(a) 5 से 14 वर्ष (b) 6 से 12 वर्ष
(c) 6 से 14 वर्ष (d) 7 से 15 वर्ष

3. **नि:शक्त (दिव्यांग) बच्चों के लिए RTE के तहत मुफ्त शिक्षा की आयु सीमा क्या है?**
(a) 6 से 14 वर्ष (b) 6 से 22 वर्ष
(c) 6 से 18 वर्ष (d) 5 से 15 वर्ष

4. **भारतीय संविधान के किस अनुच्छेद में शिक्षा के अधिकार को मौलिक अधिकार बनाया गया है?**
(a) अनुच्छेद 19 (b) अनुच्छेद 21-A
(c) अनुच्छेद 45 (d) अनुच्छेद 51-A

5. **RTE एक्ट 2009 के तहत प्राथमिक स्तर (कक्षा 1-5) पर छात्र-शिक्षक अनुपात क्या होना चाहिए?**
(a) 30:1 (b) 35:1 (c) 40:1 (d) 45:1

6. **उच्च प्राथमिक स्तर (कक्षा 6-8) पर छात्र-शिक्षक अनुपात कितना निर्धारित है?**
(a) 30:1 (b) 35:1 (c) 40:1 (d) 45:1

7. **एक शैक्षणिक वर्ष में कक्षा 1 से 5 तक के लिए न्यूनतम कार्य दिवस (Working Days) कितने हैं?**
(a) 180 दिन (b) 200 दिन
(c) 210 दिन (d) 220 दिन

8. **RTE 2009 के तहत निजी स्कूलों में आर्थिक रूप से कमजोर वर्ग (EWS) के लिए कितनी सीटें आरक्षित हैं?**
(a) 10% (b) 20% (c) 25% (d) 33%

9. **किस धारा के तहत बच्चों को शारीरिक दंड और मानसिक उत्पीड़न देना प्रतिबंधित है?**
(a) धारा 12 (b) धारा 14
(c) धारा 17 (d) धारा 21

10. **कक्षा 1 से 5 तक के बच्चों के लिए घर से स्कूल की दूरी अधिकतम कितनी होनी चाहिए?**
(a) 1 किलोमीटर (b) 2 किलोमीटर
(c) 3 किलोमीटर (d) 5 किलोमीटर

11. **कक्षा 6 से 8 तक के बच्चों के लिए स्कूल की दूरी कितनी निर्धारित की गई है?**
(a) 1 किलोमीटर (b) 2 किलोमीटर
(c) 3 किलोमीटर (d) 4 किलोमीटर

12. **RTE 2009 भारत के किस राज्य में शुरू में लागू नहीं हुआ था?**
(a) केरल (b) जम्मू और कश्मीर
(c) उत्तर प्रदेश (d) राजस्थान

13. **संविधान का 86वाँ संशोधन (2002) किससे संबंधित है?**
(a) पंचायती राज (b) शिक्षा का अधिकार
(c) भाषाई अधिकार (d) नागरिकता

14. **RTE एक्ट में 'अनिवार्य शिक्षा' शब्द का अर्थ क्या है?**
(a) माता-पिता अनिवार्य रूप से बच्चों को भेजेंगे
(b) सरकार 6-14 वर्ष के बच्चों को प्रवेश, उपस्थिति और प्राथमिक शिक्षा पूर्ण कराना सुनिश्चित करेगी
(c) स्कूल अनिवार्य रूप से ड्रेस देंगे
(d) केवल जुर्माना लगाना

15. **धारा 27 के अनुसार, शिक्षकों को चुनाव ड्यूटी में लगाया जा सकता है, इसमें कौन सा चुनाव शामिल नहीं है?**
(a) संसद (लोकसभा) के चुनाव
(b) विधान सभा के चुनाव
(c) स्थानीय निकायों (पंचायत/नगरपालिका) के चुनाव
(d) सहकारी समितियों के चुनाव

16. **RTE 2009 की अनुसूची (Schedule) के अनुसार, कक्षा 6 से 8 के लिए विषयवार शिक्षकों के संबंध में क्या सही है?**
(a) प्रत्येक कक्षा के लिए एक शिक्षक
(b) विज्ञान/गणित, सामाजिक अध्ययन और भाषाओं के लिए कम से कम एक-एक शिक्षक
(c) केवल एक ही शिक्षक सभी विषय पढ़ाएगा
(d) केवल खेल शिक्षक अनिवार्य है

17. **शिक्षा का अधिकार अधिनियम, 2009 का उद्देश किस स्तर के बच्चों के लिए मुक्त और अनिवार्य शिक्षा को एक अधिकार बनाना है?**
(a) प्राथमिक स्तर (b) माध्यमिक स्तर
(c) उच्चत्तर माध्यमिक स्तर (d) स्नातक स्तर

18. **शिक्षा के अधिकार अधिनियम, 2009 के अनुसार शिक्षक को निम्नलिखित में से कौन से कर्तव्य निभाने चाहिए?**
(a) स्कूल जाने में नियमितता और समय की पाबंदी बनाए रखना

(b) पाठ्यक्रम को संचालित और पूर्ण करना

(c) एक निर्धारित समय में सम्पूर्ण पाठ्यक्रम पूरा करना

(d) ये सभी

19. किस संवैधानिक संशोधन ने 6 से 14 वर्ष की आयु के बच्चों के लिए अनिवार्य शिक्षा की शुरुआत की?

(a) 82वाँ (b) 85वाँ (c) 83वाँ (d) 86वाँ

20. बच्चों का नि:शुल्क और अनिवार्य शिक्षा का अधिकार अधिनियम, 2009 यह निर्धारित करता है कि शिक्षा .... होनी चाहिए।

(a) सह-शैक्षिक विषयों तक सीमित

(b) लगातार परीक्षण द्वारा सावधानीपूर्वक निगरानी करके

(c) एक बच्चे के अनुकूल तरीके से गतिविधियों के माध्यम से

(d) अतिरिक्त कोचिंग द्वारा समर्थित

ANSWER KEY

1. (*b*) 2. (*c*) 3. (*c*) 4. (*b*) 5. (*a*) 6. (*b*) 7. (*b*) 8. (*c*) 9. (*c*) 10. (*a*) 11. (*c*) 12. (*b*) 13. (*b*) 14. (*b*) 15. (*d*) 16. (*b*) 17. (*a*) 18. (*d*) 19. (*d*) 20. (*c*)

23 NCF 2005

NCF 2005 राष्ट्रीय रूपरेखा की पाठ्यचर्या (NCF 2005 National Framework of Curriculum)

NCF 2005 का अर्थ 'राष्ट्रीय पाठ्यचर्या रूपरेखा' (National Curriculum Framework) है, जो भारत में NCERT द्वारा 2005 में प्रकाशित एक प्रमुख शैक्षिक दस्तावेज़ है। यह बाल-केंद्रित शिक्षा, "करके सीखने" (learning by doing), रटने की शिक्षा से मुक्ति और ज्ञान को बाहरी जीवन से जोड़ने पर ज़ोर देता है। इसकी उत्पत्ति का मुख्य उद्देश्य स्कूली शिक्षा में रचनात्मकता और समग्र विकास को बढ़ावा देना था, जो रटने वाली पारंपरिक शिक्षा को ख़त्म करे।

NCF 2005 का संबंध: निबंध 'सभ्यता और प्रगति': NCF 2005 का उद्घाटन उद्धरण रवींद्रनाथ टैगोर के प्रसिद्ध निबंध 'सभ्यता और प्रगति' (Civilisation and Progress) से लिया गया है।

NCF 2005 के निर्माण में दो प्रमुख व्यक्तियों का नाम सबसे महत्वपूर्ण है:

1. अध्यक्ष (Chairman)

प्रोफेसर यशपाल (Prof. Yash Pal):

ये 'राष्ट्रीय संचालन समिति' (National Steering Committee) के अध्यक्ष थे।

2. निदेशक (Director)

प्रोफेसर कृष्ण कुमार (Prof. Krishna Kumar):

NCF 2005 के निर्माण के समय ये NCERT के निदेशक थे।

1. मार्गदर्शक सिद्धांत (Guiding Principles)

NCF 2005 मुख्य रूप से पाँच स्तंभों पर टिका है:

- ज्ञान को बाहरी जीवन से जोड़ना: पढ़ाई केवल किताबों तक सीमित न रहे, उसे बच्चे के वास्तविक जीवन और वातावरण से जोड़ा जाए।
- रटंत प्रणाली से मुक्ति: शिक्षण ऐसा हो जो रटने की प्रवृत्ति (Rote Learning) को खत्म करे और समझ विकसित करे।
- पाठ्यचर्या का संवर्धन: पाठ्यपुस्तक केंद्रित होने के बजाय, पाठ्यक्रम को व्यापक बनाया जाए ताकि बच्चे का सर्वांगीण विकास हो सके।
- लचीली परीक्षा प्रणाली: परीक्षाओं को कक्षा की गतिविधियों से जोड़ा जाए और उन्हें अधिक लचीला (Flexible) बनाया जाए।
- लोकतांत्रिक मूल्यों का विकास: एक ऐसी पहचान विकसित करना जिसमें लोकतांत्रिक नीति के भीतर राष्ट्रीय चिंताएं शामिल हों।

सीखने का स्वरूप (Nature of Learning)

- **रचनात्मकता (Constructivism):** बच्चा स्वयं ज्ञान का सृजन करता है। शिक्षक को केवल एक सुविधादाता (Facilitator) की भूमिका निभानी चाहिए।
- **सक्रिय भागीदारी:** सीखना एक सक्रिय और सामाजिक गतिविधि है। बच्चे समूह में चर्चा करके और कार्य करके बेहतर सीखते हैं।

- **मातृभाषा को महत्व:** प्राथमिक स्तर पर शिक्षा का माध्यम मातृभाषा होनी चाहिए ताकि बच्चा सहज महसूस करे।

शिक्षक की भूमिका (Role of the Teacher) :-

NCF 2005 के अनुसार, शिक्षक ज्ञान का स्रोत नहीं बल्कि एक उत्प्रेरक (Facilitator) है जो बच्चों को सीखने के रास्ते में आने वाली बाधाओं को दूर करता है और उनके लिए उपयुक्त वातावरण तैयार करता है।

अभ्यास प्रश्न

1. NCF 2005 का मुख्य सूत्र 'शिक्षा बिना बोझ के' (Learning without Burden) किस समिति की रिपोर्ट पर आधारित था?

(a) कोठारी आयोग (b) यशपाल समिति

(c) मुदालियर आयोग (d) राममूर्ति समिति

2. NCF 2005 के मार्गदर्शक सिद्धांतों में कौन सा शामिल नहीं है?

(a) ज्ञान को स्कूल के बाहरी जीवन से जोड़ना

(b) पढ़ाई को रटंत प्रणाली से मुक्त करना

(c) परीक्षा को अधिक लचीला बनाना

(d) केवल पाठ्यपुस्तक केंद्रित शिक्षा प्रदान करना

3. NCF 2005 के अनुसार, एक शिक्षक की भूमिका कैसी होनी चाहिए?

(a) सत्तावादी (Authoritative)

(b) अधिनायकीय (Dictatorial)

(c) सुविधादाता (Facilitator)

(d) अनुमतिपरक (Permissive)

4. NCF 2005 के अनुसार, प्राथमिक स्तर पर भाषा का माध्यम क्या होना चाहिए?

(a) अंग्रेजी (b) मातृभाषा/क्षेत्रीय भाषा

(c) संस्कृत (d) हिंदी

5. NCF 2005 के अनुसार, गणित शिक्षण का मुख्य उद्देश्य क्या है?

(a) गणना करना सिखाना

(b) बच्चों की सोच का गणितीयकरण करना

(c) ज्यामिति के प्रमेय सिखाना

(d) रोजगार के लिए तैयार करना

6. NCF 2005 ने किस प्रकार की शिक्षण पद्धति पर सर्वाधिक बल दिया है?

(a) रटने पर

(b) करके सीखने पर (Learning by doing)

(c) व्याख्यान विधि पर (d) सूत्र याद करने पर

7. NCF 2005 के अनुसार, 'शांति शिक्षा' (Peace Education) को बढ़ावा देने के लिए क्या करना चाहिए?

(a) महिलाओं के प्रति सम्मान की जिम्मेदारी विकसित करना

(b) शांति का अलग से पीरियड लगाना

(c) केवल नैतिक शिक्षा देना (d) दंड देना

8. NCF 2005 के अनुसार, पाठ्यक्रम (Curriculum) कैसा होना चाहिए?

(a) शिक्षक केंद्रित (b) छात्र केंद्रित (Child Centric)

(c) विद्यालय केंद्रित (d) परीक्षा केंद्रित

9. NCF 2005 में 'त्रि-भाषा सूत्र' (Three Language Formula) के तहत शास्त्रीय भाषा (Classical Language) को कहाँ रखा गया है?

(a) अनिवार्य विषय के रूप में

(b) एक अतिरिक्त विकल्प के रूप में

(c) मातृभाषा के रूप में (d) केवल कॉलेज स्तर पर

10. NCF 2005 के अनुसार, गलतियाँ (Mistakes) महत्वपूर्ण क्यों हैं?

(a) बच्चों को डांटने के लिए

(b) यह बच्चे की सोच को समझने का एक अंतर्दृष्टि (Insight) प्रदान करती हैं

(c) यह फेल करने का आधार हैं

(d) इनका कोई महत्व नहीं है

11. NCF 2005 में विज्ञान शिक्षण का क्या उद्देश्य बताया गया है?

(a) वैज्ञानिक शब्दावली याद करना

(b) बच्चों में जिज्ञासा और रचनात्मकता को बढ़ावा देना

(c) केवल प्रयोग करना (d) रटना

12. NCF 2005 के अनुसार, 'बहुभाषिकता' (Multilingualism) को कक्षा में किस रूप में देखा जाना चाहिए?

(a) एक समस्या के रूप में

(b) एक संसाधन (Resource) के रूप में

(c) एक बाधा के रूप में

(d) शिक्षण में चुनौती के रूप में

13. NCF 2005 ने 'समावेशी शिक्षा' (Inclusive Education) के लिए क्या सुझाव दिया है?

(a) विशिष्ट बच्चों के लिए अलग स्कूल

(b) सभी बच्चों को एक साथ एक ही स्कूल में शिक्षा देना

(c) केवल मेधावी बच्चों को पढ़ाना

(d) केवल गरीब बच्चों को पढ़ाना

14. NCF 2005 के अनुसार, 'सामाजिक विज्ञान' शिक्षण का आधार क्या होना चाहिए?

(a) केवल इतिहास पढ़ाना (b) रटने की क्षमता बढ़ाना

(c) नागरिक चेतना और नैतिक मूल्यों का विकास

(d) केवल राजनीति विज्ञान

15. NCF 2005 में 'कला शिक्षा' (Art Education) को शामिल करने का क्या उद्देश्य है?

(a) केवल ड्राइंग सिखाना

(b) सांस्कृतिक विरासत की सराहना और व्यक्तित्व का विकास

(c) बच्चों को कलाकार बनाना (d) परीक्षा में अंक बढ़ाना

16. NCF 2005 के अनुसार, कक्षा में बच्चों की 'शोर' (Noisy Classroom) को क्या माना जाना चाहिए?

(a) अनुशासनहीनता

(b) सीखने की प्रक्रिया का एक सक्रिय हिस्सा (यदि चर्चा हो रही हो)

(c) शिक्षक की विफलता (d) समय की बर्बादी

17. NCF 2005 के अनुसार, परीक्षा में सुधार के लिए क्या सुझाव दिया गया है?

(a) केवल लिखित परीक्षा

(b) सतत और व्यापक मूल्यांकन (CCE)

(c) खुली पुस्तक परीक्षा (Open Book Exam) का समर्थन (कुछ संदर्भों में)

(d) उपरोक्त सभी

18. NCF 2005 में किन शिक्षण सूत्रों (Teaching Maxims) के प्रयोग पर बल दिया गया है?

(a) अज्ञात से ज्ञात

(b) ज्ञात से अज्ञात और मूर्त से अमूर्त

(c) अमूर्त से मूर्त (d) कठिन से सरल

19. 'विद्यालय का वातावरण' (School Environment) नामक अध्याय NCF 2005 में किस पर बल देता है?

(a) केवल स्कूल की इमारत पर

(b) भौतिक और मनोवैज्ञानिक वातावरण पर

(c) स्कूल के खेल मैदान पर (d) प्रधानाध्यापक के कमरे पर

20. NCF 2005 किस दर्शन पर आधारित है?

(a) व्यवहारवाद (b) रचनावाद (Constructivism)

(c) आदर्शवाद (d) प्रकृतिवाद

21. NCF 2005 के अनुसार, बच्चों की 'असफलता' (Failure) अक्सर क्या दर्शाती है?

(a) बच्चे की नालायकी (b) स्कूल की व्यवस्था की विफलता

(c) अभिभावकों की गलती (d) समाज की बुराई

22. NCF 2005 के अनुसार, गणित की पाठ्यपुस्तक कैसी होनी चाहिए?

(a) बहुत मोटी (b) अभ्यास के ढेर सारे प्रश्न वाली

(c) दैनिक जीवन की समस्याओं से संबंधित

(d) केवल कठिन प्रश्नों वाली

23. NCF 2005 को भारत की कितनी भाषाओं में अनुवादित किया गया है?

(a) 12 (b) 18

(c) 22 (संविधान की 8वीं अनुसूची की भाषाएं)

(d) 25

ANSWER KEY

1. *(b)* 2. *(d)* 3. *(c)* 4. *(b)* 5. *(b)* 6. *(b)* 7. *(a)* 8. *(b)* 9. *(b)* 10. *(b)* 11. *(b)* 12. *(b)* 13. *(b)*
14. *(c)* 15. *(b)* 16. *(b)* 17. *(b)* 18. *(b)* 19. *(b)* 20. *(b)* 21. *(b)* 22. *(c)* 23. *(c)*

24 RPWD ACT 2016

RPWD Act, 2016 (Rights of Persons with Disabilities Act–

दिव्यांगजन अधिकार अधिनियम, 2016) भारत सरकार द्वारा पारित एक महत्वपूर्ण कानून है, जो दिव्यांग व्यक्तियों के अधिकारों की रक्षा करता है और समाज में उनकी समान भागीदारी सुनिश्चित करता है।

RPWD Act, 2016 के तहत कुल 21 प्रकार की दिव्यांगताओं (Disabilities) को मान्यता दी गई है।

इससे पहले 1995 के कानून में केवल 7 श्रेणियाँ थीं। सरकार ने इस सूची को और व्यापक बनाया है ताकि अधिक से अधिक जरूरतमंद लोगों को सरकारी योजनाओं और आरक्षण का लाभ मिल सके।

21 DISABILITIES MENTIONED UNDER RPWD ACT, 2016
ARE LEGALLY RECOGNIZED CATEGORIES OF DISABILITIES

1. Blindness	2. Low-vision	3. Leprosy Cured persons
4. Hearing Impairment	5. Locomotor disability	6. Dwarfism
7. Intellectual disability	8. Mental illness	9. Autism spectrum disorder
10. Cerebral Palsy	11. Muscular dystrophy	12.Chronic neurological conditions
13. Specific learning disabilities	14. Multiple sclerosis	15. Speech and language disability
16. Thalassemia	17. Hemophilia	18. Sickle cell disease
19. Multiple disabilities including deaf-blindness	20. Acid attack victims	21. Parkinson's disease

इस कानून ने पुराने 1995 के अधिनियम की जगह ली है। इसकी मुख्य बातें निम्नलिखित हैं:

1. परिभाषा का विस्तार (7 से 21) (Expansion of the definition (from 7 to 21))

सबसे बड़ा बदलाव यही है। 1995 के कानून में केवल 7 दिव्यांगताएं थीं, जबकि 2016 के कानून में इन्हें बढ़ाकर 21 कर दिया गया। इसमें पहली बार बौनापन (Dwarfism), एसिड अटैक पीड़ित और पार्किंसंस जैसी स्थितियों को कानूनी पहचान मिली।

1. शिक्षा का अधिकार (Right to education)- 6 से 18 वर्ष की आयु के बीच 'बेंचमार्क विकलांगता' (40% या उससे अधिक विकलांगता) वाले प्रत्येक बच्चे को मुफ्त शिक्षा का अधिकार दिया गया है।

2. आरक्षण (Reservation) -

शिक्षा: सरकारी सहायता प्राप्त उच्च शिक्षण संस्थानों में दिव्यांग छात्रों के लिए आरक्षण को 3% से बढ़ाकर 5% कर दिया गया है।

नौकरी: सरकारी नौकरियों में आरक्षण को 3% से बढ़ाकर 4% कर दिया गया है।

3. भेदभाव के खिलाफ सुरक्षा (Protection against discrimination)-

कानून के अनुसार, किसी भी व्यक्ति के साथ उसकी विकलांगता के आधार पर भेदभाव नहीं किया जा सकता। यदि कोई दिव्यांग व्यक्ति का अपमान करता है या उसे प्रताड़ित करता है, तो उसके लिए जुर्माने और जेल (6 महीने से 5 साल तक) का कड़ा प्रावधान है।

4. कानूनी क्षमता और संरक्षकता (egal capacity and guardianship)-

दिव्यांग व्यक्तियों को संपत्ति के स्वामित्व और विरासत सहित अन्य वित्तीय मामलों में समान अधिकार प्राप्त हैं।

अभ्यास प्रश्न

1. **RPWD अधिनियम 2016 भारत में किस तारीख से प्रभावी हुआ?**

   (a) 15 जून 2016 (b) 19 अप्रैल 2017

   (c) 1 जनवरी 2017 (d) 2 अक्टूबर 2016

2. **RPWD एक्ट 2016 ने किस पुराने अधिनियम को प्रतिस्थापित (Replace) किया है?**

   (a) PWD एक्ट 1992 (b) PWD एक्ट 1995

   (c) आरटीई एक्ट 2009 (d) पुनर्वास परिषद अधिनियम 1992

3. **RPWD एक्ट 2016 के अनुसार, 'बेंचमार्क दिव्यांगता' (Benchmark Disability) का अर्थ कितने प्रतिशत विकलांगता से है?**

   (a) 30% या उससे अधिक (b) 40% या उससे अधिक

   (c) 50% या उससे अधिक (d) 60% या उससे अधिक

4. **RPWD एक्ट के अनुसार, बेंचमार्क दिव्यांगता वाले बच्चों के लिए 'मुफ्त शिक्षा' की आयु सीमा क्या है?**

   (a) 6 से 14 वर्ष (b) 6 से 18 वर्ष

   (c) 3 से 18 वर्ष (d) 5 से 15 वर्ष

5. **निम्नलिखित में से कौन सी दिव्यांगता RPWD एक्ट 2016 में नई जोड़ी गई है?**

   (a) एसिड अटैक पीड़ित (Acid Attack Victims)

   (b) बौनापन (Dwarfism)

   (c) मस्कुलर डिस्ट्रॉफी (Muscular Dystrophy)

   (d) उपरोक्त सभी

6. **'लर्निंग डिसेबिलिटी' (जैसे डिस्लेक्सिया) को किस श्रेणी के अंतर्गत रखा गया है?**

   (a) शारीरिक दिव्यांगता

   (b) बौद्धिक दिव्यांगता (Intellectual Disability)

   (c) मानसिक बीमारी

   (d) संवेदी दिव्यांगता

7. **'ऑटिज्म स्पेक्ट्रम डिसऑर्डर' (AS(d) का संबंध किससे है?**

   (a) चलने-फिरने में कठिनाई

   (b) सामाजिक संचार और व्यवहार में कठिनाई

   (c) सुनने में कठिनाई

   (d) केवल आंखों की रोशनी कम होना

8. **RPWD एक्ट 2016 के अनुसार 'संकेत भाषा' (Sign Language) को बढ़ावा देना किसकी जिम्मेदारी है?**

   (a) माता-पिता की (b) सरकार की

   (c) निजी स्कूलों की (d) गैर-सरकारी संगठनों की

9. 'डिस्लेक्सिया' और 'डिस्कैलकुलिया' को अधिनियम में किस नाम से पुकारा गया है?

(a) सामान्य बीमारी

(b) विशिष्ट शिक्षण दिव्यांगता (Specific Learning Disabilities)

(c) अल्प दृष्टि

(d) लोकोमोटर डिसेबिलिटी

10. केंद्र सरकार द्वारा स्थापित 'दिव्यांगता के लिए राष्ट्रीय कोष' (National Fund for PwDs) का प्रबंधन कौन करता है?

(a) गृह मंत्रालय

(b) सामाजिक न्याय और अधिकारिता मंत्रालय

(c) शिक्षा मंत्रालय

(d) स्वास्थ्य मंत्रालय

ANSWER KEY

1. (*b*) 2. (*b*) 3. (*b*) 4. (*b*) 5. (*d*) 6. (*b*) 7. (*b*) 8. (*b*) 9. (*b*) 10. (*b*)

परीक्षा विशेषांक
महत्वपूर्ण प्रश्नोत्तरी

1. **विकास इनका उत्पाद होता है-** **[UPTET -2011]**
(a) अधिगम का (b) परिपक्वता का
(c) अधिगम तथा परिपक्वता का
(d) अभ्यास का

2. **सर्वप्रथम मनोविज्ञान को किस विषय का अध्ययन करने वाले विषय के रूप में परिभाषित किया गया?** **[JHTET -2012]**
(a) मन का अध्ययन (b) आत्मा का अध्ययन
(c) चेतना का अध्ययन (d) व्यवहार का अध्ययन

3. **एक शिक्षक को अपने विद्यार्थियों की क्षमताओं को समझने का प्रयास करना चाहिए। निम्नलिखित में से कौन-सा क्षेत्र इस उद्देश्य के साथ संबद्ध है?** **[CTET 2011]**
(a) शिक्षा-समाजशास्त्र (b) सामाजिक दर्शन
(c) मीडिया-मनोविज्ञान (d) शिक्षा-मनोविज्ञान

4. **व्यवहारवादी ने कहा है, "मुझे नवजात शिशु दे दो। मैं उसे डॉक्टर, वकील, चोर या जो चाहूं बना सकता हूं।"** **[UPTET 2015]**
(a) फ्रीमैन (b) न्यूमैन (c) वॉट्सन (d) होलजिंगर

5. **अधिगम के सन्दर्भ में दिया गया कथन "व्यवहार के अर्जन में उन्नति की प्रक्रिया को सीखना कहते हैं।" किस मनोवैज्ञानिक का है?**
(a) स्किनर (b) वाइगोत्स्की (c) गिलफोर्ड (d) क्रो एवं क्रो

6. **अधिगम के सन्दर्भ में निम्न में से क्या सही है?**
(a) यह निरन्तर चलने वाली प्रक्रिया है
(b) यह विकास की प्रक्रिया है
(c) यह उद्देश्यपूर्ण होता है
(d) उपरोक्त सभी

7. **"सीखना आदतों, ज्ञान एवं अभिवृत्तियों का अर्जन है।" यह कथन निम्नलिखित में से किसका है?**
(a) किंबल यंग (b) क्रो एण्ड क्रो
(c) मॉस्लो (d) स्किनर

8. **विकास का वही सम्बन्ध परिपक्वता से है जो उद्दीपन का से।**
(a) परिवर्तन (b) प्रतिक्रिया
(c) प्रयास (d) परिणाम

9. **सीखने का नियम दिया है**
(a) पावलॉक ने (b) स्किनर ने
(c) थॉर्नडाइक ने (d) कोहलर ने

10. **व्यवहारवाद की स्थापना की थी-**
(a) वाटसन ने (b) पावलोव ने
(c) थार्नडाइक ने (d) स्किनर ने

11. **निम्न में से कौन-सी अच्छे शिक्षण की विशेषता नहीं है?**
(a) स्वेच्छाचारी (b) सहानुभूतिपूर्ण
(c) जनतान्त्रिक (d) वांछनीय सूचनाएँ देने वाला

12. **किस व्यवहारवादी मनोवैज्ञानिक ने शिक्षण का पुनर्बलन सिद्धान्त दिया है?**
(a) बी. एफ. स्किनर (b) सोरेनसेन
(c) चाइल्ड (d) डॉ. सुरेश भटनागर

13. **बाल-मनोविज्ञान के आधार पर कौन-सा कथन सर्वोत्तम है?**
(a) सारे बच्चे एक जैसे होते हैं
(b) कुछ बच्चे एक जैसे होते हैं
(c) कुछ बच्चे विशिष्ट होते हैं
(d) प्रत्येक बच्चा विशिष्ट होता है

14. विकास की किस अवस्था में बुद्धि का अधिकतम विकास होता हैं?

(a) बाल्यावस्था (b) शैशवावस्था

(c) किशोरावस्था (d) प्रौढ़ावस्था

15. विकास में वृद्धि से तात्पर्य है

(a) ज्ञान में वृद्धि (b) संवेग में वृद्धि

(c) वजन में वृद्धि

(d) आकार, सोच, समझ कौशलों में वृद्धि

16. मानव का विकास निम्न में से किस पर निर्भर होता है?

(a) उसकी वृद्धि पर (b) उसके वातावरण पर

(c) उसकी बुद्धि पर

(d) उसकी वृद्धि तथा वातावरण से मिलने वाली परिपक्वता पर

17. पियाजे मुख्य रूप से किसके अध्ययन के लिए जाने जाते हैं?

(a) भाषा विकास (b) यौन विकास

(c) संज्ञानात्मक विकास (d) सामाजिक विकास

18. "जब किसी क्रिया को बार-बार दोहराया जाता है, तो अस्वाभाविक उद्दीपक भी वही प्रतिक्रिया देने लगता है, जो स्वाभाविक उद्दीपक देता है।" यह अधिगम का निम्नलिखित में से कौन-सा सिद्धान्त है?

(a) अन्तर्दृष्टि सिद्धान्त (b) शास्त्रीय अनुबन्ध सिद्धान्त

(c) अनुकरण सिद्धान्त (d) अनुभवजन्य अधिगम सिद्धान्त

19. अधिगम के किस सिद्धान्त के आधार पर बालक में भय, प्रेम एवं घृणा के भाव आसानी से उत्पन्न किए जा सकते हैं?

(a) अनुभवजन्य अधिगम सिद्धान्त

(b) अन्तर्दृष्टि सिद्धान्त (c) शास्त्रीय अनुबन्ध सिद्धान्त

(d) प्रयास एवं त्रुटि का सिद्धान्त

20. क्षेत्र सिद्धांत में निम्न में किस वर्ग का योगदान है?

(a) व्यवहारवादियों का (b) संरचनाविदों का

(c) मनोविश्लेषकों का (d) गेस्टाल्टवादियों का

21. विकासात्मक मनोविज्ञान में जीवन का अध्ययन किया जाता है-

(a) गर्भकाल में (b) जन्म से

(c) जीवनपर्यंत (d) किशोरावस्था में

22. इस अवस्था में बालकों में नई खोज करने की और घूमने की प्रवृत्ति बहुत अधिक बढ़ जाती है-

(a) शैशवावस्था (b) उत्तर बाल्यकाल

(c) किशोरावस्था (d) प्रौढ़ावस्था

23. विकास की किस अवस्था को कोल तथा ब्रूस ने "संवेगात्मक विकास का अनोखा काल" कहा है? [UPTET 2019]

(a) बाल्यावस्था (b) शैशवावस्था

(c) किशोरावस्था (d) प्रौढ़ावस्था

24. बालक के व्यक्तित्व की नींव किस अवस्था में पड़ती है? [BTET 2013]

(a) शैशवावस्था (b) गर्भकालीन अवस्था

(c) बचपनावस्था (d) इनमें से कोई नहीं

25. 'चिन्तन संज्ञानात्मक पक्ष में एक मानसिक क्रिया है' यह कथन दिया गया है [UPTET 2014]

(a) डिवी द्वारा (b) गिल्फर्ड द्वारा

(c) क्रूज द्वारा (d) रॉस द्वारा

26. निम्न में से कौन-सा अधिगम के पठार का कारण नहीं है? [UPTET 2017]

(a) प्रेरणा की सीमा (b) विद्यालय का असहयोग

(c) शारीरिक सीमा (d) ज्ञान की सीमा

27. विशेष रूप से जरूरतमन्द बच्चों की शिक्षा का प्रबन्ध होना चाहिए। [UPTET 2011]

(a) दूसरे सामान्य बच्चों के साथ

(b) विशेष विद्यालयों में विशेष बच्चों के लिए विकसित विधियों द्वारा

(c) विशेष विद्यालयों में

(d) विशेष विद्यालयों में विशेष शिक्षकों द्वारा=

28. श्रवण ह्रास से ग्रसित बच्चे कक्षा में किस सबसे मुख्य नैराश्य (कुण्ठा) का सामना करते हैं?

(a) दूसरों के साथ सम्प्रेषण करने तथा सूचनाओं को बाँटने में अक्षमता

(b) दूसरे विद्यार्थियों के साथ परीक्षा देने में अक्षमता

(c) प्रस्तावित पाठ्य-पुस्तक को पढ़ने की अक्षमता

(d) खेल-कूद में भागीदारिता निभाने में अक्षमता

29. राष्ट्रीय दृष्टि बाधितार्थ संस्थान (NIVH) स्थित है

(a) शिमला में (b) कोलकाता में

(c) देहरादून में (d) दिल्ली में

30. असंगठित घर से आने वाला बच्चा सबसे अधिक कठिनाई का अनुभव करेगा [UPTET 2011]

(a) सुनिर्मित पाठों में (b) स्वतन्त्र अध्ययन में

(c) नियोजित निर्देश में (d) अभ्यास पुस्तिकाओं में

31. "बुद्धि पर वंशानुक्रम का प्रभाव होता है।" किसने कहा है? [BTET 2013]

(a) गैसल (b) गाल्टन (c) टर्मन (d) डॉ. माथुर

32. आंख के रंग को कौन-सा कारक प्रभावित करता है? [UPTET 2016]

(a) वातावरण (b) आनुवंशिकता

(c) हॉर्मोन (d) समाज

33. स्टेनली हॉक ने विकास की किस अवस्था को "विशेष दबाव और तनाव, तूफान एवं संघर्ष की अवस्था" माना है-

(a) प्रौढ़ावस्था को (b) किशोरावस्था को

(c) बाल्यावस्था को (d) शैशवावस्था को

34. परिवार में बालक का समाजीकरण बालक की किस प्रवृत्ति के फलस्वरूप होता है-

(a) अनुकरण (b) सहानुभूति

(c) खेल (d) आत्मरक्षा

35. राष्ट्रीय शिक्षा नीति (1986) में केंद्रिक शिक्षा पाठ्यक्रम में सम्मिलित हैं-

(a) भारतीय स्वतंत्रता आंदोलन का इतिहास

(b) संवैधानिक उत्तरदायित्व

(c) राष्ट्रीय अस्मिता

(d) उपरोक्त सभी

36. स्पीयरमैन के अनुसार बुद्धि के निम्नलिखित प्रकारों में कौन-सी व्यक्ति की विशेषता प्रदर्शित करती है?

(a) सामान्य बुद्धि (b) विशिष्ट बुद्धि

(c) उपरोक्त दोनों (d) इनमें से कोई नहीं

37. कोहलबर्ग ने प्रस्तुत किए हैं- [CTET 2016]

(a) शारीरिक विकास के चरण

(b) संवेगात्मक विकास के चरण

(c) नैतिक विकास के चरण

(d) संज्ञानात्मक विकास के चरण

38. 'मानसिक संरचनाएं, जो चिंतन के निर्माण प्रखंड हैं '-इसके लिए पियाजे ने किस शब्द/पद का प्रयोग किया है? [CTET 2015]

(a) जीन. (b) परिपक्वन प्रखंड

(c) स्कीमा (अवधारणाएं) (d) विकास के क्षेत्र

39. पियाजे के अधिगम के संज्ञानात्मक सिद्धांत के अनुसार, वह प्रक्रिया जिसके द्वारा संज्ञानात्मक संरचना को संशोधित किया जाता है............कहलाती है।

(a) प्रत्यक्षण (b) समायोजन

(c) समावेशन (d) स्कीमा

40. अनुकूलित अनुक्रिया सिद्धांत किसके अनुकूलन पर बल देता है? [UPTET 2016]

(a) व्यवहार (b) चिंतन (c) तर्क (d) अभिप्रेरणा

41. सीखने से संबद्ध प्रतिक्रिया सिद्धांत में पावलॉव ने प्रयोग किया- [UPTET 2016]

(a) बिल्ली पर (b) कुत्ते पर

(c) बंदर पर (d) चूहे पर

42. सूझ या अंतर्दृष्टि के सिद्धांत का प्रतिपादन किसने किया है?

(a) थॉर्नडाइक (b) गेस्टाल्टवादी मनोवैज्ञानिक

(c) हेगार्टी (d) स्किनर

43. एक परिस्थिति में अर्जित ज्ञान का दूसरी परिस्थिति में उपयोग कहलाता है- [UPTET 2015]

(a) सीखने की विधियां (b) सीखने में स्थानांतरण

(c) सीखने में पठार (d) सीखने में रुचि

44. निःशुल्क एवं अनिवार्य बाल शिक्षा अधिकार अधिनियम, 2009 दिव्यांग बच्चों को निःशुल्क शिक्षा के अधिकारों को सुनिश्चित करता है-

(a) 6 वर्ष से 18 वर्ष तक के लिए

(b) 3 वर्ष से 18 वर्ष तक के लिए

(c) 6 वर्ष से 14 वर्ष तक के लिए

(d) 6 वर्ष से 22 वर्ष तक के लिए

45. डिस्लैक्सिया' किससे संबंधित है? CTET (Upper Primary), दिसंबर, 2018

(a) मानसिक विकार (b) गणितीय विकार

(c) पठन विकार (d) व्यवहार-संबंधी विकार

46. अलग-अलग सोच वाले पैटर्न उन बच्चों की पहचान करते हैं, जो- [CTET 2018], CTET (Primary), 2011

(a) डिस्लेक्सिक हैं। (b) सृजनात्मक हैं।

(c) प्रत्यास्थी हैं। (d) विकलांग हैं।

47. व्यक्तित्व का सामाजिक अधिगम सिद्धांत किसने दिया था?

(a) बंडूरा और वाल्टर (b) डॉलर्ड और मिलर

(c) कार्ल रोजर्स (d) युंग

48. बुद्धि-लब्धि- [JTET 2012]

(a) मानसिक आयु (b) संवेगात्मक आयु

(c) वास्तविक आयु (d) सामाजिक आयु

49. अंतर्मुखी, बहिर्मुखी तथा उभयमुखी व्यक्तित्व का वर्गीकरण .....द्वारा किया गया है। [UPTET 2015]

(a) क्रेचमर (b) युंग (c) शेल्डन (d) स्पेंजर

50. शैशवावस्था में बच्चों के क्रिया-कलाप .... होते हैं। [UPTET 2013]

(a) मूलप्रवृत्यात्मक (b) संरक्षित

(c) संज्ञानात्मक (d) संवेगात्मक

51. बालक की प्रथम पाठशाला है- [BTET 2013]

(a) परिवार (b) समाज (c) गांव (d) विद्यालय

52. निम्नलिखित में कौन प्राथमिक सामाजीकरण माध्यम है? [UPTET 2019]

(a) सरकार (b) मीडिया (c) परिवार (d) विद्यालय

53. निम्नलिखित में से मध्य बाल्यावस्था की अवधि का मुख्य प्रमाण चिह्न कौन-सा है? [CTET 2020]

(a) प्रतीकात्मक खेल का उभरना।

(b) तर्कसंगत विचारों का विकास, जो कि प्राकृतिक रूप से मूर्त है।

(c) पेशीय कौशल और समग्र शारीरिक वृद्धि का तेजी से विकास।

(d) वैज्ञानिक तर्क और अमूर्त रूप से सोचने की क्षमता का विकास।

54. निम्नलिखित में से कौन-सा विकास का सिद्धांत है? [CTET 2012]

(a) सभी की विकास-दर समान नहीं होती है।

(b) विकास हमेशा रेखीय होता है।

(c) यह निरंतर चलने वाली प्रक्रिया नहीं है।

(d) विकास की सभी प्रक्रियाएं अंतःसंबंधित नहीं हैं।

55. बच्चे के विकास के सिद्धांतों को समझना शिक्षक की सहायता करता है- [UPTET 2015]

(a) शिक्षार्थियों को क्यों पढ़ाना चाहिए - यह औचित्य स्थापित करने में

(b) शिक्षार्थियों की भिन्न अधिगम-शैलियों को प्रभावी रूप में संबोधित करने में

(c) शिक्षार्थी के सामाजिक स्तर को पहचानने में

(d) शिक्षार्थी की आर्थिक पृष्ठभूमि को पहचानने में

56. यशपाल समिति के अनुसार प्राथमिक कक्षाओं में 'शिक्षक-छात्र अनुपात' होना चाहिए-

(a) 1:20 (b) 1:30 (c) 1:40 (d) 1:50

57. "इरोस' शब्द संबंधित है- [UPTET 2016]

(a) जीवन मूलप्रवृत्ति से (b) मरण मूलप्रवृत्ति से

(c) भय मूलप्रवृत्ति से (d) प्राकृतिक मूलप्रवृत्ति से

58. अधिगम, एक .... और........ .प्रक्रिया है। [CTET 2020]

(a) जटिल; सक्रिय (b) सरल; रैखिक

(c) सरल; व्यक्तिगत (d) जटिल; निष्क्रिय

59. भाषा की अक्षमता से तात्पर्य है-

(a) मातृभाषा का ज्ञान न होना

(b) किसी भी भाषा को लिखने, पढ़ने, बोलने और उसमें सोचने की क्षमता का न होना

(c) वर्तनी की अशुद्धियां

(d) सही उच्चारण न कर पाने की क्षमता

60. मौखिक रूप से सीखने की अक्षमता है-

(a) एफेज्या (b) डिस्लेक्सिया

(c) एग्रेफिया (d) डिस्ग्राफिया

61. मानसिक आयु के प्रत्यय का सर्वप्रथम प्रयोग किया-

(a) थार्नडाइक (b) गिलफोर्ड

(c) स्पीयरमैन (d) बिने-साइमन

62. फ्रायड के अनुसार, हमारे मूल्यों का आंतरिकीकरण .... में होता है। [UPTET 2015]

(a) इदं (b) अहं (c) परा-अहं (d) परिस्थितियों

63. निम्न में से किसे व्यक्तित्व की नैतिकता वाली भुजा कहेंगे? [HTET 2017]

(a) उपाह (इड) (b) आत्मा (इगो)

(c) पराह (सुपर-इगो) (d) इड तथा सुपर-इगो

64. बुद्धि के तरल क्रिस्टलीय प्रतिमान के प्रतिपादक कौन थे? [UPTET 2017]

(a) कैटल (b) थार्नडाइक (c) वर्नन (d) स्किनर

65. थार्नडाइक ने बुद्धि का कौन-सा सिद्धांत प्रतिपादित किया? [JHTET 2012]

(a) एक-कारक सिद्धांत (b) द्वि-कारक सिद्धांत

(c) बहु-कारक सिद्धांत (d) ग्रुप तत्व सिद्धांत

66. समस्या समाधान का प्रथम चरण है- [UPTET 2019]

(a) समस्या की पहचान (b) आंकड़ा संग्रहण

(c) परिकल्पना का निर्माण (d) परिकल्पना का परीक्षण

67. चिंतन मानसिक क्रिया का.. ... पहलू है। [REET 2017]

(a) ज्ञानात्मक (b) भावात्मक

(c) क्रियात्मक (d) उपरोक्त में से कोई नहीं

68. 16-PF का प्रयोग किसके मापन हेतु किया जाता है? [UPTET 2013]

(a) सृजनात्मकता (b) अभिरुचि

(c) व्यक्तित्व (d) दबाव

69. प्रश्नोत्तर विधि का जनक किसे माना जाता है? [JHTET 2012]

(a) मॉन्टेसरी को (b) काल्डवैल कुक को

(c) फ्रोबेल को (d) सुकरात को

70. रोर्शा का स्याही धब्बा परीक्षण निम्न में से किसका उदाहरण है? [UPTET 2014]

(a) स्व-मूल्यांकन विधि (b) प्रक्षेपण विधि

(c) परिस्थितीय परीक्षण विधि

(d) रेटिंग स्केल विधि

71. एकाधिक बुद्धिमानी का सिद्धांत कहता है कि- [CTET 2018]

(a) बुद्धि कई प्रकार की हो सकती है।

(b) पेपर-पेंसिल परीक्षण सहायक नहीं हैं।

(c) प्रभावी अध्यापन के द्वारा बुद्धि बढ़ाई जा सकती है।

(d) बुद्धि तेजी से बढ़ाई जा सकती है।

72. किसने बहुविमात्मक प्रज्ञा का प्रत्यय दिया? [UPTET 2019]

(a) स्पीयरमैन (b) गोलमैन

(c) गार्डनर (d) जॉन मेयर

73. मानव विकास को क्षेत्रों में विभाजित किया जाता है, जो हैं-

(a) शारीरिक, संज्ञानात्मक, संवेगात्मक और सामाजिक

(b) संवेगात्मक, संज्ञानात्मक, आध्यात्मिक और सामाजिक-मनोवैज्ञानिक

(c) मनोवैज्ञानिक, संज्ञानात्मक, संवेगात्मक और शारीरिक

(d) शारीरिक, आध्यात्मिक, संज्ञानात्मक और सामाजिक

74. समावेशी शिक्षा मानती है कि हमें ....को .... के अनुरूप बदलना है। [CTET 2015]

(a) बच्चे/व्यवस्था (b) व्यवस्था/बच्चे

(c) परिवेश/परिवार (d) बच्चे/परिवेश

75. 'सभी के लिए विद्यालयों में सभी की शिक्षा' निम्नलिखित में से किसके लिए प्रचार वाक्य हो सकता है? [CTET 2014]

(a) संसक्तिशील शिक्षा (b) समावेशी शिक्षा

(c) सहयोगात्मक शिक्षा (d) पृथक शिक्षा

76. निम्नलिखित में से वंशानुक्रम संबंधी नियम है-[JTET 2012]

(a) प्रयासों का नियम (b) सीखने का नियम

(c) समानता का नियम (d) स्वास्थ्य का नियम

77. प्रासंगिक अंतर्बोध परीक्षण (T.A.T.) का विकास .... द्वारा किया गया था। [UPTET 2015]

(a) सायमंड (b) होल्ट्ज़मैन (c) मरे (d) बैलक

78. जीन पियाजे ने संज्ञानात्मक विकास की कितनी अवस्थाओं की व्याख्या की है? [HTET 2017]

(a) आठ अवस्थाएं (b) पांच अवस्थाएं

(c) छः अवस्थाएं (d) चार अवस्थाएं

79. पियाजे के अनुसार, संज्ञानात्मक विकास की द्वितीय अवस्था है? [UPTET 2017]

(a) ज्ञानेंद्रिय अवस्था (b) औपचारिक संक्रियता की अवस्था

(c) पूर्व-संक्रिया की अवस्था (d) मूर्त संक्रिया की अवस्था

80. पुरस्कार किस प्रकार की अभिप्रेरणा है?

(a) धनात्मक एवं प्रत्यक्ष (b) धनात्मक एवं अप्रत्यक्ष

(c) ऋणात्मक एवं प्रत्यक्ष (d) ऋणात्मक एवं अप्रत्यक्ष

81. निम्नलिखित में से कौन-सा एक सामाजिक प्रेरक है?

(a) आत्मगौरव (b) प्रेम (c) भूख (d) प्यास

82. गोलमैन निम्न में से किससे संबंधित हैं? [UPTET 2015]

(a) सामाजिक बुद्धि (b) संवेगात्मक बुद्धि

(c) आध्यात्मिक बुद्धि (d) सामान्य बुद्धि

83. एक बालक की मानसिक आयु 12 वर्ष और शारीरिक आयु 10 वर्ष है। उसका बुद्धिलब्धांक होगा - [UPTET 2015], [CGTET 2011]

(a) 120 (b) 100 (c) 22 (d) 83

84. निम्नलिखित में से कौन-सा वस्तुनिष्ठ प्रश्न है? [CTET 2012]

(a) लघुत्तरात्मक प्रश्न (b) मुक्त उत्तर वाला प्रश्न

(c) सत्य या असत्य (d) निबंधात्मक प्रश्न

85. न्यू एजुकेशन पॉलिसी (NEP), 2020 के अंतर्गत कौन-सा प्रमुख सुधार लाया गया?

(a) 10+2 प्रणाली के स्थान पर 5 + 3 + 3 + 4 संरचना से बदलना।

(b) निजी स्कूलों की समाप्ति।

(c) संस्कृत शिक्षा को अनिवार्य बनाना।

(d) सभी कक्षाओं के लिए बोर्ड परीक्षा अनिवार्य करना।

86. एफ. एल. एन. (F.L.N.) का पूरा नाम क्या है ?

(a) फाउंडेशन लिटरेसी एण्ड नम्बर

(b) फाउंडेशन लिटरली एण्ड न्यूमरेसी

(c) फंडामेंटल लिटरेसी एण्ड नम्बर

(d) फाउंडेशनल लिटरेसी एण्ड न्यूमरेसी

87. एन. ई. पी. 2020 का पूरा नाम है:

(a) न्यू एजूकेशन पॉलिसी 2020

(b) नेशनल एजूकेशन पॉलिसी 2020

(c) न्यू एजूकेशन प्रोग्राम 2020

(d) नेशनल एजूकेशन प्रोग्राम 2020

88. राष्ट्रीय शैक्षिक अनुसंधान और प्रशिक्षण परिषद द्वारा 2005 में प्रकाशित .... भारत में विद्यालयी शिक्षा कार्यक्रमों के लिए पाठ्यक्रम, पाठ्यपुस्तकें और शिक्षण गतिविधियों के निर्माण की रूपरेखा प्रदान करता है।

(a) NPE (b) NCF (c) ICDS (d) ESSE

89. गणित सम्बन्धी समस्या है-

(a) वर्बल डिस्कैल्कुलिया (b) लैक्सिल डिस्कैल्कुलिया

(c) ग्राफिकल डिस्कैल्कुलिया

(d) उपर्युक्त सभी

90. समस्या के अर्थ को जानने की योग्यता वातवरण के दोषों, कमियों एवं रीतियों के प्रति सजगता, यह विशेषता है-

(a) सृजनशील बालकों की (b) प्रतिभाशाली बालकों की

(c) सामान्य बालकों की (d) इनमें से कोई नहीं

91. कृत्रिम बुद्धि (Artificial Intelligence) के उदाहरण के रूप में चर्चा नहीं की जा सकती है-

(a) कम्प्यूटर की (b) कैलकुलेटर की

(c) रोबोट की (d) मनुष्य की

92. बच्चे के विकास के शिरस्थ सिद्धान्त के अनुसार निम्न में से सत्य कथन है-

(a) विकास सिर से पैर की ओर होता है

(b) विकास पैर से सिर की ओर होता है

(c) विकास मध्य भाग से परिधि की होता है

(d) उपर्युक्त में से कोई नहीं

93. वाइगोत्स्की (Vygotsky) ने बाल विकास के बारे में कहा कि-

(a) यह संस्कारों की आनुवांशिकता के कारण होता है

(b) यह सामाजिक अंतर्क्रियाओं का उत्पाद होता है

(c) औपचारिक शिक्षा का उत्पादन होता है

(d) यह समावेशन और समायोजन का परिणाम होता है।

94. गार्डनर ने सात अभियोग्यताओं का अधिमान निर्धारित किया, इनमें से कौन-सा नहीं है?

(a) स्थान सम्बन्धी अभियोग्यता

(b) भावनात्मक अभियोग्यता

(c) अंतरवैयक्तिक अभियोग्यता

(d) भाषात्मक अभियोग्यता

95. भारत में बुद्धि परीक्षण प्रारम्भ हुआ-

(a) सन् 1924 में (b) सन् 1927 में

(c) सन् 1922 में (d) सन् 1945 में

96. "बुद्धि अमूर्त्त वस्तुओं के विषय में सोचने की योग्यता है।" यह परिभाषा किसकी है-

(a) थार्नडाइक की (b) मैक्डूगल की

(c) बकिंघम की (d) टरमन की

97. सूची-1 को सूची-II से मिलाइए। तथा नीचे दिए गए कूट से सही उत्तर का चुनाव करें-

सूची-I	सूची-II
(A) खेलों के द्वारा व्यक्ति अपने भावी जीवन की तैयारी करता है।	1. हरलॉक
(B) बालक खेल द्वारा अपनी अतिरिक्त शक्ति का व्यय करता है।	2. कोल एवं ब्रुस
(C) बाल्यावस्था जीवन का अनोखा काल है।	3. कार्लग्रूस
(D) वास्तव में माता-पिता के लिए बाल-विकास की इस अवस्था को समझना कठिन है।	4. स्पेन्सर

कूट- A B C D

(a) 3 4 1 2 (b) 1 2 3 4

(c) 4 1 2 3 (d) 2 3 4 1

98. विकासात्मक दिशा का नियम सम्मिलित करता है?

(a) मस्तकाधोमुखी नियम (b) निकट से दूर का निम्य

(c) a और b दोनों (d) न तो a न ही b

99. गिरोह अवस्था किस आयु-वर्ग एवं विलम्ब-विकास से संबंधित है?

(a) 3-6 वर्ष एवं भाषा (b) 8-10 वर्ष एवं समाजीकरण

(c) 16-19 वर्ष एवं नैतिकता (d) 16-19 वर्ष एवं संज्ञानात्मक

100. सूची-I को सूची-II से मिलाइए। तथा नीचे दिए गए कूट से सही उत्तर का चुनाव करें-

सूची-1	सूची-II
(A) शैशवकाल	1-6 से 12 वर्ष तक
(B) बाल्यकाल	2- 12 से 18 वर्ष तक
(C) किशोरावस्था	3- 18 वर्ष के बाद
(D) प्रौढ़ावस्था	4- जन्म से 5 या 6 वर्ष तक

कूट- A B C D

(a) 2 3 4 1 (b) 1 2 3 4

(c) 4 1 2 3 (d) 3 4 1 2

101. मैक्डूगल के अनुसार मूलप्रवृत्तियाँ..........

(a) जन्मजात होती हैं (b) अर्जित होती है

(c) जन्मजात व अर्जित

(d) मैक्डूगल ने मूल प्रवृत्तियों के सम्बन्ध में कुछ नहीं कहा है

102. 'डिस्ग्राफिया' क्या है-

(a) पढ़ने से सम्बन्धित विकार

(b) लिखने से सम्बन्धित विकार

(c) दृष्टि सम्बन्धी विकार

(d) मानसिक विकार

103. एलेक्सिया क्या है-

(a) पढ़ने की अक्षमता (b) लिखने की अक्षमता

(c) सीखने की अक्षमता (d) सुनने की अक्षमता

104. प्रत्येक व्यक्ति अपने माता-पिता से कितने पित्र-सूत्र प्राप्त करता है-

(a) 46-46 (b) 50-50

(c) 23 - 23 (d) 10-10

105. "सीखना व्यवहार में उत्तरोत्तर सामन्जस्य ही प्रक्रिया है।" यह कथन है-

(a) क्रो व क्रो का (b) पियाजे का

(c) स्किनर का (d) कोहेलबर्ग का

106. जब बच्चे एक अवधारणा को सीखते हैं और उसका प्रयोग करते हैं, तो अभ्यास उनके द्वारा की जाने वाली त्रुटियों को कम करने में मदद करता है। यह विचार....के द्वारा दिया गया-

(a) ई० एल० थार्नडाइक द्वारा

(b) जे० बी० वॉटसन द्वारा

(c) जीन पियाजे द्वारा

(d) लेव वाइगोत्सकी द्वारा

107.पाँच वर्ष का राजू अपनी खिड़की के बाहर तूफान को देखता है। बिजली चमकती है और कड़कने की आवाज आती है। फिर कुछ देर शान्ति के पश्चात् बिजली कड़कती है। राजू बिजली की गर्जना सुनकर उछलता है। राजू का उछलना निम्नलिखित में से सीखने के किस सिद्धान्त का उदाहरण है-

(a) शास्त्रीय अनुबंधन (b) क्रिया प्रसूत अनुबन्धन

(c) प्रयत्न एवं भूल (d) इनमें से कोई नहीं

108.सीखने में प्रयास व भूल के सिद्धान्त का प्रतिपादन किसने किया ?

(a) कोहलर ने (b) पावलॉव ने

(c) थार्नडाईक ने (d) गेस्टाल्ट ने

109.क्रियाप्रसूत अनुबंधन सिद्धान्त का प्रतिपादन किया-

(a) हॉल ने (b) थार्नडाईक ने

(c) हेगरी ने (d) स्किनर ने

110.'प्रयास व त्रुटि' (Trial & Error) में सबसे महत्त्वपूर्ण क्या है?

(a) अभ्यास है (b) प्रेरणा है

(c) लक्ष्य है (d) वाद-विवाद है

111.पियाजे के अनुसार संज्ञानात्मक विकास की तृतीय अवस्था निम्न में से कौन-सी है?

(a) औपचारिक संक्रिया अवस्था

(b) पूर्व-संक्रिया अवस्था (c) मूर्त संक्रिया अवस्था

(d) संवेदनात्मक गामक अवस्था

112.कोहलर किस देश के मनोवैज्ञानिक थे?

(a) जर्मनी के (b) रूस के

(c) अमेरिका के (d) कोई नहीं के

113.प्राथमिक विद्यालय के शिक्षक को अपने शिक्षार्थियों को अभिप्रेरित करने के लिए निम्नलिखित में से किस रणनीति को अपनाना चाहिए?

(a) प्रत्येक शिक्षार्थी में अंक लाने के लिए स्पर्धा को प्रोत्साहित करना

(b) प्रत्येक गतिविधि के प्रेरक के रूप में प्रोत्साहन, पुरस्कार और दंड का उपयोग करना

(c) बच्चों को उनकी रुचियों के अनुसार अपने लक्ष्य निर्धारित करने और उन्हें पाने के उद्यम में सहायता करना

(d) पूरी कक्षा के लिए मानक (लक्ष्य) निर्धारित करना और उनकी उपलब्धि के आकलन के लिए कठोर मानदंड निर्धारित करना

114.बच्चों को सामूहिक कार्य देना एक प्रभावी शिक्षण रणनीति है, क्योंकि-

(a) इससे शिक्षक का काम कम हो जाता है

(b) छोटे समूह में कुछ बच्चों को दूसरे बच्चों पर हावी होने की अनुमति होती है

(c) सीखने की प्रक्रिया में बच्चे एक-दूसरे से सीखते हैं और परस्पर सहायता भी करते हैं

(d) बच्चे अपना काम जल्दी करने में समर्थ होते हैं

115.जब शिक्षार्थियों को समूह में किसी समस्या पर चर्चा का अवसर दिया जाता है, तब उसके सीखने का वक्र-

(a) स्थिर रहता है (b) अवनत होता है

(c) समान रहता है (d) बेहतर होता है

116.निम्नलिखित में से कौन-सा एक आधारभूत सहायता का उदाहरण है?

(a) शिक्षार्थियों को प्रेरित करने वाले भाषण देना

(b) प्रश्न पूछने को बढ़ावा दिए बिना स्पष्टीकरण देना

(c) मूर्त और अमूर्त और अमूर्त दोनों प्रकार के उपहार देना

(d) अनुबोधन और संकेत देना तथा नाजुक स्थितियों पर प्रश्न पूछना

117.अध्यापिका ने ध्यान दिया कि पुष्पा अपने आप किसी एक समस्या का समाधान नहीं कर सकती है। फिर भी वह एक वयस्क या साथी के मार्गदर्शन की उपस्थिति में ऐसा करती है। इस मार्गदर्शन को कहते हैं-

(a) पार्श्वकरण (b) समीपस्थ विकास का क्षेत्र

(c) पूर्व क्रियात्मक चिंतन (d) सहारा देना

118.निम्न कक्षाओं में शिक्षण की खेल विधि आधारित है-

(a) शारीरिक शिक्षण कार्यक्रमों के सिद्धान्त पर

(b) शिक्षण की विधियों के सिद्धान्त पर

(c) विकास एवं बुद्धि के मनोवैज्ञानिक सिद्धान्त पर

(d) शिक्षण के सामाजिक सिद्धान्त पर

119.शिक्षार्थियों (अधिगमकर्ता) की वैयक्तिक विभिन्नताओं के संदर्भ में शिक्षिका को चाहिए-

(a) विविध प्रकार की अधिगमपरिस्थितियों को उपलब्ध करायें

(b) निगमनात्मक पद्धति के आधार पर समस्याओं का समाधाना करें

(c) कलनविधि (एल्गोरियम) का अधिकार प्रयोग करे

(d) याद करने के लिए शिक्षार्थियों को तथ्य उपलब्ध करायें

120.शिक्षण हेतु मानसिक उद्वेलन प्रतिमान का प्रयोग निम्न में से किसके सुधार हेतु किया जाता है।

(a) समझ के सुधार हेतु (b) अनुप्रयोग के सुधार हेतु

(c) सृजनात्मकता के सुधार हेतु

(d) समस्या समाधान के सुधार हेतु

121.मूल प्रवृत्तियों को चौदह प्रकार से किसने वर्गीकृत किया है?

(a) ड्रेवर ने (b) मैक्डूगल ने (c) थार्नडाईक ने (d) वुडवर्थ ने

122.बी0एस0ब्लूम द्वारा शैक्षिक उद्देश्यों के किस पक्ष पर बल दिया गया है-

(a) ज्ञानात्मक पक्ष पर (b) भावात्मक पक्ष पर

(c) क्रियात्मक पक्ष पर (d) उपरोक्त सभी

123.शिक्षा के क्षेत्र में 'पाठ्यचर्या' शब्दावली की ओर संकेत करती है-

(a) शिक्षण पद्धति एवं पढ़ाई जाने वाली विषय-वस्तु

(b) विद्यालय का सम्पूर्ण कार्यक्रम जिसमें विद्यार्थी प्रतिदिन अनुभव प्राप्त करते हैं

(c) मूल्यांकन प्रक्रिया

(d) कक्षा में प्रयुक्त की जाने वाली पाठ्य सामग्री

124.समावेशी शिक्षा-

(a) हाशिए पर (महत्त्वहीन स्थिति में) स्थित वर्गों से शिक्षकों को सम्मिलित करने से सम्बन्धित है।

(b) कक्षा में विविधता का उत्सव मनाती है।

(c) दाखिले संबंधी कठोर प्रक्रियाओं को बढ़ावा देती है।

(d) तथ्यों पर आधारित शिक्षा से सम्बन्धित है।

125."दूसरों का अनुकरण करने वाले बच्चों को अपनी स्कीमा का दमन करके नया स्कीमा बनाना पड़ता है।" इसे क्या कहा जाता है-

(a) आत्मसातीकरण कहा जाता है।

(b) समायोजन कहा जाता है।

(c) अनुकूलन कहा जाता है।

(d) स्कीमा कहा जाता है।

126.राष्ट्रीय पाठ्यक्रम रूपरेखा, 2005 में शांति शिक्षा को बढ़ावा देने के लिए कुछ क्रियाओं की अनुशंसा की गयी है। पाठ्यक्रम रूपरेखा में निम्न में से किसे सूचीबद्ध किया गया है?

(a) महिलाओं के प्रति आदर एवं जिम्मेदारी का दृष्टिकोण विकसित करने के लिए कार्यक्रम आयोजित किये जाए

(b) नैतिक शिक्षा को बढ़ाया जाये

(c) शांति शिक्षा को एक अलग विषय में पढ़ाया जाए

(d) शांति शिक्षा को पाठ्यक्रम में सम्मिलित किया जाये

127.NCF 2005 के अनुसार, गलतियाँ इस कारण महत्त्वपूर्ण होती हैं-

(a) यह कक्षा से कुछ बच्चों को हटाने के लिए आधा स्थान उपलब्ध कराती हैं

(b) यह अध्यापकों को बच्चों को डाँटने के लिए एक तरीका उपलब्ध कराती हैं

(c) यह बच्चे के विचार की अंतदृष्टि उपलब्ध कराती है, तथा समाधानों को पहचानने में सहायता करती हैं

(d) यह विद्यार्थियों को उत्तीर्ण एवं अनुत्तीर्ण समूह में वर्गीकृत करने के लिए एक महत्त्वपूर्ण उपकरण है

128.'ऑउट ऑफ द बॉक्स' चिंतन किससे संबंधित है-

(a) अनुकूल चिंतन से (b) अपसारी चिंतन से

(c) स्मृति आधारित चिंतन से

(d) अभिसारी चिंतन से

129.राष्ट्रीय पाठ्यचर्या रूपरेखा, 2005 के अंतर्गत 'परीक्षा सुधारों' में निम्न में से किस सुधार को सुझाया गया है-

(a) खुली पुस्तक परीक्षा

(b) सतत्/निरन्तर एवं व्यापक मूल्यांकन

(c) सामूहिक कार्य मूल्यांकन

(d) उपर्युक्त सभी को

130."नि:शुल्क एवं अनिवार्य शिक्षा का अधिकार 2009" में अनिवार्य शब्द का अर्थ है-

(a) केन्द्र सरकार दाखिले, उपस्थिति और प्रारम्भिक की पूर्णता को सुनिश्चित करेगी

(b) उचित सरकार दाखिले, उपस्थिति और प्रारम्भिक शिक्षा की पूर्णता सुनिश्चित करेगी

(c) दंडात्मक कार्य से बचने के लिए अपने बच्चों को विद्यालय भेजने के लिए अभिभावकों पर अनिवार्य रूप से जोर डाला गया है

(d) अनिवार्य शिक्षा सतत् परीक्षण के माध्यम से प्रदान की जाती है

131.शिक्षा का अधिकार अधिनियम, 2009 के क्रियान्वयन के बाद कक्षा-कक्ष-

(a) अप्रभावित है, क्योंकि शिक्षा का अधिकार विद्यालय में कक्षा की औसत आयु को प्रभावित नहीं करता

(b) लिंग के अनुसार समजातीय है

(c) लिंग के अनुसार अधिक समजातीय है

(d) आयु के अनुसार अधिक विषमजातीय है

132.NCTE का पूर्ण रूप क्या है-

(a) National Council of Technical Education

(b) National Curriculum for Technical Education

(c) National Council of Teacher Education

(d) National Council for Teacher Education

133.राष्ट्रीय पाठ्यचर्या की रूपरेखा 2005 में बातचीत की गयी है-

(a) ज्ञान स्थायी है और दिया जाता है-से ज्ञान का विकास होता हो और इसकी संरचना की जाती हो

(b) शैक्षिक केन्द्र से विषय केन्द्र होने पर

(c) विद्यार्थी केन्द्रित से अध्यापक केन्द्रित की ओर

(d) उपर्युक्त में से कोई नहीं

134.अधिगम की निर्योग्यता का लक्षण है-

(a) भागने की प्रवृत्ति होना

(b) अवधान (एकाग्रता) संबंधी बाधा/विकार

(c) अशांत, ऊर्जावान एवं विध्वंसक होना

(d) अभिप्रेरणा का अभाव

135.निम्न में से कौन-सा कथन किसी व्यक्ति के मानसिक स्वास्थ्य को उत्तम रूप से प्रदर्शित करता है-

(a) पूर्ण अभिव्यक्ति संगतिकरण और सामान्य लक्षण की ओर निर्देशन

(b) मानसिक विकारों का नहीं होना

(c) व्यक्तित्व के विकास से मुक्ति

(d) उपर्युक्त में से सभी

136.गिलफोर्ड ने 'अभिसारी चिंतन' (Convergent Thinking) पद का प्रयोग किसके समान अर्थ में किया है-

(a) बुद्धि (b) सृजनात्मकता

(c) बुद्धि एवं सृजनात्मकता (d) इनमें से कोई नहीं

137. शारीरिक निर्योग्यता (Physical Disability) वाले व्यक्ति के लिए निम्न में से कौन-सी युक्ति रक्षा-तंत्र में सबसे संतोषजनक होगी-

(a) तादात्मीकरण (b) विवेकीकरण

(c) अतिकल्पना (d) इनमें से कोई नहीं

138.एक शिक्षिका अपनी कक्षा के प्रतिभाशाली बच्चों की योग्यताओं (Potential) की उपलब्धि चाहती है। अपने उद्देश्य की प्राप्ति के लिए उसे निम्नलिखित में से क्या नहीं करना चाहिए-

(a) तनाव को नियंत्रित नहीं करना चाहिए

(b) विशेष अध्ययन के लिए उन्हें उनके समकक्षों से अलग करना।

(c) उनकी सृजनात्मकता को समृद्ध करने के लिए उन्हें चुनौती देना।

(d) गैर-शैक्षणिक गतिविधियों (Co-Educational Activities) में आनंद लेने के लिए सिखाना।

139.शिक्षा का अधिकार अधिनियम 2009 लागू नहीं होता-

(a) निःशक्त बच्चे पर

(b) 14-18 वर्ष के आयु के बच्चे पर

(c) 6-14 आयु वर्ग के बच्चे पर

(d) बच्चों की नियमित उपस्थिति पर

140.यदि आपकी कक्षा का बच्चा 'C' को 'D', 'D' को 'C' लिखे पढ़े तो वह कौन-से रोग से पीड़ित है-

(a) मलेरिया (Maleria) से (b) फाइलेरिया (Falheria) से

(c) डिस्लेक्सिया (Dyslexia) से

(d) टायफाइड (Typhoid) से

141.वर्तमान में निःशक्त बच्चों की शिक्षा के लिए कहा गया है-

(a) समावेशी शिक्षा (b) विशेष शिक्षा

(c) समेकित शिक्षा (d) कोई नहीं

142."बच्चे के उचित विकास को सुनिश्चित करने के लिए उसका स्वस्थ शारीरिक विकास एक महत्त्वपूर्ण प्रथम आवश्यकता है। "यह कथन-

(a) गलत हो सकता है, क्योंकि विकास नितांत व्यक्तिगत मामला है

(b) सही है, क्योंकि विकास-क्रम में शारीरिक विकास सबसे पहले स्थान पर आता है

(c) सही है, क्योंकि शारीरिक विकास, विकास के अन्य पक्षों के साथ अंतःसंबंधित (Interrelated) है

(d) गलत है, क्योंकि शारीरिक विकास, विकास के अन्य पक्षों को किसी भी प्रकार से प्रभावित नहीं करता है

143.निःशक्त बच्चों के लिए समेकित शिक्षा की केंद्रीय प्रायोजित योजना (Central Funded Project) का उद्देश्य है.... में निशःक्त बच्चों को शैक्षिक अवसर उपलब्ध कराना-

(a) विशेष विद्यालयों

(b) ब्लाइंड रिलीफ एसोसिएशन के विद्यालयों

(c) मुक्त विद्यालयों

(d) नियमित विद्यालयों

144.निम्नलिखित में सृजनशीलता का प्रमुख तत्त्व क्या नहीं है-

(a) मौलिकता (b) अनुशासन

(c) धाराप्रवाहिता (d) लचीलापन

145.जन्म के समय लगी चोट या भ्रूण क्षति की वजह से आयी मानसिक मंदता कहलाती है-

(a) जैविक मंदता (b) पारिवारिक मंदता

(c) आकस्मिक मंदता (d) चिकित्सा मंदता

146.निम्न में से कौन-सा विशिष्ट अधिगम विकलांगता का उदाहरण है-

(a) मानसिक मंदता (b) डिस्लेक्सिया

(c) अटेंशन डेफिस्टि हाइपर डिसऑर्डर

(d) ऑटिस्म

147.एक सत्तात्मक सिद्धान्त का समर्थक है-

(a) बिने (b) टरमैन (c) स्टर्न (d) उपर्युक्त सभी

148.द्विखण्ड सिद्धान्त का समर्थक है-

(a) स्पियँरमैन (b) बिने (c) स्टर्न (d) वेल्स

149.जीन पियाजे एवं लेव वायगोट्स्की जैसे संरचनावादी, अधिगम को किस रूप में देखते हैं?

(a) कौशलों का अर्जन रूप में

(b) प्रतिक्रियाओं का अनुबंधन रूप में

(c) निष्क्रिय आवृत्तीय प्रक्रिया रूप में

(d) सक्रिय विनियोजन के अर्थ-निर्माण की प्रक्रिया रूप में

150.निम्न में से कौन-सा संवेग का तत्त्व नहीं है-

(a) व्यवहारवाद (b) दैहिक

(c) संज्ञानात्मक (d) संवेदी

151.संज्ञानात्मक क्षेत्र का सही क्रम है-

(a) ज्ञान-अनुप्रयोग-अवबोध-विश्लेषण-संश्लेषण-मूल्यांकन

(b) मूल्यांकन-अनुप्रयोग-विश्लेषण-संश्लेषण-अवबोध-ज्ञान

(c) मूल्यांकन संश्लेष-विश्लेषण-अनुप्रयोग, अवबोधन-ज्ञान

(d) ज्ञान-अवबोध-अनुप्रयोग-विश्लेषण-संश्लेषण-मूल्यांकन

152.जीन पियाजे के अनुसार, बच्चे-

(a) ज्ञान को सक्रिय रूप से संचरित करते हैं, जैसे-जैसे वे दुनिया में व्यवहार कौशल का प्रयोग करते हैं तथा अन्वेषण करते हैं

(b) प्रेक्षणात्मक अधिगम की प्रक्रिया का अनुसरण करते हुए दूसरों का अवलोकन करके सीखते हैं

(c) बच्चों को उद्दीपन-अनुक्रिया संबंधों के सावधानीपूर्वक नियंत्रण के द्वारा एक विशेष तरीके से व्यवहार करने के लिए अनुबंधित किया जा सकता है

(d) बच्चों को पुरस्कार एवं दण्ड के सिद्धान्तों का प्रयोग करते हुए विशिष्ट तरीके से व्यवहार करना एवं सीखना सिखाया जा सकता है

153.प्रतिभाशाली विद्यार्थी-

(a) स्वभाव के अंतःमुखी होते हैं

(b) अपनी आवश्यकताओं को दृढ़तापूर्वक कह नहीं पाते

(c) अपने निर्णयों में आत्मनिर्भर होते हैं

(d) शिक्षकों से स्वतंत्र होते हैं

154.एक बच्चा जो..... से ग्रस्त है, वह 'Saw' और 'Was' एवं 'Nuclear' और Unclear' में अंतर नहीं कर सकता-

(a) शब्द जंबलिंग' विकार से

(b) डिस्लेक्सिमिया से (c) डिस्मॉर्फिया से

(d) डिस्लेक्सिया से

155.एक शिक्षिका की कक्षा में कुछ शारीरिक विकलांगता वाले बच्चे हैं। निम्नलिखित में से उनके लिए क्या कहना सबसे उचित होगा?

(a) पोलियोग्रस्त बच्चे अब एक गाना प्रस्तुत करेंगे

(b) पहिया-कुर्सी वाले बच्चे हॉल में जाने के लिए अपने समवयस्क साथी बच्चों से मदद ले सकते हैं

(c) शारीरिक रूप से असुविधाग्रस्त बच्चे कक्षा में ही कोई वैकल्पिक गतिविधि कर सकते हैं

(d) मोहन खेल के मैदान में जाने के लिए अपनी बैसाखियों का प्रयोग नहीं करता

156.वैयक्तिक भिन्नता का मूलाधार कहा गया है-

(a) आर्थिक स्थिति को (b) समाज को

(c) आनुवंशिकता को (d) उपर्युक्त में से कोई नहीं

157.डब्ल्यू० एच० शेल्डन ने शरीर की विशेषताओं के आधार पर कितने प्रकार के व्यक्ति बताये हैं-

(a) चार प्रकार के (b) तीन प्रकार के

(c) छः प्रकार के (d) पाँच प्रकार के

158.वैयक्तिक भिन्नता का मुख्य कारण है-

(a) वर्गवाद (b) धर्मवाद

(c) वंशानुवाद (d) आतंकवाद

159. बाल्यावस्था में सामान्यतः बालक का व्यक्तित्व कैसा होता है?

(a) बहिर्मुखी व्यक्तित्व होता है

(b) अन्तर्मुखी व्यक्तित्व होता है

(c) उभयमुखी व्यक्तित्व होता है

(d) व्यक्तित्वहीन होता है

160. बाल्यावस्था में शिक्षा का क्या स्वरूप होना चाहिए?

(a) खेलकूद की छूट बिल्कुल नहीं दी जानी चाहिए

(b) पिटाई करने वाले अध्यापक द्वारा शिक्षा दी जानी चाहिए

(c) गुरुकुल प्रणाली द्वारा शिक्षा दी जानी चाहिए

(d) सामूहिक खेलों एवं रचनात्मक कार्यों के माध्यम से शिक्षा दी जानी चाहिए

161. अध्यापन के समय अध्यापक को निम्नलिखित में से किसका सर्वाधिक ध्यान रखना चाहिए?

(a) विषय-वस्तु का (b) विद्यार्थियों की आयु का

(c) वैयक्तिक भिन्नता का

(d) विद्यार्थियों की पारिवारिक पृष्ठभूमि का

162. पैवलव ने सीखने के अनुबंधन-प्रतिक्रिया सिद्धान्त का प्रतिपादन .... पर प्रयोग करके किया था-

(a) खरगोश पर (b) चूहे पर

(c) कुत्ते पर (d) बिल्ली पर

163. बच्चों के संज्ञानात्मक विकास को सबसे अच्छे तरीके से कहाँ परिभाषित किया जा सकता है?

(a) खेल के मैदान में (b) विद्यालय एवं कक्षा में

(c) ऑडिटोरियम में (d) गृह में

164. निम्नलिखित में से कौन विकास के व्यापक आयामों की सही पहचान करता है?

(a) संवेगात्मक, बौद्धिक, आध्यात्मिक एवं स्व
(b) शारीरिक, व्यक्तित्व, आध्यात्मिक एवं संवेगात्मक
(c) सामाजिक, शारीरिक, व्यक्तित्व, स्व
(d) शारीरिक, संज्ञानात्मक, सामाजिक और संवेगात्मक

165. निम्नलिखित में से कौन सा विकास का सिद्धान्त नहीं है?
(a) विकास तुलनात्मक रूप से क्रमिक होता है
(b) विकास समय के साथ धीरे-धीरे घटित होता है
(c) विकास की सटीक गति एवं प्रकृति जन्म के समय ही निर्धारित हो जाती है
(d) व्यक्ति अलग-अलग गति से विकास करते हैं

166. बालक का प्रारंभिक विकास मुख्यतः किस पर निर्भर है?
(a) माता-पिता पर (b) विद्यालय का वातावरण पर
(c) वातावरण (परिवेश) पर (d) समाज पर

167. निम्न में से कौन-सा युग्म सही नहीं है?
(a) सीखने का उद्दीपक-अनुक्रिया सिद्धान्त-थार्नडाईक
(b) सीखने का क्रियाप्रसूत अनुबंधन सिद्धान्त-बी० एफ० स्किनर
(c) सीखने का क्लासिकल-पावलॉव
(d) सीखने का समग्र सिद्धान्त-हॉल

168. सम्प्रेषण संभव है-
(a) पुस्तक पाठक के मध्य
(b) साक्षात्कारकर्ता व साक्षात्कार के मध्य
(c) गूंगे व सामान्य व्यक्ति के मध्य
(d) सभी के मध्य

169. कौनसा संचार का द्विमार्गी साधन नहीं है-
(a) पदयात्रा (b) जनसभा
(c) नुक्कड़ नाटक (d) प्रदर्शन

170. अभिप्रेरणा वे शारीरिक तथा मनोवैज्ञानिक दशाएँ हैं, जो किसी कार्य को करने हेतु प्रेरित करती हैं-यह कथन है :
(a) क्रो एण्ड क्रो का (b) मैकडूगल का
(c) वुडवर्थ का (d) सॉरेन्सन का

171. सम्प्रेषण की प्रक्रिया का आवर्धन होता है-
(a) परस्पर संबंध स्थापित के द्वारा
(b) अनौपचारिक ढंग से मिलने के द्वारा
(c) विकल्प चयन की स्वतंत्रता द्वारा
(d) उक्त सभी

172. 'A Behaviour System' पुस्तक के लेखक कौन हैं?
(a) वाटसन हैं (b) वुडवर्थ हैं
(c) हल हैं (d) वॉटसन हैं

173. एक परिवार में पिता द्वारा सुबह उठकर पानी पीते देखकर बच्चा भी इस आदत को अपना लेता है। बच्चे के इस आदत-निर्माण में किस कारक का प्रभाव माना जा सकता है?
(a) भौतिक पर्यावरण का (b) सांस्कृतिक पर्यावरण का
(c) सामाजिक पर्यावरण का (d) उपर्युक्त में से किसी का नहीं

174. भारतीयों द्वारा हाथ से भोजन करने की आदत किस कारक के प्रभाव का परिणाम होती है?
(a) सांस्कृतिक पर्यावरणीय कारक का
(b) प्रेरणा कारक का
(c) भौतिक पर्यावरणीय कारक का
(D) रुचि कारक का

175. सूझ द्वारा सीखने के सिद्धान्त का प्रतिपादन किया-
(a) थार्नडाईक ने (b) कोहलर ने
(c) पावलॉव ने (d) वुडवर्थ ने

176. पियाजे के अनुसार, विशिष्ट मनोवैज्ञानिक संरचनाएं (अनुभव से सही अर्थ निकालने के व्यवस्थित तरीके) को क्या कहा जाता है?
(a) मानसिक उपकरण कहा जाता है
(b) प्रतिमान कहा जाता है
(c) स्कीमा कहा जाता है
(d) मानसिक मैप कहा जाता है

177. "चिम्पांजी सुल्तान" पर किसने प्रयोग किया था-
(a) कोहलर ने (b) थार्नडाईक ने
(c) पावलव ने (d) कोई नहीं ने

178. सीखने की वह अवधि, जब सीखने की प्रक्रिया में कोई उन्नति नहीं होती, कहलाती है-
(a) सीखने का वक्र (b) सीखने का पठार
(c) स्मृति (d) अवधान

179. सामान्य संयुक्त कोशिका में गुणसूत्रों के जोड़े होते हैं-
(a) 22 (b) 23 (c) 24 (d) इनमें से कोई नहीं

180. क्रियाप्रसूत अनुबन्धन सिद्धान्त का प्रतिपादन किया-
(a) हल ने (b) थॉर्नडाइक ने (c) हेगार्टी ने (d) स्किनर ने

181. सीखने में प्रयास व भूल के सिद्धान्त का प्रतिपादन किसने किया?
(a) कोहर (b) पैवलव (c) थॉर्नडाइक (d) गेस्टाल्ट

182. कोह्लर निम्न में से किससे सम्बन्धित हैं?
(a) अभिप्रेरणा का सिद्धान्त
(b) विकास का सिद्धान्त (c) व्यक्तित्व का सिद्धान्त
(d) अधिगम का सिद्धान्त

183. बुद्धि के तरल क्रिस्टलीय प्रतिमान के प्रतिपादक कौन थे?

(a) कैटेल (b) थॉर्नडाइक (c) वर्नन (d) स्किनर

184. "सृजनात्मकता मौलिक परिणामों को अभिव्यक्त करने की मानसिक प्रक्रिया है।" यह कथन है-

(a) कोल एवं ब्रूस का (b) ड्रेवहल का
(c) डीहान का (d) क्रो एवं क्रो का

185. एक बालक, जो साइकिल चलाना जानता है, मोटरबाइक चलाना सीख रहा है। यह उदाहरण होगा-

(a) क्षैतिज अधिगम अन्तरण का
b) ऊर्ध्व अधिगम अन्तरण का
(c) द्विपार्श्विक अधिगम अन्तरण का
(d) कोई भी अधिगम अन्तरण का

186. निम्न में से कौन-सा शारीरिक विकास का एक प्रमुख नियम है?

(a) मानसिक विकास से भिन्नता का नियम
(b) अनियमित विकास का नियम
(c) द्रुतगामी विकास का नियम
(d) कल्पना और संवेगात्मक विकास से सम्बन्ध

187. निम्न में से कौन-सा विकास का सिद्धान्त नहीं है?

(a) अनुकूलित प्रत्यावर्तन का सिद्धान्त
(b) निरन्तर विकास का सिद्धान्त
(c) परस्पर सम्बन्ध का सिद्धान्त
(d) समान प्रतिमान का सिद्धान्त

188. "विकास के परिणामस्वरूप नवीन विशेषताएं और नवीन योग्यताएं प्रकट होती हैं।" यह कथन किसने दिया है?

(a) गेसेल (b) हरलॉक (c) मेरेडिथ (d) डगलस और होलैण्ड

189. मूल प्रवृत्तियों को चौदह प्रकार से किसने वर्गीकृत किया है?

(a) ड्रेवल (b) मैक्डूगल (c) थॉर्नडाइक (d) वुडवर्थ

190. "किसी दूसरी वस्तु की अपेक्षा एक वस्तु पर चेतना का केन्द्रीकरण अवधान है।" यह कथन है-

(a) डम्बिल का (b) रॉस का (c) मन का (d) मैक्डूगल का

191. पियाजे के अनुसार संज्ञानात्मक विकास की तृतीय अवस्था निम्न में से कौन-सी है?

(a) औपचारिक संक्रिया अवस्था
(b) पूर्व-संक्रिया अवस्था
(c) मूर्त संक्रिया अवस्था
(d) संवेदनात्मक गामक अवस्था

192. गिरोह अवस्था किस आयु-वर्ग एवं विलम्ब-विकास से संबंधित है?

(a) 16-19 वर्ष एवं नैतिकता
(b) 3-6 वर्ष एवं भाषा
(c) 8-10 वर्ष एवं समाजीकरण
(d) 16-19 वर्ष एवं संज्ञानात्मक

193. थॉर्नडाइक ने अपने सिद्धांत को किस शीर्षक से सिद्ध किया?

(a) संज्ञानात्मक अधिगम (b) अधिगम के प्रयोग एवं भूल
(c) संकेत अधिगम (d) स्थान अधिगम

194. इनमें से कौन मनोवैज्ञानिक 'भाषा विकास' से सम्बद्ध है?

(a) पावलोव (b) बिने (c) चामोस्की (d) मास्लो

195. अधोलिखित में गणित-सम्बन्धी अधिगम। अक्षमता को कौन-सा पद परिभाषित करता है?

(a) नीरसता सम्बन्धी दोष (b) पठन दोष
(C) गणना दोष (d) इनमें से कोई नहीं

196. समावेशी कक्षा में किस प्रकार का/के छात्र शामिल होता/होते है/हैं?

(a) केवल विशिष्ट छात्र (b) सामान्य और विशिष्ट छात्र
(c) केवल सामान्य छात्र (d) बहुभाषी और प्रतिभाशाली छात्र

197. किसी भी नई भाषा को सीखने के लिए कहाँ से प्रारम्भ किया जाना चाहिए?

(a) अक्षरों व शब्दों के मध्य साहचर्य
(b) वाक्यों के निर्माण (c) शब्दों के निर्माण
(d) उपरोक्त में से कोई नहीं

198. कोह्लर यह सिद्ध करना चाहता था कि सीखना -

(a) एक ऐसी स्थिति है जिसमें, व्यक्ति पशु से श्रेष्ठ है।
(b) स्वायत यादृच्छिक क्रिया है।
(c) संज्ञानात्मक संकार्य है।
(d) परिस्थिति के विभिन्न अंगों का प्रत्यक्षीकरण है।

199. निम्न में से कौन विशेष आवश्यकता वाले बालकों के वर्ग में आता है-

(a) प्रतिभावान (b) मानसिक रूप से पिछड़े
(c) शारीरिक रूप से अक्षम (d) सामाजिक रूप से अक्षम

नीचे दिए गए कोड में सही उत्तर चयन कीजिए-

(a) 1 और 2 (b) 3 और 4
(c) 2 और 3 (d) उपरोक्त सभी

200. एक बालिका को साईकिल चलाना आता है, वह स्कूटी खरीदती है, तो आसानी से स्कूटी चलाना सीख जाती है, यहाँ अधिगम का कौन-सा स्थानांतरण है?

(a) पार्श्विक (b) शून्य (c) नकारात्मक (d) सकारात्मक

201. चंचल प्रातः जल्दी उठने के लिए सुबह 4 बजे का अलार्म भरती है, बजने पर उठ जाती है, 3-4 दिन करने पर अलार्म बजने से पहले ही उसकी नींद खुल जाती है, यहाँ अधिगम का कौन-सा सिद्धांत है?

(a) उद्दीपन (b) शास्त्रीय अनुबंधन

(c) व्यवस्थित व्यवहार (d) अंतः दृष्टि

202. शैक्षिक सुधारों में प्रभावी विकेन्द्रीकरण तभी सम्भव होगा?

1. जब खण्ड व संकुल सन्दर्भ केन्द्रों की भागीदारी बढ़े।

2. स्थानीय सन्दर्भ व्यक्ति उपलब्ध हो।

3. अध्यापकों के पास संसाधन और प्रासंगिक सामग्री भी मौजूद हो।

सही उत्तर चुनें

(a) 1 और 3 (b) 1 और 2

(c) 2 और 3 (d) 1, 2 और 3

203. निम्न में से कौन-सा अवबोध स्तर के शिक्षण में शामिल है?

(a) पृथक्करण (b) अनुप्रयोग

(c) तुलना (d) अन्वेषण

204. जीन पियाजे का बाल विकास वर्गीकरण किस सिद्धांत पर आधारित है?

(a) मनो सामाजिक विकास सिद्धांत

(b) नैतिक विकास सिद्धांत

(c) मनोलैंगिक विकास सिद्धांत

(d) संज्ञानात्मक विकास सिद्धांत

205. गेस्टाल्टवाद के प्रतिपादक हैं-

(a) स्किनर (b) वर्दीमर (c) पावलॉव (d) फ्रॉयड

206. विकास के मनो-सामाजिक सिद्धांत का प्रतिपादन.........ने किया था। [UPTET 2016]

(a) एरिक्सन (b) फ्रायड (c) कोहलर (d) वाटसन

207. संवेग की उत्पत्ति.........से होती है। [UPTET 2014]

(a) आदतों (b) मूल प्रवृत्तियों

(c) शारीरिक विकास (d) संप्रत्ययों के निर्माण

208. मानसिक विकास का संबंध नही है-

(a) शिक्षार्थी का वजन एवं ऊँचाई

(b) तर्क एवं निर्णय

(c) स्मृति का विकास

(d) अवबोध की क्षमता

209. पूर्णतः प्रकार्यशील व्यक्ति का सम्प्रत्यय किसने दिया –

(a) कार्ल रोजर्स (b) फ्रॉयड

(c) फ्रांसिस गाल्टन (d) इवान पावलॉव

210. निम्न में से किसने बच्चों में वस्तु स्थैतर्य के विकास को समझने में सहायता की है-

(a) पियाजे (b) फेस्टिंगर (c) एरिक्सन (d) बैलाक

211. पुनर्बलन के सिद्धान्त का प्रतिपादन किया-

(a) कोहलर ने (b) पाँवलाव ने

(c) फ्रायड ने (d) हल ने

212. पॉवलाव के प्रयोग में कुत्ते का घंटी बजने पर लार आने की क्रिया कहलाती है-

(a) स्वाभाविक अनुक्रिया (b) प्राकृतिक अनुक्रिया

(c) संबद्ध अनुक्रिया (d) संबद्ध उद्दीपक

213. थॉर्नडाइक के सीखने का मुख्य नियम है-

(a) प्रभाव का नियम (b) मनोवृत्ति का नियम

(c) आत्मसात का नियम (d) साहचर्य का नियम

214. इमली का नाम लेने से मुँह में पानी आ जाने के कारण को निम्नलिखित में से कौन-से सिद्धान्त से जानेंगे?

(a) समग्राकृति (b) उद्दीपक प्रतिक्रिया

(c) प्रयास व त्रुटि (d) सक्रिय अनुबंध

215. व्यवस्थित व्यवहार के सिद्धांत के प्रवर्तक

(a) हॉल (b) मैंने (c) वॉटसन (d) हल

216. एक विद्यार्थी दो वस्तुओं के मध्य भेद समझ चुका है, वह किस शैक्षिक उद्देश्य की प्राप्ति तक पहुँच चुका है?

(a) विश्लेषण (b) अवबोध

(c) संश्लेषण (d) मूल्यांकन

217. अधिगम क्या नहीं है?

(a) अनुभव द्वारा व्यवहार परिवर्तन

(b) केवल पढ़ाई (c) अनुभवों का संगठन

(d) सहज व्यवहार

218. श्रृंखला अभिक्रमित अनुदेशन सीखने के जिस सिद्धान्त पर आधारित है-

(a) अन्तर्दृष्टि का सिद्धान्त (b) प्रयास व त्रुटि का सिद्धान्त

(c) क्षेत्रीय सिद्धान्त (d) क्रिया प्रसूत सिद्धान्त

219. "सीखने की प्रक्रिया की एक प्रमुख विशेषता पठार है ये उस अवधि को व्यक्त करते हैं, जब सीखने की क्रिया में कोई उन्नति नहीं होती है" यह कथन है-

(a) रॉस (b) गेट्स (c) वारेन (d) इनमें से कोई नहीं

220. लघु पदों के सिद्धांत का संबंध है-

(a) रेखीय अभिक्रमित (b) शाखीय अभिक्रमित

(c) अवरोह अभिक्रमित (d) उपरोक्त सभी

221. कार्यात्मक प्रतिबद्धता सिद्धांत प्रक्रिया में मुख्य कारक कौन-सा है?

(a) आकृति करण (b) स्वतः आपूर्ति

(c) पुनर्बलन (d) अभिप्रेरणा

222. समाजीकरण एक प्रक्रिया है-

(a) मूल्यों, विश्वासों तथा अपेक्षाओं को अर्जित करने की।

(b) घुलने-मिलने तथा समायोजन की।

(c) एक समाज की संस्कृति की आलोचना में करना सीखने की

(d) मित्रों के साथ सामाजिक बनने की।

223. "सृजनात्मकता मौलिक परिणामों को अभिव्यक्त करने की मानसिक प्रक्रिया है।" यह कथन है-

(a) कोल एवं ब्रूस का (b) ड्रेवहल का

(c) डीहान का (d) क्रो एवं क्रो का

224. 'विद्रोह की भावना' की प्रवृत्ति निम्न में से किस अवस्था से सम्बन्धित है?

(a) बाल्यावस्था (b) शैशवावस्था

(c) पूर्व किशोरावस्था (d) मध्य किशोरावस्था

225. सिर से पैर की ओर होने वाले विकास को क्या कहा जाता है?

(a) प्रोक्सिमोडिस्टल (Proximodistal)

(b) सेफेलोकॉडल (Cephalocaudal)

(c) रैखिक विकास (d) विशिष्ट विकास

226. NCF 2005 के अनुसार, एक शिक्षक की भूमिका कैसी होनी चाहिए?

(a) सत्तावादी (Authoritative)

(b) तानाशाह (Dictator)

(c) सुविधादाता (Facilitator)

(d) केवल उपदेशक

227. 'विकास कभी न समाप्त होने वाली प्रक्रिया है' - यह कथन विकास के किस सिद्धांत से संबंधित है?

(a) एकीकरण का सिद्धांत

(b) अंतःक्रिया का सिद्धांत

(c) निरंतरता का सिद्धांत (Principle of Continuity)

(d) व्यक्तिगत भिन्नता का सिद्धांत

228. NCF 2005 के पांच मार्गदर्शक सिद्धांतों में से एक है:

(a) ज्ञान को स्कूल के बाहरी जीवन से जोड़ना

(b) केवल परीक्षा पर ध्यान देना

(c) पाठ्यपुस्तक केंद्रित शिक्षा

(d) बच्चों को सख्त अनुशासन में रखना

229. NEP 2020 में 'FLN' का पूर्ण रूप क्या है?

(a) Foreign Language Network

(b) Foundational Literacy and Numeracy

(c) Formal Learning Node

(d) Functional Logical Normalization

230. अभिवृद्धि (Growth) विकास का एक हिस्सा है। यह कथन:

(a) सत्य है (b) असत्य है

(c) दोनों अलग-अलग हैं (d) इनमें कोई संबंध नहीं है

231. मानव विकास की किस अवस्था को 'तूफान और तनाव की अवस्था' (Period of Storm and Stress) कहा जाता है?

(a) शैशवावस्था (b) बाल्यावस्था

(c) किशोरावस्था (d) प्रौढ़ावस्था

232. RTE 2009 के तहत निजी स्कूलों में आर्थिक रूप से कमजोर वर्ग (EWS) के लिए कितने प्रतिशत सीटें आरक्षित हैं?

(a) 10% (b) 20% (c) 25% (d) 33%

233. NEP 2020 में 'परख' (PARAKH) का संबंध किससे है?

(a) शिक्षकों के प्रशिक्षण से (b) मिड-डे मील से

(c) छात्र मूल्यांकन (Assessment) से

(d) स्कूल के बुनियादी ढांचे से

234. शिक्षा का अधिकार अधिनियम (RTE) 2009 के अनुसार, प्राथमिक विद्यालय में शिक्षक-छात्र अनुपात क्या होना चाहिए?

(a) 1:40 (b) 1:35 (c) 1:30 (d) 1:25

235. NEP 2020 के अनुसार, वर्तमान 10+2 शैक्षिक मॉडल को किस नए शैक्षणिक पाठ्यक्रम प्रणाली में बदल दिया गया है?

(a) 3+4+4+5 (b) 5+3+3+4

(c) 4+3+3+5 (d) 5+4+3+3

236. लेव वैगोत्सकी ने सीखने में किस कारक की भूमिका पर सबसे अधिक बल दिया?

(a) अनुवांशिकता (b) भौतिक वातावरण

(c) सामाजिक अंतःक्रिया (Social Interaction)

(d) दंड

237. अल्बर्ट बांडुरा के 'सामाजिक शिक्षण सिद्धांत' (Social Learning Theory) का मुख्य आधार क्या है?

(a) अंतर्दृष्टि

(b) अवलोकन और अनुकरण (Observation and Imitation)

(c) सुदृढ़ीकरण

(d) रटना

238. कोहलर ने अपने 'अंतर्दृष्टि अधिगम' (Insight Learning) का प्रयोग किस पर किया था?

(a) चूहों पर (b) कुत्तों पर

(c) 'सुल्तान' नामक चिंपांजी पर

(d) बिल्ली पर

239. जॉन डीवी (John Dewey) किस प्रकार की शिक्षा के समर्थक थे?

(a) शिक्षक-केंद्रित शिक्षा

(b) प्रगतिशील शिक्षा (Progressive Education)

(c) रटंत शिक्षा (d) केवल धार्मिक शिक्षा

240. क्लार्क हल (Clark Hull) का अधिगम सिद्धांत किस नाम से जाना जाता है?

(a) अंतर्दृष्टि सिद्धांत

(b) आवश्यकता अवकलन सिद्धांत (Drive Reduction Theory)

(c) शास्त्रीय अनुबंधन

(d) संज्ञानात्मक मानचित्र

241. पियाजे के अनुसार, 'अहम-केंद्रित' (Egocentrism) व्यवहार किस अवस्था में प्रमुख होता है?

(a) संवेदी-पेशीय

(b) पूर्व-संक्रियात्मक (Pre-operational)

(c) मूर्त संक्रियात्मक (d) औपचारिक संक्रियात्मक

242. वैगोत्सकी के अनुसार, 'ZPD' का पूर्ण रूप क्या है?

(a) Zone of Proximal Development

(b) Zone of Physical Development

(c) Zero Personal Development

(d) Zone of Primary Development

243. बांडुरा के 'बोबो डोल' (Bobo Doll) प्रयोग ने क्या सिद्ध किया?

(a) बच्चे आक्रामक व्यवहार देखकर उसे सीखते हैं

(b) बच्चे गुड़ियों से डरते हैं

(c) बच्चे केवल पुरस्कार से सीखते हैं

(d) बच्चों को अकेले खेलना पसंद है

244. जॉन डीवी के अनुसार, शिक्षा एक ______ प्रक्रिया है।

(a) एकल (b) द्वि-ध्रुवीय

(c) त्रि-ध्रुवीय (Tri-polar) (d) अप्रासंगिक

245. पियाजे के अनुसार, नई जानकारी को पुराने स्कीमा में फिट करना क्या कहलाता है?

(a) समायोजन (Accommodation)

(b) आत्मसातीकरण (Assimilation)

(c) साम्यीकरण (d) संगठन

246. कोहलर किस संप्रदाय (School of Thought) से संबंधित थे?

(a) व्यवहारवाद (b) गेस्टाल्टवाद (Gestaltism)

(c) रचनावाद (d) मानवतावाद

247. क्लार्क हल ने अपने सिद्धांत में किस पर सबसे अधिक जोर दिया?

(a) प्रेरणा और सुदृढ़ीकरण (Reinforcement)

(b) केवल बुद्धि (c) केवल समाज

(d) अंतर्दृष्टि

248. जॉन डीवी ने 'करके सीखने' (Learning by Doing) पर जोर दिया, यह किस दर्शन का हिस्सा है?

(a) आदर्शवाद (b) प्रयोजनवाद (Pragmatism)

(c) प्रकृतिवाद (d) यथार्थवाद

249. वैगोत्सकी के अनुसार, 'निजी भाषण' (Private Speech) बच्चों की मदद करता है:

(a) खुद को पागल दिखाने में

(b) अपने कार्यों को निर्देशित करने में

(c) दूसरों को परेशान करने में

(d) भाषा सीखने में बाधा पहुँचाने में

250. पियाजे की 'मूर्त संक्रियात्मक' (Concrete Operational) अवस्था की आयु क्या है?

(a) 0-2 वर्ष (b) 2-7 वर्ष

(c) 7-11 वर्ष (d) 11 वर्ष से अधिक

251. बंडुरा के अवलोकन अधिगम के चार चरण क्या हैं?

(a) ध्यान, प्रतिधारण, पुनरुत्पादन, प्रेरणा

(b) रटना, लिखना, पढ़ना, सुनना

(c) खेल, कूद, नाच, गाना

(d) देखना, सोचना, भूलना, करना

252. 'प्रिंसिपल्स ऑफ बिहेवियर' (Principles of Behavior) पुस्तक किसने लिखी?

(a) स्किनर (b) हल (Hull)

(c) थोर्नडाइक (d) वाटसन

253. पियाजे के अनुसार 'वस्तु स्थायित्व' (Object Permanence) कब विकसित होता है?

(a) संवेदी-पेशीय अवस्था (0-2 वर्ष)

(b) पूर्व-संक्रियात्मक

(c) मूर्त संक्रियात्मक

(d) औपचारिक संक्रियात्मक

254. वैगोत्सकी ने भाषा और विचार के बारे में क्या कहा?

(a) भाषा विचार से पहले आती है

(b) विचार भाषा से पहले आता है

(c) भाषा और विचार शुरुआत में स्वतंत्र होते हैं और बाद में मिल जाते हैं

(d) दोनों का कोई संबंध नहीं है

255. पियाजे की अंतिम अवस्था कौन सी है?

(a) मूर्त संक्रियात्मक

(b) औपचारिक संक्रियात्मक (Formal Operational)

(c) संवेदी-पेशीय

(d) पूर्व-संक्रियात्मक

256. वैगोत्सकी के अनुसार, अधिगम क्या है?

(a) एक व्यक्तिगत गतिविधि (b) एक सामाजिक गतिविधि

(c) एक निष्क्रिय गतिविधि (d) एक यांत्रिक गतिविधि

257. जॉन डीवी के अनुसार, शिक्षा का आधार क्या होना चाहिए?

(a) समाज और अनुभव (b) केवल पाठ्यपुस्तक

(c) केवल शिक्षक (d) केवल परीक्षा

258. पियाजे के अनुसार, 'संरक्षण' (Conservation) की समझ किस अवस्था में आती है?

(a) पूर्व-संक्रियात्मक

(b) मूर्त संक्रियात्मक (Concrete Operational)

(c) संवेदी-पेशीय (d) इनमें से कोई नहीं

259. MKO (More Knowledgeable Other) की अवधारणा किसने दी?

(a) पियाजे (b) वैगोत्सकी (c) जॉन डीवी (d) बांडुरा

260. 'लर्निंग टू थिंक' (Learning to Think) पुस्तक के लेखक कौन हैं?

(a) जॉन डीवी (b) हल

(c) पियाजे (d) कोहलर

261. हल का सिद्धांत 'गणितीय' प्रकृति का था। यह कथन:

(a) सत्य है (b) असत्य है (c) संदिग्ध है (d) अप्रासंगिक है

262. संज्ञानात्मक निर्मितिवाद (Cognitive Constructivism) के जनक कौन हैं?

(a) वैगोत्सकी (b) पियाजे

(c) बांडुरा (d) कोहलर

263. स्किनर ने 'प्रोग्राम्ड लर्निंग' (अभिक्रमित अनुदेशन) का आधार किसे माना?

(a) शास्त्रीय अनुबंधन (b) क्रिया प्रसूत अनुबंधन

(c) सूझ (d) अनुकरण

264. अधिगम वक्र (Learning Curve) क्या दर्शाता है?

(a) सीखने की प्रगति (b) लंबाई

(c) वजन (d) आयु

265. विकास की किस अवस्था में 'समूह भावना' (Gang age) प्रबल होती है?

(a) शैशवावस्था (b) बाल्यावस्था

(c) प्रौढ़ावस्था (d) जन्म के समय

266. पावलाव के सिद्धांत में 'UCS' क्या है?

(a) घंटी (b) भोजन (c) लार(d) बिजली का झटका

267. शिक्षण की 'प्रोजेक्ट विधि' (Project Method) किसने दी?

(a) डीवी (b) किलपैट्रिक (c) फ्रोबेल (d) स्किनर

268. "बच्चे अपनी समझ का सृजन स्वयं करते हैं" - यह कथन किसका है?

(a) पावलाव (b) पियाजे

(c) स्किनर (d) थोर्नडाइक

269. मूल्यांकन का सबसे अच्छा तरीका है:

(a) वार्षिक परीक्षा (b) छमाही परीक्षा

(c) सतत और व्यापक मूल्यांकन

(d) मौखिक परीक्षा

270. 'प्रतिभाशाली' होने का संकेत नहीं है?

(a) अभिव्यक्ति में नवीनता (b) जिज्ञासा

(c) दूसरों के साथ झगड़ना (d) सृजनात्मक विचार

271. सृजनात्मकता का एक प्रमुख परीक्षण 'टोरेंस परीक्षण' किससे संबंधित है?

(a) बुद्धि से (b) व्यक्तित्व से

(c) सृजनात्मकता से (d) ऊंचाई से

272. आकलन का मुख्य उद्देश्य होना चाहिए:

(a) बच्चों को पास-फेल करना

(b) सीखने में होने वाली कमियों को समझना और सुधारना

(c) सजा देना

(d) बच्चों की तुलना करना

273. स्किनर ने किस पर प्रयोग किए?

(a) चूहों और कबूतरों पर (b) बंदरों पर

(c) कुत्तों पर (d) मछलियों पर

274. क्रिया प्रसूत अधिगम को और किस नाम से जाना जाता है?

(a) नैमित्तिक अनुबंधन (Instrumental)

(b) शास्त्रीय अनुबंधन

(c) प्राचीन अनुबंधन (d) सूझ का सिद्धांत

275. बालक का विकास सिर से पैर की ओर होता है, इसे कहते हैं:

(a) केंद्र-परिधि (b) सेफेलोकॉडल

(c) निरंतरता(d) कोई नहीं

276. पावलाव ने अपने प्रयोग में कुत्ते की किस ग्रंथि (Gland) का ऑपरेशन किया था?

(a) थायराइड (b) पैरोटिड (लार ग्रंथि)

(c) एड्रिनल (d) पिट्यूटरी

277. समावेशी शिक्षा (Inclusive Education) का अर्थ है:

(a) केवल दिव्यांगों को पढ़ाना

(b) केवल सामान्य बच्चों को पढ़ाना

(c) सामान्य और दिव्यांग बच्चों को एक साथ पढ़ाना

(d) अमीरों को पढ़ाना

278. सृजनात्मकता का संबंध किससे है?

(a) अपसारी चिंतन (b) अभिसारी चिंतन

(c) आलोचनात्मक चिंतन (d) सभी

279. 'प्रगतिशील शिक्षा' के जनक कौन माने जाते हैं?

(a) फ्रायड (b) जॉन डीवी (c) रूसो (d) स्किनर

280. कोलबर्ग का सिद्धांत किससे संबंधित है?

(a) संज्ञानात्मक विकास (b) नैतिक विकास

(c) शारीरिक विकास (d) सामाजिक विकास

281. डिस्केल्कुलिया (Dyscalculia) का संबंध है:

(a) पढ़ने से (b) गणितीय गणनाओं से

(c) लिखने से (d) सुनने से

282. बुद्धि का 'बहुबुद्धि सिद्धांत' (Multiple Intelligence) किसने दिया?

(a) बिने (b) स्पीयरमैन (c) हार्वर्ड गार्डनर (d) थर्स्टन

283. प्रतिभाशाली बच्चों की क्या विशेषता होती है?

(a) वे बहुत जल्दी ऊब जाते हैं यदि कार्य चुनौतीपूर्ण न हो

(b) वे कभी प्रश्न नहीं पूछते

(c) उन्हें रटना पसंद है

(d) वे सामाजिक नहीं होते

284. टर्मन (Terman) के अनुसार प्रतिभाशाली बालकों की मानसिक आयु:

(a) उनकी वास्तविक आयु से कम होती है

(b) उनकी वास्तविक आयु से अधिक होती है

(c) बराबर होती है

(d) शून्य होती है

285. प्रतिभाशाली बालकों की बुद्धि लब्धि (IQ) सामान्यतः कितनी होती है?

(a) 90 से ऊपर (b) 110 से ऊपर

(c) 140 से ऊपर (d) 80 से नीचे

286. RPWD Act के अनुसार 'बेंचमार्क विकलांगता' का अर्थ क्या है?

(a) कम से कम 20% विकलांगता

(b) कम से कम 40% विकलांगता

(c) 100% विकलांगता

(d) केवल शारीरिक विकलांगता

287. RPWD Act 2016 में दिव्यांगता की श्रेणियों की संख्या 7 से बढ़ाकर कितनी कर दी गई है?

(a) 14 (b) 21 (c) 25 (d) 18

288. पुनर्बलन' (Reinforcement) शब्द का सबसे अधिक प्रयोग किसने किया?

(a) पावलाव (b) स्किनर

(c) फ्रायड (d) पियाजे

289. विलोपन (Extinction) की प्रक्रिया कब होती है?

(a) जब भोजन और घंटी साथ दी जाए

(b) जब केवल घंटी बजाई जाए और भोजन न दिया जाए

(c) जब केवल भोजन दिया जाए

(d) जब कुत्ता सो जाए

290. स्किनर के अनुसार बच्चों में भाषा का विकास किसका परिणाम है?

(a) अंतर्निहित क्षमता

(b) अनुकरण और पुनर्बलन (Imitation & Reinforcement)

(c) केवल परिपक्वता

(d) रटना

291. पावलाव के प्रयोग में 'घंटी' क्या थी?

(a) स्वाभाविक उद्दीपक (UCS)

(b) अनुबंधित उद्दीपक (CS)

(c) स्वाभाविक अनुक्रिया (UCR) (d) भोजन

292. 'क्रिया प्रसूत अनुबंधन' (Operant Conditioning) का सिद्धांत किसने दिया?

(a) पावलाव (b) कोहलर

(c) स्किनर (d) थोर्नडाइक

293. 'शास्त्रीय अनुबंधन' (Classical Conditioning) में पावलाव ने किस पर प्रयोग किया था?

(a) बिल्ली (b) कुत्ता (c) चूहा (d) कबूतर

294. बहुभाषी कक्षा में शिक्षक को क्या करना चाहिए?

(a) केवल एक भाषा का प्रयोग अनिवार्य करें

(b) सभी बच्चों की भाषाओं का सम्मान करें

(c) बच्चों को अपनी भाषा बोलने पर दंड दें

(d) केवल अंग्रेजी में बात करें

295. 'लिंवा फ्रेंका' क्या है?

(a) विदेशी भाषा

(b) संपर्क भाषा (Common language for communication)

(c) मातृभाषा

(d) सांकेतिक भाषा

296. एक से अधिक भाषा बोलने वाले बच्चों में क्या बेहतर होता है?

(a) केवल दौड़ना

(b) संज्ञानात्मक लचीलापन (Cognitive Flexibility)

(c) कम बोलना

(d) रटने की क्षमता

297. उपचारात्मक शिक्षण (Remedial Teaching) का उद्देश्य क्या है?

(a) परीक्षा में फेल करना

(b) छात्रों की कमियों को दूर करना

(c) गृहकार्य देना

(d) पाठ को रटाना

298. निदानात्मक परीक्षण (Diagnostic Test) क्यों किया जाता है?

(a) ग्रेड देने के लिए

(b) छात्र की कठिनाइयों के कारणों का पता लगाने के लिए

(c) रैंकिंग के लिए

(d) छात्र को दंड देने के लिए

299. सतत और व्यापक मूल्यांकन (CCE) में 'व्यापक' का क्या अर्थ है?

(a) केवल शैक्षिक क्षेत्र (b) सह-शैक्षिक क्षेत्र

(c) शैक्षिक और सह-शैक्षिक दोनों क्षेत्र

(d) केवल लिखित परीक्षा

300. पोर्टफोलियो (Portfolio) एक उपकरण है:

(a) बच्चों के अनुशासन के लिए

(b) बच्चों की प्रगति के क्रमिक रिकॉर्ड के लिए

(c) केवल खेल के लिए

(d) फीस रिकॉर्ड के लिए

301. "आउट ऑफ द बॉक्स" (Out of the box) चिंतन किससे संबंधित है?

(a) स्मृति आधारित चिंतन (b) अपसारी चिंतन

(c) अभिसारी चिंतन (d) अनुकूल चिंतन

302. सृजनात्मकता मुख्य रूप से किससे संबंधित है?

(a) मॉडलिंग (b) अनुकरण

(c) विविध सोच (Diverse thinking)

(d) उच्च बुद्धि लब्धि (IQ)

303. गिलफोर्ड के अनुसार, सृजनात्मकता का तत्व नहीं है?

(a) प्रवाह (Fluency) (b) लचीलापन (Flexibility)

(c) मौलिकता (Originality)

(d) रटना (Memorization)

304. लेव वैगोत्सकी के अनुसार, 'निजी भाषण' (Private Speech) के संदर्भ में कौन सा कथन सबसे सटीक है?

(a) यह इंगित करता है कि बच्चा आत्म-केंद्रित (Egocentric) है।

(b) यह बच्चों द्वारा अपने स्वयं के कार्यों को निर्देशित करने के लिए उपयोग की जाने वाली एक संज्ञानात्मक प्रणाली है।

(c) यह बच्चों की मौखिक अक्षमता को दर्शाता है।

(d) यह केवल तब होता है जब बच्चा किसी सामाजिक संकट में होता है।

305. स्किनर के 'क्रिया प्रसूत अनुबंधन' (Operant Conditioning) में 'नकारात्मक सुदृढ़ीकरण' (Negative Reinforcement) का क्या अर्थ है?

(a) किसी अवांछनीय व्यवहार को रोकने के लिए दंड देना।

(b) किसी अप्रिय उद्दीपक (Aversive Stimulus) को हटाकर किसी व्यवहार को मजबूत करना।

(c) किसी पुरस्कार को वापस ले लेना।

(d) छात्र की उपेक्षा करना।

306. पावलाव के शास्त्रीय अनुबंधन में 'द्वितीय श्रेणी का अनुबंधन' (Higher-Order Conditioning) क्या दर्शाता है?

(a) भोजन के बिना लार टपकना।

(b) एक पहले से अनुबंधित उद्दीपक (CS) का उपयोग करके एक नए तटस्थ उद्दीपक को अनुबंधित करना।

(c) कुत्ते का सो जाना।

(d) अनुक्रिया का पूरी तरह से मिट जाना।

307. पियाजे के संज्ञानात्मक विकास सिद्धांत के अनुसार, 'ट्रांसडक्टिव रीजनिंग' (Transductive Reasoning) किस अवस्था की विशेषता है?

(a) संवेदी-पेशीय अवस्था

(b) पूर्व-संक्रियात्मक अवस्था (Pre-operational)

(c) मूर्त संक्रियात्मक अवस्था

(d) औपचारिक संक्रियात्मक अवस्था

308. 'अपसारी चिंतन' (Divergent Thinking) और 'बुद्धि' (IQ) के बीच संबंध के संदर्भ में 'थ्रेशोल्ड परिकल्पना' (Threshold Hypothesis) क्या कहती है?

(a) बुद्धि और सृजनात्मकता का कोई संबंध नहीं है।

(b) एक निश्चित स्तर (जैसे 120 IQ) तक बुद्धि सृजनात्मकता के लिए आवश्यक है, लेकिन उसके ऊपर उच्च बुद्धि उच्च सृजनात्मकता की गारंटी नहीं देती।

(c) कम बुद्धि वाले लोग अधिक सृजनात्मक होते हैं।

(d) बुद्धि बढ़ने के साथ सृजनात्मकता हमेशा बढ़ती है।

309. विकास का पारिस्थितिक तंत्र सिद्धांत' (Ecological Systems Theory) किसने दिया, जो बालक के विकास पर पर्यावरण के विभिन्न स्तरों (Micro, Meso, Exo, Macro) के प्रभाव की व्याख्या करता है?

(a) यूरी ब्रोनफेनब्रेनर (Urie Bronfenbrenner)

(b) लेव वैगोत्सकी (c) अल्बर्ट बांडुरा

(d) एरिक एरिक्सन

310. प्रतिभाशाली बच्चों के लिए 'समृद्धिकरण' (Enrichment) कार्यक्रम का क्या अर्थ है?

(a) उन्हें स्कूल के बाद काम पर रखना।

(b) उन्हें सामान्य पाठ्यक्रम से हटकर उच्च स्तरीय और चुनौतीपूर्ण शैक्षिक अनुभव प्रदान करना।

(c) उन्हें केवल खेलकूद में व्यस्त रखना।

(d) उन्हें कक्षा का मॉनिटर बना देना।

ANSWER KEY

1. (*c*) 2. (*b*) 3. (*d*) 4. (*c*) 5. (*a*) 6. (*d*) 7. (*b*) 8.(*c*) 9. (*c*) 10. (*a*) 11. (*a*) 12. (*a*) 13. (*d*)
14. (*c*) 15. (*d*) 16. (*d*) 17. (*c*) 18. (*b*) 19. (*c*) 20. (*d*) 21.(*c*) 22. (*b*) 23. (*a*) 24. (*c*) 25. (*d*) 26. (*b*)
27. (*a*) 28. (*a*) 29. (*c*) 30. (*b*) 31. (*c*) 32. (*b*) 33. (*b*) 34.(*a*) 35. (*d*) 36. (*c*) 37. (*c*) 38. (*c*) 39. (*d*)
40. (*a*) 41. (*b*) 42. (*b*) 43. (*b*) 44. (*a*) 45. (*c*) 46. (*b*) 47.(*a*) 48. (*a*) 49. (*b*) 50. (*a*) 51. (*a*) 52. (*c*)
53. (*b*) 54. (*a*) 55. (*b*) 56. (*b*) 57. (*a*) 58. (*a*) 59. (*b*) 60.(*a*) 61. (*d*) 62. (*c*) 63. (*c*) 64. (*a*) 65. (*c*)
66. (*a*) 67. (*a*) 68. (*c*) 69. (*d*) 70. (*b*) 71. (*a*) 72. (*c*) 73.(*a*) 74. (*b*) 75. (*b*) 76. (*c*) 77. (*c*) 78. (*d*)
79. (*c*) 80. (*a*) 81. (*a*) 82. (*b*) 83. (*a*) 84. (*c*) 85. (*a*) 86.(*d*) 87. (*b*) 88. (*b*) 89. (*d*) 90. (*a*) 91. (*d*)
92. (*a*) 93. (*b*) 94. (*b*) 95. (*c*) 96. (*d*) 97. (*a*) 98. (*c*) 99.(*b*) 100. (*c*) 101. (*a*) 102. (*b*) 103. (*a*) 104. (*c*)
105. (*c*) 106. (*a*) 107. (*a*) 108. (*c*) 109. (*d*) 110. (*c*) 111. (*c*) 112.(*a*) 113. (*c*) 114. (*c*) 115. (*d*) 116. (*d*) 117. (*d*)
118. (*c*) 119. (*a*) 120. (*c*) 121. (*b*) 122. (*d*) 123. (*b*) 124. (*b*) 125.(*b*) 126. (*a*) 127. (*c*) 128. (*b*) 129. (*d*) 130. (*b*)
131. (*c*) 132. (*d*) 133. (*a*) 134. (*b*) 135. (*a*) 136. (*a*) 137. (*c*) 138.(*b*) 139. (*b*) 140. (*c*) 141. (*a*) 142. (*c*) 143. (*d*)
144. (*b*) 145. (*a*) 146. (*b*) 147. (*d*) 148. (*a*) 149. (*d*) 150. (*d*) 151.(*d*) 152. (*a*) 153. (*c*) 154. (*d*) 155. (*c*) 156. (*c*)
157. (*b*) 158. (*c*) 159. (*a*) 160. (*d*) 161. (*c*) 162. (*c*) 163. (*b*) 164.(*d*) 165. (*c*) 166. (*a*) 167. (*d*) 168. (*b*) 169. (*c*)
170. (*b*) 171. (*d*) 172. (*c*) 173. (*c*) 174. (*a*) 175. (*b*) 176. (*c*) 177.(*a*) 178. (*b*) 179. (*b*) 180. (*d*) 181. (*c*) 182. (*d*)
183. (*a*) 184. (*d*) 185. (*b*) 186. (*c*) 187. (*a*) 188. (*a*) 189. (*b*) 190.(*b*) 191. (*c*) 192. (*c*) 193. (*b*) 194. (*c*) 195. (*c*)
196. (*b*) 197. (*a*) 198. (*c*) 199. (*d*) 200. (*d*) 201. (*b*) 202. (*d*) 203.(*d*) 204. (*d*) 205. (*b*) 206. (*a*) 207. (*b*) 208. (*a*)
209. (*a*) 210. (*a*) 211. (*d*) 212. (*c*) 213. (*a*) 214. (*b*) 215. (*d*) 216.(*b*) 217. (*b*) 218. (*b*) 219. (*a*) 220. (*a*) 221. (*c*)
222. (*a*) 223. (*d*) 224. (*c*) 225. (*b*) 226. (*c*) 227. (*c*) 228. (*a*) 229.(*b*) 230. (*a*) 231. (*c*) 232. (*c*) 233. (*c*) 234. (*c*)
235. (*b*) 236. (*c*) 237. (*b*) 238. (*c*) 239. (*b*) 240. (*b*) 241. (*b*) 242.(*a*) 243. (*a*) 244. (*c*) 245. (*b*) 246. (*b*) 247. (*a*)
248. (*b*) 249. (*b*) 250. (*c*) 251. (*a*) 252. (*b*) 253. (*a*) 254. (*c*) 255.(*b*) 256. (*b*) 257. (*a*) 258. (*b*) 259. (*b*) 260. (*a*)
261. (*a*) 262. (*b*) 263. (*b*) 264. (*a*) 265. (*b*) 266. (*b*) 267. (*b*) 268.(*b*) 269. (*c*) 270. (*c*) 271. (*c*) 272. (*b*) 273. (*a*)
274. (*a*) 275. (*b*) 276. (*b*) 277. (*c*) 278. (*a*) 279. (*b*) 280. (*b*) 281.(*b*) 282.(*c*) 283. (*a*) 284. (*b*) 285. (*c*) 286. (*b*)
287. (*b*) 288. (*b*) 289. (*b*) 290. (*b*) 291. (*b*) 292. (*c*) 293. (*b*) 294.(*b*) 295. (*b*) 296. (*b*) 297. (*b*) 298. (*b*) 299. (*c*)
300. (*b*) 301. (*b*) 302. (*c*) 303. (*d*) 304. (*b*) 305. (*b*) 306. (*b*) 307.(*b*) 308. (*b*) 309. (*a*) 310. (*b*)

प्रैक्टिस सेट : 01

1. निम्न में किसके प्रयोग में 'कुत्ता' एक विषयी था ?

(a) स्किनर (b) कोहलर (c) थॉर्नडाइक (d) पावलोव

2. मौलिकता, नमनीयता तथा प्रवाह निम्न में किसके घटक हैं ?

(a) बुद्धि (b) अभिप्रेरणा

(c) व्यक्तित्व (d) सृजनात्मकता

3. युयुत्सा है-

(a) मूल प्रवृत्ति (b) चिन्तन

(c) कल्पना (d) संवेग

4. बालकों के सामाजिक विकास को प्रभावित करने वाले तत्व हैं-

(a) आर्थिक तत्त्व (b) वंशानुगत तत्त्व

(c) शारीरिक तत्त्व (d) सामाजिक परिवेशजन्य तत्व

5. शारीरिक विकास का एक प्रमुख नियम निम्न में से कौन-सा है?

(a) मानसिक विकास से भिन्नता का नियम

(b) कल्पना और संवेगात्मक विकास से सम्बन्ध का नियम

(c) द्रुतगामी विकास का नियम

(d) अनियमित विकास का नियम

6. निम्नलिखित में से कौन-सा विकास का सिद्धान्त नहीं है ?

(a) अनुकूलित प्रत्यावर्तन सिद्धान्त

(b) समान प्रतिमान का सिद्धान्त

(c) परस्पर सम्बन्ध का सिद्धान्त

(d) निरन्तर विकास का सिद्धान्त

7. "विकास के परिणामस्वरूप नवीन विशेषताएँ और नवीन योग्यताएँ प्रकट होती है" यह कथन ने दिया है।

(a) गेसेल (b) डगलस और हॉलैंड

(c) मेरेडिथ (d) हरलॉक

8. कोहलर निम्न में किससे सम्बन्धित है ?

(a) अभिप्रेरणा के सिद्धान्त (b) अधिगम के सिद्धान्त

(c) व्यक्तित्व के सिद्धान्त (d) विकास के सिद्धान्त

9. मैक्डूगल के अनुसार मूल प्रवृत्तियों की संख्या होती है-

(a) 15 (b) 10 (c) 12 (d) 14

10. मानसिक उद्वेलन प्रतिमान का प्रयोग निम्न में से किसके शिक्षण हेतु किया जाता है ?

(a) समझ (b) समस्या समाधान

(c) सृजनात्मकता (d) अनुप्रयोग

11. किसने पाठ योजना की 'पंचपद प्रणाली' को प्रतिपादित किया?

(a) जॉन डीवी (b) ब्लूम

(c) किलपैट्रिक (d) हर्बर्ट

12. निम्नलिखित में ग्रन्थियों के आधार पर व्यक्तित्व के विभिन्न प्रकारों की चर्चा किसने की है?

(a) क्रेशमर (b) स्प्रंगर (c) कैनन (d) जुंग

13. 'सृजनात्मकता मौलिक परिणामों को अभिव्यक्त करने की मानसिक प्रक्रिया है।' यह कथन है-

(a) कोल एवं ब्रूस का (b) क्रो एवं क्रो का

(c) डीहान का (d) ड्रेवहल का

14. बी. एफ. स्किनर के अनुसार बच्चों में भाषा का विकास होता है-

(a) जन्मजात क्षमताओं के फलस्वरूप

(b) व्याकरण में प्रशिक्षण के फलस्वरूप

(c) अनुकरण एवं पुनर्बलन के फलस्वरूप

(d) परिपक्वता के फलस्वरूप

15. मूल प्रवृत्तियों को चौदह प्रकार से .... ने वर्गीकृत किया है-

(a) ड्रेवर (b) वुडवर्थ (c) थॉर्नडाइक (d) मैकडूगल

16. 'किसी दूसरी वस्तु की अपेक्षा एक वस्तु पर चेतना का केन्द्रीकरण अवधान है' यह कथन है-

(a) डम्विल का (b) मैक्डूगल का

(c) मन का (d) रॉस का

17. निम्नलिखित में किसका नाम 'सुजननशास्त्र के पिता से जुड़ा हुआ है ?

(a) क्रो एवं क्रो (b) वुडवर्थ

(c) रॉस (d) गाल्टन

18. 12 वर्ष से 16 वर्ष के बालकों हेतु हिन्दी में डॉ. एस. जलोटा ने कौन-सा परीक्षण प्रतिपादित किया है ?

(a) अशाब्दिक बुद्धि परीक्षण (b) चित्रांकन परीक्षण

(c) आर्मी अल्फा टेस्ट (d) साधारण मानसिक योग्यता परीक्षण

19. बुद्धि के 'द्विकारक सिद्धान्त' का प्रतिपादन किसने किया ?

(a) स्टर्न (b) थॉर्नडाइक (c) वर्नन (d) स्पीयरमैन

20. अधिगम हेतु निम्न में क्या सर्वाधिक आवश्यक है ?

(a) अभिप्रेरणा (b) निर्देशन

(c) परिपक्वता (d) रुचि

21. शैशवकाल का समय है-

(a) 12 वर्ष से 18 वर्ष तक (b) 15 वर्ष तक

(c) जन्म से 6 वर्ष तक (d) जन्म से 2 वर्ष तक

22. कोहलर अपने प्रयोग से यह सिद्ध करना चाहते थे कि अधिगम-

(a) समग्र परिस्थिति का प्रत्यक्षीकरण है

(b) मानव का अधिगम प्रयोजनपूर्ण है

(c) जानवरों में मनुष्यों से श्रेष्ठ है (d) एक स्वतन्त्र क्रिया है

23. क्रिया प्रसूत अधिगम सिद्धान्त का प्रतिपादन किया-

(a) हल (b) स्किनर (c) हेगार्टी (d) थॉर्नडाइक

24. ब्लू प्रिंट निम्न में किसका महत्त्वपूर्ण घटक है?

(a) परीक्षण निर्माण (b) परीक्षण अंकन

(c) परीक्षण प्रशासन (d) परीक्षण वैधता

25. विकास की पूर्वसंक्रिया अवस्था निम्न में किसने दी थी ?

(a) ब्रुनर (b) स्किनर (c) कोहलर (d) पियाजे

26. एम. एम. पी. आई. परीक्षण का उपयोग निम्न में किसके मापन में किया जाता है?

(a) व्यक्तित्व (b) सृजनात्मकता

(c) सम्प्राप्ति (d) बुद्धि

27. पूर्व अनुभव के आधार पर संवेदना को अर्थ प्रदान करना कहलाता है-

(a) कल्पना (b) चिन्तन (c) स्मृति (d) प्रत्यक्षीकरण

28. सीखने में प्रयास व भूल के सिद्धान्त का प्रतिपादन किसने किया ?

(a) कोहलर (b) गेस्टाल्ट (c) थॉर्नडाइक (d) पावलोव

29. औसत बुद्धि वाले बालकों का बुद्धि-लब्धि स्तर होगा-

(a) 70-79 (b) 110-114 (c) 90 - 109 (d) 80-89

30. निम्न में से कौन तरल क्रिस्टलीय बुद्धि के प्रतिमान के प्रतिपादक थे ?

(a) कैटेल (b) स्किनर (c) वर्नन (d) थॉर्नडाइक

ANSWER KEY

1. (*d*) 2. (*d*) 3. (*a*) 4. (*d*) 5. (*c*) 6. (*a*) 7. (*a*) 8. (*b*) 9. (*d*) 10. (*c*) 11. (*d*) 12. (*c*) 13. (*b*) 14. (*c*) 15. (*d*) 16. (*a*) 17. (*d*) 18. (*d*) 19. (*d*) 20. (*d*) 21. (*d*) 22. (*a*) 23. (*b*) 24. (*a*) 25. (*d*) 26. (*a*) 27. (*a*) 28. (*c*) 29. (*c*) 30. (*a*)

प्रैक्टिस सेट : 02

1. निम्न में से कौन-सा शिक्षा मनोविज्ञान की सर्वाधिक व्यक्तिनिष्ठ विधि है ?

(a) निरीक्षण (b) बहिर्दर्शन

(c) प्रयोगीकरण (d) अन्तदर्शन

2. एल्बर्ट बण्डूरा निम्न में से किससे सम्बन्धित है ?

(a) संज्ञानात्मक विकास का सिद्धान्त

(b) व्यवहारवादी सिद्धान्त (c) मनोलैंगिक विकास

(d) सामाजिक अधिगम सिद्धान्त

3. अधिगम में पठार निम्न में से किस कारण बनता है?

(a) थकान द्वारा (b) अभिप्रेरणा द्वारा

(c) रुचि द्वारा (d) परिपक्वता द्वारा

4. दर्पण चित्र परीक्षण किसे मापने हेतु प्रयुक्त होता है ?

(a) सृजनात्मकता को (b) अधिगम अन्तरण को

(c) अभिरुचि को (d) अधिगम की गति को

5. क्लाउड पिक्चर परीक्षण निम्न में से किसके मापन में प्रयुक्त होता है ?

(a) अभिक्षमता (b) व्यक्तित्व

(c) अभिरुचि (d) बुद्धि

6. पाँच वर्ष के मोहन की मानसिक आयु आठ वर्ष है, उसकी बुद्धि लब्धि कितनी है ?

(a) 140 (b) 160 (c) 135 (d) 150

7. इनमें से कौन-सा आई. क्यू. स्तर मन्दबुद्धि बालकों का प्रशिक्षण योग्य आई. क्यू. स्तर कहलाता है ?

(a) 36-49 (b) 50-69

(c) 35 एवं निम्न (d) 70-79

8. रोशा इंक ब्लाट टेस्ट का प्रयोग निम्न में से किसके मापन हेतु किया जाता है ?

(a) रुचि (b) बुद्धि (c) अभिक्षमता (d) व्यक्तित्व

9. यह विस्मृति का कारण नहीं है

(a) मानसिक द्वन्द (b) स्मरण करने की इच्छा

(c) सीखने की दोषपूर्ण विधियाँ

(d) सीखने में कमी

10. यह विज्ञान जो संख्यात्मक प्रदत्त को एकत्र करने, विभाजित करने प्रस्तुत करने, तुलना करने और व्याख्या करने की विधि

से सम्बन्धित है, वह कहलाता है

(a) ज्यामिति (b) गणित
(c) सम्भाव्यता (d) सांख्यिकी

11. निम्न में कौन शेष से भिन्न है ?

(a) रैवेन का परीक्षण (b) 16 पी. एफ.
(c) ड्रा ए मैन परीक्षण (d) टी. ए. टी.

12. 7, 8, 9, 10, 11, 12 का मध्यांक है

(a) 10 (b) 9 (c) 9.5 (d) 8

13. सूझ या अन्तर्दृष्टि के सिद्धान्त का प्रतिपादन किया

(a) हेगार्टी (b) गेस्टाल्टवादी मनोवैज्ञानिक
(c) स्किन्नर (d) थॉर्नडाइक

14. मैगडुगल के अनुसार प्रत्येक मूल प्रवृत्ति से सम्बद्ध होता है

(a) संवेदना (b) संवेग
(c) चिन्तन (d) संज्ञान

15. पूर्व अनुभव के आधार पर संवेदना को अर्थ प्रदान करना करनाता है

(a) अभिप्रेरणा (b) प्रत्यक्षज्ञान
(c) कल्पना (d) संवेदना

16. पिछड़े बालकों के लिए शैक्षिक लब्धि की अवधारणा किसने दी है ?

(a) बर्टन हाल (b) शोनेल
(c) सिरिल बर्ट (d) गोर्डेन

17. निम्न में से कौन-सा एक उत्तम परीक्षण की विशेषताओं से भिन्न है ?

(a) वस्तुनिष्ठता (b) वैधता
(c) अभिक्षमता (d) विश्वसनीयता

18. निम्न में से कौन-सा बुद्धि का सिद्धान्त नहीं है ?

(a) प्रत्यागमन का सिद्धान्त (b) द्वि तत्व का सिद्धान्त
(c) बहुतत्व का सिद्धान्त (d) एक तत्व का सिद्धान्त

19. निम्नलिखित में से कौन अन्तःस्रावी ग्रन्थि नहीं है ?

(a) लार ग्रन्थि (b) पीयूष ग्रन्थि
(c) थॉयराइड ग्रन्थि (d) एड्रिनल ग्रन्थि

20. पियाजे के अनुसार संज्ञानात्मक विकास की द्वितीय अवस्था है

(a) पूर्व संक्रियात्मक अवस्था
(b) औपचारिक संक्रिया अवस्था
(c) मूर्त संक्रिया अवस्था
(d) संवेदनात्मक गामक अवस्था

21. मूल प्रवृत्ति की एक प्रमुख विशेषता है जो पायी जाती है।

(a) सभी प्राणियों में तथा जन्मजात व प्राकृतिक होती है
(b) केवल चूहे तथा बिल्लियों में
(c) केवल कलाकारों में
(d) केवल मनुष्यों में

22. भारतीय संविधान में 6 14 वर्ष के बच्चों के लिए निःशुल्क व अनिवार्य शिक्षा का अधिकार निम्न में शामिल है

(a) अनुच्छेद 45 में (b) अनुच्छेद 15 में
(c) अनुच्छेद 21A में (d) अनुच्छेद 26 में

23. क्रेशमर ने व्यक्ति को निम्न में से किस प्रमुख प्रकारों में वर्गीकृत किया है ?

(a) गोलकाय (b) सुडौलकाय
(c) इनमें से सभी (d) लम्बकाय

24. टी.ई.टी. का उद्देश्य निम्न में किसका मापन है ?

(a) अभिवृत्ति (b) अभिक्षमता
(c) मूल्य (d) बौद्धिक क्षमता

25. संघनन का सिद्धान्त निम्न में से किसकी व्याख्या करता है ?

(a) अभिप्रेरणा (b) स्मृति
(c) सृजनात्मकता (d) अधिगम

26. निम्न में से शारीरिक विकास को प्रभावित करने वाला कारक क्या है ?

(a) खेल तथा व्यायाम (b) वातावरण
(c) इनमें से सभी (d) वंशानुक्रम

27. बुद्धि लब्धि की गणना का सही सूत्र निम्नलिखित में से कौन है?

(a) वास्तविक आयु / मानसिक आयु x 100
(b) वास्तविक आयु / मानसिक आयु
(c) वास्तविक आयु / मानसिक आयु x 100
(d) मानसिक आयु / वास्तविक आयु x 100

28. विचारात्मक चिन्तन की चर्चा निम्न में से किसने की है ?

(a) वुडवर्थ (b) रास (c) ड्रेवर (d) डीवी

29. आगमनात्मक तर्क के स्तरों में कौन शामिल नहीं है ?

(a) सामान्यीकरण (b) प्रयोग
(c) कल्पना (d) अवलोकन

30. सीखी गयी बात को धारण और पुनः स्मरण करने में असफल होना

(a) धारणा है (b) स्मरण है
(c) चिन्तन है (d) विस्मरण है

ANSWER KEY

1. (*d*) 2. (*d*) 3. (*a*) 4. (*d*) 5. (*b*) 6. (*b*) 7. (*a*) 8. (*d*) 9. (*b*) 10. (*d*) 11. (*a*) 12. (*c*) 13. (*b*) 14. (*b*) 15. (*b*) 16. (*c*) 17. (*c*) 18. (*a*) 19. (*a*) 20. (*a*) 21. (*a*) 22. (*c*) 23. (*c*) 24. (*b*) 25. (*b*) 26. (*c*) 27. (*d*) 28. (*d*) 29. (*c*) 30. (*d*)

प्रैक्टिस सेट : 03

1. 'सृजनात्मकता' मुख्य रूप से किससे संबंधित है?

(a) मॉडलिंग (b) अनुकरण

(c) कम सोचना (d) अपसारी चिंतन

2. बाल मनोविज्ञान का क्षेत्र है-

(a) केवल शैशवावस्था की विशेषताओं का अध्ययन

(b) केवल गर्भावस्था की विशेषताओं का अध्ययन

(c) केवल बाल्यावस्था की विशेषताओं का अध्ययन

(d) गर्भावस्था से किशोरावस्था की विशेषताओं का अध्ययन

3. कोहलर निम्न में से किससे संबंधित हैं?

(a) अभिप्रेरणा का सिद्धांत (b) विकास का सिद्धांत

(c) व्यक्तित्व का सिद्धांत (d) अधिगम का सिद्धांत

4. सीखने का सर्वाधिक उपयुक्त अर्थ' है-

(a) कौशल अर्जन (b) ज्ञानार्जन

(c) व्यवहार में परिमार्जन (d) वैयक्तिक समायोजन

5. भाषा विकास का सिद्धांत किसने दिया?

(a) पावलोव (b) बिने

(c) चॉम्स्की (d) मास्लो

6. थॉर्नडाइक ने अपने सिद्धांत को किस शीर्षक से सिद्ध किया?

(a) संज्ञानात्मक अधिगम (b) अधिगम के प्रयास एवं भूल

(c) संकेत अधिगम (d) स्थान अधिगम

7. गिरोह अवस्था (Gang Age) किस आयु वर्ग से संबंधित है?

(a) 16-19 वर्ष (b) 3-6 वर्ष

(c) 8-10 वर्ष एवं सामाजिकरण

(d) 12-15 वर्ष

8. पियाजे के अनुसार संज्ञानात्मक विकास की द्वितीय अवस्था है-

(a) ज्ञानेन्द्रिय अवस्था

(b) औपचारिक संक्रियात्मक अवस्था

(c) पूर्व-संक्रियात्मक अवस्था

(d) मूर्त संक्रियात्मक अवस्था

9. निम्न में से कौन-सा अधिगम का वक्र नहीं है?

(a) नतोदर (b) उन्नतोदर (c) मिश्रित (d) लम्बवत्

10. मानसिक आयु का प्रत्यय किसने दिया था?

(a) बिने-साइमन (b) स्टर्न

(c) टरमन (d) सिरिल बर्ट

11. शैशवावस्था के लिए उत्तम शिक्षण विधि है-

(a) मांटेसरी विधि (b) खेल विधि

(c) किंडरगार्टन विधि (d) ये सभी

12. बाल विकास में प्रक्रिया पर बल है-

(a) वातावरण और अनुभव की भूमिका पर बल है

(b) गर्भावस्था से किशोरावस्था तक का अध्ययन होता है

(c) उपरोक्त सभी

(d) इनमें से कोई नहीं

13. अनुभव द्वारा व्यवहार में परिवर्तन कहलाता है-

(a) स्मृति (b) सीखना (c) प्रेरणा (d) चिन्तन

14. सांख्यिकी में वह रेखाचित्र जिसमें आवृत्तियों को स्तंभों द्वारा प्रदर्शित किया जाता है, कहलाता है-

(a) स्तंभाकृति (b) आवृत्ति बहुभुज

(c) संचयी आवृत्ति (d) रेखाचित्र

15. विकास कभी न समाप्त होने वाली प्रक्रिया है। यह विचार किससे संबंधित है?

(a) अंतः संबंध का सिद्धांत (b) निरंतरता का सिद्धांत

(c) एकीकरण का सिद्धांत (d) अंतः क्रिया का सिद्धांत

16. संविधान के किस संशोधन से शिक्षा एक मौलिक अधिकार बन गई है?

(a) 25वां संशोधन (b) 86वां संशोधन

(c) 22वां संशोधन (d) 52वां संशोधन

17. अभिप्रेरणा के मूल प्रवृत्ति सिद्धांत के प्रतिपादक थे-

(a) मैकडूगल (b) अब्राहम मास्लो

(c) सिम्पसन (d) विलियम जेम्स

18. विकास की किस अवस्था को 'कोल एवं ब्रूस' ने संवेगात्मक विकास का अनोखा काल कहा है?

(a) बाल्यावस्था (b) शैशवावस्था

(c) किशोरावस्था (d) प्रौढ़ावस्था

19. किसने बहु-विमात्मक प्रज्ञा (Multiple Intelligence) का प्रत्यय दिया?

(a) गोलमैन (b) स्पीयरमैन

(c) गार्डनर (d) जॉन मेयर

20. डिस्लेक्सिया (Dyslexia) में यह करने में कठिनाई होती है-

(a) पढ़ने/वर्तनी में (b) व्यक्त करने में

(c) खड़े होने में (d) बोलने में

21. निम्न में से क्या समावेशी कक्षा में शिक्षक की भूमिका नहीं है?

(a) शिक्षक को निःशक्त बच्चों पर ध्यान नहीं देना चाहिए

(b) बच्चे की आवश्यकता के अनुरूप बैठने की पर्याप्त व्यवस्था करनी चाहिए

(c) शिक्षक को सीखने में अक्षम को अतिरिक्त समय देना चाहिए

(d) शिक्षक को बच्चों को प्रोत्साहित करना चाहिए

22. कक्षा में छात्रों को प्रश्न पूछने के लिए-

(a) हतोत्साहित करना चाहिए

(b) प्रेरित करना चाहिए (c) रोक देना चाहिए

(d) अनुमति नहीं देनी चाहिए

23. बच्चे की वृद्धि मुख्यतः संबंधित है-

(a) शारीरिक विकास से (b) सामाजिक विकास से

(c) भावात्मक विकास से (d) नैतिक विकास से

24. बुद्धि लब्धि (IQ) निकालने का सूत्र है-

(a) MA / CA × 100 (b) CA / MA × 100

(c) MA / 100 × CA (d) CA / 100 × MA

25. क्रिया-प्रसूत अनुबंधन सिद्धांत का प्रतिपादन किया-

(a) हल ने (b) थॉर्नडाइक ने

(c) हेगार्टी ने(d) स्किनर ने

26. 'अल्बर्ट बंडूरा' निम्न में से किस सिद्धांत से संबंधित हैं?

(a) सामाजिक अधिगम सिद्धांत

(b) व्यवहारात्मक सिद्धांत

(c) विकास का संज्ञानात्मक सिद्धांत

(d) विकास का मनोसामाजिक सिद्धांत

27. बुद्धि के तरल क्रिस्टलीय प्रतिमान के प्रतिपादक कौन थे?

(a) कैटेल (b) थॉर्नडाइक (c) वर्नन (d) स्किनर

28. शिक्षण हेतु मानसिक उद्वेलन (Brainstorming) प्रतिमान का प्रयोग निम्न में से किसके सुधार हेतु किया जाता है?

(a) समझ (b) अनुप्रयोग

(c) सृजनात्मकता (d) समस्या समाधान

29. निम्न में से कौन-सा शेष से भिन्न है?

(a) अधिगम के लिए सीखने का सिद्धांत

(b) समान अवयवों का सिद्धांत

(c) ड्राइव रिडक्शन सिद्धांत

(d) सामान्यीकरण का सिद्धांत

30. सूक्ष्म शिक्षण (Micro Teaching) के भारतीय प्रतिमान में कुल कितना समय लगता है?

(a) 36 मिनट (b) 40 मिनट

(c) 30 मिनट (d) 45 मिनट

ANSWER KEY

1. (*d*) 2. (*d*) 3. (*d*) 4. (*c*) 5. (*c*) 6. (*b*) 7. (*c*) 8. (*c*) 9. (*d*) 10. (*a*) 11. (*d*) 12. (*c*) 13. (*b*) 14. (*a*) 15. (*b*) 16. (*b*) 17. (*a*) 18. (*a*) 19. (*c*) 20. (*a*) 21. (*a*) 22. (*b*) 23. (*a*) 24. (*a*) 25. (*d*) 26. (*a*) 27. (*a*) 28. (*c*) 29. (*c*) 30. (*a*)

प्रैक्टिस सेट : 04

1. लेव वायगोत्स्की के अनुसार, 'निजी संवाद' (Private Speech) क्या है?

(a) यह प्रदर्शित करता है कि बच्चे आत्मकेन्द्रित हैं।

(b) बच्चों के क्रियाकलापों और व्यवहार का मार्गदर्शक है।

(c) जटिल कार्यों के दौरान बच्चों को भ्रमित करता है।

(d) यह संकेत देता है कि बच्चा पागल है।

2. लॉरेंस कोहलबर्ग के नैतिक विकास के सिद्धांत में 'अच्छा लड़का/अच्छी लड़की' अभिविन्यास किस चरण में आता है?

(a) पूर्व-पारंपरिक स्तर (b) पारंपरिक स्तर
(c) उत्तर-पारंपरिक स्तर (d) अमूर्त स्तर

3. पियाजे के अनुसार, वह प्रक्रिया जिसमें बच्चा नए अनुभवों को मौजूदा स्कीमा में फिट करने के लिए संशोधित करता है, क्या कहलाती है?

(a) आत्मसातीकरण (Assimilation)
(b) समायोजन (Accommodation)
(c) साम्यधारण (Equilibration)
(d) संगठन (Organization)

4. 'प्रगतिशील शिक्षा' के संदर्भ में, जॉन डीवी के अनुसार शिक्षा का मुख्य उद्देश्य क्या है?

(a) बच्चों को केवल किताबी ज्ञान देना।
(b) बच्चों को सामाजिक समस्याओं के समाधान हेतु सक्षम बनाना।
(c) बच्चों में अनुशासन पैदा करना।
(d) केवल परीक्षा पास करवाना।

5. स्टर्नबर्ग के 'बुद्धि के त्रितंत्र सिद्धांत' (Triarchic Theory) में कौन सा घटक शामिल नहीं है?

(a) विश्लेषणात्मक बुद्धि (b) रचनात्मक बुद्धि
(c) व्यावहारिक बुद्धि (d) शारीरिक-गतिक बुद्धि

6. 'कैटल' का संस्कृति-मुक्त बुद्धि परीक्षण (Culture Fair Test) किसके लिए बनाया गया था?

(a) केवल अनपढ़ लोगों के लिए
(b) केवल बच्चों के लिए
(c) सभी संस्कृतियों के व्यक्तियों के लिए निष्पक्ष मापन हेतु
(d) केवल पश्चिमी देशों के लिए

7. ब्रूनर के संज्ञानात्मक विकास के सिद्धांत के अनुसार, सीखने का सही क्रम क्या है?

(a) प्रतीकात्मक → दृश्यात्मक → सक्रियता
(b) सक्रियता → दृश्यात्मक → प्रतीकात्मक
(c) दृश्यात्मक → सक्रियता → प्रतीकात्मक
(d) सक्रियता → प्रतीकात्मक → दृश्यात्मक

8. 'संवेग और संज्ञान' के बीच कैसा संबंध होता है?

(a) एक-दूसरे से स्वतंत्र हैं।
(b) एक-दिशीय (संवेग संज्ञान को प्रभावित करते हैं)।
(c) द्विदिशीय (दोनों एक-दूसरे को प्रभावित करते हैं)।
(d) संज्ञान संवेगों को प्रभावित नहीं करता।

9. गार्डनर के अनुसार, दूसरों के इरादों, प्रेरणाओं और इच्छाओं को समझने की क्षमता क्या कहलाती है?

(a) अंतःवैयक्तिक (Intrapersonal)
(b) अंतर-वैयक्तिक (Interpersonal)
(c) स्थानिक (Spatial) (d) भाषाई

10. शिक्षण का 'अग्रिम संगठक प्रतिमान' (Advance Organizer Model) किसने दिया था?

(a) डेविड आसुबेल (b) ब्रूनर
(c) स्किनर (d) पियाजे

11. गैने (Gagne) के अधिगम सोपानिकी (Hierarchy of Learning) में सबसे उच्च स्तर कौन सा है?

(a) नियम अधिगम (b) संप्रत्यय अधिगम
(c) समस्या समाधान अधिगम
(d) सिद्धांत अधिगम

12. किशोरावस्था को 'तनाव और तूफान की अवस्था' किसने कहा है?

(a) स्टेनली हॉल (b) थॉर्नडाइक
(c) रॉस (d) वेलेंटाइन

13. 'प्रासंगिक अन्तर्बोध परीक्षण' (TAT) का निर्माण किसने किया?

(a) मरे और मार्गन (b) हरमन रोर्शा
(c) लियोपोल्ड बैलक (d) आलपोर्ट

14. 'ऑपरेटिव कंडीशनिंग' (Skinner) में 'पुनर्बलन' (Reinforcement) किस पर निर्भर करता है?

(a) उद्दीपक की प्रकृति पर (b) अनुक्रिया की प्रकृति पर
(c) शिक्षक की इच्छा पर (d) समय पर

15. राष्ट्रीय पाठ्यचर्या रूपरेखा (NCF-2005) के अनुसार शिक्षक की भूमिका क्या है?

(a) सत्तावादी (b) अधिनायकीय
(c) सुविधादाता (Facilitator)
(d) अनुमतिपरक

16. व्यक्तित्व का 'अंतर्मुखी और बहिर्मुखी' वर्गीकरण किसने किया?

(a) फ्रायड (b) युंग (Jung)
(c) एडलर (d) शेल्डन

17. मूर्त संक्रियात्मक अवस्था (Concrete Operational Stage) की मुख्य विशेषता क्या है?

(a) जीववाद
(b) संरक्षण और प्रतिवर्त्यता (Conservation & Reversibility)
(c) काल्पनिक निगमनात्मक तर्क
(d) वस्तु स्थायित्व

18. 'सीखने के नियम' में थॉर्नडाइक ने गौण नियमों (Secondary Laws) की संख्या कितनी बताई है?

(a) 3 (b) 5 (c) 8 (d) 4

19. सूक्ष्म शिक्षण (Micro-teaching) के चक्र का सही क्रम क्या है?

(a) योजना → शिक्षण → प्रतिपुष्टि → पुनः योजना → पुनः शिक्षण → पुनः प्रतिपुष्टि

(b) शिक्षण → योजना → प्रतिपुष्टि → पुनः शिक्षण

(c) योजना → प्रतिपुष्टि → शिक्षण → पुनः योजना

(d) इनमें से कोई नहीं

20. एरिक एरिक्सन के अनुसार, 'पहचान बनाम भूमिका भ्रम' किस आयु वर्ग में होता है?

(a) 3-6 वर्ष (b) 6-12 वर्ष

(c) 12-18 वर्ष (d) 18-35 वर्ष

21. बुद्धि का 'द्वि-कारक सिद्धांत' (Two-Factor Theory) किसने दिया था?

(a) स्पीयरमैन (b) थर्स्टन

(c) बिने (d) थॉर्नडाइक

22. प्रयोजनवादी शिक्षा (Pragmatism) किस पर बल देती है?

(a) रटने पर

(b) करके सीखने (Learning by doing) पर

(c) शिक्षक की सर्वोच्चता पर

(d) केवल नैतिकता पर

23. 'क्रेशमर' ने व्यक्तित्व को शरीर रचना के आधार पर कितने वर्गों में बाँटा है?

(a) 2 (b) 3 (c) 4 (d) 5

24. अधिगम स्थानांतरण (Transfer of Learning) का 'समान तत्वों का सिद्धांत' किसने दिया?

(a) जुड (b) थॉर्नडाइक (c) स्पीयरमैन (d) गिलफोर्ड

25. 'मनोविश्लेषणात्मक सिद्धांत' के अनुसार, मन का कौन सा भाग 'सुख के सिद्धांत' (Pleasure Principle) पर कार्य करता है?

(a) इदम् (Id) (b) अहम् (Ego)

(c) परा-अहम् (Super-ego) (d) ये सभी

26. पियाजे के अनुसार, बच्चा किस अवस्था में 'वस्तु स्थायित्व' (Object Permanence) प्रदर्शित करता है?

(a) संवेदी-गामक अवस्था (b) पूर्व-संक्रियात्मक अवस्था

(c) मूर्त संक्रियात्मक अवस्था

(d) औपचारिक संक्रियात्मक अवस्था

27. 'प्रयास एवं त्रुटि' (Trial and Error) में सबसे महत्वपूर्ण क्या है?

(a) लक्ष्य (b) प्रेरणा (c) अभ्यास (d) पुरस्कार

28. किन्हीं दो व्यक्तियों की बुद्धि लब्धि समान होने पर भी उनकी मानसिक योग्यताओं में भिन्नता होना क्या कहलाता है?

(a) अंतर-वैयक्तिक भिन्नता (b) अंतः-वैयक्तिक भिन्नता

(c) गत्यात्मक भिन्नता (d) इनमें से कोई नहीं

29. अधिगम का 'क्षेत्र सिद्धांत' (Field Theory) किसने दिया था?

(a) कुर्त लेविन (b) कोहलर

(c) स्किनर (d) पावलोव

30. 'ब्लूम की टैक्सोनॉमी' (Bloom's Taxonomy) के संज्ञानात्मक पक्ष का सबसे निचला स्तर क्या है?

(a) समझ (b) ज्ञान (c) अनुप्रयोग (d) विश्लेषण

ANSWER KEY

1. *(b)* 2. *(b)* 3. *(b)* 4. *(b)* 5. *(d)* 6. *(c)* 7. *(b)* 8. *(c)* 9. *(b)* 10. *(a)* 11. *(c)* 12. *(a)* 13. *(a)* 14. *(b)* 15. *(c)* 16. *(b)* 17. *(b)* 18. *(b)* 19. *(a)* 20. *(c)* 21. *(a)* 22. *(b)* 23. *(c)* 24. *(b)* 25. *(a)* 26. *(a)* 27. *(a)* 28. *(a)* 29. *(a)* 30. *(b)*

प्रैक्टिस सेट : 05

1. गार्डनर के बहुबुद्धि सिद्धांत के अनुसार, 'अस्तित्ववादी बुद्धि' (Existential Intelligence) की क्या विशेषता है?

(a) दूसरों की भावनाओं को समझना।

(b) जीवन के गहरे रहस्यों और अस्तित्व के बारे में प्रश्न पूछना।

(c) संगीत की लय को पहचानना।

(d) शारीरिक गति पर नियंत्रण।

2. पियाजे के अनुसार 'सांकेतिक कार्य' (Semiotic Function) का विकास किस अवस्था की मुख्य विशेषता है?

(a) संवेदी-गामक अवस्था (b) पूर्व-संक्रियात्मक अवस्था
(c) मूर्त संक्रियात्मक अवस्था
(d) औपचारिक संक्रियात्मक अवस्था

3. किसी व्यवहार को बढ़ाने के लिए सकारात्मक सुदृढीकरण (Positive Reinforcement) क्या है?
(a) दंड देना (b) पुरस्कार प्रदान करना
(c) अनदेखा करना (d) नकारात्मक व्यवहार को हटाना

4. वाइगोत्स्की के सिद्धांत में 'स्कैफोल्डिंग' (Scaffolding) की वह तकनीक जिसमें शिक्षक सहायता की मात्रा को धीरे-धीरे कम करता है, क्या कहलाती है?
(a) जेड.पी.डी. (b) फेडिंग (Fading)
(c) मॉडलिंग (d) अनुकरण

5. थर्स्टन (Thurstone) के प्राथमिक मानसिक योग्यताओं (PMA) के सिद्धांत में कुल कितने कारक बताए गए हैं?
(a) 5 (b) 7 (c) 9 (d) 12

6. गिलफोर्ड के 'बुद्धि संरचना मॉडल' (SI Model) के अनुसार, 'संज्ञान' और 'स्मृति' किसके अंतर्गत आते हैं?
(a) विषय-वस्तु (Content) (b) संक्रिया (Operation)
(c) उत्पाद (Product) (d) आयाम

7. 'सृजनात्मकता का निवेश सिद्धांत' (Investment Theory of Creativity) किसने प्रतिपादित किया?
(a) टोरेंस (b) स्टर्नबर्ग और लुबार्ट
(c) मेडनिक (d) गेटजेल्स

8. ऐनी अनास्तासी (Anne Anastasi) के अनुसार, परीक्षण की 'विश्वसनीयता' (Reliability) क्या मापती है?
(a) परीक्षण की सत्यता
(b) परीक्षण के प्राप्तांकों की स्थिरता (Consistency)
(c) परीक्षण की कठिनाई
(d) परीक्षण की वैधता

9. ब्रूनर के अनुसार 'सर्पिल पाठ्यचर्या' (Spiral Curriculum) का मुख्य आधार क्या है?
(a) रटना
(b) विषयों को बार-बार दोहराना और गहराई बढ़ाना
(c) केवल सरल विषयों को पढ़ाना
(d) सामाजिक विकास

10. रोर्शा स्याही धब्बा परीक्षण (Rorschach Inkblot Test) में 'F+' और 'F-' अनुक्रियाएं क्या दर्शाती हैं?
(a) बौद्धिक स्तर और वास्तविकता के साथ संबंध
(b) संवेगात्मक अस्थिरता
(c) केवल कल्पनाशीलता
(d) सामाजिक संबंध

11. स्किनर के अनुसार 'प्रोग्राम्ड लर्निंग' (अभिक्रमित अनुदेशन) किस अधिगम सिद्धांत पर आधारित है?
(a) शास्त्रीय अनुबंधन (b) क्रिया-प्रसूत अनुबंधन
(c) अंतर्दृष्टि अधिगम (d) सामाजिक अधिगम

12. 'क्षेत्र मुक्त बनाम क्षेत्र निर्भर' (Field Independent vs Field Dependent) संज्ञानात्मक शैली का प्रत्यय किसने दिया?
(a) हर्बर्ट विटकिन (Witkin) (b) ब्रूनर
(c) पियाजे (d) वाइगोत्स्की

13. मुर्रे (Murray) द्वारा प्रतिपादित 'व्यक्तित्व की आवश्यकता सिद्धांत' (Needs Theory) में 'Thematic Apperception' का मुख्य उद्देश्य क्या है?
(a) चेतन मन का मापन
(b) अचेतन संघर्षों और आवश्यकताओं का प्रकटीकरण
(c) आईक्यू का मापन
(d) शारीरिक क्षमता का परीक्षण

14. 'एक प्रगतिशील कक्षा में व्यक्तिगत भिन्नता को किस प्रकार देखा जाना चाहिए?'
(a) अधिगम की प्रक्रिया में बाधा
(b) अध्यापक के पक्ष पर असफलता
(c) योग्यता आधारित समूहीकरण का आधार
(d) अध्यापन-अधिगम प्रक्रिया की योजना के लिए महत्वपूर्ण

15. पावलोव के प्रयोग में 'विभेद' (Discrimination) का क्या अर्थ है?
(a) दो समान उद्दीपकों के बीच अंतर करना सीखना
(b) सभी उद्दीपकों पर लार टपकाना
(c) घंटी बजने पर अनुक्रिया बंद कर देना
(d) अनुक्रिया का भूल जाना

16. ब्लूम के संशोधित वर्गीकरण (2001) के अनुसार, संज्ञानात्मक पक्ष का उच्चतम स्तर क्या है?
(a) मूल्यांकन (Evaluating)
(b) सृजन (Creating) (c) विश्लेषण (Analyzing)
(d) संश्लेषण (Synthesizing)

17. 'इलेक्ट्रा ग्रंथि' (Electra Complex) का विकास किस अवस्था में होता है?
(a) मुखीय अवस्था (b) गुदा अवस्था
(c) लैंगिक अवस्था (Phallic Stage)
(d) सुप्तावस्था

18. किस मनोवैज्ञानिक ने 'मानववादी अधिगम सिद्धांत' (Humanistic Learning Theory) में 'स्व-यथार्थीकरण' (Self-actualization) पर बल दिया?

(a) स्किनर (b) पावलोव

(c) अब्राहम मास्लो (d) थॉर्नडाइक

19. 'जी-कारक' (G-factor) के संदर्भ में स्पीयरमैन का मानना था कि यह कारक-

(a) अर्जित किया जाता है।

(b) जन्मजात और स्थिर होता है।

(c) केवल विशिष्ट कार्यों में प्रयुक्त होता है।

(d) प्रशिक्षण से बढ़ाया जा सकता है।

20. थॉर्नडाइक के 'प्रभाव के नियम' (Law of Effect) का संशोधित रूप क्या कहलाता है?

(a) तत्परता का नियम (b) अभ्यास का नियम

(c) दंड और पुरस्कार का नियम

(d) संतोष और असंतोष का नियम

21. 'मेटाकॉग्निशन' (Metacognition) का क्या अर्थ है?

(a) दूसरों के बारे में सोचना।

(b) अपनी ही चिंतन प्रक्रियाओं के बारे में सोचना या जागरूकता।

(c) वस्तुओं को वर्गीकृत करना। (d) सूचनाओं को रटना।

22. फ्रायड के अनुसार 'रक्षात्मक युक्तियों' (Defense Mechanisms) का मुख्य कार्य क्या है?

(a) दूसरों को नुकसान पहुँचाना।

(b) अहम् (Ego) को चिंता से बचाना।

(c) सुपर-ईगो को संतुष्ट करना।

(d) शारीरिक शक्ति बढ़ाना।

23. अधिगम वक्र में 'पठार' (Plateau) बनने का मुख्य कारण क्या हो सकता है?

(a) उत्साह की कमी या थकान

(b) अत्यधिक बुद्धि (c) अच्छी शिक्षण विधि

(d) पुरस्कार

24. 'संज्ञानात्मक मानचित्र' (Cognitive Map) की अवधारणा किसने विकसित की?

(a) कोहलर (b) एडवर्ड टॉलमैन

(c) बांडुरा (d) वाटसन

25. एन.सी.एफ. 2005 के अनुसार, 'त्रि-भाषा सूत्र' में प्राथमिक स्तर पर शिक्षा का माध्यम होना चाहिए-

(a) अंग्रेजी (b) संस्कृत (c) मातृभाषा (d) राष्ट्रभाषा

26. किस मनोवैज्ञानिक ने व्यक्तित्व के '16-PF' प्रश्नावली का निर्माण किया?

(a) आईजेंक (b) आर.बी. कैटल

(c) आलपोर्ट (d) शेल्डन

27. 'समस्या-समाधान' की 'ह्यूरिस्टिक विधि' (Heuristic Method) का क्या अर्थ है?

(a) नियम को रटना। (b) स्वयं खोज करके सीखना।

(c) शिक्षक द्वारा हल बताना। (d) प्रयास एवं त्रुटि का अभाव।

28 गैने की अधिगम सोपानिकी में 'शाब्दिक साहचर्य अधिगम' (Verbal Association) किस स्तर पर आता है?

(a) दूसरा (b) चौथा (c) छठा (d) आठवां

29. आरटीई एक्ट (RTE 2009) के अनुसार, कक्षा 6 से 8 तक छात्र-शिक्षक अनुपात होना चाहिए-

(a) 30:1 (b) 35:1 (c) 40:1 (d) 25:1

30. निम्नलिखित में से कौन-सा कथन 'विकास' (Development) और 'अधिगम' (Learning) के बीच के संबंध को सबसे सटीक रूप से दर्शाता है?

(a) विकास, अधिगम से स्वतंत्र होता है और इसका अधिगम की प्रक्रिया पर कोई प्रभाव नहीं पड़ता।

(b) अधिगम की दर विकास की दर से बहुत पीछे रहती है (अधिगम विकास के पीछे चलता है)।

(c) विकास और अधिगम एक-दूसरे से संबंधित नहीं हैं, क्योंकि विकास एक जैविक प्रक्रिया है और अधिगम एक सामाजिक।

(d) विकास की प्रक्रिया, अधिगम की प्रक्रिया से पीछे रहती है।

ANSWER KEY

1. (*b*) 2. (*b*) 3. (*b*) 4. (*b*) 5. (*b*) 6. (*b*) 7. (*b*) 8. (*b*) 9. (*b*) 10. (*a*) 11. (*b*) 12. (*a*) 13. (*b*)
14. (*d*) 15. (*a*) 16. (*b*) 17. (*c*) 18. (*c*) 19. (*b*) 20. (*d*) 21. (*b*) 22. (*b*) 23. (*a*) 24. (*b*) 25. (*c*) 26. (*b*)
27. (*b*) 28. (*b*) 29. (*b*) 30. (*b*)